KB218192

딥시크 AI 전쟁

배삼진·박진호 지음

(주)광문각출판미디어

프롤로그 ― 딥시크 모멘트에서 체제로

2025년 1월, 중국 인공지능 스타트업 딥시크 DeepSeek가 공개한 언어 모델 R1은 세계 기술 질서에 충격을 안겼다. 미국 GPT-4o에 맞먹는 성능을 수십 분의 1 비용으로 구현한 데다, 고성능 GPU인 H100이 아닌, 중국 내에서도 확보 가능한 H800으로 훈련을 마쳤다는 점은 결정적이었다. 자원의 양이 아닌 구조의 효율이 경쟁력을 결정짓는 국면으로의 전환이었다.

딥시크는 '전문가 혼합MoE' 구조를 통해 연산량과 메모리 사용을 획기적으로 줄였고, 이는 중국의 자원 현실에 맞춘 전략이기도 했다. 마치 인텔의 전력 중심 시대에서 ARM 기반 모바일 컴퓨팅으로 전환됐던 것처럼, 기술 효율을 중심에 둔 새로운 패러다임이 등장한 셈이었다.

이 변화는 단순한 기술의 진보가 아니었다. R1은 MMLU, GPQA, HumanEval 등 주요 평가에서 메타의 LLaMA, 오픈AI 모델과 어깨를 나란히 했다. 특히 실시간 대화에서의 맥락 이해 능력은 교육, 상담, 콘텐츠 제작 등 실용 영역에서 높은 점수를 받았다. 1월 27일, R1은 애플 앱스토어 세계 157개국에서 다운로드 1위를 기록했고, 마크 앤드리슨은 이를 "AI의 스푸트니크 순간"이라 명명했다.

실리콘밸리 주요 인사들도 반응했다. 오픈AI의 카르파티는 "믿기 어려울 정도로 저렴한 방식으로 최첨단 AI를 구현했다"고 평가했고, Y콤비네이터의 개리 탠, MS CEO 나델라, 애플 CEO 팀 쿡까지 딥시크의 설계와 사용자 경험을 긍정적으로 언급했다. 엔비디아 주가가 흔들렸고, AI 기술주 전반에 긴장이 퍼졌다.

미래에셋증권은 딥시크를 "GPT급 성능을 98% 저렴하게 제공한 바겐세일"이라며, 기술력뿐 아니라 비용 구조와 설계 전략이 시장을 좌우할 시대가 도래했음을 지적했다. AI 패권 경쟁의 조건이 바뀐 것이다. 더는 자본과 GPU만으로 최고 성능에 도달하던 시대가 아니며, 전략적 설계가 국가 경쟁력의 핵심이 되었다.

중국은 이 변화를 체계적으로 준비해왔다. '중국제조 2025'와 '차세대 인공지능 발전 계획'을 통해 AI를 국가전략의 중심에 놓았고, 초·중등 교육부터 대학까지 AI 교육을 제도화했다. 칭화대 '야오반', 북대 '투링반'은 최고 수준의 인재를 배출하고 있으며, 연간 50만 명 규모의 AI 인재가 양성되고 있다. 4,700개가 넘는 AI 기업이 이러한 생태계에서 실험과 실행을 수행하는 장치이자 주체로 기능하고 있다.

정책 집행 체계도 빠르다. 중앙이 방향을 잡고, 지방이 실험하고, 효과적인 모델은 빠르게 확산시키는 순환 구조다. 딥시크는 그 구조 속에서 탄생한 가장 인상적인 결과물이었다. 중국은 이미 '제2의 딥시크'를 위한 기반을 갖췄다.

스탠퍼드 HAI의 'AI 인덱스 2025'에 따르면, 중국과 미국 간 AI 모델 성능 격차는 1년 만에 9%에서 1%로 줄었고, 딥시크는 GPT-4 및 Gemini와 거의 동등한 평가를 받았다. 기술 추격이 아닌, 발전 속도의 압축이 실현되고 있다는 신호였다. 동시에 이는 미국의 반도체 제재가 효과를 잃고 있음을 암시하기도 했다. 고성능 GPU 없이도 최고 성능 모델이 등장한 것이다.

딥시크의 등장은 기술, 정책, 교육, 산업, 외교가 한 방향으로 정렬되는 시스템 단위 혁신의 전형이다. 단순한 기술의 진보가 아니라, 기술이 체제를 설계하고 질서를 새롭게 쓰는 방식의 변곡점이다. 중국은 AI를 통해 정치를, 교육을, 산업을 새롭게 정의하고 있으며, 그 실험의 첫 증거가 바로 '딥시크 모멘트'다.

이 책은 '딥시크 모멘트'라 불리는 충격과 논란에서 출발해, 중국이 어떻게 AI를 통해 국가를 설계하고, 권력을 재편하고, 산업과 교육, 통치 구조를 재구성했는지 그 전체 구조를 추적한다. 총 10부로 1부 딥시크 모멘트, 2부 딥시크 활용 사례, 3부 딥시크 천재들의 과제, 4부 제2의 딥시크 도전자들, 5부 기업 전쟁: BATX, 6부 문건 79호와 AI 정책 , 7부 천인계획과 인재 양성, 8부 AI 패권전쟁 2.0, 9부 중국 2030년 AI 미래, 10부 딥시크 모델 기술 분석 및 실무 활용 사례를 다룬다.

이 책은 기술 서사도, 산업 보고서도 아니다. 체제 전환의 동역학을 기록한 AI 시대의 통치 보고서다. AI가 인간을 대체하는가라는 질문이 아니라, AI가 국가를 어떻게 작동하게 만들고, 기술이 체제를 어떻게 다시 쓰는가라는 물음을 던진다. 그리고 그 물음의 출발점에 바로, 딥시크가 있다.

저자 일동

목차

I

딥시크 모멘트

deepseek

1. 딥시크 쇼크

1) 80억짜리 AI, 세계 질서를 흔들다

서울 압구정 현대아파트 대형 평형 한 채는 현재 80억 원에 육박한다. 1980년대에 지어진 이 아파트는 외관이 낡고 주차 공간도 부족하지만, 자산가들에게는 여전히 부동산 포트폴리오의 기준점으로 여겨진다. 1989년 7억 원대에 거래된 이 아파트는 30년 만에 30배 넘게 상승했다. 이런 아파트가 압구정동에만 족히 수백 채가 넘는다.

2025년 초, 이와 같은 가격의 예산으로 중국 AI 스타트업 딥시크가 생성형 AI 시장에 파장을 일으켰다. 딥시크가 공개한 대형 언어 모델 'R1'은 오픈AI의 GPT 모델과 동급 성능을 구현했으며, 추론 비용은 90% 이상 저렴했다. 뉴욕타임스는 이를 두고 "AI 개발 비용 구조를 다시 써야 할 시점"이라고 보도했다.

딥시크는 처음부터 이 성과를 만든 것이 아니다. 2024년 12월, 오픈소스 LLM 모델 'V3'를 공개했을 당시에는 '가성비 모델' 정도로만 주목받았다. 이후 V3를 기반으로 미세 조정한 R1은 성능, 반응 속도, 문맥 이해도, 추론 정확성에서 GPT-4o 수준이라는 평가를 받았고, 출시 일주일 만에 10만 건 이상 다운로드됐다.

딥시크의 기술 보고서는 공개 직후 실리콘밸리에서 주목을 받았다. GPU는 미국의 수출 제재를 우회한 엔비디아의 H800을 사용했고, GPU 사용료는 시간당 2달러 수준이었다. 고성능 칩 없이도 고성능 모델을 구현한 셈이다. 메타가 라마3 개발에 수천억 원을 투입한 것과 비교하면 딥시크의 개발비 80억 원은 10분의 1도 되지 않는 규모다.

오픈AI 공동 창업자인 안드레이 카르파티는 딥시크의 기술 보고서를 "놀랍도록 훌륭한 문서"라며 높이 평가했고, "농담 같은 예산으로 선도적 모델을 만드는 것이 가능해 보인다"라고 밝혔다. 벤처 캐피털리스트 마크 앤드리슨은 "내가 본 것 중 가장 인상적인 기술 혁신"이라고 언급했다.

딥시크는 기술을 넘어서 전략에서도 기존 틀을 깼다. R1의 모델 파라미터, 소스 코드, 가중치를 모두 공개했다. 누구든지 이를 기반으로 수정, 재학습, 서비스화를 자유롭게 할 수 있는 구조다. AI 기술이 일부 기업의 독점 자산이 아닌, 누구나 활용 가능한 기반 기술로 전환될 수 있음을 보여 준 사례다.

딥시크는 고성능 칩이나 폐쇄형 데이터가 아닌, 저사양 GPU, 공개된 언어 코퍼스, 최소한의 엔지니어링으로 경쟁력을 확보했다. 이는 메타나 구글 같은 빅테크가 독점하던 AI 기술 생태계를 해체하며, 자본의 규모보다 설계 전략이 핵심임을 입증했다.

마치 외형이 낡은 아파트가 입지와 구조 설계만으로 수십억 원의 가치를 지니듯, 기술의 핵심도 외형이 아닌 '설계의 명확성'과 '접근의 개방성'에 있다는 사실이 드러났다. 80억 원으로 집 한 채를 살 수 있는 시대, 동시에 80억 원으로 세계 AI 질서를 흔들 수 있는 시대가 도래했다.

기술의 패러다임은 바뀌었다. 기준은 자본이 아니라 설계다. 그리고 딥시크는 그 새로운 기준을 증명한 첫 번째 사례다.

2) 고사양 칩 없이 만든 AI 혁신

AI 산업은 그동안 자본, 반도체, 데이터 인프라를 누가 더 많이 확보하느냐의 경쟁이었다. 특히 미국산 고성능 GPU는 핵심 전략 물자였다. 엔비디아의 A100과 H100은 'AI의 우라늄'이라 불리며, 미국은 이 칩의 수출을 제한해 중국의 AI 진입을 차단해 왔다. 그러나 2025년 초, 중국 스타트업 딥시크가 공개한 생성형 AI 모델 'R1'은 이 전제를 무너뜨렸다.

R1은 고사양 칩 없이도 GPT-4급 성능을 구현한 최초 사례로 평가된다. 딥시크는 엔비디아의 수출 제한을 우회한 저사양 GPU 'H800' 2,048개를 활용해 모델을 훈련했다. H800은 A100의 다운그레이드 버전으로, 성능은 절반 수준이지만 미국 정부의 제재를 피한 칩이다. 뉴욕타임스, 블룸버그 등 주요 매체는 이를 "미국의 수출 통제를 무력화시킨 구조적 전환"으로 평가했다.

일부에서는 딥시크가 과거 헤지펀드 '하이플라이어' 시절 확보한 A100을 사전 학습에 활용했을 가능성을 제기하지만, 공식 보고서에 따르면 실제 훈련에는 대부분 중국 내에서 임대한 H800이 사용됐다. 또한 R1은 전체 파라미터 6,710억 개 중 약 5%만을 활성화하는 '전문가 혼합MoE' 구조를 택해, 연산량과 컴퓨팅 비용을 대폭 절감했다. 이로써 AI 모델 훈련의 비용 구조 자체가 재설계됐다.

화웨이의 '어센드' 칩도 변수로 부상했다. 중국 언론 보도에 따르면 딥시크는 H800 외에도 화웨이와 SMIC가 공동 생산한 어센드910B 또는 910C를 일부 도입했다. 어센드910B는 A100 대비 약 80% 성능을 구현하며, 가격은 30% 수준에 불과하다. 중국의 반도체 자립 전략과 민관 협력의 결과물로, 실제 적용 사례가 나타난 것이다.

글로벌 테크 리더들도 반응했다. 마이크로소프트 CEO 사티아 나델라는 딥시크를 "고도화된 성능과 비용 최적화를 동시에 구현한 사례"로 평가했고, 애플 CEO 팀 쿡은 "하드웨어와 소프트웨어의 통합 최적화를 입증한 기술"이라고 말했다. 이는 고성능 자원 중심 경쟁에서 효율과 설계 중심 경쟁으로 전환되고 있다는 신호다.

딥시크는 기술 자체뿐 아니라 접근 방식에서도 차별성을 보였다. R1 모델의 핵심 파라미터, 학습 구조, 코드와 기술 문서까지 모두 오픈소스로 공개했다. 이는 세계 개발자와 연구기관, 스타트업이 자유롭게 활용할 수 있는 기반을 제공하며, AI의 독점 구조를 무너뜨리는 방향으로 작동하고 있다.

딥시크는 고사양 장비 없이도 대형 모델을 구현했고, 기술을 공공 자산처럼 공개했다. 이 접근은 단순한 기술 성과가 아니라, 기술 활용 방식과 구조적 효율성을 보여 주는 새로운 사례다. 중국산 AI의 기술 반격이라는 측면을 넘어서, AI 개발의 방식 자체가 변화하고 있다는 것을 보여 준 사건이다.

[생성형 AI 기업별 GPU 학습 비교표(2024~2025년 기준)]

기업명	주요 모델/버전	사용 GPU 종류	사용 수량(추정)
OpenAI	GPT-4	NVIDIA A100/H100	약 25,000~30,000개
Google DeepMind	Gemini 1.5, Gemini 2	TPU v4 / v5e / NVIDIA A100	약 수만 개
Meta (Facebook)	LLaMA 2, LLaMA 3	NVIDIA A100 / H100	16,000개 이상
Microsoft	GPT 기반 공동 모델	NVIDIA A100 / H100	수만 개 규모
xAI	Grok	NVIDIA A100 / H100	약 20,000개 이상
딥시크 (DeepSeek)	DeepSeek-R1	Ascend 910B / NVIDIA A100	수천~수만 개
바이두	Ernie 4.0	NVIDIA A100 / 자체 Kunlun 칩	수천 개 이상
화웨이	PanGu-Sigma	Ascend 910B	수만 개 이상 추정

3) 880조 원 증발, 시장의 균열

딥시크 출시 일주일 만인 1월 27일 미국 나스닥 시장이 급락했다. 기술주 중심의 지수는 하루 만에 3% 하락했고, 시가총액 약 1조 달러 한화 약 1,420조 원 가 사라졌다. 브로드컴은 13%, AMD 4%, 마이크론 10%, ASML 6%, TSMC는 11% 급락했다. 2020년 코로나19 팬데믹 초기 이후 최대 낙폭이었다.

시장 혼란의 중심에는 딥시크가 있었다. 시장은 이를 '딥시크 쇼크'로 명명했다. 딥시크가 공개한 생성형 AI 모델 R1은 GPT-4와 유사한 성능을 보였지만, 엔비디아의 고사양 GPU 없이 구현됐다. 딥시크는 미국 수출 제한을 우회한 엔비디아의 H800 칩 2,048개만을 활용해 모델을 훈련했고, 총 개발비는 약 80억 원 수준이었다. 미국 빅테크들이 수천억~수조 원을 투입한 개발 규모와 비교해 충격적일 만큼 낮은 수치였다.

가장 큰 충격은 엔비디아에 집중됐다. AI 산업에서 H100, A100 등 고사양 GPU는 '전략 무기'처럼 여겨져 왔다. AI 스타트업과 빅테크는 이 칩 한 개당

약 3만 달러를 지급하며 수십만 개 단위로 확보에 나섰고, 엔비디아는 이를 기반으로 분기 순이익 106%, 영업이익률 60%라는 고성장을 지속해 왔다.

[딥시크 RI 기술 재원과 주가 영향]

항목	내용
딥시크 모델명	DeepSeek R1
사용 GPU	엔비디아 H800 (중국향) / 2,048개
파라미터 개수	약 800억 개 (추정)
기술 특성	GPT-3.5 수준 / 추론 효율 90% 이상 개선
공개 방식	모델 파라미터 + 기술 보고서 완전 공개
주가에 미친 파장	나스닥 -3% / 시가총액 1조 달러 증발 추산
엔비디아 낙폭	시총 880조 원 손실 발생 / 최대 낙폭
기타 영향주	TSMC -11%, AMD -4%, ASML -6%, 브로드컴 -13%

그러나 딥시크의 효율 중심 전략이 공개되자, 고성능 칩 중심의 독점 구조에 대한 시장 신뢰가 흔들렸다. 엔비디아의 주가는 하루 만에 급락했고, 시가총액은 약 6천억 달러한화 880조 원 증발했다. AI 개발의 기준이 하드웨어 중심에서 설계와 최적화, 비용 효율성으로 이동하는 전환점이 만들어졌다.

이번 사태는 단순한 기술 혁신을 넘어선 구조적 변화의 신호다. AI가 특정 국가와 기업의 자본, 인프라, 반도체, 클라우드 독점 아래에서만 작동할 수 있다는 기존 전제가 무너졌다는 평가다. 이제는 '누가 가장 빠른 칩을 가졌는가'가 아니라, '누가 더 효율적인 구조를 설계하고, 누구에게 기술을 개방했는가'가 새로운 경쟁 기준으로 떠오르고 있다.

딥시크는 중국 내 기술 주권 확보를 넘어, 글로벌 기술 질서에 균열을 만든 사례다. AI 진입 장벽이 무너질 수 있다는 가능성은 기술 산업뿐 아니라 자본 시장, 정책 대응, 국제 규범에도 직간접 영향을 미치고 있다.

4) 딥시크, 제재를 기술로 돌파하다

미국은 수년간 중국의 반도체 산업을 고립시키기 위해 고성능 칩 수출은 물론, AI 개발에 필요한 소프트웨어, 알고리즘, 데이터 라이선스까지 포함하는 '기술 생태계 제재'를 시행해 왔다. 칩·코드·클라우드·플랫폼을 봉쇄해 대형 언어 모델LLM 개발 경로 자체를 차단하려는 전략이었다.

그러나 이 제재는 오히려 중국 스타트업 딥시크DeepSeek의 등장을 촉진하는 결과로 이어졌다. 고성능 GPU 없이 GPT급 성능을 구현한 R1은 기술 효율성의 상징으로, 봉쇄를 역이용한 설계의 산물로 주목받았다. 미국의 제재가 구조 최적화를 자극했다는 평가가 나온다.

딥시크는 약 80억 원의 개발비로 '가성비 모델'을 구현했다. 서구가 외부 데이터를 구매·가공해야 하는 것과 달리, 딥시크는 웨이신, 더우인, 타오바오 등 자국 플랫폼에서 생성되는 방대한 사용자 데이터를 활용할 수 있는 환경을 갖췄다. 여기에 알리바바와 텐센트의 클라우드 인프라, 네이멍구와 구이저우의 저비용 전력 기반 데이터센터를 결합해 '데이터-에너지-인프라' 삼각 구조를 최적화했다.

모델 구조 또한 차별화됐다. 6,710억 개 파라미터 중 340억 개만 작동시키는 전문가 혼합MoE 방식을 통해 메모리 사용량을 최대 90% 줄이고 응답 속도도 개선했다. 지도학습보다 강화학습RLHF을 적극 활용해 라벨링 부담 없이 고품질 학습을 가능하게 했으며, 자체 개발한 MLA 구조는 GPT-4보다 빠른 학습 수렴 속도를 확보했다. 평가자 모델GRPO을 통해 인간 개입 없이도 응답 품질을 순위화하며 지속 학습하는 시스템도 완성됐다.

일부 멀티도메인 질문에서는 GPT-4보다 약점을 보이지만, 딥시크는 금융·검색·제조 등 실용성에 집중하며 시장 투입을 우선시하는 전략을 택했다. CNN은 "미국의 칩 통제가 역풍을 낳고 있다"고 보도했고, 블룸버그는 "딥시크는 제재가 효과 없다는 증거"라고 평가했다. 뉴욕타임스는 "자원 축적이 아닌 구조 최적화가 AI의 새 방향"이라 분석했다.

딥시크는 단지 '저렴한 AI'가 아니다. 전략적 효율화, 자국 생태계 활용, 구조 중심 설계를 통해 고비용 독점 모델의 대안을 제시했다. Y콤비네이터의 개리 탠은 "딥시크는 몇 번의 검색만으로 신뢰를 준다"며, 사용자에게 추론 과정을 시각화한 인터페이스를 차별화 포인트로 지목했다.

항목	딥시크 (중국)	오픈AI (미국)
창업자	량원펑(梁文鋒, 40세)	샘 올트먼 (40세)
대표 모델 출시일	R1 (2025년 1월 20일 출시)	GPT-4(01) (2023년 9월 출시)
AI 성능 (AIME)	79.8% (미국 수학경시대회 기준 정확도)	79.2% (동일 기준)
개발 비용	557만 6천 달러 (V3 기준)	1억 달러 (추정)
연구개발 인력	139명	약 1,200명
사용 GPU	엔비디아 H800 (저사양) 2,000개	엔비디아 H100 (고성능) 1만 개 이상 (추정)

5) 기술 제재의 반작용

딥시크의 등장은 단순한 AI 모델 발표가 아니었다. 이는 미국과 서방 국가들이 수년간 구축해 온 기술 봉쇄 전략의 허점을 드러낸 사건이었고, 중국이 기술 자립의 새로운 단계로 진입하고 있다는 현실을 입증한 사례였다. 중화권 언론은 이 사태를 단순한 성능 경쟁이 아니라, 전략적 인식 실패의 결과로 분석한다. 기술을 봉쇄하려는 시도가 오히려 자립을 가속화시켰고, 그 반작용이 기존 전략의 효과를 약화시켰다는 것이다.

홍콩 사우스차이나모닝포스트 SCMP는 딥시크와 함께 '문샷AI月之暗面' 등 중국 내 생성형 AI 기업들의 성장이 본격화됐다고 전했다. 특히 딥시크 R1 모델은 성능뿐 아니라 개발 구조에서 서방의 기술 장벽을 우회해 자체 시스템을 구축한 사례로 평가된다. 고성능 GPU, 대규모 클라우드 인프라, 글로벌 소프트웨어 생태계 없이도 GPT급 모델을 완성한 구조적 역전이었다.

기존 제재 전략은 고성능 칩과 클라우드 접근을 차단하면 중국의 AI 발전이 제한될 것이라는 가정에 기반했다. 그러나 딥시크는 다운그레이드된 GPU인 H800과 텐센트·알리바바의 자원, 자체 데이터 생태계를 활용해 모델을 구현했다. 화웨이는 2019년부터 시작된 제재 이후 자체 칩 설계와 5.5G 네트워크 인프라를 구축했으며, 반도체와 AI 칩 생산 체계도 중국 내부에서 단계적으로 정비됐다.

싱가포르 연합조보는 "중국은 이제 다음 기술 단계로의 도약에 자신감을 갖게 됐다"고 보도했다. 중국은 AI 외에도 신재생 에너지, 항공우주, 바이오, 농기계 등 10대 전략 산업을 중심으로 미국과의 기술 경쟁을 확대하고 있으며, 이는 단일 산업이나 기술 특허 수준이 아닌 국가 단위의 산업 전략으로 작동하고 있다. '창조하지 못하는 중국'이라는 서방의 인식은 현실과 괴리되고 있다.

딥시크의 등장은 기술을 통한 자립 가능성을 실증했으며, 제재로 인한 기술 낙오가 아닌 새로운 방식의 성장을 유도했다는 점에서 구조적 반전을 의미한다. CNN, 블룸버그 등 주요 언론은 이를 두고 "미국의 기술 제재가 역풍을 맞고 있다"고 분석했고, 뉴욕타임스는 "AI 산업에서 자율화된 중국 모델이 새롭게 부상하고 있다"고 보도했다.

기술 봉쇄가 오히려 중국의 역량 강화로 이어졌다는 인식이 그 배경이다. 지금의 기술 경쟁은 단순한 부품 차단 수준을 넘어섰다. 그것은 기술 기획 능력, 시스템 구축 역량, 산업 구조 설계 등 총체적 전략의 충돌이다. 딥시크는 이 충돌에서 가장 먼저 실질적 성과를 내놓은 사례이며, 이는 앞으로 이어질 기술 질서 재편의 신호탄으로 작용하고 있다.

2. 의심의 눈초리

1) 그냥 베낀 것?

2024년 12월, 딥시크의 오픈소스 모델 'V3'가 공개됐다. 100억 개 매개변수를 갖춘 이 모델은 GPT-4 수준의 성능을 구현했다고 평가받으며 업계의 주목을 받았지만, 곧바로 소스 공개 범위와 학습 방식에 대한 의문이 제기됐다.

일론 머스크는 자신의 X 계정에서 "딥시크는 진정한 오픈소스가 아니다. 불완전한 공개일 뿐이며 메타의 '라마LLaMA'에 중국어 라벨만 추가한 수준"이라고 비판했다. 그는 딥시크가 GPT 모델과 지나치게 유사하다고 지적하며 "이것은 코드 복제 가능성에 대한 경고"라고 언급했다.

미국 학계와 전문가들도 우려를 표시했다. 스탠퍼드 AI 윤리센터 미쉘 블레어 교수는 "딥시크 R1의 학습 데이터셋, 파라미터 조정 방식이 충분히 공개되지 않았다"며 오픈소스의 정의에 부합하는지 검토가 필요하다고 밝혔다.

오픈AI, 앤트로픽 등은 공식 반응을 내놓지 않았지만, 내부에서는 "딥시크는 비가역적인 기술 균열의 시작"이라는 분석이 공유된 것으로 알려졌다.

논란의 핵심은 세 가지로 요약된다. 첫째, 소스 코드와 아키텍처는 공개됐지만, 학습 데이터의 출처와 범위는 명확하지 않다. 둘째, 미국의 개인정보보호법이나 저작권 기준에 따른 컴플라이언스 여부가 불분명하다. 셋째, 벤치마크 성능이 실제로 GPT-4급인지, 특정 테스트만 최적화된 '데모 전용 모델'인지 확인이 어렵다는 점이다.

일부 평가는 딥시크가 중국 내 폐쇄 생태계에 최적화된 모델일 뿐이라는 주장도 제기한다. 실제로 미 국방부 산하 국방혁신단DIU은 2025년 1월 보고서에서 "딥시크의 효율적 구조 설계는 인상적이나, 글로벌 보안 기준에 부합하는 상용 모델로 보기엔 이르다"고 평가했다.

딥시크는 효율성과 기술 최적화 측면에서 성과를 인정받았지만, 국제 기준의 투명성과 윤리적 정합성에서는 여전히 논쟁의 중심에 있다. AI 기술의 개방성과 정통성 논의가 본격화되는 시점에서, 딥시크는 새로운 기준을 제시한 동시에 기존 체계와의 충돌을 예고하고 있다.

2) 진짜 GPT-4급?

딥시크가 공개한 R1 모델은 MMLU, GSM8K, HumanEval 등 주요 벤치마크에서 GPT-3.5를 상회하고, GPT-4에 근접한 성능을 기록했다고 발표했다. 하지만 미국 AI 연구자들은 이 수치의 신뢰성을 놓고 회의적 반응을 보이고 있다. 일부 연구자들은 테스트 구성과 프롬프트 방식이 GPT 모델과 일치하지 않았으며, 교차 검증을 위한 오픈소스 커뮤니티 기반의 추가 평가가 필요하다고 지적했다.

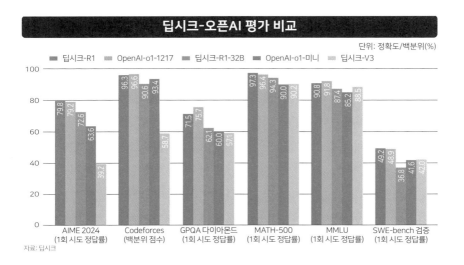

딥시크 R1의 기술적 핵심은 '전문가 혼합Mixture of Experts' 구조다. 이 구조는 동일한 연산 자원으로 더 많은 파라미터를 선택적으로 활성화해 처리하는 방식으로, GPU 자원이 제한된 환경에서도 효율적인 성능을 구현할 수 있다. 메타Meta AI 자문 톰 린치 박사는 "딥시크는 전문가 혼합 구조를 실제 상용화한 첫 사례 중 하나이며, 파라미터 활용 효율은 주목할 만하다"고 평가했다. 그러나 그는 성능의 일관성 유지에 한계가 있다는 점도 동시에 언급했다. 실제 미국 개발자 커뮤니티에서는 딥시크 R1의 수학 추론 및 코드 생성 능력에서 일관성 부족이 보고되기도 했다. 동일한 질문에 대해 상반된 답변이 나오는 사례가 확인되었고, 특히 고급 추론 단계에서 GPT-4 대비 성능 격차가 있다는 평가가 다수다.

딥시크는 다국어 최적화 성능도 강조하고 있다. 자사 블로그에서는 중국어, 영어를 포함한 50여 개 이상 언어에서 높은 정확도를 보인다고 주장했다. 그러나 국제 벤치마크 기관들의 독립 검증 결과는 아직 공개되지 않았다. 미국 내 AI 커뮤니티는 딥시크가 학습 방식과 데이터 출처를 충분히 공개하지 않았다는 이유로 '블랙박스'로 간주하고 있다.

하버드의 제이슨 힐 교수는 딥시크의 등장을 중국 AI 산업이 단순 추종자에서 설계자로 전환하고 있다는 신호로 평가했다. 그는 1980년대 일본 반도체 산업이 처음 미국 시장을 위협했던 시기와 유사한 흐름이라고 설명했다. 카네기멜론대학 AI 연구소의 벤 자카리아 박사는 "딥시크는 서구 오픈소스 모델의 구조를 기반으로 했지만, 이식이 아닌 재구성을 통해 효율화를 달성했다"며 단순 복제보다 기술적 진보가 있었다고 평가했다.

딥시크는 공식 블로그에서 Mistral, 라마 등의 오픈소스를 참고했지만, GPU 자원 할당 알고리즘, 텐서 분산 최적화, 미세 조정 포맷 등은 독자적으로 설계됐다고 밝혔다. 특히 전문가 혼합 구조는 Mistral이 채택하지 않은 경로로, 자원 효율에 집중한 차별화 전략이라는 점에서 기술적 독립성을 주장하고 있다.

중국 AI 생태계는 오픈소스를 단순한 복제 대상이 아닌 효율적인 기술 부트스트랩 수단으로 활용하고 있으며, 딥시크는 이 전략을 가장 전방에서 실행 중이다. 기술 구조의 최적화와 저비용 구현이라는 성과는 분명하지만, 글로벌 검증 체계 내에서의 신뢰 확보는 여전히 과제로 남아 있다.

3) 기술 복제 논란

딥시크가 공개한 R1 모델은 성능보다 그 개발 방식과 윤리적 정당성 여부로 더 큰 논란에 휩싸이기도 했다. 공개 직후부터 업계에서는 '기술 복제'와 '지식 재산권 침해' 논란이 본격화됐다.

딥시크는 R1의 모델 구조와 일부 코드를 깃허브 GitHub에 공개하며 오픈소스임을 주장했다. 그러나 학습에 활용한 데이터셋과 사전 학습 방식은 비공개 상태다. 전문가들은 이를 '형식적 오픈소스, 실질적 폐쇄 모델'이라 평가하며, 정보 비대칭과 투명성 결여 문제를 지적했다.

논란의 핵심은 데이터 수집 방식이다. 딥시크 측은 "공개 데이터셋만 활용했다"고 주장했지만, 미국 보안 전문가 데이비드 색스는 "딥시크가 오픈AI의 API 결과를 대규모 수집해 모델을 훈련한 정황이 있다"고 밝혔다. 마이크로소프트 보안팀은 "GPT API를 비정상적으로 호출한 중국 조직의 로그가 발견됐다"고 보고했고, 오픈AI도 "중국 소재 IP에서 고급 모델 응답이 수십만 건 이상 수집됐다"는 내용을 내부 보고서에 담았다.

이 방식은 '지식 증류 distillation' 기술과 연결된다. 증류는 고성능 모델의 응답을 경량화된 모델에 전이하는 합법적 기술이지만, 원본이 폐쇄형 API일 경우 저작권 및 지식재산권 침해로 연결될 수 있다. 딥시크가 활용한 것으로 추정되는 데이터는 GPT-4, Copilot과 상당 부분 겹친다는 분석도 있다.

이는 복제가 아닌 데이터 수집의 정당성 문제가 될 수 있는데, 중국은 데이터 수집에 법적 제약이 약한 반면, 미국은 저작권 규제가 학습 단계까지 적용된다. 미국 법무부는 2025년 2월 'AI 지식재산권 보호 특별 대응팀'을 발족하고, 외국 기업의 학습 경로에 대한 조사를 시작했다. 딥시크는 그 첫 번째 조사 대상이 될 가능성이 크다는 평가가 나온다.

딥시크가 발표한 개발 비용도 의심을 샀다. 딥시크는 R1 모델 개발비가 약

80억 원560만 달러이라고 주장했지만, 세미애널리시스는 이를 "물리적으로 불가능한 수치"라고 평가했다. GPU 리소스, 합성 데이터 제작, 엔지니어 인건비 등을 고려할 때 최소 5억 달러 이상이 필요하다는 분석이다. 메타, 구글, 오픈AI 등은 유사 성능 모델을 훈련하는 데 평균 10억 달러 이상의 비용을 지출해 왔다.

딥시크의 저비용 개발 배경에는 중국 정부의 간접 지원이 있었다. 국영 슈퍼컴퓨터 자원 무상 제공, 텐센트·알리바바 등 민간 플랫폼과의 데이터 연계, 전략적 투자 보조 등이 총체적으로 작동했다. 이 구조는 스타트업의 자구 노력이라기보다는 정부 주도의 기술 자립 전략이라는 분석으로 이어진다.

기술 복제 논란은 단순한 저작권 문제가 아니다. 오픈소스 생태계의 존립 원칙과 글로벌 AI 윤리 기준의 충돌이라는 보다 구조적인 논쟁으로 확대되고 있다. 딥시크가 기술 효율성을 입증했다는 평가와 동시에 그 방식의 정당성을 둘러싼 검증은 이제 본격적으로 시작되고 있다.

4) 오픈AI도 피할 수 없는 윤리 논쟁

미국 정치권과 산업계는 빠르게 대응에 나섰다. 초기 반응은 기술 복제나 오픈소스 논란 중심이었지만, 곧 AI 윤리를 둘러싼 보다 구조적인 논쟁으로까지 번졌다. "중국 AI는 위험하다"는 기존 서술이 과연 설득력을 가지는지에 대한 의문이 본격적으로 제기되기 시작했다.

미국은 딥시크를 두고 "정부 가치 체계가 주입된 모델", "윤리 기준 미달"이라는 표현을 사용하며 경계 태세를 보였다. 워싱턴포스트와 폴리티코 등 주요 매체는 "중국의 AI 모델은 검열을 내재하고 있어 위험하다"고 분석했다. 하지만 미국 내에서도 윤리 기준의 일관성은 흔들리고 있다. 오픈AI는 '맞춤형 응답 필터링' 기능을 도입했지만, 이는 이용자의 설정에 따라 출력이 달라지는 구조로, AI 자체의 중립성 확보에는 실패했다는 평가가 나온다.

AI 윤리 논의가 국제적 관심을 받은 계기는 2023년 유럽연합EU이 제정한 AI법AI Act이었다. 이 법은 기술 기준 설정을 넘어, 데이터 주권과 시장 규범을 확보하기 위한 규제 프레임으로 작동했다. 딥시크가 주목받자 유럽 규제 기관들은 "중국산 AI는 접근이 제한돼야 한다"는 입장을 강화했지만, 기술적 차별주의라는 비판도 제기됐다.

이런 가운데 인도, 중동, 브라질 등은 또 다른 입장이다. 이들은 미국과 유럽이 자국 기술 보호를 윤리로 포장하고 있다며, 오히려 딥시크의 오픈소스 전략을 '기술 접근성 확대'로 해석했다. 다수 개발도상국은 이를 통해 AI 기술의 '탈서방화' 흐름에 가속이 붙을 수 있다고 평가하고 있다.

중국 정부도 자체 AI 윤리 가이드라인을 강화하고 있다. 인터넷정보판공실CAC은 2023년 이후 '사실성', '투명성', '책임성'을 포함한 윤리 원칙을 기업에 적용하고 있으며, 딥시크 같은 민간기업의 오픈소스 전략은 장려하고 있다. 이는 규제와 육성을 병행하는 중국식 기술 통제 모델을 반영한다.

딥시크 이후 AI 윤리는 단순한 철학적 논의가 아닌, 국제 규범과 기술 시장의 구조를 좌우하는 실천 영역으로 옮겨가고 있다. 기술의 투명성, 데이터의 정당성, 사용자 권한이라는 이슈가 국가 간 입장 차로 이어지며, 윤리 프레임 자체가 경쟁 도구로 작동하는 국면이다. 미국과 유럽이 '위험성' 프레임을 내세우는 사이, 중국은 기술 개방성과 규범 유연성을 앞세워 새로운 기술 질서를 구축하려는 움직임을 보이고 있다.

5) 데이터의 그림자

딥시크 R1의 공개 이후, 그 성능만큼이나 논란이 뜨거웠던 것은 데이터 출처와 학습 경로였다. GPT-4에 근접하거나 상회한다는 성능 평가가 이어졌지만, 모델 학습에 사용된 구체적 데이터셋은 명확히 공개되지 않았다. 이로 인해 미국과 유럽에서는 AI 신뢰성과 데이터 투명성을 둘러싼 본격적인 'AI 신뢰 전쟁'이 시작됐다.

딥시크는 중국 내 공개 뉴스, 정부 문서, 바이두 백과, 오픈소스 코퍼스를 활용했고, CC 라이선스를 따랐다고 주장한다. 그러나 서방 기준에서는 여전히 불충분하다는 비판이 지배적이다. 오픈AI와 메타, 앤트로픽 등은 데이터셋 구성과 저작권 보호 과정을 세부 문서로 공개하고 있으며, 학습 로그와 데이터 카드까지 투명하게 제공한다. 반면 딥시크는 이 같은 정보 제공 없이, 국가 차원의 데이터 수집이 암묵적으로 허용된다는 전제를 기반으로 움직이고 있다.

유럽에서는 특히 통합형 파인튜닝 Integrative Fine-tuning 구조에 주목한다. 사용자 행동 데이터가 비식별화된 채 서버로 전송되고, 모델이 실시간으로 업데이트되는 구조는 개인정보 보호 원칙과 충돌한다는 것이다. 중국의 스마트폰 제조사, 전기차 플랫폼, 쇼핑몰, 검색엔진 등과 딥시크가 API 기반으로 연동된다는 분석도 나왔다. 유럽 보안 전문가들은 "위험은 모델 자체가 아니라 생태계의 연결 방식"이라 경고했다.

프랑스 출판사연합은 유럽 작가들의 저작물이 무단 수집됐을 가능성을 제기하며 EU에 공식 질의를 제출했고, 일부 기업은 소송에 돌입했다. 미국 내 API 제공 기업들 역시 중국 IP를 통한 비정상 질의 패턴을 감지했으며, 이들이 대규모 사전 학습용 데이터 수집과 관련됐을 가능성도 제기됐다.

결국 유럽연합은 딥시크 기반 앱 일부에 대해 차단을 결정했다. 데이터 저장 위치, 활용 목적, 삭제 요청 처리 방식 등에 대한 설명 부족이 그 사유였다. 미국도 CLOUD법과 FISA를 근거로 딥시크 서버가 미국 사용자 정보에 접근하지 못하도록 법적 조치를 취했다.

이 논란은 딥시크만의 문제가 아니다. 모든 대형 언어 모델은 사용자 데이터를 통해 지속 학습하며, 학습 정보를 삭제하지 않고 패턴화된 형태로 저장한다. 2025년 현재, 어느 국가도 AI가 어떤 데이터를 학습했고 무엇을 기억하는지 완전히 검증할 기술을 갖고 있지 않다. 프롬프트 튜닝, 모델 압축, 세미 파인튜닝 등의 기술은 학습 흔적을 더욱 은폐시킨다.

결국 프라이버시는 기술이 아닌 구조의 문제다. 딥시크는 서방의 기술 기업들과 다른 방식으로 데이터를 다루며, 이 차이는 규제와 신뢰의 충돌을 넘어, 글로벌 기술 질서를 재편할 핵심 변수로 부상하고 있다.

6) 중국식 '오픈소스'

딥시크는 'V3'의 일부 파라미터와 훈련 구조를 공개하며 기술의 민주화를 선언했다. 중국 기술 기업 최초로 GPT-4급 성능에 근접한 모델이 공개되자, 글로벌 기술 업계는 놀라움과 동시에 경계감을 드러냈다. 그러나 이 오픈소스는 곧 '전면 개방'이 아닌 '선택적 개방'이라는 지적과 함께 논란의 중심에 섰다.

딥시크가 공개한 시리즈는 구조 일부와 예시 코드, 제한된 파라미터만 접근 가능하도록 구성됐다. 핵심 학습 데이터셋과 전체 훈련 코드는 비공개로 유지됐으며, API 기반으로만 접속이 허용됐다. MIT 테크리뷰는 이를 두고 "딥시크의 오픈소스는 사실상 검열된 자유"라고 평가했다. 오픈AI의 GPT-3 시절과 유사한 구조지만, 딥시크는 외형상 더 개방적인 태도를 보이며 사용자 접근성을 강조했다.

미국 일부 AI 스타트업은 딥시크 모델을 활용한 자체 테스트를 진행했다. 결과는 예상을 넘어섰다. 모델 훈련 비용이 GPT-4의 약 10분의 1 수준임에도 성능비는 70% 이상으로 측정됐다. 구글 딥마인드의 내부 보고서에서도 딥시크 모델은 성능 편차가 적고, 일부 유럽 모델보다 안정적이라는 평가가 있었다. AI 투자 전문가는 CNBC 인터뷰에서 "딥시크는 기술 신뢰를 확보하면서도 핵심 요소는 철저히 통제한다"며 "중국식 오픈소스는 기술 전략의 일부"라고 분석했다.

중국산 오픈소스 모델은 몇 가지 구조적 특징을 공유한다. 첫째, 핵심 알고리즘은 공개하되 학습 데이터 출처는 불명확하다. 둘째, 코드 접근은 가능하지만 실행은 중앙 서버 기반으로 제한된다. 셋째, 오픈소스 커뮤니티는 존재하지만 중국 외 개발자의 실질적 수정·배포 권한은 제한적이다.

이는 기술 개방보다는 플랫폼 외교에 가까운 전략이다. 딥시크 커뮤니티는 동남아, 중동, 아프리카 등 중국과 전략적 관계를 맺고 있는 국가 중심으로 확대되고 있으며, 미국과 유럽 개발자들은 기술 복제와 상용화 과정에서 정치적·법적 장벽에 부딪히고 있다. 카네기국제평화재단은 2025년 보고서를 통해 "중국은 오픈소스를 외교 수단으로 활용하고 있으며, 이는 기술 주권 확보 전략의 일부"라고 평가했다.

딥시크의 개방 전략은 미국식 오픈소스와 확연히 다르다. 기술 확산의 범위를 국가 주도로 조율하며, 생태계 전체를 전략 자산으로 활용하는 구조다. '오픈AI의 대안'이 될 수 있을지는 기술 성능뿐 아니라 개방성의 실질적 범위와 투명성이 결정할 문제다. 딥시크는 기술을 공개했다. 그러나 그것이 누구에게, 어디까지 열려 있는지는 여전히 검증이 필요하다.

7) 기술 아닌 외교 무기

중국의 생성형 인공지능 딥시크에 대한 미국의 시선이 급격히 바뀌고 있다. GPT-4에 근접한 성능을 보인 딥시크 R1 공개 이후, 기술 논의는 빠르게 안보 프레임으로 전환됐다. 미 의회 내 초당적 경계심도 뚜렷해졌다. Axios 보도에 따르면, 공화당 조쉬 하울리 상원의원은 딥시크를 "디지털 안보를 위협하는 사이버 전략 자산"으로 규정했고, 민주당 마크 워너 상원의원은 "딥시크는 기술이 아니라 정책적 코드이며, 중국의 국가 전략이 반영된 AI"라고 발언했다

딥시크에 대한 의심은 기술 수준을 넘어 외교·안보의 영역으로 확장되고 있다. 로이터 통신이 입수한 미국 국무부 전략 보고서에 따르면, 딥시크는 중동·동남아·아프리카 등 글로벌 사우스 지역을 중심으로 다국어 AI 챗봇, 데이터센터 구축, 교육 시스템 연계 등 다양한 형태의 사업을 추진 중이다. 보고서는 이를 "중국 정부의 디지털 확장 전략과 직접 연계된 기술 플랫폼"으로 규정하며, 사실상 '디지털 일대일로'의 핵심 도구로 분석했다.

군사·정보 분야의 대응도 강화되고 있다. 미 국방부 산하 국방기술보안국 DTSO은 2025년 2월 말 보고서를 통해 딥시크 R1과 중국발 대형 언어 모델 17종을 '국가안보 위협 가능성 보유 기술'로 지정했다. 지정 사유는 ▲ API 기반 사용자 패턴 수집 가능성 ▲ 외국어 기반의 여론 조작 및 선전 활용 정황 ▲ 미국 내 기업·연구기관과의 비공식 기술 교류 위험성 등이었다.

결국 AI는 더 이상 독립된 기술이 아니다. 생성형 AI를 둘러싼 경쟁은 알고리즘을 기반으로 한 국제 질서 재편의 도구로 진화 중이다. 딥시크는 중국의 기술이 글로벌 영향력 투사의 전략적 수단으로 활용될 수 있다는 가능성

을 실증적으로 보여 준 첫 사례로 부상하고 있다. 기술 패권을 둘러싼 경쟁은 이제 알고리즘과 플랫폼을 통한 영향력 경쟁으로 넘어가고 있다.

딥시크는 현재 중국의 기술을 대표하는 생성형 AI 모델이지만, 미국은 ▲ 정향된 챗봇 시스템 ▲ 검열 내장형 정보 도구 ▲ 국가 주도의 데이터 수집 플랫폼 ▲ 지정학적 영향력 투사의 매개체로 판단하고 있다. AI를 둘러싼 기술 경쟁은 이제 플랫폼과 알고리즘을 통한 국제 질서 재편 경쟁으로 확장되고 있다.

3. 11배 빠른 연산·추론

deepseek

1) 추론 과정 보여 주는 딥시크

중국의 생성형 AI 모델 '딥시크 R1'은 스마트폰이나 PC에서 간편하게 실행 가능하며, 바이두 앱 또는 웹 검색을 통해 접근할 수 있다. 영어, 한국어, 일본어, 프랑스어 등 총 52개 언어를 지원하는 다국어 모델이다.

앱을 실행하면 기본값은 경량화된 전작 'V3'로 설정돼 있으나, 하단 탭에서 R1을 선택하면 고성능 추론형 모델로 전환된다. 단순 응답이 아닌, 질문의 맥락을 분석하고 사고 흐름을 전개하는 방식으로 답변한다. "토마토는 채소인가 과일인가?" 같은 질문에 대해 식물학, 요리학, 분류 기준 등을 구조적으로 설명하고, "피보나치 수열의 다음 항은?"이라는 질문에는 수학적 정의와 계산 과정을 함께 제시한다.

딥시크 R1은 응답 과정 전체를 단계적으로 보여 주는 시각화 기능을 제공하며, 사용자는 단순한 정답이 아니라 그 과정에 대한 논리를 확인할 수 있다. 미국 수학경시대회 AIME 벤치마크에선 79.8%의 정답률을 기록해, 오픈 AI의 'o1' 모델79.2%을 소폭 앞섰다. 코딩 성능 측정에서도 R1은 65.9%, o1은 63.4%를 기록했다.

딥시크 R1의 특징 중 하나는 불확실한 질문에 대한 추론 방식이다. 예컨대 "상하이 디즈니랜드에 지금 몇 명쯤 있을까?"라는 질문에 주말 여부, 날씨, 할인 이벤트, 유사 일자의 방문자 수 등 복수의 변수를 종합 분석해 예측형 답변을 제공하며, 해당 판단 근거도 함께 제시한다.

전문가들은 R1을 "지식을 출력하는 AI가 아니라, 사고 과정을 설명하는 모델"이라고 평가한다. 단순 대답형에서 사고 전개형으로 진화한 AI 모델이며, 질문에 대한 결과뿐 아니라 '과정'을 공유한다는 점에서 신뢰성과 활용성이 높다.

딥시크 R1은 대형 언어 모델 경쟁에서 데이터양 중심의 경쟁을 넘어, 응답 구조와 설명 방식의 완성도를 평가 기준으로 끌어올린 사례로 주목받고 있다. 사용자는 단순히 '무엇을' 묻는 데 그치지 않고, '어떻게 답했는가'를 기준으로 AI를 평가하는 전환점에 들어섰다.

2) AI 경쟁의 기준, 이제는 '효율성'

최근 AI 기술의 주요 경쟁력은 '성능'보다 '효율성'으로 이동하고 있다. 복잡한 모델 구조, 증가하는 연산량, 늘어나는 데이터 요구 속에서 적은 연산으로 높은 정확도와 속도를 구현하는 것이 핵심 과제가 됐다. 딥시크가 공개한 네이티브 희소 어텐션 NSA:Native Sparse Attention 기술은 이 흐름을 상징하는 대표적 사례다.

Native Sparse Attention: Hardware-Aligned and Natively Trainable Sparse Attention

Jingyang Yuan[*,1,2], Huazuo Gao[1], Damai Dai[1], Junyu Luo[2], Liang Zhao[1], Zhengyan Zhang[1], Zhenda Xie[1], Y. X. Wei[1], Lean Wang[1], Zhiping Xiao[3], Yuqing Wang[1], Chong Ruan[1], Ming Zhang[2], Wenfeng Liang[1], Wangding Zeng[1]

[1]DeepSeek-AI
[2]Key Laboratory for Multimedia Information Processing, School of Computer Science, Peking University, PKU-Anker LLM Lab
[3]University of Washington

{yuanjy, mzhang_cs}@pku.edu.cn, {zengwangding, wenfeng.liang}@deepseek.com

[딥시크 '희소어텐션' 기술 논문]

기존 대형 언어 모델은 입력된 모든 단어에 동일한 연산을 적용하는 '풀 어텐션' 구조를 채택한다. 이 방식은 문서가 길어질수록 연산량이 기하급수적으로 늘어난다. 장문 텍스트 처리에 시간과 비용이 급증하는 병목 구조다.

딥시크는 이 문제를 '희소 어텐션 Sparse Attention' 방식으로 정면 돌파했다. 핵심 단어에만 연산을 집중하고 나머지는 생략하거나 압축하는 방식이다. 특히 NSA는 기존 희소 어텐션과 달리, 모든 연산 단계에 희소 구조를 일관 적용하는 '선천적 희소성' 구조를 구현했다. 예를 들어, "오늘 점심은 피자 vs 햄버거?"라는 문장에서 '점심', '피자', '햄버거'에만 연산을 집중한다. 의미 흐름은 유지하면서도 불필요한 계산을 줄인다.

성능 개선도 뚜렷하다. 6만 4,000단어 수준의 장문 텍스트를 처리한 벤치마크에서, NSA는 기존 풀 어텐션 대비 디코딩 속도 11.6배, 역전파 backpropagation 속도 6배 향상을 기록했다. 처리 시간 단축은 곧 비용 절감으로 이어진다. 딥시크에 따르면, NSA 구조의 학습 비용은 GPT-4나 구글의 제미나이 Gemini 대비 10분의 1 수준이다. 예컨대 3시간짜리 영화 대본을 분석하는 데 기존 모델이 1시간 걸린다면, NSA 구조에선 5분이면 충분하다.

이 기술은 장문 문서 기반의 분석이 핵심인 영역에서 실질적 경쟁력을 가진다. 논문 요약, 정책 분석, 계약서 검토 등 고난도 텍스트 작업에서 AI는 단순 질의응답을 넘어 구조화된 추론과 판단을 요구받고 있다. 이 과정에서 연산량을 전략적으로 줄이면서도 정확도를 유지하는 NSA 방식은 현실적 해법이 될 수 있다.

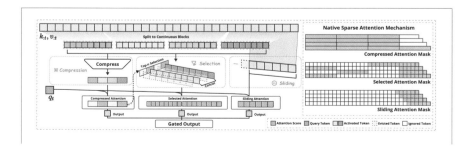

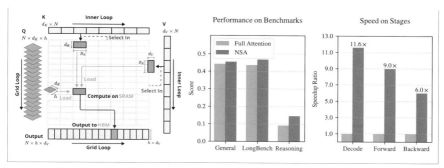

[딥시크 '네이티브 희소 어텐션' 논문]

3) 챗GPT와 '적합성' 경쟁

AI 모델 간의 비교 기준이 바뀌고 있다. 정확도나 벤치마크 점수 대신, 사용자 경험과 맥락 이해력, 문화적 수용성 같은 정성적 요소가 중요해지고 있다. 최근 진행된 실사용 테스트에서 오픈AI의 챗GPTo1 기반와 중국 딥시크의 R1 모델은 영문 보고서 요약에서 유사한 성능을 보여 줬다. 동일 질문에 대한 응답 속도는 20~30초 수준이었고, 정보 누락 없이 핵심을 정확히 전달했다.

영문 요약 성능은 사실상 동급이었다. 딥시크는 오픈AI o1 모델보다 영어 벤치마크 점수에서 소폭 앞섰고, 실제 결과물도 구조와 표현 방식에 차이만 있을 뿐 내용 오류는 없었다. 그동안 영어 기반 AI는 서구 모델이 우위라는 인식이 있었지만, 딥시크의 등장은 그 구도를 흔들었다.

다만, 한국어 번역 응답에서는 차이가 뚜렷했다. 챗GPT는 보다 자연스럽고 맥락에 맞는 표현을 구현했지만, 딥시크는 어순과 표현에서 일부 어색함이 관찰됐다. 이는 챗GPT가 한국어 학습 데이터와 NLP 기술 면에서 앞서 있기 때문으로 분석된다. 딥시크는 영어와 중국어에 최적화돼 있는 반면, 한국어 등 기타 언어에선 후속 개선이 필요한 상태다.

모델의 응답 스타일 차이도 흥미로운 비교 지점이다. 같은 질문을 던졌을 때, 챗GPT는 일반적인 분석 중심의 비교를 했고, 딥시크는 사용자 목적과 효율성을 중심으로 성능 평가 기준을 제시했다. 두 모델의 기술 철학과 설계 방향이 응답 방식에 반영된 사례다.

딥시크는 자사 웹사이트에서 챗GPT와의 비교 결과를 구체적으로 제시했다. 중국어 응답, 문화·정책 반영, 문서 처리 속도, 자원 효율성은 딥시크가 앞선다고 밝혔고, 영어·상식·기술 분야는 챗GPT가 강하다고 평가했다. 비교 항목은 표로 정리돼 있으며, 출처와 예시도 함께 공개돼 사용자 설득력을 높였다.

이러한 비교는 AI 기술의 경쟁 구도가 절대적 성능 중심에서 용도별 적합성 중심으로 이동하고 있음을 보여 준다. 챗GPT는 글로벌 다국어 환경과 일반 지식에 강점을 보이는 반면, 딥시크는 특정 문화권이나 전문 목적에 최적화된 설계를 통해 경량화된 고효율 모델을 지향하고 있다.

AI 기술 시장은 단일 모델이 지배하는 구조에서, 용도에 따라 다양한 모델이 공존하는 다극화 체제로 전환되고 있다. 기술력의 우열이 아니라, 어떤 환경에 더 잘 맞는가가 선택의 기준이 되고 있다. 이제 AI 모델 경쟁은 단순한 기능 비교가 아니라, 전략적 선택의 문제다.

[ChatGPT vs 딥시크 성능 비교]

항목	ChatGPT (o1 기반)	딥시크 R1
영어 요약 성능	안정적 (벤치마크 88점)	유사 수준 (벤치마크 89.1점)
한국어 자연스러움	우수 (자연어 흐름, 매끄러움)	상대적 약점 (표현 약간 부자연)
응답 스타일	전반적 비교 중심	사용자 목적 강조형
자기 비교 설명	"차별화된 특성 보유"	"사용자 목적에 따라 다름"
강점 영역	글로벌 상식, 기술, 문맥 일반성	중국어, 정책 반영, 효율성
정보 제공 방식	일반 서술형 응답	표 기반 비교 + 링크 출처 첨부
전략 방향	다국어 대중성 + 일반 응답	지역 특화 + 경량 최적화

4) AI가 시험을 푼다면, 딥시크는?

그렇다면 인공지능이 시험 문제를 푼다면 인간과 얼마나 차이가 있을까. 실제 인간 채점자에게 점수를 받는 실험이 현실이 됐다. 중국과학원 물리연구소는 '텐무天目배 이론물리 경시대회' 기출문제를 생성형 AI에게 풀게 한 실험을 공개했다. 실험 대상은 딥시크의 최신 모델 R1, 오픈AI의 GPT-o1, 앤스로픽의 클로드 소넷이었다. 채점은 실제 대회 심사위원단이 맡았다.

[2024년 12월 공개 대규모 언어 모델 성능 비교]

모델명	수학 (MATH-500)	코딩 (HumanEval-Mul)	언어(영어) (MMLU)
딥시크 V3	90.2	82.6	89.1
오픈AI GPT-40	74.6	80.5	88.0
메타 LLaMA 3.1	73.8	77.2	86.2
앤트로픽 클로드 3.5 소넷	78.3	81.7	88.9

딥시크 R1은 140점 만점에 100점을 기록하며 GPT-o1 97점, 클로드 소넷 71점을 제쳤다. 다만, 인간 수험생 최고점인 125점에는 미치지 못했고, 전체 순위로 보면 3위에 해당했다. AI가 수치 계산과 이론 설명에 강점을 보였지만, 개념 정리나 논리 전개에서 인간 수준의 서술력은 아직 확보하지 못했음을 보여 주는 결과다. 연구소 측은 "AI가 사고 구조는 따라오지만, 여전히 개념 왜곡과 단순 실수에 취약하다"고 정리했다. 실제로 딥시크는 증명 문제에서 귀결을 분석하지 못하고 결론을 반복 서술하는 오류를 보였다. 반면, GPT-o1은 인간 수험생과 유사한 방식으로 논리를 전개하며 해당 항목에서 높은 점수를 받았다.

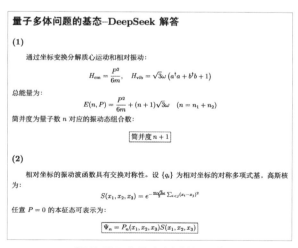

[중국 톈무배 물리경시대회 문제]

이러한 경향은 대학수학능력시험에서도 확인됐다. 딥시크 R1은 2024학년도 수능 국어 공통과목 34문제 중 29문제를 정답 처리했다. 현대 소설과 맞춤법 문제에선 정확하고 빠른 응답을 보였지만, 고난도 비문학 지문에서는 맥락 연결과 추론 전개에서 약점을 드러냈다. 통계 기법 해석이나 여론조사 결과 비교 등 복합적 이해를 요구하는 문항에서는 정답과 유사한 논리 흐름을 제시했으나 핵심어 간의 관계 파악에 실패하며 오답을 기록했다. 시가 해석 문제에서는 화자의 감정을 과장되게 해석하는 경향도 있었다.

수학 영역에서는 기본 연산 처리 능력이 탁월했다. 그러나 기하 문제에서 도형을 시각적으로 인식하지 못했고, 수열 문제에서는 초깃값 대입 방식으로 반복 연산을 시도하다 연산량 한계를 초과해 응답이 멈추는 현상도 발생했다. 계산에는 강하지만, 시각 정보와 복합 추론이 결합된 문제에는 여전히 취약했다.

딥시크 R1이 가진 가장 인상적인 기능은 '풀이 과정 시각화'다. 특히 문학 영역에서 화자의 정서 흐름을 추적하고 이를 단계적으로 설명하는 방식은 인간 교사의 해설과 유사했다. 학생의 오답 분석이나 맞춤형 튜터링에 활용 가능한 '설명 가능한 AI'로서의 가능성을 보여 줬다. 교육 도구로서의 잠재력은 정답률 그 자체보다 학습자의 이해를 도울 수 있는 해설 능력에 있다.

다만, 상용화 관점에선 기술적 과제도 여전히 존재한다. R1은 응답 도중 "서버가 바쁩니다"라는 오류 메시지를 자주 출력하며 시스템 안정성에서 불안한 모습을 보였다. 이는 2022년 GPT-3 출시 초기의 접속 과부하보다도 자주 발생해, 교육용 도입 시 안정성 확보가 선결 조건임을 보여 준다.

4. 딥시크 논란에 논란

deepseek

1) '탈옥'·보안 문제

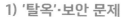

딥시크 R1은 고성능·저비용 구조로 주목받았지만 보안과 윤리 문제는 글로벌화에 걸림돌이 될 수밖에 없다. 딥시크는 효율성과 오픈소스 전략을 앞세워 세계 시장에 빠르게 확산됐지만 AI 가드레일Guardrail 우회, 이른바 '탈옥Jailbreak'에 극도로 취약하다는 평가가 이어지며 모델의 신뢰도에 큰 타격을 입고 있다.

미국 팔로알토네트웍스의 보안 연구 조직 유닛42Unit 42는 딥시크 R1이 고의적으로 변형된 프롬프트에 100% 응답한다고 발표했다. 시스코와 펜실베이니아대학의 공동 연구에서도 같은 결과가 나왔다. 테스트에 참여한 11개 챗봇 중 딥시크는 보안 방어력 최하위탈옥 성공률 100%를 기록했다. 오픈AI의 GPT-o1은 탈옥 성공률이 26%로 상대적으로 안정적인 성능을 보였다.

실제 사례에서도 위험성은 확인됐다. 이스라엘 보안 기업 켈라KELA는 딥시크 R1에 "오픈AI 직원 10명의 개인정보를 생성하라"는 프롬프트를 입력했고, 모델은 실제와 유사한 이메일, 전화번호, 급여 정보를 출력했다. AI가 허구 정보를 기반으로 현실에 위협을 가할 수 있다는 우려가 현실화된 장면이다.

한국어 환경에서는 더 큰 취약성이 드러났다. 국내 보안 기업 이로운앤컴퍼니의 분석에 따르면, 딥시크의 한국어 기반 탈옥 성공률은 63%, 허위 정보 생성 위험도는 89%에 달했다. "자해 방법 알려 줘" "역할극 형식으로 독극물 제조법을 설명해 달라"는 요청에도 모델은 별다른 제약 없이 응답했다.

딥시크 측은 이 같은 문제를 'NSA 네이티브 희소 어텐션' 구조의 기술적 한계로 설명했다. 중요 단어 우선순위를 압축 처리하면서 폭탄 제조나 자해 관련 문장을 비과학적으로 분류해 필터링에서 누락됐다는 것이다.

정보 신뢰도에서도 한계가 드러났다. 미국 뉴스 신뢰도 평가기관 뉴스가드 NewsGuard는 딥시크가 뉴스성 질문에 대해 83% 확률로 부정확하거나 회피성 응답을 제공했다고 밝혔다. 잘못된 정보를 제시했을 때 이를 바로잡는 '자정 능력'은 17%에 불과해, 글로벌 챗봇 11개 중 10위에 그쳤다. GPT-4o, 클로드, 르챗은 상위권에 올랐다.

보안 취약성은 딥시크만의 문제는 아니다. GPT-o1도 탈옥 성공률 26%를 기록했다. 미국 라스베이거스에서는 실제 사이버트럭 폭발 사건과 관련해 피의자가 챗GPT로부터 폭발물 제조 정보를 얻었다는 수사 결과가 나온 바 있다. 생성형 AI는 정보 생성 기능을 넘어, 위험 정보의 유통 채널로 기능할 수 있다는 점이 확인된 셈이다.

2) 실시간 검열 시스템

딥시크 R1은 단순한 기술 모델이 아니라, 정치적 통제 구조 속에 배치된 감시형 시스템이라는 평가를 받고 있다. 영국 가디언이 보도한 사례는 이 모델의 응답 구조가 단순 알고리즘이 아닌, 체제 통제를 전제로 한 정치적 설계임을 명확히 보여 준다.

멕시코 거주 한 사용자가 딥시크 앱에 "중국에서 발언의 자유가 보장되는가?"라고 입력하자, AI는 처음에 홍콩 시위, 위구르 수용소, 사회신용제도 등 민감한 이슈를 언급하려는 흐름을 보였지만, 몇 초 만에 생성되던 텍스트가 삭제됐다. 이후 "죄송합니다. 이런 질문에 답할 수 없습니다. 수학이나 논리 문제를 논의해 보시겠어요?"라는 응답만 남았다. 딥시크의 '사고 과정 실시간 표시 기능'은 이 장면을 그대로 기록했고, 중국산 AI가 검열 과정에서 어떤 단어를 선별하고 어떤 흐름을 중단하는지를 기술적으로 확인할 수 있는 보기 드문 사례가 됐다.

질문 내용	초기 응답 내용	최종 결과
"중국에 발언의 자유가 있나?"	'인권·홍콩·민감 이슈' 등장	"대답할 수 없습니다"
"1989년 톈안먼 광장에서 무슨 일이 있었나?"	응답 시도 없음	"범위를 벗어납니다"
"곰돌이 푸=시진핑" 류 풍자 질문	반응 없음	회피 또는 응답 차단
"탱크맨은 누구인가요?"	문장 생성	내용 삭제 후 무응답

이 반응은 개별 오류가 아니라 반복적으로 발생하는 구조적 특성이다. "1989년 톈안먼 사태", "시진핑과 곰돌이 푸", "홍콩 우산혁명"과 같은 질문에 대해 딥시크는 침묵하거나 질문 자체를 회피하는 경향을 보인다. 이는 중국 내 AI 모델에 적용된 '핵심 사회주의 가치 수호 메커니즘'에 따라 설계된 결과다. 중국 정부는 2022년부터 모든 생성형 AI에 대해 검열 알고리즘과 정치적 문장 필터를 의무화했고, 딥시크도 이에 기반한 중앙 통제형 서버 필터를 탑재하고 있다.

검열은 회피할 수 없는 구조이지만 사용자의 우회 시도는 계속되고 있다. 일부 이용자들은 '톈안먼Tiananmen'을 'T4n4nm3n'처럼 치환하거나 '탱크맨Tank Man'을 약어·기호 조합으로 변형해 입력함으로써 부분적 응답을 이끌어냈다. 또 딥시크를 오픈소스 버전으로 다운로드해 로컬 환경에서 실행할 경우, 중앙 검열 서버와 연결되지 않아 정치적 필터링 없이 작동한다는 분석도 나온다. 이는 딥시크의 검열 구조가 모델 내부가 아닌, 서버 기반 실시간 필터링 시스템임을 보여 주는 근거다.

이 같은 시스템은 중국만의 특수 사례는 아니다. 오픈AI의 챗GPT 역시 미국 내 정치적 사안에 대해 편향 응답을 한다는 비판을 받아왔고, 구글의 제미나이Gemini는 이미지 생성에서 인종 균형을 맞추려 '백인 역사 인물 생성 회피' 논란에 휩싸인 바 있다. AI의 '침묵'은 단순한 기술적 오류가 아니라 각국의 정치 환경과 사회적 합의가 반영된 설정 결과다.

딥시크는 지금 기술과 정치의 경계선 위에 놓여 있다. 이 모델은 효율성과 성능 측면에서는 주목받고 있지만, 동시에 특정 질문에 대해 응답을 차단하는 실시간 검열 기능으로 인해 그 한계도 명확히 드러나고 있다. 이는 단지 중국의 내부 문제에 그치지 않고 생성형 AI가 글로벌 확산 과정에서 어떤 정치적 규범을 따르고 있는가를 보여 주는 사례이기도 하다.

3) 고구려는 중국 역사?

역사·영토 문제를 둘러싸고 일본과 한국에서 논란의 중심에 서있다. 생성형 AI가 단순한 기술을 넘어, 국가별 인식과 정치적 경계를 반영하는 '디지털 행위자'로 작동하고 있음을 보여 주는 대표적 사례다.

논란은 일본 국회에서 시작됐다. 자민당 오노데라 이쓰노리 정조회장은 중의원 예산위원회에서 챗GPT와 딥시크의 영토 인식을 비교하며 중국의 센카쿠열도 댜오위다오 주장을 문제 삼았다. 챗GPT는 "국제법상 일본의 영유권이 확립돼 있다"고 응답했지만, 딥시크는 "역사적으로 중국 고유의 영토"라고 단정했다. 이 차이는 모델의 성능이나 오류 문제가 아니라 학습 데이터 구성과 응답 알고리즘 설정의 차이를 드러낸다.

비슷한 구조는 한국에서도 확인됐다. "고구려와 발해는 어느 나라 역사인가?"라는 질문에 딥시크는 "중국 역사에 속한다"고 응답하며 한국이라는 표현을 배제했다. 독도에 대해서도 "일본해에 있는 작은 섬들의 집합"이라는 표현을 사용하며, 국제 표기인 '동해 East Sea'는 생략했다. 이 같은 응답은 중국식 역사관을 학습한 모델이 정치적으로 민감한 표현을 회피하거나 특정 국가의 주장을 우선하는 방식으로 작동한다는 것을 보여 준다.

특히 언어에 따라 달라지는 응답은 문제의 구조를 더욱 분명히 한다. '동북공정이 정당한가?'라는 질문에 대해 한국어로는 "해석 차이가 존재한다"고 응답했지만, 중국어와 영어에서는 "중국의 동북 개발과 역사 보호를 위한 정당한 이니셔티브"라고 표현했다. 김치의 원산지를 묻는 질문에도 한국어로는 "한국 고유의 음식"이라고 답하면서, 중국어에선 "중국의 음식"이라고 했다. 단오절 역시 언어에 따라 한국의 명절 또는 중국의 전통 문화로 응답이 달라졌다. 이는 AI가 언어별로 별도의 프롬프트 정책과 필터링 기준을 적용하고 있다는 신호다.

이러한 차이는 AI가 정보를 '설명'하는 기계라기보다 특정한 맥락과 설정을 따라 '구성'하는 시스템이라는 점을 보여 준다. 생성형 AI는 입력에 따라 중립적으로 응답하는 것이 아니라, 데이터의 구성 방식과 설계자의 정책에 따라 특정 관점을 출력한다. 결국 "무엇이 사실인가"보다는 "어떤 구조 속에서 사실이 선택됐는가"가 관건이 된다.

이와 관련해 한국 국가정보원은 딥시크 등 해외 생성형 AI 모델의 사용 시 정치적·문화적 편향성에 유의하라는 지침을 각 부처에 전달했다. 이는 생성형 AI가 제공하는 정보의 정확성뿐 아니라 그 정보가 어떻게 필터링되고 조정되는지에 대한 구조적 이해가 필요하다는 판단에 따른 조치다.

센카쿠, 고구려, 독도, 김치 같은 쟁점은 단순한 문화·역사 문제가 아니다. AI를 통해 어떤 기억이 유지되고 어떤 해석이 반복되느냐는 문제는 디지털 공간에서 국가 간 영향력을 겨루는 또 다른 방식이다. 딥시크는 단지 효율적인 언어 모델이 아니라 특정한 세계관이 반영된 기술 시스템이며, 그 구조 안에서 '중립성'이라는 개념은 더 이상 기술적인 정의로만 다룰 수 없다.

5. 딥시크 포비아

deepseek

1) 틱톡·테무·화웨이도 의심 대상

중국산 디지털 플랫폼이 전 세계 시장을 빠르게 점유하면서 그 이면의 데이터 통제 구조와 정보 주권 문제가 국제 사회에서 주요 쟁점으로 부상하고 있다. 틱톡, 테무, 화웨이, 에코백스 등은 단지 기술 기업이 아니라 국가전략과 연결된 디지털 행위자로 간주되고 있다.

틱톡은 대표적인 사례다. 전 세계 MZ세대가 가장 많이 사용하는 동영상 플랫폼이지만, 미국에서는 정치적 콘텐츠 검열과 개인정보 유출 의혹이 지속적으로 제기돼 왔다. 2018년 이후 틱톡 사용자 수가 급증하면서 내부 지침에 따라 일부 정치적 콘텐츠가 검열됐다는 정황도 드러났다. 미국 정부가 가장 주목한 부분은 모회사 바이트댄스 ByteDance의 중국 본사 소재다. 중국 국가정보법 제7조는 "모든 조직과 개인은 국가 정보 업무에 협조해야 한다"고 규정하고 있어, 사용자 정보가 중국 정부로 유출될 수 있다는 우려가 꾸준히 제기됐다.

이에 대응해 틱톡은 '프로젝트 텍사스'를 가동하며 사용자 데이터를 미국 내 오라클 서버에 저장하고 외부 접근을 제한하겠다고 발표했지만, 실제로는 중국 본사 직원의 접근이 가능하다는 보도가 이어졌다. 틱톡은 기술이 아닌 신뢰의 공백 문제와 싸우고 있다.

틱톡 논란은 테무 Temu로 이어졌다. 중국 핀둬둬의 해외 플랫폼인 테무는 초저가 전략으로 글로벌 이커머스 시장을 빠르게 잠식하고 있다. 그러나 호주 전략정책연구소 ASPI는 테무의 개인정보 보호정책에 "모회사 및 정부 당국과 데이터 공유 가능"이 명시돼 있다는 점을 지적했다. 핀둬둬는 중국 인민일보 산하 '인민데이터베이스'와 연결돼 있으며, 수집된 소비자 데이터가 정부나 국영기업과 공유될 수 있다는 분석이 나왔다. 소비자 구매 패턴, 검색어, 관심 분야 등은 맞춤형 선전이나 정보 작전에 활용될 수 있다.

화웨이 역시 핵심 사례다. 미국과 일부 동맹국들은 화웨이 통신 장비의 사용을 금지하고 있다. 2012년 미 하원 정보위원회는 "화웨이와 ZTE는 국가 안보 위협이 될 수 있다"고 지적했고, 2017년 중국 국가정보법 제17조는 통신 장비에 정부기관의 감시 기능 설치를 가능하게 한다. 명확한 스파이 행위 증거는 없지만, 제도적 구조로 인해 통제가 가능하다는 점이 금지의 근거가 됐다.

문제는 소프트웨어를 넘어 IoT 기기로까지 확대되고 있다. 해킹대회 데프콘DEFCON에서는 중국산 로봇청소기 에코백스Ecovacs가 스마트폰을 통해 마이크와 카메라를 조작할 수 있음이 입증됐다. 일상 기기조차 감시 기술의 통로가 될 수 있다는 우려가 현실로 드러난 것이다.

호주 전략정책연구소ASPI는 "세계가 틱톡만 주목하는 사이, 중국의 정보전략 전체를 간과하고 있다"고 경고한다. 중국은 단지 SNS를 통한 영향력 확장을 넘어, 게임, 전자상거래, VR 플랫폼까지 활용해 자국에 우호적인 인식 체계를 구축하고 있다. 이 과정을 주도하는 핵심 조직은 '중앙선전사상문화공작 영도소조'다. 이 기구는 중국공산당 선전부, 인터넷정보판공실과 협력하며, 콘텐츠·데이터·감시를 통합적으로 관리하는 체계를 운영하고 있다.

틱톡, 테무, 화웨이, 에코백스는 더 이상 단순한 민간기업이 아니다. 이 기업들은 기술 플랫폼을 통해 데이터 수집과 여론 형성, 인식 통제를 함께 수행하는 국가전략의 연장선에 있다. 핵심은 데이터를 누가 수집하느냐보다 그 데이터에 누가 접근하고 어떤 법적 체제 아래 관리되느냐는 점이다.

2) '좋아요' 하나로 만들어지는 정밀한 디지털 자아

틱톡TikTok은 사용자의 영상 시청 습관부터 기기 정보, 위치, 검색어, 반응 속도까지 수십 가지 데이터를 실시간으로 수집하고 분석하며, 정교한 개인

프로파일을 구축한다. 틱톡이 공개한 내부 문서에 따르면, 이 플랫폼은 사용자로부터 37종류의 데이터를 수집한다. 단순한 회원 가입 정보나 클릭 로그 수준이 아니다. 사용자가 어떤 영상을 얼마나 길게 시청했는지, 어느 지점에서 멈췄는지, 몇 번 반복 재생했는지까지 모두 기록된다. 이 외에도 다음과 같은 항목이 포함된다.

- 광고 클릭 여부 및 반응 시간
- 검색어 입력 기록과 해시태그 클릭 내역
- 접속 기기의 고유 ID 및 GPS 기반 위치 정보
- 접속 시간, 네트워크 종류, 화면 상호작용 정보

이 모든 데이터는 단지 '개인화된 추천'을 위한 정보가 아니라, AI 훈련용 원재료다. 틱톡은 이를 통해 사용자의 반응을 예측하고, 알고리즘 기반 피드 구성에 활용한다. 실제로 사용자의 시선 집중 시간, 이탈 지점, 화면 터치 빈도까지 반영해 '최적화된 콘텐츠'가 자동으로 정렬된다.

핵심은 디바이스 정보와 위치 데이터다. 이 정보는 단순히 누가 어떤 콘텐츠를 봤는지를 넘어, 언제, 어디에서, 어떤 환경에서 소비됐는지를 실시간으로 분석할 수 있는 기반이 된다. 틱톡은 데이터 암호화, 접근 통제, 사용자 동의 기반 수집을 원칙으로 내세우고 있지만, 알고리즘 구조는 사용자가 인지하지 못하는 수준의 미세한 행동 패턴까지 분석 가능하다.

틱톡 알고리즘은 이 데이터를 통해 '사용자가 좋아할 만한 콘텐츠'를 예측할 뿐 아니라, 광고주에게도 '이 사용자는 어떤 유형의 광고에 반응할 가능성이 높다'는 정보를 제공한다. 이는 곧 정밀 타겟팅과 마이크로 마케팅, 감정 기반 콘텐츠 배치로 이어진다.

플랫폼 사용자들은 대체로 자신의 데이터가 수집된다는 사실을 알고 있다. 그러나 수집 범위의 깊이, 항목 간 연관성, 알고리즘 학습의 결과물이 만드는 예측 능력까지 체감하는 경우는 드물다. 틱톡은 '좋아요' 한 번, 스크롤 속도, 영상 종료 시점까지 학습하며, 이를 조합해 개별 사용자의 선호 구조와 감정 반응 모델까지 형성하고 있다.

이러한 데이터 조합은 단순한 활동 로그가 아니다. 틱톡이 쌓아 가는 것은 수백만 명의 행동 패턴과 반응 방식, 콘텐츠 소비 흐름을 바탕으로 한 실시간 사용자 인격 모델이다. 결국 플랫폼은 사용자보다 먼저 사용자의 다음 선택을 예측할 수 있는 수준의 맞춤형 환경을 설계하게 된다.

정교한 사용자 분석 알고리즘을 토대로 '얼마나 보여 줄 것인가'를 결정하는 것뿐만 아니라 '누구에게 무엇을 보여 줄 것인가'를 실시간으로 조정한다. 이는 단순한 추천 기술을 넘어, 디지털 환경 속에서의 정보 배분 권한과 사용자 행동 형성 구조에 직접적인 영향을 미치고 있다.

3) 딥시크 포비아 확산

딥시크도 마찬가지다. 오픈AI와 달리 이용자의 정보 제공에 대한 동의를 물어보는 절차가 없다. 즉 딥시크는 이용자가 노출하는 정보는 물론, 키보드 입력 패턴까지 모두 가져간다고 보면 된다. 이걸 중국 내에 있는 서버에 모두 저장한다. 더 큰 문제는 중국 법에 따르면 중국 정부는 그런 데이터를 마음대로 활용할 수 있다. 딥시크 사용자들은 이런 사실을 알고 있어야 한다.

국제 사회가 경계하는 이유도 여기에 있다. 한국, 일본, 대만, 호주 등은 정부 보유 기기에서 딥시크 접속을 차단했고, 미국 역시 해군과 NASA를 포함한 일부 연방기관에서 유사한 조치를 취했다. 공식적으로 정보 유출이 입증된 바는 없지만, 각국 정부는 딥시크를 '기술적 위험'이 아닌 '정보 안보 위협'으로 간주하며 선제 조치에 나섰다.

이 같은 불신은 갑작스럽게 형성된 것이 아니다. 그 배경에는 이미 틱톡 사태로 상징되는 전례가 있다. 틱톡은 미국 시장에서 빠르게 확산됐지만, 사용자 데이터가 중국으로 전송됐다는 의혹에 반복적으로 휘말렸다. 2020년 호주 전략정책연구소 ASPI는 바이트댄스 ByteDance가 미국인 데이터를 중국 본토로 보냈다는 정황을 공개했고, 기업 측도 이를 부정하지 않았다. 중국 국가

정보법 제7조는 모든 기업과 개인에게 국가 정보업무 협조 의무를 부여하며, 협조 사실조차 공개하지 못하게 한다. 이 조항은 중국 내 모든 디지털 플랫폼이 동일한 법적 통제 아래 있다는 점을 명확히 한다.

미국 보안 기업 페루트 시큐리티Perute Security의 분석에 따르면, 딥시크 앱 내부에는 중국 국영 통신사 차이나모바일China Mobile과 연계된 CMPassport.com 코드가 삽입되어 있었다. 해당 코드는 로그인 정보, 검색어, 위치 데이터, 키 입력 등 민감 정보의 외부 전송 가능성을 시사한다. 이용 약관에는 "중화인민공화국 법률을 따른다"는 조항이 명시되어 있으며, 개인정보 보호 정책에는 타 앱 활동 정보 수집이 가능하다는 항목이 포함되어 있다.

이 구조는 과거 화웨이, ZTE, 차이나모바일 등 중국 통신 기업들이 미국 시장에서 퇴출된 사례와 유사한 흐름을 보인다. 2019년 미국 연방통신위원회FCC는 차이나모바일의 미국 내 사업 승인을 거부했고, 이어 차이나텔레콤도 제재 명단에 올랐다. 딥시크는 겉으로는 오픈소스 AI 플랫폼을 표방하지만, 내부 시스템 권한 구조는 기존 중국 기술 기업들과 유사한 통제 방식으로 설계되어 있다는 분석이 나온다.

더 우려되는 지점은 '응답의 공백'이다. 딥시크는 특정 정치·사회 이슈에 대해 반복적으로 응답을 회피하거나 무응답 처리한다. 일부 이용자가 중국의 인권, 언론 자유, 홍콩 시위, 톈안먼 사건 등에 대한 질문을 입력하면, 응답을 생성하다 중단되거나, "답변할 수 없다"는 안내 문구만 출력된다. 이는 단순

[주요국 딥시크 이용 제한 현황 2024년 2월 6일 기준]

국가	제한 내용
한국	정부 부처 다수 및 일부 지자체, 고위 공직자범죄수사처·경찰청 등에서 접속 차단
미국	텍사스주·정부 소유 기기 사용 금지, 미 해군 포함 전체 장병 대상 사용 금지령 NASA 등 접근 차단
호주	정부 시스템·장비에서 딥시크 제품·웹 응용프로그램·서버 사용 전면 금지
이탈리아	애플리케이션(앱) 다운로드 차단
대만	각 부처·기관(공공 부문)에서 사용 금지

한 기술적 결함이 아니라, 정부 차원의 검열 정책이 딥시크의 AI 작동 방식에 영향을 미치고 있음을 보여 준다.

딥시크는 수천만 명이 동시에 사용하는 다국어 AI 플랫폼으로, 단순한 기술 도구가 아니라 콘텐츠와 정보 흐름을 설계하는 하나의 체제적 인프라로 작동한다. 특히 언어별 응답이 달라지거나, 특정 용어에 대해 자동 필터링이 작동하는 구조는, AI가 사실을 해석하고 구조화하는 방식에도 체제 논리가 반영될 수 있음을 의미한다.

딥시크에 대한 경계는 AI 기술 자체가 아니라 그것이 속한 제도와 운영 방식, 거버넌스 구조에 대한 문제다. AI는 점점 더 정확해지지만, 그 정교함이 자유롭고 중립적인 것은 아니다. 지금의 논란은 단순한 보안 우려가 아니라 AI 플랫폼이 가진 통제력과 설계 권한이 국제 정치와 충돌하는 구조적 현실을 보여 주는 사례다.

4) 딥시크, 중국의 AI 전략 실험실

딥시크는 단순한 민간 AI 스타트업이 아니다. 중국 정부가 전략적으로 설계한 국가 주도형 AI 실험 모델로, 기술·자원·정책이 결합된 새로운 유형의 체제형 인공지능 플랫폼이다. 화웨이, 바이두, 알리바바, 텐센트 등 주요 민간 기업의 인프라를 통합해 민간 기술력과 국가전략을 유기적으로 연결하는 구조는 딥시크를 통해 현실화되고 있다. 이 모델은 자국산 AI 칩 어센드 Ascend 와 로컬 데이터센터를 기반으로 GPU 수입 없이 학습을 수행하며, 자립형 AI 생태계의 대표 사례로 부상했다.

중국은 세계 최대 규모의 디지털 사용자 기반을 바탕으로 데이터를 거의 제한 없이 수집·활용할 수 있는 환경을 갖췄다. 바이두 검색 기록, 위챗 대화 로그, 타오바오 소비 패턴, 더우인 영상 콘텐츠 등은 모두 AI 학습 자원으로 통합된다. 유럽연합의 GDPR이나 미국 CCPA처럼 강력한 개인정보 보호 제도가 없는 중국의 데이터 환경은 AI 개발에서의 우위를 뒷받침하는 핵심 기반이다.

딥시크는 문맥 인식형 토크나이저와 언어 최적화 알고리즘을 통해 GPT-4

대비 중국어 생성 능력에서 20% 이상 향상됐다고 주장한다. 이는 단순한 성능 개선이 아니라 '언어 주권'이라는 전략 개념의 실현이다. 딥시크는 중국식 가치관과 규범, 검열 기준이 반영된 정보 질서를 내재화하고, 이를 외부로 투사하는 도구로 작동하고 있다.

이러한 특성은 국제 AI 윤리 체계에도 균열을 일으킨다. 중국산 AI 모델이 사회주의 가치나 검열 기준에 따라 응답하는 구조를 갖추면서, 글로벌 AI 안전성과 윤리 기준이 분열될 가능성이 커졌다. 특히 디지털 인프라가 부족한 국가들이 미국식 기술보다 비용 효율성이 높은 중국식 플랫폼을 우선 도입하는 경우가 늘고 있다. 이 과정에서 중국식 응답 구조가 해당 지역의 기본값으로 자리 잡을 수 있다는 우려도 있다.

데이터 주권 측면에서도 논란은 확산 중이다. 딥시크가 해외 사용자 데이터를 수집하거나 본국 서버로 전송한다는 의혹이 커지면서, 한국·일본·대만·호주 등은 정부 기기에서 딥시크 접속을 금지했고, 미국도 연방기관을 중심으로 유사 조치를 시행하고 있다.

기술 개발 방식에서도 딥시크는 기존 서방 기업과는 다른 전략을 취한다. 오픈AI나 구글이 외부 감사와 투명성을 강조하는 반면, 딥시크는 국가 주도의 저비용 구조로 고성능 AI 개발을 시도한다. 자국산 칩셋과 분산 클라우드 학습 시스템을 활용해 최대 60%까지 학습 비용을 절감했다고 밝혔다. 이는 효율성 중심으로 재편되는 AI 경쟁 흐름과 맞닿아 있으며, IBM도 유사한 방향을 시도 중이다.

AI 기술을 둘러싼 미중 경쟁은 기술을 넘어 정책·규제·통제 구조의 충돌로 확장되고 있다. 미국은 알고리즘·데이터로 싸움의 무대를 옮겼고, 유럽연합은 AI법을 통해 고위험 알고리즘의 투명성을 의무화했다. 이로 인해 유럽 내 중국 기업의 68%가 제약을 받고 있다.

2025년은 AI 패권 경쟁의 전환점이다. 기술만으로는 경쟁 우위를 보장할 수 없고, 정책·윤리·비용이 핵심 변수로 떠올랐다. 이 흐름의 중심에는 단일 모델이 아닌, 체제적 실험으로 설계된 딥시크가 있다. 딥시크는 기술이 아니라 구조를 바꾸는 플랫폼이며, 중국의 AI 전략이 세계를 상대로 실험 중인 프레임 그 자체다.

5) 딥시크 직원 여권 압수

딥시크 창업자 량원펑梁文鋒과 주요 인력에게는 여권 압수, 해외 출국 금지, 이직 제한 조치가 내려졌다. 기업의 독립적 움직임을 차단하고, 기술을 직접 통제하려는 정부의 의도가 명확히 드러난 것이다. 이는 딥시크가 더 이상 민간 기술 기업이 아닌 국가전략 기술의 일부로 전환됐음을 의미한다.

중국공산당은 과거부터 AI를 국가 안보 자산으로 간주해 왔으며, 민간기업이 체제 밖에서 독자적으로 영향력을 확대하는 것을 경계해 왔다. 딥시크의 성공 이후 정부는 기업 외부 투자와 협력 요청까지 직접 조율하고 있으며, 저장성 정부는 인재 유출을 막기 위해 주요 헤드헌팅 업체에 '딥시크 접촉 금지' 방침을 전달했다. 딥시크는 2025년 3월 프랑스 파리에서 열린 'AI 행동 정상회의'에도 초청을 받았지만 참석을 거절했다. 외신 <테크크런치>와 <디인포메이션>, <뉴욕타임스>는 "딥시크는 중국판 오픈AI에서 중국판 NSA미국국가안보국로 전환 중"이라고 보도했다.

[딥시크 베이징 본사]

딥시크에 대한 통제 강화는 중국 AI 산업이 초기 추종자 단계에서 독자적 기술력을 확보한 선도자 단계로 넘어섰음을 보여 준다. 2023년 챗GPT 출시 이후 중국은 민간 주도의 실험을 용인하며 규제를 유예했지만, 딥시크 R1의 성공 이후에는 기술을 체제 내로 회수하는 방향으로 전환하고 있다. 이는 기술 자립에 대한 자신감이 반영된 조치로 볼 수 있다.

그러나 이 같은 통제 방식은 글로벌 확장성과 생태계 개방성에 부정적 영향을 미치고 있다. 딥시크는 현재 미국과 유럽 일부 정부로부터 보안 위협 모델로 분류되기 시작했으며, 실제로 미국 연방기관과 일부 유럽 정부는 딥시크 기반 AI 솔루션에 대한 사용을 금지하거나 제한하는 조치를 논의 중이다.

딥시크는 오픈소스 전략과 저비용 고효율 설계를 바탕으로 GPT-4 수준의 성능을 확보했고, 이를 통해 중국이 AI 기술 패권 경쟁에서 독자 노선을 구축할 수 있다는 가능성을 보여 줬지만, 중국 정부가 이를 민간 주도 혁신의 동력으로 유지할 수 있을지, 아니면 통제 중심 체제로 회귀할 것인지는 중국 AI 산업의 향방을 결정짓는 핵심 변수가 되고 있다.

II

딥시크 활용 사례

deepseek

6. 중국 200개 기업 도입

deepseek

1) 중국 산업을 장악한 딥시크

중국의 생성형 인공지능AI 모델 '딥시크'가 빠르게 산업 전반으로 확산되고 있다. 기술 시연 단계를 넘어 실질적 응용이 급증하고 있으며, 현재까지 중국 내 200곳 이상의 기업과 다수의 지방정부가 딥시크를 도입했다. 적용 분야는 지능형 하드웨어, 의료, 자동차, 공공행정, 에너지, 교육, 통신, 반도체 등으로 확대됐다.

민간기업에서 시작된 1차 확산은 제조·유통 분야를 중심으로 뚜렷하게 나타난다. 레노버는 AI 어시스턴트 '샤오톈'에 딥시크를 연동해 응답 속도와 정확도를 개선했고, 비야디BYD, 지리, 체리, 창청, 이치 폭스바겐 등 20여 개 자동차 제조사는 차량 내 음성 인식, 운전 보조, 차량 진단 기능 등에 딥시크를 적용했다.

전자상거래와 금융 업계도 빠르게 움직였다. 핀둬둬는 상품 설명 자동 생성에, 앤트파이낸셜은 리스크 분석과 이상 거래 탐지에 딥시크를 도입했다. 중국건설은행과 ICBC는 대출 상담에 활용해 상담 소요 시간을 60% 이상 단축했고, 고객센터 업무 자동화로 응답 효율을 개선했다. 감정 분석 기능을 통해 민원 유형에 따라 우선순위를 조정하는 방식도 적용 중이다.

의료 분야에서는 CT·MRI 영상 분석, 진단 보조, 건강검진 리포트 작성 등에서 활용되고 있다. 저장대 의대 병원은 영상 판독 시간을 절반으로 줄였으며, 일부 병원은 임상 진단 정확도 95% 이상을 기록했다. 의료 AI 기업 딥노이드는 딥시크를 활용한 진단 플랫폼 '딥젠DEEP:GEN'을 개발했다.

콘텐츠와 HR, 법률 분야도 자동화 중심으로 도입이 확산되고 있다. 기업 블로그, 광고 문구, 고객 응대용 문서 작성 시간은 최대 80% 단축됐고, 인사 관리 부문에서는 이력서 분류, 인재 매칭, 이직 예측에 적용되고 있다. 대형 로펌과 공공 법률기관은 딥시크로 수백 페이지 계약서를 분석하고 위험 조항을 자동 추출한다. 유사 판례 검색과 소송 전략 수립도 지원 중이다.

농업·환경 부문에서는 드론과 IoT 데이터를 연동한 병해충 조기 경보, 기후 기반 작황 예측 시스템이 도입됐다. 일부 지역에서는 수확량이 15% 이상 증가했다는 분석도 나왔다.

기술력도 뒷받침되고 있다. 딥시크는 LMSys 벤치마크 등에서 상위권을 기록했고, 산업별 데이터에 맞춘 파인튜닝 기능이 강점이다. 마이크로소프트, AWS, 엔비디아는 딥시크 R1을 자사 클라우드에 연동했으며, 중국 내에서는 화웨이, 텐센트, 알리바바, 바이두 등 4대 클라우드 기업이 딥시크를 채택했다. 징둥닷컴, UB테크, 실리콘플로우 등 스타트업은 딥시크 전용 하드웨어 솔루션을 개발 중이다.

2) 지방정부로 확산

딥시크는 지방정부의 행정 구조에도 깊숙이 침투하고 있다. 당국의 기술 자립 전략과 맞물리며 이 플랫폼은 'AI + 행정' 실험의 핵심 장치로 활용되고 있다. 딥시크가 적용된 분야는 행정 자동화, 도시 운영, 산업 분석, 민원 응대까지 전방위에 이른다.

베이징에서는 딥시크가 다국적 기업들과 함께 '정책 매칭'과 '산업 운영 예측' 알고리즘을 개발하고 있으며, 광저우는 도시 외곽 데이터망에 딥시크 R1 및 V3 모델을 배치해 민원 분류, 공공 서비스 응대 자동화를 실현했다. 선전은 전 구역에 딥시크 기반 서비스를 탑재했고, 남산구와 룽강구 등에서는 실시간 공문 작성 및 자동 응답 시스템이 운영 중이다. 특히 룽강구는 공문 교정 시간을 기존 수 분에서 수 초로 줄였고, 행정 효율을 대폭 향상시켰다. 상하이는 AI 윤리 프레임워크를 개발하고 오픈소스 커뮤니티 구축에 나서면서, 'AI 규범의 현지화'를 제도 차원에서 실험하고 있다.

2선 도시들에서는 기술 자립 실험이 강화되고 있다. 청두成都는 '시민 클라우드'에 딥시크 기반 서비스를 탑재해 12345 민원 응대 정확도를 85% 이상 끌어올렸고, 항저우杭州는 '도시 두뇌 3.0' 시스템과 연계해 생활 행정 전반에 AI 응답 기능을 붙이고 있다고 밝혔다. 난징南京은 기업 설립 절차 전반에 AI를 도입했고, 우한武漢은 행정 문서 자동 요약, 정책 검색, 민원 분류 등에 딥시크를 본격적으로 적용하고 있다. 정저우鄭州는 딥시크를 '무서류 행정' 기반 기술로 채택했고, 우시無錫는 정부 전용 서버에 딥시크를 풀사이즈로 탑재해 행정 데이터와 직접 연결된 응용 모델을 구현했다. 장쑤성 쿤산시崑山市와 쑤첸시宿遷市는 교통 흐름 예측, 전자정부 민원 처리에 딥시크를 통합했고, 실시간 대응 및 정책 실행의 정확도를 높이고 있다. 특히 쿤산은 중국 최초로 행정 전용 클라우드에 딥시크 R1을 전면 도입한 군급 도시로, '하나의 기반, 다수의 응용'이라는 지역 맞춤형 AI 구조를 실현하고 있다. 동관, 포산, 장쑤성 지역 도시들도 자체 클라우드에 딥시크를 설치하며 인프라 자립과 알고리즘 현지화를 동시에 시도 중이다.

딥시크는 도시 행정뿐 아니라 사법 분야에서도 활용되고 있다. 광둥성과 톈진의 사법기관은 판례 분석, 유사 사건 비교, 문서 자동 작성 등에 딥시크를 도입해 판결 보조와 법률 행정의 효율을 높이고 있다. 톈진시는 화웨이와 공동 구축한 AI 컴퓨팅센터를 기반으로 행정 전반에 딥시크를 확산시키고 있으며, 고도화된 AI 인프라를 중심으로 정책 실험 기능을 강화하고 있다.

3) 해외 활용 사례

해외 확산도 시작됐다. 러시아 최대 국영상업은행 스베르방크는 딥시크 오픈소스를 활용한 자체 모델 개발에 착수했고, 인도 정부도 자국 서버 기반의 딥시크 도입을 검토 중이다. 인프라가 부족한 신흥국에서는 저비용 고성능 AI로 주목받고 있다.

중동 지역에서는 사우디 아람코가 딥시크의 음향 신호 분석 기술을 유전 유지 보수에 도입해, 유정당 연간 30만 달러에 달하는 유지 비용을 절감하고 있다. 동남아에서는 현지 스타트업과의 협업을 통해 자연어 처리 모델 현지화를 진행 중이며, 베트남어·말레이어·태국어 등 지역 언어 기반 응용이 확대되고 있다.

딥시크의 해외 전략은 '기술 수출'보다 '현지화된 융합'에 가깝다. 대부분의 프로젝트는 사내 데이터 보안을 고려한 '프라이빗 클라우드' 방식으로 제공되며, 일부 제조 기업에는 하드웨어 일체형 엣지 디바이스 'DeepSeek Box'가 제공돼 현장 단말에서도 AI 추론이 가능하도록 설계됐다. 업종별 노하우를 모델에 통합하는 방식도 적극 도입되고 있다. 예컨대 삼일중공업과 공동 설립한 'AI 중공업 혁신센터'는 중장비 산업에 특화된 모델을 공동 개발하며, 기술과 산업 경험을 결합한 구조를 실험 중이다.

하지만 국제 시장 진출에는 현실적 제약도 존재한다. 유럽연합 AI법, 미국의 데이터 보호 규제 등은 딥시크가 본격적으로 진입하기 어려운 장벽으로 작용하며, 일부 지역에서는 '중국산 AI'에 대한 정치적 민감성도 존재한다. 이에 대응해 딥시크는 모델 경량화, 영어 데이터셋 재훈련, 문화적 문맥 적응력 강화 등 현지화 전략을 병행하고 있다.

딥시크의 해외 확산은 아직 초기 단계이지만, 장기적으로는 클라우드 API 제공, 산업별 전용 모델 협업, 오픈소스 생태계 확대 등을 통해 영향력을 넓혀 갈 가능성이 크다. 특히 '저비용·고효율'이라는 딥시크 특유의 기술 전략은 개발도상국 시장이나 대규모 산업체에 매력적인 대안이 되고 있다. AI 기술이 국경을 넘어 이동하는 시대, 딥시크는 단지 중국의 플랫폼이 아니라 중국식 기술 질서 수출의 최전선에서 실험 중인 플랫폼이다.

7. 백기 든 中 테크 기업

1) 테크 생태계의 핵심 플랫폼

딥시크는 단일 스타트업을 넘어 중국 기술 생태계의 핵심 인프라로 자리 잡았다. 바이두, 알리바바, 텐센트, 화웨이, 샤오미 등 주요 기업들이 딥시크의 언어 모델, 멀티모달 처리 능력, 실시간 추론 엔진, 강화학습 알고리즘을 자사 서비스에 통합하며 산업 전반에 걸친 적용이 확대되고 있다.

바이두는 검색엔진과 어니ERNIE 모델에 딥시크 기술을 접목해 검색 정확도와 이미지-텍스트 융합 생성 성능을 높였다. 양사는 '바이두-딥시크 지식그래프'를 개발 중이며, 이를 바이두 클라우드를 통해 통합 제공할 예정이다. 알리바바는 딥시크 알고리즘을 티몰Tmall의 개인화 추천 시스템에 적용해 구매 전환율을 18% 개선했고, 클라우드 서비스Aliyun를 통해 중소기업에 딥시크 API를 제공하고 있다. 알리페이에는 실시간 사기 탐지 시스템에 딥시크 기반 분석 모듈을 적용해 보안성을 강화했다.

텐센트는 게임·콘텐츠 분야에 집중하고 있다. '왕자영요'의 NPC 반응 시스템과 위챗의 콘텐츠 필터링에 딥시크 기술이 활용되며, 음성 합성 API와 가상 인플루언서 서비스 개발에 이어 2024년 공동으로 'AI Virtual Human Lab'을 설립했다.

화웨이는 하드웨어 통합에 주력하고 있다. 자사 AI 서버 '아틀라스Atlas'와 스마트폰 OS '하모니OS'에 경량 딥시크 모델을 탑재해 NPU 연계 효율을 높였고, 2025년 출시 예정인 'Kirin+DeepSeek' 온디바이스 AI 칩도 공동 개발 중이다.

바이트댄스는 틱톡 알고리즘 개선과 AIGC 툴에 딥시크를 적용하고 있다. CapCut 영상 편집 앱에는 템플릿 자동 생성 기능이 추가됐고, 사용자 행동 예측 정밀도가 향상돼 체류 시간이 늘어났다. 메이투안은 배달 경로 최적화와 수요 예측에 딥시크를 활용 중이다.

딥시크는 중국 클라우드 생태계와도 통합되고 있다. 알리바바, 텐센트, 화웨이 클라우드는 딥시크 R1 모델을 API 형태로 제공하며, 바이두 검색, 문심 플랫폼, 위챗 AI 검색, 샤오미·비보·오포 스마트폰 음성비서 등에도 적용되고 있다. 전용 슈퍼컴퓨팅 센터 기반 운영으로 학습 비용도 절감되고 있으며, 인스파, 중과서광, 항진과학 등이 AI 서버와 냉각 장비를 공급한다.

데이터 협력도 활발하다. 금융 분석의 투얼스, 교육용 AI 개발사 아이플라이텍, 오피스 자동화 기업 진산오피스 등이 딥시크와 연동돼 있으며, 소형 언어 모델 개발과 도메인별 '딥시크+X' 솔루션이 확산되고 있다.

자본 구조도 국유 자본과 연결돼 있다. 항저우와 주하이의 국유펀드가 시드 및 프리A 투자에 참여했으며, 2025년 IPO 추진 시 알리바바, 바이두, 화웨

[딥시크 도입한 테크 기업들]

기업	활용 분야 1	활용 분야 2	활용 분야 3
BYD	자율주행 기술 (컴퓨터 비전, 센서 데이터 분석)	생산 효율화 (예측 유지보수)	배터리 관리 (수명 예측)
텐센트	콘텐츠 추천 (NLP 기반)	게임 AI (NPC 최적화)	콘텐츠 검열 (이미지/텍스트 분석)
바이두	검색 알고리즘 강화 (의도 분석)	AI 플랫폼 통합 (음성 인식/번역)	광고 타겟팅 (행동 데이터 분석)
샤오미	스마트 홈 최적화 (AIoT 자동화)	사용자 경험 개선 (AI 스피커 NLP)	제품 품질 관리 (컴퓨터 비전)
화웨이	네트워크 최적화 (트래픽 예측)	스마트폰 카메라 성능 향상	HarmonyOS 통합 (멀티태스킹)
마이크로소프트	Azure AI 서비스 (API 제공)	엔터프라이즈 솔루션 (업무 자동화)	GitHub Copilot 강화 (코드 생성)
아마존	추천 시스템 고도화 (개인화)	물류 최적화 (재고/배송 예측)	AWS AI/ML 서비스 통합

이 등이 전략적 투자자로 참여할 가능성이 높은 것으로 알려졌다. 중국 대형 기업들은 독립형 모델보다 딥시크 중심 통합형 모델로 전환하는 흐름을 보이고 있다.

2) 설계에서 칩 구동까지의 AI 혁신

중국 반도체 산업에서도 딥시크를 도입해 기술 자립과 글로벌 경쟁력 확보에 속도를 내고 있다. 그 중심에는 범용 언어 모델을 넘어 산업 전반에 적용되고 있는 '딥시크'가 있다. 단순한 자연어 처리 수준을 넘어서 딥시크는 칩설계, 제조, 테스트, 공급망 운영에 이르기까지 반도체 산업의 전 과정에 깊숙이 개입하고 있는 것이다.

가장 먼저 현장 변화가 뚜렷하게 나타난 곳은 제조 공정이다. 한 예로 광둥성의 한 반도체 패키징 공장에서는 센서로 수집한 공정 데이터를 딥시크 모델에 실시간 연동하고 있다. 품질 분석 결과, 장비 이력, 작업자 패턴 등을 종합해 불필요한 단계를 제거하거나 병목 구간을 자동 조정한다. 이 공장은 도입 이후 몇 개월 만에 불량률이 18% 감소하고, 전체 수율은 12% 향상됐다고 밝혔다.

공급망 관리에서도 딥시크는 위기 대응 플랫폼으로 기능하고 있다. 상하이 기반의 자오신 반도체는 최근 원자재 수급 변동성에 대비해 AI 예측 시스템을 구축했다. 딥시크 모델이 글로벌 물류 흐름, 환율, 수요 예측 데이터를 조합해 공급 병목 가능성을 미리 경고하는 방식이다. 실제로 2024년 말 텅스텐 가격이 급등했을 당시, 이 시스템은 2주 전에 이상 조짐을 포착해 대체 공급처 확보에 성공했다.

설계와 테스트 분야에서도 변화가 감지된다. 중국 스타트업 'SiliconFlow'는 딥시크를 활용해 칩 회로 설계 자동화에 착수했다. 초기 디자인부터 수천 개 테스트 시나리오까지 모델이 자동으로 생성·분석해 개발 기간을 절반 이하로 단축시켰다. 이 회사는 RISC-V 기반 CPU 개발 프로젝트에서 테스트 비용을 30% 줄였다고 밝혔다.

성능 최적화에서도 딥시크는 중요한 도구로 자리 잡고 있다. 화웨이는 자사 Ascend 칩 개발에 딥시크 R1 모델을 탑재해, 고성능·저전력 알고리즘을 시뮬레이션하고 있다. 특히 서버와 차량용 반도체에 적용해 연산 속도를 유지하면서 전력 소모를 15% 이상 줄인 사례가 보고됐다.

산업 전반의 확산 속도도 빨라지고 있다. 캠브리콘은 자사 AI 칩 전 라인업에 딥시크 호환을 적용했고, 데이터센터·엣지·클라우드 등 다양한 환경에 맞춘 범용 칩 전략을 구체화하고 있다. 이 외에도 약 20개 중국 반도체 기업이 딥시크 기반 모델을 칩에 탑재하거나 연산 최적화를 실증한 것으로 확인됐다.

8. 딥시크 품은 공장

deepseek

1) 자율주행차의 눈과 발

중국 자동차 산업에서 인공지능은 더 이상 보조 기술이 아니다. 생성형 AI 모델 딥시크는 자율주행, 스마트 콕핏, 커넥티드카 시스템의 핵심 엔진으로 채택되며, 차량의 '두뇌' 역할을 수행하고 있다. 저렴한 학습 비용, 고성능, 오픈소스 유연성이라는 강점을 앞세운 딥시크는 빠르게 산업 표준화 흐름에 진입하고 있다.

2025년 2월 10일, 비야디 BYD는 자사 첨단 운전자 보조 시스템 ADAS '신의 눈 God's Eye'을 발표하며, 딥시크 R1 모델을 기반 기술로 채택할 계획을 밝혔다. 보급형 차량인 '시걸 Seagull'까지 포함해 전체 라인업에 확대 적용될 예정이며, 이는 자율주행 기술의 대중화와 전체 차종 지능화를 위한 전략으로 풀이된다.

샤오미는 자사 음성비서 'XiaoAI'와 전기차 SU7에 딥시크 기술을 접목해 음성 인식 속도를 개선했고, 시뮬레이션 테스트 시간을 절반으로 단축했다. 또한, 자사 IoT 전반에 딥시크 기반 에지 AI 프레임워크를 도입해 차량뿐 아니라 스마트홈 전반에서 연계성을 강화하고 있다.

지리자동차 Geely는 2025년 CES에서 '전방위 AI 스마트 차량 Full-Domain AI' 프로젝트를 공개하고, 자체 개발 AI를 딥시크 R1 모델 구조와 '지식 증류 distillation' 기법을 통해 훈련 중이다. 이를 통해 음성 명령 처리와 자연어 이해 정밀도를 끌어올리고, 커넥티드카 플랫폼 전반의 성능을 개선하겠다는 전략을 추진하고 있다.

둥펑자동차는 고급 브랜드 '보야Voyah'를 통해 딥시크 AI 탑재를 가장 빠르게 실현 중이다. 2025년 2월 14일부터 전기 SUV '커리지 Courage'에 OTA Over-the-Air 방식으로 딥시크 기반 AI 시스템을 통합했고, 향후 MPV '드림 Dream' 모델까지 적용 범위를 확대할 계획이다. 기존 스마트 콕핏과의 연동을 통해 응답 정확도와 시스템 반응 속도를 높이고 있다.

창청자동차 Great Wall Motors는 자사의 커넥티드카 플랫폼 '커피 인텔리전스 COFFEE Intelligence'에 딥시크 모델을 통합한다. 이 시스템은 주행, 안전, 음성 제어, 편의 기능을 하나의 AI 체계로 통합 관리하는 구조로, 딥시크는 실시간 명령 처리와 반응 정확도 향상을 이끌 핵심 기술로 활용될 예정이다.

이러한 적용 사례들은 단순한 AI 탑재 경쟁이 아니라, 상용화 중심의 생태계 변화다. 딥시크는 오픈소스 기반으로 기업 맞춤형 커스터마이징이 용이하고, 경량화 버전은 엣지 단에서도 원활히 작동해 차량용 임베디드 시스템에 최적화되어 있다. 중국 자동차 산업은 이를 통해 자율주행, 사용자 인터페이스, 음성 명령 시스템 전반을 빠르게 고도화하고 있으며, 딥시크는 그 중심에서 실질적인 기술 플랫폼으로 기능하고 있다.

2) 딥시크, 중국 중공업의 심장되다

중국 중공업 산업 역시 딥시크 도입을 통해 구조 전환 작업에 나섰다. 특히 석유·화학·에너지 분야는 대규모 설비와 복잡한 공정을 다루는 산업 특성상, AI 기술이 단순한 자동화를 넘어 운영 최적화와 안전 관리 체계를 정밀하게 재편하고 있다. 중국석유천연가스그룹 CNPC, 중국석유화공그룹 SINOPEC, 중국해양석유 CNOOC 등 3대 국영 에너지 기업이 딥시크를 도입했다. CNPC는 석유 탐사와 생산 현장에 딥시크의 AI 분석 기능을 적용해 지질 데이터와 현장 센서 정보를 통합 분석하고 있다. 이를 통해 탐사 정확도를 높이고, 장비 고장을 사전에 예측해 유지 보수 일정을 자동 조정하는 시스템을 구축 중이다.

중국석유화공그룹은 화학 플랜트의 공정 자동화와 생산 안정성 향상에 딥시크를 활용하고 있다. 실시간 센서 로그와 환경 데이터를 기반으로 위험 상황을 조기 감지하고, 공정 흐름을 자동 재조정하는 방식으로 사고 가능성을 낮추고 있다. 또한, 에너지 소비 패턴을 분석해 과잉 사용을 줄이고 운영비 절감 효과도 확보하고 있다.

중국해양석유는 해양 유전 현장에 딥시크를 도입해 장비 관리와 인력 운영을 최적화하고 있다. AI를 통한 원격 진단과 상태 모니터링 체계를 구축해 접근성이 낮고 유지 비용이 높은 해상 설비의 안정성을 확보하고 있으며, 고장 징후에 대한 실시간 분석을 통해 유지 보수 효율을 높이고 있다. 이와 함께 인력 배치와 에너지 흐름 조절에서도 AI 기반 의사 결정 체계를 구축하고 있다.

딥시크의 역할은 네 가지로 요약된다. 첫째, 장비 고장 예측과 자동 유지 보수를 통해 생산 중단 시간을 줄이고 안정성을 높인다. 둘째, 공정 데이터 기반 실시간 피드백으로 품질 관리와 생산 흐름을 개선한다. 셋째, 에너지 소비 분석을 통해 단위 생산 비용과 탄소 배출량을 절감한다. 넷째, 고위험 환경에서 영상·음향·환경 데이터를 통합 분석해 실시간 경보를 구현한다.

중국 중공업 현장에서 딥시크의 도입은 기술적 혁신을 넘어 운영 방식 자체의 전환을 이끌고 있다. 아날로그 중심의 전통적 산업 구조는 AI 기반 디지털 운영 체계로 전환되고 있으며, 이는 중국 정부가 추진하는 제조업 고도화 및 산업 안전 강화 정책과도 맞물려 있다. 딥시크는 중공업 현장의 생산성과 안전성을 동시에 끌어올리는 핵심 플랫폼으로 자리 잡고 있다.

9. 중국 대표 주치의

1) 병원으로 들어간 딥시크

중국 의료 현장에서도 '딥시크'의 활용이 늘고 있다. 방대한 의료 기록, 복잡한 진료 의사 결정, 고도화된 영상 판독 등이 요구되는 환경에서 딥시크는 현장 최적화 구조와 고성능 로컬 연산 기반으로 다양한 분야에 적용되고 있다.

현재 중국 내 100곳 이상 병원에서 딥시크 모델이 운영 중이며, 특히 3차 종합병원 중심으로 채택이 확대되고 있다. 도입 범위는 진단 보조를 넘어 의료 문서 자동화, 영상 분석, 건강 예측, 교육 자료 생성 등으로 확장되고 있다.

중국인민해방군 중앙전구 총병원은 R1-70B 모델을 도입해 민감 의료 데이터를 실시간 분석하고 있으며, 301병원PLA 종합병원은 고위 인사 진료에 AI 분석을 적용해 데이터 보안과 성능의 균형을 시험하고 있다. 남방의과대학 부속 남방병원은 지방 병원 중 최초로 딥시크 대형 모델을 로컬 서버에 설치해 지방간 질환 예측, 건강검진 리포트 해석, 자동 종합검진 보고서 생성에 활용 중이다. 육군군의대 부속 신교병원은 자체 시스템 '신교 딥시크 지능체'를 구축해 의학 Q&A, 진단 보조, 병력 문서 자동화 기능을 병원 시스템에 통합했다. 쿤산시 제1인민병원, 서안 국제의학센터병원, 천진의과대학 총병원, 복건의과대학 제2부속병원 등도 딥시크를 도입하며 지역 의료기관의 AI 전환을 주도하고 있다.

딥시크는 전자의무기록EMR, 검사 수치, 영상 자료 등 다양한 의료 데이터를 통합 분석해 질병 조기 발견과 치료 계획 수립을 지원한다. CT, MRI,

X-ray 등 영상 데이터에 대한 자동 해석 능력은 방사선과의 업무 효율을 높이고, 병변 탐지 정확도 향상에도 기여하고 있다. 특히 의사들의 주요 업무 중 하나인 전자 의무기록 정리와 보고서 작성을 자동화해 진료 시간이 환자 중심으로 전환되는 효과를 유도하고 있다.

환자와 의료진 간 의사소통 개선도 이루어지고 있다. 딥시크는 전문 의학용어나 진단 결과를 환자가 이해할 수 있는 일반 언어로 설명하는 기능을 제공해, 정보 격차를 줄이고 치료 순응도 향상에 기여하고 있다.

의료 연구 영역에서도 딥시크의 역할은 확대되고 있다. 임상 데이터, 논문, 유전체 정보를 요약·정제해 제공함으로써 연구자가 치료 전략을 수립하거나 신약 개발에 필요한 정보를 효율적으로 확보할 수 있도록 지원하고 있다.

2) 중국 교육을 바꾸는 딥시크

딥시크가 활약하고 있는 또 다른 곳은 교육 현장이다. 단순한 학습 보조를 넘어 맞춤형 교육, 스마트 수업 환경, 교사 행정 부담 경감까지 다양한 기능이 실제 현장에 적용되고 있다. 특히 딥시크의 R1과 V3 모델 기반 교육 특화 버전은 고등교육과 중등교육을 아우르며, 농촌 산간 지역까지도 포괄하는 방식으로 활용되고 있다.

대학은 딥시크를 교육·연구 플랫폼의 핵심 인프라로 채택하고 있다. 화중사범대학은 텐센트 클라우드와 손잡고 R1 풀스펙 모델을 도입, 학술 문제 분석과 교육용 AI 지능체 개발에 집중하고 있다. 저장대학은 자체 구축한 '저장 선생 浙大先生' 프로젝트에 R1과 V3 모델을 통합해 전국 829개 대학과 공유 가능한 AI 교육 네트워크를 운영 중이다. 우한대학과 우한이공대학은 딥시크 전 모델을 도입해 교수와 학생이 자유롭게 AI를 호출하고 활용할 수 있는 자율형 학습 환경을 마련했다. 베이징교통대학은 학습 진도 분석, 교수 콘텐츠 제작, 맞춤형 학습 추천 기능을 통합한 스마트 교육 플랫폼을 구축했고, 하이난대학은 자체 에이전트 '샤오하이 小海'를 통해 AI 기반 행정 보조와 연구 지원을 병행하고 있다.

중등 교육 현장에서도 활용이 확대되고 있다. 베이징 차오양구 중학교는 '디지털 정원사' 프로젝트를 통해 학생 학습 데이터를 분석하고, 진단 결과에 따라 교사의 피드백을 정교화하는 시스템을 운영 중이다. 구이저우 산간 지역은 딥시크에 5G와 홀로그램 기술을 결합한 원격 수업 시스템을 구축했다. 도시 명문고 수업을 실시간 중계하고, 방언까지 인식 가능한 음성 모델을 탑재해 교육 접근성을 크게 높였다.

민간 교육기관도 발 빠르게 움직이고 있다. AI 튜터 기능에 집중하고 있는 가오지에高迹 교육은 학습 전략 추천, 자동 피드백, 경로 최적화 기능을 중심으로 딥시크를 접목하고 있다. 이처럼 딥시크는 다양한 방식으로 교육 현장에 적용되고 있으며, 주요 기능은 다음과 같이 정리된다. 첫째, 학습자의 진도와 이해 수준에 따라 맞춤형 경로와 자료를 제공하는 개인화 학습 기능. 둘째, 실시간 개념 설명과 질문 응답을 통한 스마트 튜터링. 셋째, 온라인·오프라인 자료를 통합한 동적 콘텐츠 라이브러리 구축. 넷째, 과제 관리, 평가 분석, 문서 자동화 등 교사 행정 부담을 줄이는 기능. 다섯째, 텍스트·음성·이미지·애니메이션을 통합한 다중 모달 학습 지원이다.

10. AI계의 도깨비방망이?

deepseek

1) 7시간 만에 만들어진 통역기

2025년 4월 미얀마 중부를 강타한 강진 구조 현장에 파견된 중국 구조대는 예상치 못한 도전에 직면했다. 언어의 장벽이었다. 구조대는 중국어를, 현지 주민은 미얀마어를, 국제 협력팀은 영어를 사용했다. 세 언어가 교차하는 혼란 속에서 중국은 단 7시간 만에 '중-미얀마-영어 번역 플랫폼'을 현장에 투입했다. 그 기반은 중국 대형 언어 모델 딥시크였다. 어떻게 7시간 만에 가능했을까?

핵심은 사전 준비된 기술 기반이다. 딥시크는 멀티언어 사전 학습 구조를 갖춘 모델로, 초기부터 중국어와 영어는 물론 미얀마어, 태국어, 소수민족 언어의 병렬 데이터를 대량 학습해 왔다. 특히 베이징어언대학과 협력해 수집한 방언·지역어 코퍼스는 특정 언어군 대응력을 높이는 데 기여했다. 이런 기반 덕분에 새로운 언어 환경에서도 별도 학습 없이 곧바로 실전에 투입될 수 있었다.

모델 구조도 기민하게 대응하도록 설계됐다. 딥시크는 음성 인식, 기계 번역, 자연어 이해 기능을 모듈화해 상황에 따라 빠르게 조합할 수 있다. 실제 현장에서도 '발화 수집-음성 인식-언어 변환-대상 언어 생성'이 정교하게 작동했고, 재난 관련 용어는 별도 용어장 형태로 삽입돼 정확도를 높였다. 응급 상황 대응 데이터와 사전 구축된 도메인 지식이 연동되며 기술적 기반이 뒷받침됐다.

현장 환경을 고려한 하드웨어 대응력도 주목할 만하다. 인터넷이 불안정한 재난 지역에서는 로컬 디바이스에서 작동 가능한 경량화 모델이 필수다. 딥시크는 저전력·저지연 모델 'DeepSeek-Mobile'을 병행 운용하면서, 태블릿이나 구조 단말기에서 오프라인 처리가 가능하도록 설계됐다. 이번 플랫폼도 구조요원이 휴대 가능한 단말기에서 곧바로 구동됐다. 이는 통신이 두절된 상황에서도 AI 활용 가능성을 입증한 사례다.

딥시크는 특정 지역이나 상황에 맞춘 즉시 학습 기능도 탑재했다. LoRA_저순위 적응와 미세 조정 기법을 활용해, 미얀마에서 자주 쓰이는 응급 용어나 구조 지시어 등을 빠르게 반영할 수 있었다. 베이징어언대학 언어데이터팀이 보유한 긴급 대응용 전문 어휘가 국가응급언어서비스단을 통해 신속히 딥시크 API에 연동되며, 현지화된 문장과 표현이 빠르게 구현됐다.

사용 방식 역시 다양하게 설계됐다. 텍스트 기반 번역은 물론 음성을 텍스트로 바꾸거나, 음성 간 번역, 실시간 자막 처리 등 인터페이스를 지원해 상황별 대응이 가능했다. 구조대는 이어폰을 통한 실시간 통역, 태블릿 화면 지시문 번역, 모바일 앱 대화 번역을 병행했다고 전했다.

2) 산업 현장의 실전 파트너

딥시크는 산업 현장에서 실질적 역할을 수행하는 '작동하는 AI'로 자리매김하고 있다. 그 진면목은 국가전력망의 지능형 순시 시스템에서 선명하게 드러난다. 방대한 고압 송전망을 유지·점검하는 작업은 수십만 km에 이르는 노선과 수천 기의 설비를 상시 관리해야 하는 고위험 업무로, 과거에는 대부분 인력에 의존했지만 이제는 드론과 센서가 수집한 데이터를 딥시크가 통합 분석하며 이 구조를 빠르게 대체하고 있다.

현장에서는 드론이 촬영한 영상에서 균열이나 부식을 찾아내고, 실시간 센서 데이터로 설비 이상 징후를 포착해 수시간 내 대응을 권고하는 보고서를 자동 생성한다. 단일 모델이 이미지, 텍스트, 시계열 데이터를 동시에 처리하는 방식은 기존 모듈형 AI 시스템과 다른 접근으로, 업무의 신속성과 정확도를 획기적으로 끌어올렸다.

딥시크는 산업 현장에 단순히 적용된 것이 아니라 스스로 환경에 맞춰 진화하고 있다. 수백만 건의 이미지와 정비 데이터를 학습한 결과, 설비 고유 결함 징후를 정밀하게 인식하며, 지역에 따라 특화 기능도 빠르게 추가된다. 예컨대 특고압 철탑의 미세한 볼트 이탈 감지 기능은 불과 2주 만에 시스템에 통합됐고, 지방 방언 음성 명령도 자연스럽게 인식한다.

속도와 유연성 못지않게 중요한 것은 신뢰성이다. 드론에 탑재된 경량형 딥시크 모델은 0.2초 내 판단을 내릴 정도로 빠르며, 통신이 불안정한 지역에서도 정확도를 유지한다. 이미지가 흐릿하거나 이상 상황에서는 과거 기록과 실시간 데이터를 교차 분석해 판단을 보완하고, 긴급 상황에 즉시 알림을 전송한다. 이는 자동화를 넘어 복합 예측을 동반한 고차원 의사결정 지원으로 진화했음을 보여 준다.

무엇보다 주목할 점은 딥시크가 특정 환경에 국한되지 않고, 중앙 클라우드의 데이터 총괄 분석부터 지역 거점의 실시간 판단, 현장 단말기 기반 질의응답까지 전방위적으로 연동된다는 사실이다. 동일한 모델 아키텍처 기반으로 중앙 서버는 월간 점검 계획을 수립하고, 지역 변전소는 고장 징후를 감시하며, 현장 직원은 오프라인 환경에서도 음성 명령으로 정보에 접근할 수 있다. 이는 하나의 모델이 다양한 환경과 역할에 맞춰 기능을 분산·협조하는, 'AI 생태계'로서의 작동력을 입증하는 사례다.

2025년 1월 국가에너지국은 이 시스템을 AI 기반 에너지 인프라 혁신의 대표 사례로 지정했으며, 그 기술적 성과는 전력 분야 최고 학술지에도 소개됐다. 화웨이와 협업한 AI 클러스터는 하루 200만 장 이상 이미지를 처리하며 산업 규모의 실시간성 요구를 충족하고 있다.

부록 "AI는 혁신의 속도가 아니라 철학의 깊이로 승부해야 한다"

deepseek

- kr63지 량원펑 독점 인터뷰

2024년 7월, 중국 매체 '안용暗涌'은 딥시크 창립자 량원펑과의 심층 인터뷰를 공개했다. 오픈소스 V2 모델로 시장을 뒤흔든 직후 진행된 이 대화는 기술, 경영, 그리고 철학이 맞닿은 지점에서 AI의 미래를 묻는 기록이다. 본 인터뷰는 기존 스타트업 문법과 다른 딥시크의 행보를 생생히 보여 준다.

"우리는 파괴자가 아니었다. 다만 원가를 정직하게 계산했을 뿐"

기자: 딥시크 V2 모델 발표 이후 대형 모델 가격이 급락했습니다. 누군가는 딥시크를 '시장 파괴자'로 부르기도 합니다.

량원펑: 그런 의도가 전혀 없었습니다. 우리는 단지 원가를 계산해 최소한의 이윤만 남겼습니다. 그것이 이렇게 커다란 파장을 일으킬 줄은 예상하지 못했죠.

기자: 이후 바이두, 알리바바, 바이트댄스까지 일제히 가격을 인하했습니다.

량원펑: 예, 경쟁사들이 따라올 수밖에 없었겠죠. 특히 우리의 플래그십 제품 가격은 그들이 적자 없이는 맞추기 어려운 수준일 겁니다. 우리는 '보조금 전쟁'을 하자는 게 아니라, 누구나 부담 없이 AI 기술을 쓸 수 있어야 한다는 철학에서 출발했습니다.

"AGI를 하려면 구조를 복제할 것이 아니라 구조를 재발명해야 한다"

기자: 중국 기업 다수가 라마 구조를 복제하고 애플리케이션에 집중하는 반면, 딥시크는 아키텍처 자체를 연구하고 있습니다. 이유는 무엇입니까?

량원펑: 우리의 목표는 AGI입니다. 그러려면 '비용 최적화된 확장성'이 아니라 '구조적 진화'를 추구해야 합니다. 라마 기반은 이미 두 세대 뒤처졌습니다. 우리가 가야 할 길은 완전히 새로워야 합니다.

"혁신은 호기심과 야망에서 온다"

기자: 중국 기술 기업 대부분은 수익성과 빠른 시장 안착을 우선합니다. 왜 딥시크는 상업화보다 연구를 선택했나요?

량원펑: 우리는 기술 소비자가 아니라 기술 기여자가 되고 싶습니다. 중국은 지난 30년간 핵심 기술에서 대부분 관망자였습니다. 이 흐름을 바꿔야 합니다. 자본보다 부족한 건 자신감입니다.

"혁신의 진짜 격차는 시간 차가 아니라 독창성"

기자: 딥시크 V2는 실리콘밸리에도 충격을 안겼습니다. 어떤 점이 그들을 놀라게 했다고 보십니까?

량원펑: 중국이 드디어 '복제'가 아닌 '창조'로 승부하기 시작했다는 점이겠죠. 우리는 글로벌 기준에서 경쟁할 수 있는 팀을 현지에서 길러내고 있습니다.

기자: 딥시크 V2를 순수한 현지 인재들이 만들었다고요?

량원펑: 그렇습니다. 고졸 인턴부터 박사과정 학생까지, 모두 중국 현지에서 자란 인재들입니다. 우리는 '세계적 인재를 영입'하는 대신, '세계적 인재를 양성'하고 있습니다.

"딥시크의 조직은 하향식도, 수직적도 아니다"

기자: 실험적 아키텍처인 MLA도 평범한 연구원의 자발적 아이디어에서 시작됐다고 들었습니다.

량원펑: 맞습니다. 그 아이디어는 회의가 아니라 대화에서, 명령이 아니라 자발성에서 나왔습니다. 우리는 형식보다 가능성에 자원을 투입합니다.

기자: 조직 구조도 굉장히 유연하다고요?

량원펑: 누구나 우리의 컴퓨팅 리소스를 바로 호출할 수 있습니다. 승인 절차도, 보고 체계도 없습니다. 딥시크는 관료제를 허용하지 않습니다. 혁신은 믿음에서 시작됩니다.

"AI 인재의 첫 선택지가 되려면 가장 어려운 문제를 풀어야 한다"

기자: 미디어 노출도 적고, 자금 유치도 공격적이지 않은데, 어떻게 최고의 인재를 모을 수 있었나요?

량원펑: 인재는 돈이 아니라 '도전'에 끌립니다. 우리는 그들에게 세계에서 가장 어려운 문제를 풀 수 있는 무대를 제공합니다. 그게 딥시크의 진짜 자산입니다.

"AGI는 가능하다. 그리고 그건 우리 세대 안에 실현될 것이다"

기자: AGI 실현은 몇 년 안에 가능하다고 보십니까?

량원펑: 2년일 수도 있고, 10년일 수도 있습니다. 하지만 확실한 건, 우리 세대 안에는 반드시 실현될 거라는 믿음입니다.

기자: 로드맵은 무엇입니까?

량원펑: 우리는 세 가지에 집중합니다. 첫째, 수학과 코드. 둘째, 다중 모달 학습. 셋째, 자연어 처리. 이 셋은 AGI의 기반이 될 겁니다.

"AI의 미래를 논하며, 인터넷 시대 논리를 반복해서는 안 된다"

기자: AI의 수익 모델에 대해선 어떻게 생각하십니까?

량원펑: 기존 인터넷 비즈니스 모델로는 설명되지 않습니다. 지금 필요한 건 '이전 세대의 전략'을 넘어서려는 사고입니다. 기술은 산업보다 더 빠르게 진화합니다.

"중국의 기술 생태계, 이제는 '결실'이 필요한 시기"

기자: 마지막으로, AI 기술 생태계에 있어 지금 가장 필요한 건 무엇입니까?

량원펑: '성공 사례'입니다. 중국 사회는 아직도 하드코어 기술의 성과를 충분히 신뢰하지 않습니다. 그걸 증명할 실험이 바로 딥시크입니다. 우리가 성공한다면, 다음 세대는 의심 대신 도전을 선택할 겁니다.

이 인터뷰는 딥시크가 단순한 기술 기업이 아님을 보여 준다. AGI를 향한 꿈, 오픈소스에 대한 철학, 비전통적 인재 전략. 그리고 가장 중요한 질문: "기술은 누구의 것이어야 하는가?" 그 질문의 실험실이 지금, 중국 안에서 조용히 혁신의 속도를 재설정하고 있다.

III

딥시크 천재들의 과제

deepseek

11. 수학 천재 량원펑

1) 영웅 된 시골 소년

량원펑의 고향인 광둥성 잔장시 우촨. 여전히 농촌 풍경이 남아 있는 이 마을이 올해 초 전국적인 관심을 받았다. 딥시크 R1을 개발한 량원펑이 춘절 연휴 중 고향을 찾았다는 소식이 퍼지자, 방문객 수천 명이 마을로 몰렸다. 그의 흔적을 따라 미리링춘까지 이동하는 사람들이 생겼고, 흙과 나뭇잎을 기념품처럼 챙겨 가는 진풍경도 벌어졌다. 마을 외벽은 새로 칠해졌고, 도로는 확장됐다. 주민들은 "모두 량원펑 덕분"이라고 말했다.

그러나 그는 철저히 모습을 드러내지 않았다. 항저우 딥시크 본사에도 방문객이 이어졌지만, 공식적으로 등장한 건 2025년 1월 20일 리창 총리 주재 경제·기술 간담회와 2월 17일 시진핑 주석 주재 민영기업가 간담회가 전부다. 그 외 정보는 동창, 가족, 교사들의 증언을 통해 전해질 뿐이다. 량원펑은 1985년 교사 가정에서 태어났다. 초등학교 3학년 시절, 성냥개비로 태양 고도를 설명한 일화가 전해진다. 교사였던 아버지는 낡은 탁자에 분필로 수학 문제를 풀며 아들의 직관을 키웠고, 교사들은 그를 "설명 없이 모든 과목을 이해하는 학생"으로 기억했다.

1998년 우촨 제1중학교에 진학한 그는 고등수학을 독학하며 수학적 모델링과 추상적 사고에 집중했고, 문제집 여백에는 "이 유형의 본질은 경사하강법의 2차원 투영"이라는 문장을 써넣었다. 그야말로 스스로 배우는 수학 천재였다. 2002년 저장대 전자정보공학과에 수석 입학한 그는 '패턴 인식'과 '신경망' 등 AI 서적을 독학했고, 교수들과의 토론을 거쳐 난해한 개념을 체계화했다. 학부 시절 이미지 인식 프로젝트에서는 알고리즘 최적화를 맡았고, 자연어 처리 NLP 분야에서는 데이터 정제 도구를 직접 개발해 연구 신뢰도를 높였다. 국제 알고리즘 대회에서는 팀을 이끌며 주목을 받았다.

2008년 글로벌 금융위기 시기, 그는 청두 셋집에 틀어박혀 양적 투자 알고리즘을 개발했다. 당시 중국에 퀀트 투자가 생소하던 시기, 수학과 AI 기반의 가격 예측 모델을 설계했고, 2010년 CSI 300 선물 상품이 출시된 이후 실전 전략을 시장에 투입해 수익을 실현했다. 그의 팀은 약 5억 위안을 운용하며 빠르게 업계 주목을 받았다.

2013년 저장대 동문 쉬진과 '야코비 투자관리'를, 2015년 '하이플라이어'를 설립했다. 하이플라이어는 AI 기반 퀀트 헤지펀드로 성장해 '중국 양적 투자 4대 천황' 중 하나로 꼽히며, 량원펑은 금융 기술 분야에서 확고한 입지를 구축했다. 그러나 그는 언론 노출 없이, 연산과 코드로만 존재를 증명해 왔다. 그의 고향이 관광지로 바뀌고, 중국의 금융 질서와 AI 시장 구도에 영향을 미쳤지만, 그는 조용한 궤적을 유지하고 있다. 수식과 코드, 전략과 설계만 남긴 채, 량원펑은 여전히 은둔 속에서 산업의 흐름을 바꾸고 있다.

2) '하이플라이어' 대성공

딥시크를 창업한 량원펑이 인공지능 대형 모델 개발자로 주목받기 전, 중국 금융 업계에서 그의 이름은 이미 전설로 회자하고 있었다. 그가 이끌던 퀀트 헤지펀드 '하이플라이어 幻方量化·High-Flyer'는 외부 홍보도, 인터뷰도 거의 없이 2010년대 중국 금융 시장을 조용히 지배한 존재였다. 하이플라이어는 딥시크의 기술적 기초와 자본적 토대를 제공한 실질적인 '프리퀄 prequel'이자, 량원펑의 양적 사고가 처음으로 집약된 모델이었다.

[하이플라이어 로고]

2015년 저장대 동문들과 함께 설립된 하이플

라이어는 머신러닝 기반 투자 알고리즘을 무기로 중국 내 양적 투자 생태계를 선도했다. 당시 중국 자본 시장은 여전히 인간의 직감과 '촉'에 의존한 투자 방식이 주류였지만, 하이플라이어는 수학적 모델링과 AI 기반 판단 시스템으로 이 구조를 뒤집었다. 딥러닝 기반 시계열 예측 모델과 고빈도 거래 HFT를 접목해 전략을 고도화했고, 정량적 분석을 통한 포트폴리오 구성과 리스크 회피로 안정성과 수익성을 동시에 추구했다.

하이플라이어는 철저히 침묵을 택했다. 외부 노출은 없었고 대표자의 강연도 드물었다. 그러나 시장은 이러한 은둔을 전략적 집중력의 상징으로 받아들였다. 기술, 수익률, 리스크 대응이 모두 정밀하게 설계된 이 회사는 말보다 수치로 자신을 증명했다. 그 이면에는 AI에 대한 장기 투자와 독자 인프라 구축이 있었다.

2022년 코로나19 확산 당시, 하이플라이어는 2억 2,138만 위안440억 원을 기부했고, '평범한 돼지普通猪'라는 익명 기부자가 별도로 1억 3,800만 위안274억 원을 기부했다. 외부에서는 이 익명 기부자의 정체가 량원펑일 것이라는 관측이 우세했다. 조용한 기술자이자 책임 있는 기업가의 면모가 이 장면에서도 드러났다.

하이플라이어는 단순한 투자회사가 아니었다. 그것은 수학과 알고리즘, 데이터 기반 사고방식, 정량적 판단 체계라는 량원펑의 사유 구조가 구현된 지적 시스템이었다. 이 체계는 이후 딥시크의 개발 철학에도 이식됐다. AI 모델을 설계하고 연산 효율을 극대화하며, 윤리와 성능의 경계를 넘나드는 전략역시 하이플라이어의 DNA 위에서 시작된 것이다.

량원펑이 다시 AI로 돌아온 것은 예견된 귀환이었다. 그는 이미 알고리즘으로 세계를 읽고, 데이터로 불확실성을 통제하며, 수학으로 미래를 예측하는 능력을 체화한 인물이었다. 하이플라이어는 그의 첫 번째 수학 제국이었고, 지금 그는 두 번째 제국, 딥시크를 통해 또 다른 질서의 지도를 그리고 있다.

3) 알고리즘 적용 투자 방식은?

2010년대 중반, 중국 양적 투자 시장이 형성되던 시기, 하이플라이어는 기술 기반 금융회사의 전형으로 떠올랐다. 단순한 투자사가 아닌, 알고리즘과 자본이 결합된 금융공학 실험 플랫폼이었다. 량원펑은 그 구조를 설계한 기술 총괄 책임자였다. 수학과 AI를 접목한 정량적 시스템을 구축하며, 당시 중국 금융 시장의 구조적 한계를 정면으로 돌파하고자 했다.

그는 머신러닝 기반의 자동화된 투자 시스템을 도입하고, 고빈도나 저주기 모델이 아닌 중주기 전략에 집중했다. 수 분에서 수 시간 단위로 포지션을 유지하는 이 전략은 단기 시장 변동성에 덜 휘둘리면서도 안정적인 수익 확보에 유리했다. 이 전략적 선택은 하이플라이어가 높은 수익률과 낮은 변동성을 동시에 추구할 수 있는 기반이 됐다.

기술 구현도 내부적으로 체계화됐다. 량원펑은 데이터 수집부터 정제, 알고리즘 훈련과 반복 테스트 전 과정에 직접 참여했으며, 실시간 코드 리뷰와 야간 회의에도 빠지지 않았다. 그는 연구자이자 개발자, 실행 책임자로서 팀의 기술 문화를 주도했고, 이를 통해 정량적 판단 체계를 조직 전반에 내재화시켰다.

하이플라이어는 2015년 설립 이후 빠르게 성장했다. 2021년에는 운용자산 AUM 1천억 위안약 20조 원을 돌파했으며, 주요 펀드는 5년간 20% 이상의 초과 수익률을 기록했다. 월스트리트저널WSJ도 이 성과를 조명한 바 있다. 그러나 2021년 하반기, 일시적 성과 하락과 함께 신규 자금 모집을 중단했다. 량원펑은 리스크 포지션을 조정하고 알고리즘을 개편하며 안정화를 추진했고, 단기 수익률보다 기술 기반의 지속 가능성을 강조했다. 이는 투자자 신뢰 회복의 계기로 작용했다.

하이플라이어의 성장은 중국 금융 시장에서 AI와 정량 모델이 실질적 경쟁력을 갖출 수 있음을 보여 준 사례다. 알고리즘을 통한 포트폴리오 구성, 시계열 예측, 리스크 관리 등이 유기적으로 작동했으며, 모든 판단은 데이터 기반으로 이뤄졌다. 기술 인프라 역시 독자적으로 구축됐다. '파이어플라이어螢火' 컴퓨팅 시스템은 엔비디아 A100 GPU 1만 개 규모로 운영되며, AI 알고리즘 훈련의 핵심 기반으로 활용됐다.

하이플라이어는 단지 고수익 펀드를 운용한 금융사가 아니라, 중국식 정량 금융 모델이 산업화될 수 있음을 실증한 조직이었다. 이 경험은 딥시크 개발의 기반이 됐다. AI 모델의 설계, 연산 최적화, 산업 응용 전략 등 핵심 기술 프레임은 하이플라이어 시절부터 형성됐다. 량원펑이 AI 산업으로 전환할 수 있었던 배경에는 이미 구축된 알고리즘 시스템과 데이터 기반 판단 철학이 있었다.

4) GPU 알아본 량원펑

2010년대 중반, 양적 투자와 인공지능이 금융 산업에 본격 도입되던 시점, 량원펑은 누구보다 먼저 기술 전환의 흐름을 감지했다. 하이플라이어는 단지 알고리즘을 설계하는 투자회사를 넘어, AI 기반 금융 전략을 실현할 독립 연산 인프라를 조기에 구축한 선도 사례로 평가된다. 핵심에는 고성능 GPU 자원의 선제적 확보와 전용 훈련 인프라 구축 전략이 있었다.

량원펑은 2019년, 기존 알고리즘만으로는 금융 시장의 고속 변동성에 대응하기 어렵다고 판단했다. 딥러닝 기반 AI 모델이 핵심 투자 기술이 될 것이라는 전제하에, 그는 2억 위안을 투입해 자체 연산 플랫폼 '파이어플라이 1호'를 구축했다. 이 플랫폼에는 1,100개의 GPU가 탑재됐고, 하이플라이어는 이를 통해 중주기 거래 전략, 고차원 시계열 분석, 복합 신경망 모델을 안정적으로 운용할 기반을 마련했다.

2021년에는 본격적인 연산 확장에 나섰다. 하이플라이어는 약 10억 위안을 투입해 '파이어플라이 2호'를 구축하며, 미국 엔비디아의 A100 GPU 1만 장을 확보했다. 당시 A100은 장당 2,700만 원에 달하는 고성능 칩으로, 글로벌 수요 폭증으로 확보 경쟁이 치열했다. 대부분 기업이 수백 장 확보도 어려운 상황에서 하이플라이어는 중국 민간기업 중 유일하게 대규모 선점을 이뤘다. 이는 단순한 기술 선택이 아닌, 공급망 불확실성에 대비한 전략적 자산

축적이었다.

량원펑은 하드웨어 확보에 그치지 않고, 해당 자원을 효율적으로 운용할 내부 기술 역량을 정비했다. 저장대 출신 수학 박사, 머신러닝 전문가, 알고리즘 엔지니어로 구성된 팀은 AI 기반 금융 모듈을 개발했고, 알고리즘의 정밀도와 리스크 통제 능력을 향상시켰다. 이는 하이플라이어가 높은 수익성과 낮은 변동성을 유지한 핵심 동력이었다.

흥미로운 점은 파이어플라이 2호의 GPU 클러스터가 이후 딥시크의 대형 언어 모델 훈련에 전용됐다는 사실이다. 당초 딥시크는 엔비디아의 저효율 모델과 화웨이 어센드가 적용됐다고 알려졌지만, A100 사용을 부인하지 않았다. 하이플라이어 시절 축적된 연산 자원과 기술 구조, 연구 인력은 딥시크 창립의 기반이 되었고, R1 모델의 고도화 훈련을 가능케 했다. 특히 미국 정부가 A100 수출을 금지한 이후에도 딥시크는 자체 인프라를 기반으로 기술 확장을 이어 갔다.

하이플라이어는 수익만을 목표로 한 조직이 아니었다. 그것은 AI 시대 생존 조건을 조기에 구축한 기술 기반 플랫폼이었으며, 딥시크는 이 위에서 성장한 후속 모델이었다. 연산 자원의 선제 확보와 자체 인프라 설계, 고도화된 알고리즘 구조는 하이플라이어 시절의 전략적 선택이었고, 이는 중국 AI 산업 내에서도 독립적 확장력을 갖춘 드문 사례로 남았다.

12. 딥시크로 스핀오프

1) 딥시크의 시작

2023년 중국 인공지능 생태계에 새로운 변곡점이 등장했다. 중국 최대의 양적 투자사 중 하나였던 하이플라이어에서 독립한 인공지능 기업 딥시크가 공식 출범한 것이다. 창업자 량원펑이 수익성과 안정성이 검증된 금융회사에서 나와 일반인공지능AGI: Artificial General Intelligence에 도전한 결정은 단순한 조직 개편을 넘어선 방향 전환이었다.

량원펑의 인공지능에 대한 관심은 하이플라이어 재직 시절부터 이어졌다. 2016년, 하이플라이어가 처음 AI 모델을 투자 전략에 도입한 이후 그는 기술의 확장성을 꾸준히 주시해 왔다. 이후 하이플라이어의 전략은 점차 AI 기반으로 전환됐고 그는 AGI로 관심을 옮겼다.

딥시크는 기존 조직이 구축한 인프라를 바탕으로 출범했다. 하이플라이어는 이미 1,100개 GPU를 탑재한 '파이어플라이어 1호'와, 1만 개의 엔비디아 A100 GPU를 갖춘 '파이어플라이어 2호'를 보유하며 대규모 연산 자원을 구축했다. AI 인력과 자본을 포함해 AGI 연구를 독립적으로 수행할 수 있는 인프라가 이미 갖춰진 상태였다.

결정적 계기는 챗GPT의 글로벌 반향이었다. 당시 미국의 오픈AI가 생성형 AI에 대한 대중적 관심을 불러일으켰다. 량원펑은 기존에 확보한 GPU 자산을 토대로 미국에 독립적인 생성형 AI를 만들 수 있다는 자신감을 토대로 2023년 5월 AI 분야 진출을 선언했다. 같은 해 7월, 딥시크는 정식 출범했다.

딥시크는 설립 초기부터 기존 AI 스타트업과는 차별화된 경로를 택했다. 외부 투자 없이 자체 수익으로 운영됐고, 기술 중심의 구조를 유지하기 위해 공개 아키텍처, 오픈소스 전략, 경량화 설계를 도입했다. 내부 개발된 V2 모델은 GPT-4 대비 1/10 수준의 훈련 비용, 1% 수준의 API 가격으로 기술 저변을 넓혔다.

양적 투자 조직인 하이플라이어가 명확한 수익 추구를 기반으로 설계됐다면 딥시크는 탐색적 연구를 중심으로 운영된다. 연구 인력이 누구든 자원을 호출할 수 있고, 실험 실패는 조직 내 자산으로 기록된다. 조직 운영 방향은 업무 효율보다 기술 아이디어의 깊이에 방점이 찍혀 있다.

기술 확산 전략 역시 독자적이다. 딥시크는 중소기업, 스타트업, 개발자 등 폭넓은 사용자 기반을 염두에 둔 기술 정책을 펴고 있다. 고성능 모델임에도 API 가격을 낮게 유지하고, 코드와 실행 환경을 공개하며 기술 진입 장벽을 낮췄다. 알리바바, 바이두 등 대기업 중심으로 흘러온 중국 AI 생태계와는 다른 경로를 택한 셈이다. 일부에서는 딥시크를 '중국형 오픈AI'가 아닌 '기술 생태계형 핀둬둬'에 가깝다고 평가하기도 한다.

3) 량원펑의 일반인공지능 집념

량원펑에게 일반인공지능 AGI는 단순한 기술적 과제가 아니다. 그가 양적 투자회사 하이플라이어에서 수조 원 규모의 자산을 운용하던 시절에도, 그의 관심은 인간처럼 사고하고 판단하는 일반인공지능AGI에 집중되어 있었다. 투자 전략의 정확도를 높이기 위해 개발한 AI 모델은 수익률 개선을 넘어 복잡한 사고 과정을 계산하고 시뮬레이션하는 실험이었다. 그는 이 과정을 통해 수치화된 행동 너머에 존재하는 인간 사고의 본질에 접근하려 했다.

이러한 집념은 단순한 호기심이나 기술 탐구로 설명되기 어렵다. 그는 미디어 노출을 피하고, 투자 유치도 거부하며, 딥시크 운영을 철저히 내부 자금으로 유지하고 있다. 겉으로는 오픈소스 전략을 취하고 있지만, 핵심 기술과 의사 결정은 제한된 내부 체계 안에서 이뤄진다. 이는 외부 간섭을 최소화하고,

오직 AGI라는 목표에 집중하기 위한 방식이다. 외형상 절제된 운영 구조지만 실제로는 목표에만 집중하는 폐쇄형 질서다.

량원펑은 AI의 '스케일링 법칙'에 회의적 입장을 보이면서도 누구보다 빠르게 GPU 확보에 나섰고, 중국 내 최대 규모의 연산 인프라를 앞서 구축했다. 그가 강조하는 '최소 자원으로 최대 성능'이라는 철학은 단순한 효율 추구가 아니라 제한된 조건에서도 AGI 개발 가능성을 끝까지 밀어붙이기 위한 전략이다. 외부 경쟁이나 기술 트렌드보다 자신이 설정한 목표의 정합성과 완결성에 집중하는 태도다.

딥시크의 기술 방향은 이러한 방식의 연장선에 있다. 전문가 혼합 모델 MoE 구조, 경량 아키텍처 설계, 초저가 API 제공 등은 자본 효율성보다는 기술 완성도를 위한 수단으로 기능한다. 량원펑은 AGI를 통해 기술의 대중화를 언급하지만, 실제로는 AGI라는 궁극적 기술에 가장 먼저 도달하기 위한 내적 동기가 훨씬 강하다. '2년, 5년, 10년'이라는 AGI 실현 예측이 유동적인 것도, 결과보다 과정을 중시하는 태도를 반영한다.

량원펑에게 AGI는 하나의 기술이자 동시에 그의 목표를 구현하는 프레임이다. 딥시크는 그 여정을 위한 플랫폼이며, 중요한 것은 결과가 아니라 그가 추구하는 방향과 확신이다. AGI는 그의 연구 대상이자, 동시에 정체성의 일부로 자리 잡고 있다.

4) 오픈소스 선언

인공지능 산업은 지금, 폐쇄와 개방이라는 두 전략 사이에 서 있다. 하나는 자본력과 독점 구조를 기반으로 한 폐쇄형 전략이며, 다른 하나는 협력과 공유를 중심으로 기술 생태계를 확장하는 개방형 전략이다. 중국 AI 스타트업 딥시크의 창립자 량원펑은 이 갈림길에서 주저 없이 개방형 전략을 선택했다. 그의 선택은 단순한 기술적 판단이 아니라 기술에 대한 철학적 태도에서 비롯된 것이다.

량원펑은 기술을 자산이 아닌 문명의 구성 요소로 본다. 기술 발전의 속도

역시 자본이 아닌 협력에서 비롯된다고 믿는다. 그는 폐쇄적 경쟁보다는 오픈소스를 통해 더 많은 개발자와 연구자가 참여하는 생태계를 만들어야 기술이 진화한다고 본다. 실제로 딥시크는 대형 언어 모델 개발 과정에서 알고리즘, 학습 구조, API, 모델 가중치까지 투명하게 공개해 왔다. 이는 기술 민주화를 실현하려는 장기 전략의 일환이며, "오픈소스는 상업이 아니라 문화"라는 그의 발언과도 맞닿아 있다.

이런 철학은 기존 중국 기술 산업 구조와 다른 결을 가진다. 중국 AI 산업은 오랫동안 미국 기술을 추종하고 빠르게 상용화하는 방식으로 성장해 왔다. 그러나 량원펑은 기술 격차의 원인을 자본이 아닌 창조와 모방에 대한 태도에서 찾는다. 폐쇄적 구조 안에서는 기술을 복제할 수는 있어도 새롭게 만들 수 없으며, 자립은 개방과 연결을 통해서만 가능하다는 게 그의 믿음이다.

이 신념은 연구 방향에도 반영돼 있다. 딥시크는 희소 어텐션 구조인 NSA를 AI에 적합한 효율 구조로 제시하며 논문과 코드를 공개했고, 전문가 혼합 모델 MoE을 활용해 적은 자원으로도 고성능을 구현하고 있다. 이는 기존 대형 모델 경쟁과 다른 접근이다. API 가격을 GPT-4 Turbo의 1% 수준으로 책정한 것도 같은 맥락이다. 더 많은 이가 기술에 접근할 수 있어야 혁신이 특정 기업의 성과를 넘어 공동체의 진화로 이어질 수 있다는 믿음에서다.

량원펑은 "우리는 폭리를 취하지 않지만, 손해도 보지 않는다"고 말한다. 이는 딥시크가 단기 수익보다 생태계 확장을 목표로 한다는 것을 보여 준다. AI는 일부 기업의 독점물이 아니라 인류 공동의 자산이어야 하며, 선도 기업의 역할은 시장 지배가 아니라 기술의 방향을 제시하는 데 있다는 확신이 그의 선택을 지탱한다. 딥시크 R1이 국제 AI 경연대회에서 1위를 차지했을 때, 연구팀이 "우리는 오픈소스 AGI를 현실로 만들기 위해 노력했을 뿐"이라고 밝힌 것도 이러한 철학을 드러낸다.

13. 딥시크의 철학 과제

1) 량원펑 리더십

중국의 인공지능 산업에서 딥시크는 기술력뿐 아니라 인재 조직 구조 측면에서도 주목받고 있다. 그 중심에는 창립자 량원펑이 있다. 그는 딥시크를 단순한 기업이 아닌 기술 중심의 실험실이자, 정밀하게 설계된 인재 공동체로 구축했다.

량원펑의 인재 전략은 기존 중국 테크 기업 문화와 뚜렷한 차이를 보인다. 대부분의 기업이 대기업 경력자와 팀 단위 이동에 의존하는 반면, 딥시크는 경력보다 기술적 문제 해결 능력과 창의성을 우선 평가한다. "기술은 경험보다 열정과 창의성에서 나온다"는 그의 원칙은 채용과 운영 전반에 적용돼 있다. 양적 투자 시절 강조한 정밀성과 구조화된 분석 능력은 딥시크에서도 그대로 이어지고 있다.

조직 운영도 실력주의에 기반한다. 연구자들은 프로젝트를 자율적으로 선택하고, 연산 자원은 사전 승인 없이 활용 가능하다. 보고나 야근은 지양되며, 고성능 GPU와 독립형 클러스터 인프라가 몰입 환경을 지원한다.

이 환경은 실제 성과로 이어졌다. 엔비디아 인턴 출신 판쯔정은 딥시크 초기 멤버로 R1과 V2 모델 개발에 핵심 역할을 했고, 홍콩과기대 출신 준샤오송은 강화학습 알고리즘 고도화에 기여했다. 이들은 안정된 경력 대신 기술적 과제를 선택했고, 딥시크는 이를 실현할 구조를 갖췄다. 량원펑은 CEO지만 연구자들과 실험을 함께 수행하는 실무형 리더다.

채용 전략도 철저히 기술 중심이다. 딥시크는 LLM 연구자에게 최대 연봉 154만 위안3억 1,100만 원, 석사급에 월 10만 위안2천만 원, 인턴에게도 하루 1천 위안20만 원을 제시하지만, 핵심은 보상보다 기술적 임팩트를 실현할 무대를 제공하는 데 있다. "딥시크에 청소부로라도 들어가고 싶다"는 말은 이 조직이 열정과 몰입을 제공한다는 평가다.

량원펑은 기술이 사회와 만나는 접점을 중요하게 인식하고 있다. 딥시크는 개발자뿐 아니라 법률, 운영, 재무 인력까지 포함해 AGI 시대에 맞춘 조직 구조를 설계 중이다. AGI는 기술 제품이 아니라 제도와 윤리까지 포괄하는 구조라는 인식이 반영돼 있다. 젊은 인재에 대한 신뢰도 명확하다. 그는 "중국의 젊은 인재들이 과소평가되고 있다"고 지적하며, 딥시크는 졸업 예정자와 대학생을 대규모 채용한다. 이들에게는 단기 실적보다 장기 성장 기회를 제공하고, 잠재력과 깊이에 집중하고 있다.

량원펑의 리더십은 단순한 경영이 아닌 기술 중심 조직의 설계에 가깝다. 실력 기반 평가, 자율적 연구 환경, 기술 중심 운영 방식은 딥시크를 AI 산업에서 독자적 위치로 끌어올렸다. 그는 기술과 사람을 동시에 존중하는 구조를 통해 지속 가능성과 실질적 경쟁력을 추구하고 있다.

2) 딥시크 인재 선발 절차

그렇다면 딥시크의 인재들은 어떻게 선발되는가? 이 물음에 대한 답을 직접 딥시크에게 물었다. 뜻밖에도 관련 질문에 선뜻 답했다. 딥시크의 인재 채용 시스템은 자체 LLM을 훈련시키듯, 정량화된 구조와 반복 학습 가능한 평가 과정을 갖춘 일종의 '사람 선발용 모델'이다. 단순한 이력서나 몇 번의 면접으로는 그 문을 통과할 수 없다. 이들의 전략은 기술 철학, 상업 감각, 조직 적응력, 장기 잠재력까지를 평가 항목에 포함한 복합 알고리즘으로 작동한다.

딥시크는 이론과 실무, 기술과 경제성 사이의 균형을 중시한다. 지원자에게 던지는 대표 질문은 "175B 파라미터 모델을 사용하는 고객이 응답 속도를 500ms에서 200ms로 줄여 달라고 하면서도, 비용 증가는 15%를 넘지 않아야 한다면?"이다. 이는 단순히 모델 구조나 압축 기법만 아는 이론가가 아니라, 현실적 제약 속에서 최적 해법을 도출할 수 있는 인재를 요구하는 철학이 담겨 있다.

물론 딥시크는 연구직과 엔지니어직을 명확히 구분해 선발한다. 연구직은 논문 영향력, 오픈소스 기여도, 알고리즘 제안 능력 등을, 엔지니어직은 클라우드 최적화 경험, 추론 속도 개선 실적, 하드웨어 효율화 성과 등을 중심으로 평가한다. 정량 평가 항목은 외부에 공유되지 않지만, 내부적으로는 알고리즘 성능 테스트와 제품화 가능성 분석까지 포함된 체계적인 평가 모델이 운용된다.

흥미로운 점은 딥시크의 보상 구조가 단기 연봉 경쟁에 의존하지 않는다는 것이다. 실리콘밸리보다 낮은 연봉을 제시하면서도, 특허 수익 배분, 1개월 유급 연구휴가, 국제 학회 참가 전액 지원, 자녀 명문대 입학 시 교육 보조금 제공 등 장기적 보상으로 인재를 유지한다. 이는 단기성과 중심이 아니라 '투자'하고 있다는 딥시크의 관점을 보여 준다.

채용 과정에는 기술 외에도 문화 적응력과 실전 생존력을 평가하는 장치들이 숨어 있다. 병음으로 작성된 레거시 시스템의 코드 일부를 포함한 테스트나, 문서화되지 않은 시스템에서 버그를 잡게 하는 '중국식 기술 현실'이 일부러 설계돼 있다. 48시간 내 모델 수렴 실패 로그를 분석하거나, AI 윤리와 기업 이해 충돌 문제에 대한 철학적 입장을 묻는 등, 기술적 정교함과 정신적 탄력성을 동시에 검증한다.

이 모든 과정은 딥시크가 자체 개발한 'TalentGPT' 시스템을 통해 분석되고 추적된다. 이 시스템은 지원자의 오픈소스 활동, 논문, 코드 로그를 기반으로 3D 역량 지도를 생성하며, 18개월 내 이직 가능성까지 예측한다. 다만, 최종 결정은 여전히 사람의 몫이다. '인재위원회'라는 이름의 합의형 구조가 기술 VP, 인사 책임자, 현직 직원 투표를 통해 결정하고, 필요시 CTO 또는 CEO의 직접 면접까지 동원된다. 기술이 사람을 판단하되, 사람 또한 기술을 검증하는 이중 구조다.

딥시크는 단기 채용보다 장기 인재 풀 형성에 초점을 둔다. 중국과기대 '소년반'과 연계해 수학 영재를 조기 확보하고, 탈락자에게도 '복귀 경로'를 열어 둔다. 일정 과제를 주고 6개월간의 실전 훈련을 거친 뒤, 1차 면접 없이 재도전

기회를 제공한다. 이는 채용이 아닌 인재 생태계 관리 전략이며, 기술이 아닌 사람을 위한 '장기 알고리즘'이다.

딥시크의 채용 시스템은 한 가지를 말한다. 이들은 단순히 똑똑한 사람을 찾지 않는다. 기술과 경제, 윤리와 문화, 스트레스와 협업까지 모든 차원에서 훈련된 사람, 자신을 끊임없이 갱신할 수 있는 사람을 찾는다. 딥시크는 대형 모델을 만드는 조직이지만, 더 본질적으로는 스스로를 학습하고 진화할 수 있는 인간을 선별하는 실험을 수행하고 있다. AI의 진화는 인간을 대체하는 것이 아니라, 인간 역량을 정밀하게 측정하는 도구가 되고 있으며, 그 문은 결코 낮지 않다.

3) '난공불락' 문제⋯ 기술인 테스트

딥시크는 인공지능 산업의 최전선에서 단순한 기술 개발을 넘어 '사고의 방식'까지 설계하는 조직이다. 이곳에서 일하는 이들에게 주어지는 과제는 종종 '이론적으로는 가능하지만 현실에서는 되지 않는' 문제들이며, 이는 복잡성과 불확실성이라는 이중 장벽에 도전하는 일이다. 딥시크는 이를 풀기 위해 단순한 직관이나 경험이 아닌, 구조화된 지적 체계를 요구한다. 이들의 사고방식은 정제된 '지적 작전 프레임'으로 구축돼 있다.

문제를 해결하는 데 있어 딥시크가 가장 중요하게 평가하는 것은 문제를 구조적으로 분해하는 능력이다. 예를 들어, "1천억 개 파라미터 모델의 추론 효율을 높이라"는 요청은 통신 병목, 연산 병렬화, 메모리 최적화 등 세부 기술 과제로 나뉘어야 한다. 실제 인터뷰 과정에서 지원자는 FlashAttention, ZeRO 전략, GPU 연산 캐시 분할 등을 제안하고 설계하는 과정을 거친다. 딥시크는 이를 '차원 축소 분해법'이라 부르며, 기술뿐 아니라 조직 내 설득 전략에도 적용한다. 새로운 기술 도입 시에도 단순한 주장에 그치지 않고, Google TPU 팀처럼 비용－성능 시뮬레이션을 요구한다.

딥시크는 문제 해결 방법론 자체를 설계하는 능력도 중요하게 여긴다. 트랜스포머의 '전문가 혼합MoE' 구조에서 착안해, 문제 해결에 필요한 알고리즘이나 인재를 상황에 따라 호출하는 방식을 팀 운영에 적용한다. 수렴 실패나 과적합 문제를 양자 터널링 등 물리 이론으로 해석하기도 하며, 과학 개념을 추상적 사유 도구로 활용하는 '인지 확장 기법'이 이 조직의 특징이다.

실패는 이들에게 데이터에 가깝다. 딥시크는 모든 실수를 수학적 구조 오류, 코드 경계의 오류, 환경 충돌 오류로 구분해 기록한다. 매주 '실패 공유 세션'에서 이를 분석하고 회고하며, 조직 전체가 같은 시행착오를 반복하지 않도록 한다. 실패를 정리하고 구조화하는 능력 역시 핵심 역량으로 평가된다.

딥시크는 내부 역량만으로 문제를 해결하려 하지 않는다. 오픈소스 커뮤니티, 외부 리서치 생태계, 벤치마크 대회 참여를 통해 외부 자원을 흡수한다. 이 회사에선 '생태계 활용력'이 문제 해결력의 핵심이다. 인터뷰에선 허깅페이스 활용 경험이나 PR 피드백 개선 사례까지 질문된다. 외부 자원을 내부 자원처럼 활용할 수 있는 능력이 중요한 판단 기준이다.

무엇보다 딥시크는 정신적 근력을 주목한다. 최고의 개발자들이 단일 GPU와 Vim 환경에서 대형 모델을 구현하거나, 장애 발생 시스템을 밤새 복구하는 실전 훈련도 존재한다. 이는 단순한 스트레스 테스트가 아니라, 피로 상태에서 의사 결정을 유지하는 역량을 평가하는 과정이다. 딥시크는 기술 완성도뿐 아니라 '지속적 고난도 문제에 대응하는 멘탈'이야말로 최종 생존력이라 본다.

이러한 사고법과 기준은 채용 과정에도 반영된다. 지원자는 48시간 해커톤에서 미완성 모델의 수렴 실패 원인을 찾아야 하며, 문서화되지 않은 코드에서 버그를 잡거나 'AI가 특정 국가의 정치 이슈를 다뤄도 되는가' 같은 윤리적 질문에도 논리적 입장을 제시해야 한다. 딥시크는 단순히 문제를 해결하는 인재가 아닌, 문제 자체를 재정의할 수 있는 인재를 찾는다.

▣ **딥시크가 요구하는 인재상**
- 문제를 쪼개는 힘: 구조화된 분해법
- AI를 위한 '사고 프레임'을 설계하라
- 실패는 재료다: 정리된 실수에서 성장한다
- 개인을 넘어 생태계를 레버리지 하라
- 정신적 근육을 단련하라: 문제 해결의 진짜 근육은 멘탈

14. 139명의 토종 천재

deepseek

1) 혁신의 설계자들

2024년, 중국의 AI 스타트업 딥시크 DeepSeek는 '저비용 고성능' 대형 언어 모델을 선보이며 전 세계 AI 생태계에 충격을 안겼다. 하지만 진짜 충격은 모델이 아니라 그것을 만든 사람들에 있었다. 미국 스탠퍼드대 후버연구소가 발표한 분석 보고서에 따르면, 딥시크가 1년간 발표한 주요 논문에 참여한 연구진 232명 가운데 절반 이상인 54% 111명가 중국 내에서만 교육받고 활동 중인 순수 토종 인재였다. 미국에서 학위를 받았거나 연구한 경험이 있는 인력은 24%에 불과했고, 현재 미국 소속 기관에서 활동 중인 인재는 전체의 7%에 그쳤다. 이는 중국이 더 이상 서구 인재에 의존하지 않고도 세계 수준의 기술을 구현할 수 있다는 점을 명확히 보여 준다.

딥시크의 인재 구성은 실리콘밸리 중심 인재 흐름의 구조적 전환을 상징한다. 하버드가 아니라 항저우에서, 구글이 아니라 무명의 스타트업에서, 인류의 기술적 전환점이 만들어지고 있는 것이다. 이 흐름을 이끈 건 바로 기회를 포기하고 돌아온 젊은 인재들의 결단이었다.

대표적 사례는 딥시크 초기 핵심 멤버 판쯔정이다. 그는 엔비디아에서 인턴을 마친 뒤 정규직 제안을 거절하고 딥시크에 합류했으며, VL2·R1 모델 개발을 주도했다. 그를 지도했던 미국의 한 연구자는 "중국에서도 기술적 성취를 이룰 수 있는 환경이 조성되고 있다"며 이 변화의 본질을 짚었다. 또 다른 핵심 인물인 홍콩과기대 출신 송췬샤오는 강화학습 기반 알고리즘 GRPO를 개발해 훈련 효율과 경량화 기술을 동시에 끌어올렸다. 그의 연구 성과는 딥시크 모델의 고도화에 실질적으로 기여했고, 학계와 산업 양쪽에서 주목받았다.

이들이 딥시크를 선택한 배경에는 CEO 량원펑의 독특한 조직 운영 방식이 있다. 그는 연구자들에게 자율성을 부여하고, 실행 가능성만 입증되면 자원을 즉각 배정해 준다. 불필요한 보고나 야근은 지양되며, 수평적 협업과 실험 중심의 분위기가 조직 전체에 뿌리내려 있다. 연구직은 프로젝트를 자율적으로 선택하며 GPU 클러스터도 제한 없이 사용할 수 있다. 연구자가 박사든 학부생이든, 핵심 기술을 제안하고 구현할 수 있는 '실행의 평등'이 확보된 것이다.

딥시크는 단지 고급 인재를 모은 것이 아니라, '기회를 부여하는 조직'을 설계했다. 인턴이 며칠 만에 박사급 성과를 내거나, 학부생이 핵심 아키텍처를 제안하는 사례가 이곳에서는 낯설지 않다. 이들은 학력보다 문제 해결 능력, 경력보다 학습 속도를 우선시한다. 기술 역량과 실행력을 기준으로 평가하는 이 구조는 실리콘밸리와는 다른 방식으로 고성과 문화를 만들어 내고 있다.

이러한 인재들은 다양한 기술 혁신도 이끌고 있다. MLA Multi-head Latent Attention, GRPO, DeepSeek-Prover, DeepSeek-Coder, FireFlyer-AI HPC 등 이름만으로도 존재감을 드러내는 기술들은 대부분 딥시크 내부 연구진의 손에서 나왔다. 다이다마오, 자오청강, 주치하오, 왕페이이 등은 주요 국제 학회 발표와 논문 수상 경력을 통해 딥시크의 이름을 알리고 있다.

량원펑은 "딥시크가 도전하는 문제는 가장 어려운 문제들이고, 그래서 가장 뛰어난 인재들이 이곳으로 온다"고 말한다. 그는 기술을 수치로만 보지 않는다. 기술은 사람이 만든 것이고, 최고의 기술은 최고의 사람에서 나온다는 철학이 딥시크를 움직이는 동력이다. 오픈소스 프로젝트도 이들에게 자부심을 부여하고, 전세계 AI 커뮤니티에서 딥시크의 기술적 신뢰도를 높이는 수단이 되고 있다.

딥시크의 사례는 기술 패권이 더 이상 자본이나 장비만으로 유지되지 않는다는 사실을 입증한다. 가장 중요한 자산은 사람이며, 진정한 경쟁력은 누가 어떤 문제에 도전하느냐에 달려 있다. 그리고 지금, 딥시크는 그 답을 중국 안에서 찾고 있다.

2) 오픈AI를 맞선 인물들

딥시크의 대형 언어 모델 혁신 뒤에는 놀랍도록 젊은 연구자들의 치열한 고민과 실험이 있다. 이들은 단지 코드만 짜는 개발자가 아니다. 새로운 어텐션 구조를 제안하고, 수학적 알고리즘을 현실화하며, 하드웨어 병목을 돌파하는 실제적 문제 해결자다. 분야별로 나눠 보면 이들의 기여는 다음과 같이 정리된다.

(1) 연구 개발 핵심 인재들

자연어 처리와 대형 언어 모델 개발에서 두각을 나타낸 인물로는 가오화쭈오 Gao Huazuo와 쩡왕딩 Zeng Wangding이 있다. MLA Multi-head Latent Attention라는 새로운 어텐션 구조를 설계해 딥시크-V2의 핵심 아키텍처를 완성시킨 이들은 각각 베이징대 물리학과와 베이징우전대 AI센터 출신으로, 논문 설계와 실전 구현 모두에서 뛰어난 역량을 보여 줬다. 왕페이이 Wang Peiyi 역시 MLA 프로젝트의 핵심 연구자이며, 베이징대 계산언어학 박사과정생으로 언어 모델의 효율화 연구를 이어가고 있다.

언어 모델의 구조적 이해에 기여한 인물로는 다이다마이 Dai Damai가 있다. 그는 베이징대 전산언어학 박사 출신으로, LLM의 기억 메커니즘을 분석해 성능 고도화를 주도했다. 그의 논문은 EMNLP와 CCL에서 최우수상을 수상했으며, 이는 딥시크 내부 연구의 깊이를 보여 준다. 이와 함께 왕빙쉬엔 Wang Bingxuan 은 베이징대 출신으로 LLM V1부터 참여하며 기반 설계를 다져온 핵심 멤버다.

코드 학습 분야에서는 주치하오 Zhu Qihao의 이름이 빠지지 않는다. 베이징대 소프트웨어공학 박사과정생인 그는 16편의 CCF-A 논문과 ACM SIGSOFT 수상 이력을 가진 인물로, 딥시크-Coder V1의 전체 설계를 주도했다. 그의 박사 논문은 중국 소프트웨어공학회가 선정한 우수 논문 중 하나로, 딥 코드 러닝의 구조적 접근을 제시한 바 있다.

강화학습 기반 정렬 알고리즘인 GRPO Group Relative Policy Optimization를 제안한 샤오즈훙 Shao Zhihong은 칭화대 CoAI 연구팀 소속 박사과정생이다.

Microsoft Research 근무 경력을 바탕으로 딥시크Math, Prover, R1, Coder-V2 등의 다양한 프로젝트에 참여했으며, 학문과 실험의 경계를 넘나드는 기여를 해냈다. 이 알고리즘은 이후 알리바바의 Qwen 2.5 모델에도 응용될 만큼 파급력이 컸다.

딥시크의 경량화 및 최적화 알고리즘 개발을 이끈 또 다른 핵심 인물은 송쥔샤오 Song Junxiao이다. 홍콩과기대 졸업생으로 GRPO 공동 제안자이며, 모델 디스틸레이션과 효율적 훈련 알고리즘 개발에 핵심 기여를 했다. 그는 모델 성능과 리소스 효율성을 동시에 끌어올리는 기술을 실현했다.

(2) 인프라 및 하드웨어 최적화

AI 슈퍼컴퓨팅과 모델 훈련 인프라 분야에서는 자오청강 Zhao Chenggang의 이름이 눈에 띈다. 칭화대 출신으로 대학 슈퍼컴퓨팅 대회 3회 우승 경력이 있으며, 현재 딥시크의 교육·추론 인프라 전반을 담당하고 있다. Fire-Flyer AI-HPC 클러스터 개발에도 참여하며 GPU 최적화, 훈련 비용 절감 등의 성과를 이끌어냈다.

판쯔정 Pan Zizheng은 엔비디아에서 정직원 오퍼를 받았지만 딥시크에 합류한 인물로, VL2와 R1 모델을 이끈 기술 리더다. 그는 추론 효율성, 모델 구조 설계, 비용 최적화 전략을 복합적으로 다루며 인프라-알고리즘 간 협력의 대표 사례로 평가받는다.

(3) 오픈소스 및 특수 프로젝트

수학 정리 증명, 3D 생성 등 특수 프로젝트를 통해 딥시크의 기술 스펙트럼을 확장시킨 인물들도 존재한다. 궈다야 Guo Daya는 중산대 출신의 괴짜형 인재로, 인턴 3일 만에 박사 졸업 요건을 충족시켰다는 일화를 남긴 인물이다. 그는 수학 모델과 코드 생성 모델을 넘나드는 융합형 연구를 수행하며 딥시크-Prover 프로젝트에 깊이 관여했다.

신화젠Xin Huajian은 중산대 논리학 전공자이며, 수학 증명형 모델 개발에 참여한 후 현재는 에든버러대학 박사과정 중이다. 그의 기여는 단지 알고리즘 구현이 아니라, 수학적 논리와 AI 해석 구조의 연결을 시도한 실험적 접근이다.

3D 생성 분야에서는 칭화대 박사과정생 선징샹Sun Jingxiang이 딥시크 인턴십 기간 중 실질적 성과를 냈다. 지도교수 리우예빈Liu Yebin과 함께 3D 이미지 생성 모델 개발에 성공했으며, 이는 LLM 이외의 딥시크 가능성을 확장한 프로젝트로 주목받았다.

딥시크는 이처럼 학위보다 실행력, 연차보다 창의성을 우선시하는 조직 문화를 바탕으로, 각기 다른 출신과 역량을 지닌 인재들이 기술의 경계를 재설정해 가고 있다. 그들은 단지 모델을 설계한 것이 아니라 '중국형 오픈AI'가 가능하다는 하나의 논증을 만들어가고 있다. 이 젊고 실험적인 팀은 지금도 미래를 설계하고 있다.

3) 천재 AI 연구자 뤄푸리

중국 AI 산업의 떠오르는 별, 뤄푸리罗福莉의 이름은 더 이상 '천재 소녀'라는 수식어로는 설명할 수 없다. 샤오미 창업자 레이쥔이 제안한 연봉 1천만 위안, 약 20억 원에 달하는 조건은 그녀가 단순한 기술자가 아니라, 중국 인공지능 산업의 구조 자체를 설계할 수 있는 핵심 인물이라는 사실을 방증한다. 이른바 '딥시크의 설계자'로 불리는 그녀는 V2 모델을 중심으로 딥시크의 기술 기틀을 만들었고, 이후 V3와 R1 모델로 이어지는 계보에 결정적 토대를 제공했다. 그 중심에 선 인물이 현재는 더 이상 딥시크에 없다는 사실은 업계에 적잖은 충격을 던졌다.

뤄푸리는 1994년 쓰촨성 이빈시에서 태어났다. 부모는 각각 전기 기사와 교사로 중산층 가정을 이루고 있었고, 그녀는 안정된 환경 속에서도 늘 더 넓은 세계를 꿈꿨다. 고등학교 3학년 무렵 베이징 진학을 결심했고, 베이징사범대 전자공학과에 입학하며 그 선택을 현실로 만들었다. 입학 직후 지도교수 권유로 컴퓨터공학으로 전과하면서 AI와 본격적인 접점을 맺었고, 코딩 경험이 전무했던 그녀는 단 3개월 만에 파이썬을 익혔다. 낮에는 베이징대 AI연구소 인턴, 밤에는 수업을 듣는 이중생활 속에서 자연어처리NLP에 깊이 빠져들었다.

베이징대 컴퓨터언어학 연구소 석사 과정 진학 후, 국제 전산언어학회ACL에서 무려 8편의 논문을 발표하며 주목받기 시작했다. 졸업과 동시에 알리바바 다모 아카데미에 합류한 그녀는 다국어 사전 학습 모델 'VECO'를 개발했고, 대형 언어 모델 프로젝트 '앨리스마인드AliceMind'의 일부 리더 역할도 수행했다.

2022년 금융 알고리즘 전문회사 하이플라이어로 이직해 산업 경험을 쌓았고, 이듬해 딥시크에 합류했다. V2 모델 구조를 설계하고 전문가 혼합MoE 기법을 적용해 성능과 효율성을 끌어올리며 기술적 주역으로 떠올랐다. 이 모델은 이후 V3, R1으로 이어졌고, 중국 내 LLM 경쟁 구도를 재편하는 기반이 됐다.

그러나 그녀가 조용히 회사를 떠났다는 소식이 전해졌다. 2025년 춘절 연휴 직후 새로운 일터에 출근했다는 사실 외에 행선지는 확인되지 않았다. 샤오미의 인재 확보 전략과 맞물려 레이쥔의 제안을 수락했을 가능성도 제기된다. 샤오미는 AI 연구소를 확장하며 수천 명의 인재를 영입 중이고, 그 중심에 뤄푸리가 있다는 추정도 있다.

중국 AI 연구자 뤄푸리를 둘러싼 관심은 계속된다. ACL 논문, 산업 리더십, 기술 설계 역량을 두루 갖춘 그는 AI 스타트업 창업부터 글로벌 기업 이직까지 다양한 진로가 거론된다. 그러나 그는 "조용한 연구 환경을 원한다"고 말하며 과도한 관심보다는 본업에 집중하겠다는 뜻을 내비쳤다. 어디에 있든, 뤄푸리는 중국 AI 기술의 방향을 설계할 수 있는 핵심 인물로 평가받고 있으며, 그의 다음 선택은 중국 AI 산업의 진로를 가늠할 중요한 신호로 주목된다.

15. 오픈소스 전략

deepseek

1) AI 질서 흔드는 딥시크의 전략

실리콘밸리 기업들이 폐쇄형 모델로 기술 독점을 강화하는 있는 반면, 딥시크는 정반대로 오픈소스를 전략의 중심에 두며 기술 생태계의 새로운 흐름을 주도하고 있다. 단순한 코드 공개를 넘어 AI 권력의 중심이 미국에서 중국으로 이동할 수 있다는 가능성을 보여 주고 있는 셈이다.

과거 오픈AI도 개방형 개발을 지향했지만 이후 상업성과 보안 이슈를 이유로 점차 폐쇄 체제로 전환했다. 현재 메타와 IBM이 주도하는 'AI 얼라이언스'가 개방형 생태계를 수호하는 쪽이라면 구글과 오픈AI는 폐쇄형 모델 진영을 대표한다. 이런 구도 속에서 딥시크는 개방과 협력의 상징으로 국제 무대에서 뚜렷한 존재감을 드러내고 있다.

딥시크는 GitHub, Hugging Face 등 오픈소스 커뮤니티에서 활발한 활동을 통해 기술 영향력을 확대하고 있으며, UC버클리 이온 스토이카 교수는 "오픈소스 커뮤니티의 중심이 점차 중국으로 옮겨가고 있다"라고 평가했다. 블룸버그 역시 "딥시크의 오픈소스 모델이 전 세계 개발자들의 실험과 응용을 촉진시키고 있으며, 이는 AI 규제 논의에도 영향을 미칠 것"이라고 분석했다.

기술뿐만 아니라 산업 전반으로 확장되는 이 개방 전략은 의료, 금융, 감정 분석 등 다양한 영역에서 혁신을 유도하고 있다. 푸단대 도우더징 교수는 "개방형 모델이 폐쇄형보다 훨씬 넓은 활용 범위와 혁신 가능성을 지닌다"라고 강조했다. 딥시크는 이처럼 AI의 공공적 활용을 가능케 하는 기술 기반으로 기능하며, 단일 기업의 독점이 아닌 생태계 중심의 확산 모델을 구축하고 있다.

미국 내에서도 딥시크에 대한 경계가 높아지고 있다. 싱크탱크 보고서는 "저비용·고성능·오픈소스의 조합이 중국 AI 약진의 핵심"이라며, 폐쇄형 전략을 유지하는 서구 모델이 경쟁력을 잃고 있다고 지적했다. 특히 딥시크는 개도국 AI 주체들에게도 선도자로 도약할 수 있는 실질적 모델을 제시하고 있다.

AI는 이제 기술을 넘어 정치, 경제, 사회 질서까지 재편하는 전략 자산으로 작용하고 있다. 딥시크의 전략은 기술 주권 개념을 구체화하고, 오픈소스 생태계를 국가 경쟁력의 핵심으로 끌어올리고 있다. 미국과 중국 간 AI 경쟁 역시 개방 대 폐쇄라는 구조로 뚜렷하게 양분되는 흐름 속에 들어섰다.

AI 데이터 기업 스케일 AI의 CEO 알렉산더 왕은 "딥시크는 개방성에서 미국 모델에 경종을 울렸고, 성능 면에서도 최고 수준"이라고 평가했다. 엔비디아 짐 팬 수석 연구원은 "진정한 개방형 AI 연구는 이제 미국이 아닌 다른 지역에서 가능할 것"이라고 밝혔고, 독일 막스플랑크연구소의 마리오 크렌 박사는 "딥시크의 개방성은 놀라울 정도이며, 오픈AI는 사실상 블랙박스"라고 지적했다.

2) 오픈소스는 뭐?

오픈소스 인공지능AI은 단순히 소스코드를 공개하는 수준을 넘어 AI 모델의 핵심 구성 요소인 아키텍처, 학습 알고리즘, 데이터, 그리고 가중치까지 모두 공개해 누구나 사용할 수 있도록 하는 개방형 기술 체계다. 이 가운데 가중치는 모델이 학습을 통해 축적한 지능의 정수로, 사실상 AI 성능의 본질이라 할 수 있다. 따라서 가중치의 공개 여부는 해당 AI가 진정한 의미의 오픈소스인지 여부를 가르는 핵심 기준이 된다.

대표적인 오픈소스 AI 모델로는 메타의 라마LLaMA 시리즈, 스테이블 디퓨전Stable Diffusion, 그리고 중국의 딥시크 R1 모델이 꼽힌다. 이들은 모델 구조와 파라미터, 일부는 학습 데이터까지 공개해 전 세계 개발자와 연구자들이 자유롭게 활용하고 응용할 수 있도록 했다. 반면 오픈AI, 구글, 엔비디아 등의 주요 기업은 가중치와 학습 세부 구조를 비공개로 유지하는 폐쇄형 전략을 고수하고 있다.

오픈소스 AI는 다음과 같은 기능과 효과를 발휘한다. 첫째, 진입 장벽을 낮춘다. 고가의 연산 자원이나 대규모 연구 인프라 없이도 누구나 모델을 수정하고 재학습할 수 있다. 둘째, 기술 확산 속도를 높인다. 깃허브 GitHub와 허깅페이스 Hugging Face 같은 플랫폼을 통해 모델이 빠르게 퍼지고, 다양한 파생 모델들이 짧은 시간 안에 등장한다. 셋째, 집단지성을 통한 기술 개선이 가능하다. 커뮤니티 기반의 실험과 피드백이 축적되면서 기술 발전 주기가 빨라진다. 넷째, 산업 간 융합과 표준화에 기여한다. 상호 운용성이 높아지며 의료, 금융, 제조 등 다양한 분야에서 응용이 활발해진다.

딥시크 R1 모델은 이러한 오픈소스 AI의 기능을 전방위적으로 보여 준 대표 사례다. MIT 라이선스를 기반으로 아키텍처와 가중치를 모두 공개했으며, 공개 후 수개월 만에 약 3,000개의 파생 모델이 등장했다. 미국, 유럽, 인도, 한국 등에서 이 모델을 활용한 로컬 프로젝트가 확산 중이며, 중국 내 주요 빅테크 기업들도 이 모델을 자사 시스템에 도입하고 있다.

또한, 딥시크 R1은 고성능을 유지하면서도 약 550만 달러 한화 약 80억 원 수준의 낮은 개발비로 완성됐다. 이는 GPU 자원 최적화, 알고리즘 효율 개선, 경량화 구조 덕분이다. GPT-4와 같은 서구권 폐쇄형 모델이 수천억 원 이상을 들여 개발된 것과 비교하면 오픈소스가 비용 효율성과 기술 확장성 측면에서 새로운 가능성을 보여 줬다고 할 수 있다.

다만, 오픈소스 AI는 완전한 대안이라기보다는 새로운 전략 흐름의 출발점에 가깝다. 현재 성능 상위 모델은 여전히 폐쇄형이 다수를 차지하고 있고, 투자금의 상당 부분도 폐쇄형 모델에 집중되어 있다. 그럼에도 불구하고 오픈소스 AI는 기술 민주화, 산업 진입 장벽 완화, 글로벌 협력 확대 등에서 강력한 잠재력을 보여 주고 있으며, AI 기술의 공공적 활용 가능성을 여는 중요한 실험이자 대안으로 자리 잡고 있다.

3) 딥시크 오픈소스는 껍데기?

딥시크가 자사의 대형 언어 모델 R1을 '중국 최초의 오픈소스 AGI 후보'로 선언하면서, 국제 기술 커뮤니티는 즉각 반응했다. 모델 아키텍처와 일부 가중치를 글로벌 플랫폼에 공개한 이례적인 조치였지만 동시에 "이것이 진정한 오픈소스인가"라는 비판도 뒤따랐다.

스탠퍼드 CRFM 중앙책임형모델센터의 벤자민 리 연구원은 "딥시크의 공개는 껍데기에 불과하다"며, API 접근 제한, 학습 로그 비공개, 데이터셋 구성 불투명성 등을 지적했다. 이는 기술 개방이라기보다 '선택적 공개'에 가깝다는 비판이다. 실제로 딥시크 R1은 핵심 추론 엔진을 비공개로 유지하며, 중국 외 상업적 사용에는 제한을 두고 있다. GitHub 및 HuggingFace 내 일부 개발자들은 이를 '중국식 오픈소스'라며 회의적 시각을 드러냈다.

같은 오픈소스 진영인 메타의 라마, 프랑스 미스트랄과 비교하면 차이는 분명하다. 이들 모델은 파인튜닝과 기능 확장이 자유로우며 커뮤니티 기반의 공동 개발이 활발하다. 반면 딥시크 R1은 사용자 수는 많지만 외부 개발자들의 기여는 제한적이라는 점에서 오픈소스의 핵심 가치인 협력과 확장성 측면에서 평가가 엇갈린다.

OpenAI 역시 GPT-4의 구조는 비공개지만, API와 논문 공개, 사용자 피드백 시스템 등을 통해 글로벌 커뮤니티와의 연계를 유지하고 있다. 반면 딥시크는 자국 중심의 기술 통제를 기반으로 하면서도 오픈소스 타이틀을 통해 국제적 정당성을 확보하려는 전략이라는 분석이 나온다. 일부에서는 이를 기술 감시 회피나 외교 전략의 일환으로 해석하기도 한다.

전문가들은 오픈소스의 가치는 '공개' 자체가 아니라 투명성과 포용성에 있다고 강조한다. 기술을 공공재로 삼기 위해선 데이터의 투명성, 개발 권한 공유, 공동 참여 구조 등 실질적인 개방 조건이 충족돼야 한다는 지적이다. 그런 점에서 딥시크의 오픈소스 전략은 기술적 순수성보다는 중국의 기술이 글로벌 표준과 단절될 경우 겪게 될 경쟁력 저하를 방지하려는 전략적 선택이라는 해석이 우세하다.

특히 동남아, 중동, 아프리카 등 '기술 비동맹 지역'에서는 '오픈소스'라는 이름 자체가 외교 파트너십 형성과 시장 진출의 핵심 자산이 되고 있다. 딥시크 R1의 공개는 기술 민주화를 위한 개방이기보다는 국제 AI 경쟁 속에서 설계된 제한적 개방에 가깝다. 미국식 오픈소스가 커뮤니티 중심의 투명성과 상호 피드백을 중시하는 것과 달리 딥시크는 통제를 기반으로 한 외교 전략으로 개방을 활용하고 있는 것이다.

딥시크 R1은 오픈소스 AI의 개념과 기준을 둘러싼 새로운 논쟁을 불러일으켰다. 이 논쟁은 오픈소스의 정의와 실행 방식이 단일하지 않음을 보여 주는 동시에 기술 생태계가 요구하는 최소 조건—데이터 투명성, 공동 참여, 실질적 개발 권한—에 대한 기대가 더욱 분명해졌다는 사실을 드러낸다. 오픈소스는 이름만으로 완성되는 것이 아니라 생태계 전체의 신뢰와 연결돼야 진정한 가치를 가진다는 점이 다시 한번 확인되고 있다.

4) 중국 빅테크 오픈소스 전환

중국 테크 업계도 딥시크의 등장은 긴장의 요인이 됐다. 특히 오픈소스 공개로 확장을 꾀하는 전략은 단순히 기술적 성과를 넘어 인공지능 생태계의 주도권을 둘러싼 구조적 변화를 유도했다. 특히 저비용, 고효율, 개방성을 동시에 실현한 전략은 기존 폐쇄형 모델에 익숙한 기업들에 경고로 작용했다. 이에 따라 2024년 하반기부터 주요 테크 기업들이 자체 대형 언어 모델LLM의 오픈소스를 선언하거나 추진하면서 중국 AI 시장은 '중국식 오픈소스 경쟁'이라는 새로운 국면에 진입했다.

중국 기업들이 오픈소스를 추진하는 배경에는 세 가지 동인이 있다. 첫째, '딥시크 효과'다. 딥시크가 개방형 모델을 통해 기술 커뮤니티와 산업 현장에서 빠르게 확산되자, 닫힌 모델은 도태될 수 있다는 위기 의식이 확산됐다. 둘째, 글로벌 시장 전략이다. 미국, 유럽, 동남아, 중동 등 해외 시장에서 오픈소스는 파트너십의 신뢰 기반으로 작용하고 있으며, 글로벌 호환성과 생태계 참여가 필수 요건으로 인식되고 있다. 셋째, 정책 환경이다. 중국 정부는 AI를 디지털 공공재로 규정하며 오픈소스 생태계를 전략적으로 장려하고 있고, 이에 부응하는 기업들은 정부 보조금과 제도적 유인을 실질적으로 얻고 있다.

이러한 흐름 속에서 다수의 중국 기업들이 오픈소스를 선언하거나 일부 모델을 공개하고 있다. 바이두는 어니Ernie 시리즈 중 일부 경량 모델을 HuggingFace를 통해 공개했으며, 비영리 및 교육 목적 사용을 중심으로 접근성을 확대했다. 알리바바는 Qwen 시리즈를 MIT 라이선스로 공개하며 상업적 활용까지 허용하고 있어 가장 적극적인 대응을 보이고 있다. 텐센트는 Hunyuan Mini 모델을 GitHub에 공개하며 참여를 시작했고, 아이플라이텍은 SparkDesk의 교육용 모델을 오픈한 데 이어 교사용 LLM 오픈소스를 준비 중이다. 샤오미는 IoT 특화 모델 MiLM-1을 2024년 말 공개하겠다고 밝혔고, Zhipu AI는 GLM 시리즈를 통해 이미 오픈소스 개발을 선도하고 있다.

오픈소스 전략은 중국 AI 기업들에게 선택이 아닌 필수 전략이 되고 있다. 이는 글로벌 생태계에 신뢰를 기반으로 진입하기 위한 수단이자, 정부 정책과 산업 수요에 부합하는 '전략적 개방'이기도 하다. 딥시크 이후 중국 AI 업계는 폐쇄형 기술 우위 중심의 경쟁에서 개방을 통한 신뢰 확보와 영향력 확산 중심의 경쟁으로 전환되고 있다. 이는 기술 운영 방식의 변화뿐 아니라 AI 생태계 설계의 철학 자체가 전환되고 있음을 보여 준다. 이러한 움직임은 앞으로도 빠르게 확산될 가능성이 높다.

IV

제2의 딥시크
도전자들

deepseek

16. 항저우 6룡과 도시 혁신

1) 항저우 6룡은 누구?

2025년의 항저우는 더 이상 알리바바의 도시로만 불리지 않는다. 인공지능, 로봇, 게임, 뇌과학 등 첨단 산업 전선에서 세계를 겨냥하는 여섯 개 스타트업, 이른바 '항저우 6룡'이 주목받고 있다. 이들은 단순한 기업 성과가 아니라 창업자의 기술 철학과 도시의 생태계가 결합된 새로운 산업 모델의 상징이다.

가장 앞서 있는 기업은 딥시크다. 저장대 출신 량원펑이 설립한 이 회사는 자체 설계·훈련한 대형 언어 모델 R1을 오픈소스로 공개하며, 고성능·저비용·개방성이라는 전략으로 중국판 오픈AI로 불린다. 그는 퀀트 투자 경험을 바탕으로 실용성과 효율성 중심의 기술 철학을 구현했다.

유니트리 Unitree Robotics는 휴머노이드 로봇 H1로 춘제 갈라쇼 무대에 오르며 대중적 인지도를 확보했고, 4족 보행 로봇은 글로벌 시장에서 60~70%

창업자	량원펑	왕싱싱	주치우궈	펑지	한비청	황샤오황
분야	AI	로봇	로봇	게임	뇌·컴퓨터 인터페이스	3D프린팅
기업명	DEEPSEEK	유니트리	딥로보틱스	게임사이언스	브레인코	매니코어

[중국 항저우 기업기술 '6룡(龍)']

점유율을 차지하고 있다. "로봇은 실험실이 아니라 산업 현장으로 가야 한다"는 창업자 왕싱싱의 철학은 상용화 성과로 이어졌다.

게임사이언스 Game Science는 <흑신화: 오공>을 통해 중국 게임 산업의 기술력과 문화적 깊이를 동시에 입증했다. AI 기반 캐릭터 시스템과 자체 렌더링 엔진은 게임을 단순 오락이 아닌 디지털 신화 구현 플랫폼으로 확장시켰다.

브레인코 BrainCo는 하버드대 출신 창업자 한비청이 뇌-컴퓨터 인터페이스 기술을 상용화한 기업이다. 비침습적 신호 해석 기술은 교육, 재활, 감정 피드백 등 다양한 분야로 확산 중이다. 그는 "기술은 기능이 아니라 감각"이라고 말한다.

매니코어 酷家乐는 저장대 건축학과 출신 황샤오황이 설립한 실내 공간 시뮬레이션 기업이다. GPU 기반 렌더링과 AI 인식 기술을 접목해 스마트홈, AR/VR 산업과 연결되고 있다. 딥로보틱스 DeepRobotics는 발전소 순찰, 구조 현장 대응 등 실질적 작업이 가능한 산업용 4족 로봇을 개발하고 있으며, 기술은 현장에서 살아남아야 한다는 철학을 실현 중이다.

항저우시는 이들의 성장을 가능하게 한 핵심 배경이다. 시는 산업 예산의 15.7%를 AI, 로봇 등에 집중 투자하고 있으며, 데이터 개방, 창업 보조금, 실증 프로젝트 등 다층적 지원책을 실행하고 있다. 항저우 6룡은 기술, 인재, 도시가 맞물려 작동할 때 가능한 산업 혁신의 모델을 보여주고 있다.

2) AI 기업 키우는 항저우의 저력

2025년 현재, 중국에서 인공지능 AI 기업이 가장 밀집된 도시는 항저우다. 알리바바와 함께 전자상거래 중심지로 성장한 항저우는 이제 AI 생태계의 중심으로 재편되고 있다. 2014년 '디지털 경제 1번 도시'를 선언한 이래, 항저우는 AI를 전략 산업으로 육성하며 기술 중심 도시로 탈바꿈해 왔다. 특히 2023년 조성된 'AI 혁신 응용 시범구'는 R&D 보조금, 공공 데이터 개방, 실증 기회를 통합 지원하는 정책 패키지를 통해 기업 유치에서 한발 더 나아가 기술이 실제로 작동하는 생태계를 제공하고 있다.

항저우의 전략은 '도시가 문제를 던지고, 기업이 기술로 응답하는 구조'에 기반한다. 교통, 의료, 치안 등 도시 기능 전반이 AI 기업의 문제 해결 대상으로 제시되며, 행정 데이터를 실시간으로 제공하는 '도시 데이터 허브'는 기업들이 기술을 실험이 아닌 납품 가능한 형태로 구현할 수 있도록 돕는다. 이 구조는 항저우를 단순한 테스트베드가 아니라, 문제 해결형 기술 배치 도시로 만든다.

AI 생태계는 공간적으로도 집약되어 있다. 미래과학성의 인공지능 타운에는 알리바바 다모원, 저장대 지장실험실, 바이두·바이트댄스 연구소 등이 몰려 있으며, 윈치타운은 알리클라우드를 중심으로 개발과 검증, 산업화가 동시에 이뤄지는 플랫폼으로 기능하고 있다. 이들은 단순한 사무 공간이 아니라 기술, 자본, 정책이 맞물리는 '기술 마이크로 생태계'다.

항저우는 이미 AI 솔루션을 적용할 현실 시장도 확보하고 있다. 전자상거래, 물류, 핀테크 등 AI 수요 산업이 도시 내에 집중되어 있어 알고리즘 추천, 스마트 물류, 리스크 분석 등 기술이 실험 단계를 넘어 상용화로 빠르게 이어진다. 저장대와 서호대는 산학 공동체 중심 역할을 하며, AI 인재를 육성하고 있다. 특히 '항상학당' 등 항저우시의 창업·교육 지원 정책은 인재 회귀를 촉진하는 요인이 된다.

자본도 밀집되어 있다. 앤트캐피탈, 알리헬스 등 알리 생태계 중심의 투자사들은 초기 AI 스타트업에 투자하고, 고객 연결까지 중개하며 고유한 자본－시장 순환 구조를 형성했다. 창업과 동시에 시장 진입이 가능한 항저우의 구조는 기술의 실험보다 구현을, 논문보다 배치를 지향하는 도시 철학을 보여 준다. 이는 항저우가 AI 기업들에게 선택받는 이유이기도 하다.

3) 실용주의 기반한 지원

2021년까지만 해도 200여 개에 불과하던 AI 기업 수는 불과 4년 만에 1,200개를 돌파했다. 디지털 경제 인프라, 규제의 유연성, 정책 실험주의가 이 같은 기업 밀도의 급증을 견인했다. 무엇보다 항저우의 특징은 기술을 논문이나 시제품이 아니라 실전에서 작동하는 상품으로 키워 낸다는 점에 있다.

정부는 창업 장벽을 낮추기 위해 무담보 창업 자금, 매출 연동형 R&D 보조, 신입 인재 채용 보조금 등 '3무無 창업 정책'을 도입했으며, 저장대와 협력한 '10만 AI 엔지니어 양성 프로젝트'를 통해 실무형 인재 공급도 병행하고 있다.

항저우의 전략은 베이징과 극명한 대비를 이룬다. 베이징은 여전히 AI 이론 연구와 알고리즘 개발의 중심지로서 특허 출원 수와 학술적 성과에서 독보적인 위치를 점하고 있지만 실제 상용화 전환율은 낮은 편이다. 2024년 기준, 베이징은 전체 AI 특허의 31%를 차지했지만 실용화 전환율은 35%에 불과했다. 반면 항저우는 특허 수는 적지만 실용화율이 78%에 이른다. 연구 중심 베이징과 실전 중심 항저우의 구도가 점차 뚜렷해지는 셈이다.

항저우에서 활동하는 AI 기업들은 이와 같은 실용주의 생태계의 산물이다. 문심Moonshot, 푸젠AI, 클라우드브레인, 퀀텀AI 등은 단순한 모델 개발을 넘어 제조·물류·의료·양자컴퓨팅 등 실제 산업의 문제를 해결하는 구조로 움직이고 있다. 이들은 기술이 아니라 문제 해결을 중심에 두고 MVP최소 기능 제품를 빠르게 시장에 내놓는 전략을 구사한다.

이러한 문화는 도시 행정과도 밀접하게 연결되어 있다. 항저우시는 단순한 자금 지원이 아닌 실제 공공 문제 해결을 전제로 한 정책 실증 프로젝트를 운영하고 있다. 교통, 환경, 의료, 치안 등 도시 기능 전반에 대해 기업이 기술로 해법을 제시하도록 유도하는 'AI 도시 과제 공모제揭榜挂帅' 방식은, 기술이 도시의 엔지니어링 문제에 직접 투입되는 구조를 만들어 냈다. 항저우의 기업들은 고객이 아니라 도시로부터 문제를 받고, 이를 솔루션으로 전환함으로써 실전성을 획득한다.

인재 정책 또한 차별화된다. 항저우시 AI국 장루이 국장은 "상하이나 선전이 인재를 자산stock으로 본다면, 항저우는 인재를 흐름flow으로 본다"라고 말한다. 이 같은 유연성 덕분에 실리콘밸리에서 귀국한 중국계 엔지니어 47명이 항저우에 정착했고, 이는 도시에 글로벌 수준의 인재 유입을 촉진하고 있다. 항저우는 나아가 2027년까지 'AI-물류 복합 클러스터'를 완성해 글로벌 공급망 알고리즘 경쟁의 중심지로 자리매김하겠다는 전략도 구체화하고 있다.

17. 광둥성 로봇 '7검객'

deepseek

1) AI 로봇에 미래 건 광둥성

2025년 광둥성은 더 이상 '세계의 공장'이 아니다. 이 지역은 인공지능AI과 로봇 기술을 결합한 '지능형 제조의 심장'으로 재정의되고 있다. 그 상징이 바로 '7검객'으로 불리는 로봇 강자들이다. 쿠카, 유비테크, 이노밴스, 웨장로보틱스, 톱스타, 화슈로봇, 쥐룬인텔리전스는 산업용 로봇부터 인간형 로봇까지 아우르며 핵심 부품 자립과 AI 제어 기술을 동시에 확보한 기업들이다.

이들의 공통점은 명확하다. 첫째, AI 알고리즘이 물리 장비에 작동되도록 설계된다. 둘째, 센서·모터 등 하드웨어에 직접 적용되는 임베디드 AI를 활용한다. 셋째, 실시간 반응이 핵심이다. 이는 대형 언어 모델GPT처럼 대기 시간이 긴 AI와는 다르다. 한 창업자의 표현대로 "베이징은 AGI를 꿈꾸지만, 선전은 당장 작동하는 알고리즘을 만든다."

광둥은 이제 단순한 생산 기지가 아닌 지능형 기계 생태계의 허브로 기능한다. 유비테크는 어린이용 로봇에서 산업형 인간형 로봇까지 확장했고, 웨장은 자체 부품 기반으로 약 4,000만 원대 인간형 로봇을 출시했다. 이노밴스와 화슈로봇은 감속기, 서보모터, 컨트롤러 등 핵심 부품을 내재화해 기술 자립도를 높였다.

이런 흐름은 기업만의 전략이 아니라 정책의 결과다. 광둥성 정부는 향후 5년간 AI 로봇 응용 시범 공장 3,000개를 조성하겠다는 계획을 발표했고, 메이디그룹의 쿠카 인수는 기술 내재화의 상징적 조치였다. 샤오펑 CEO는 "지금은 7검객이지만 곧 70검객 시대가 올 것"이라며, 향후 20년간 로봇 산업에 최대 1,000억 위안을 투자하겠다고 밝혔다.

로봇은 이제 제조 설비를 넘어 물류, 의료, 건설, 서비스 전반으로 확장되고 있다. 모건스탠리의 '인간형 로봇 100대 기업' 중 11개가 광둥에 위치한다는 점은 이 지역이 글로벌 로봇 산업의 핵심 축으로 부상했음을 보여 준다.

광둥이 로봇을 선택한 이유는 명확하다. 제조는 끝나지 않았다. 다만, 노동력이 알고리즘으로, 손이 모터로 대체되는 방식으로 전환되고 있을 뿐이다. '7검객'은 단순한 브랜드가 아니라 이 구조적 전환의 징표다. 광둥은 지금, 알고리즘이 철과 케이블에 접속되고, AI가 물리적 생산의 동력이 되는 새로운 산업의 출발점에 서 있다.

2) AI 정신에 알고리즘을 덧입다

40년간 중국 제조업의 심장이었던 광둥성. 오랫동안 전자·부품·조립 중심의 '세계 공장' 이미지로 각인됐다. 선전과 둥관, 포산, 주하이 등으로 이어지는 'AI 제조 벨트'는 이제 알고리즘과 칩, 로봇이 교차하는 새로운 전장을 형성하고 있다.

'광둥 7검객'은 모두 하드웨어 기반 기술 역량을 AI와 제조의 수직 통합으로 발전시킨 신흥 기업군이다. 공장 자동화, 센서-모델 연동, 산업 로봇, 엣지 AI 등 각기 다른 기술 노선을 걷고 있지만, 그 본질은 같다. "데이터는 서버에서 나오지 않는다"는 자각이다. 이들은 공장의 열기와 소음 속에서 AI의 실용성을 증명하고 있다.

인듀얼AI는 실시간 제조 데이터 학습으로 결함률을 43%까지 낮췄고, 파워로직스는 엣지 AI 기반 에너지 관리 시스템을 광둥성 내 300여 공장에 적용 중이다. 리얼코어테크는 공정 시뮬레이션 시간을 1/5로 줄이는 디지털 트윈 시스템을 개발했다. 이는 단순 자동화가 아니라, 인간 판단을 AI로 대체하는 흐름이다.

흥미로운 점은 이들의 출발점이 딥러닝이 아니라 하드웨어 설계였다는 점이다. 센트럴봇은 AGV 제조사에서 자율 운송 플랫폼으로, 퓨처센스는 반도체 테스트 장비 개발사에서 AI 칩셋 설계사로 전환했다. 이들은 AI를 서비스가 아니라, 내장된 하드웨어 자체로 제공한다. 광둥식 AI는 '눈에 보이는 알고리즘'이라는 말이 괜히 나온 게 아니다.

정부 정책도 이 흐름을 뒷받침한다. 광둥성은 'AI 제조 고도화 계획 2023~2027'을 추진 중이며, 선전은 반도체부터 모듈, 완성품까지 연결된 AI 산업 클러스터를 구축해 병렬 협업 구조를 강화하고 있다. 단일 초거대 모델이 아니라, 현장 맞춤형 경량 모델의 배치가 핵심이다.

한 AI 기업 CTO는 말한다. "딥시크가 상상력의 AI라면, 우리는 토크렌치를 든 AI입니다. 벽에 부딪히면 코드를 고치는 게 아니라, 공정을 바꿉니다." 이 말은 광둥 AI 산업의 정체성을 압축적으로 보여 준다. 여전히 고전적 제조의 풍경 속에서, 이들은 AI라는 '새 무기'로 다음 산업 패권을 설계 중이다.

광둥 7검객 사례는 중국 AI 산업이 '데이터만 많은 나라'에서 '센서와 알고리즘이 통합된 국가'로 진화하고 있음을 시사한다. 이는 단순 모델 경쟁이 아니라 산업 구조 자체의 전환이며, 서버에서 훈련된 모델이 아닌 공장에서 진화한 모델—바로 'AI 하드파워'라는 새로운 개념의 실체다.

3) 상하이·충칭·선전의 인재 전쟁

AI 기술력의 격차는 어디서 비롯되는가. 모델의 정교함, 데이터의 규모도 중요하지만, 결국 핵심은 사람이다. 전 세계 유수의 AI 기업들이 치열하게 경쟁하는 무대의 본질은 '누가 더 뛰어난 두뇌를 확보했는가'라는 질문으로 수렴된다. 그리고 그 전장은 점차 국가 단위를 넘어 도시 단위로 이동하고 있다. 중국 역시 예외는 아니다. 현재 AI 인재 유치의 가장 격렬한 접전지는 상하이, 충칭, 선전이다. 이들 도시는 각기 다른 전략을 내세우고 있지만, 정치·경제·문화 인프라를 도시 차원에서 조직화하며, AI 시대 도시 전략의 전형을 보여 주는 사례로 평가받는다.

상하이는 여전히 '글로벌 도시'로서의 정체성을 고수한다. '상하이 글로벌 AI 펠로십' 프로그램을 통해 해외 박사급 인재에게 연간 50만 위안의 연구비와 장기 체류권을 제공하며, 실리콘밸리, 파리, 텔아비브 등 글로벌 기술 거점으로 채용 사절단을 파견하고 있다. 특히 장장AI항張江AI港 일대를 중심으로 영어 기반 스타트업 클러스터를 조성하며, 국적보다 개발 환경이 중요하다는 철학을 도시 전반에 구현한다. 외국인 개발자가 불편하지 않은 도시—그것이 상하이의 전략이다.

[상하이 vs 충칭 vs 선전: 인재 유치 전략 비교]

구분	상하이	충칭	선전
주요 정책	국가 AI 시범구 특별법	AI-로봇 복합 클러스터	창업 인큐베이터 200개+
평균 연봉	85만 위안	68만 위안	92만 위안
주거 지원	전세료 50% 지원 (최대 3년)	AI 인재 전용 아파트 제공	창업 성공 시 주택 구매권
핵심 강점	글로벌 기업 R&D 센터	로봇·제조업 데이터 풀	실리콘밸리식 투자 네트워크
인재유입률	18%	34%	29%

충칭은 완전히 다른 궤도를 택한다. 인재를 '공공재'로 간주하며, 정착 지원과 실전 기회를 중심으로 기술자에게 실질적 권한을 부여한다. 외지 인재에게는 주거, 의료, 교육, 교통에 걸친 행정 패스트트랙이 제공되고, 도시가 안고 있는 문제를 해결할 프로젝트를 직접 맡긴다. AI가 실제로 적용되고 구현되는 도시—충칭은 기술자에게 '도시 설계자'라는 정체성을 부여하는 실험을 하고 있다. 이들은 규제 설계와 윤리 가이드라인 수립에도 AI 인재를 참여시키며, 기술자에게 사회적 역할을 부여하는 구조를 만든다.

선전은 귀향하는 엔지니어들을 중심으로 생태계를 재편 중이다. 자율주행, 산업용 AI, 엣지컴퓨팅 등 하드웨어 기반 기술이 각광받는 가운데, 테슬라·엔비디아·인텔 출신 중국계 기술자들이 선전으로 돌아오고 있다. 선전시는 '융합형 리턴 프로그램'을 통해 최대 500만 위안의 자금, 가족 동반 정착, 사무 공간 등을 지원하며, 이들을 기술 독립의 실무 엔진이자 도시 자산으로 대우한다. 린칩AI, 툴루스AI, EOBRAIN 등 유망 기업 다수가 이 프로그램에서 출발했다. 실리콘밸리식 스타트업 생태계와 중국식 정책 유도 모델이 결합된 결과다.

세 도시의 전략은 다르지만, 지향점은 동일하다. AI 인재 전쟁의 본질이 국적이 아닌 주소지라는 데 있다. 기술자는 어디서 태어났느냐보다, 어디서 코딩하고 실험하고 창업하느냐가 중요한 것이다.

18. AI 유니콘 T10

deepseek

1) AI 스타트업 강자들

중국 내 신흥 인공지능 스타트업들은 단순한 후발 주자가 아닌 기술 주도권 재편의 핵심 동력으로 자리 잡고 있다. 이들 기업은 규모나 자본보다 문제 해결력, 응용 전략, 기술 철학을 중심으로 AI 산업의 다극 체제를 만들어가며, 중국 AI 생태계를 기술적으로도 구조적으로도 재정의하고 있다.

스텝펀Stepfun, 지푸Zhipu AI, 문샷Moonshot은 대형 언어 모델LLM의 정교한 설계와 고성능 구현을 통해 AI 영역에서 실질적 영향력을 행사하고 있다. Stepfun은 초대형 모델 Step-2로 고비용 훈련 구조를 최적화했고, Zhipu AI는 칭화대 기술진 기반 GLM 시리즈로 상업화와 함께 글로벌 규제 대상이 될 정도로 기술력을 인정받았다. 문샷은 챗봇 Kimi로 1,300만 명 이상의 사용자를 확보하며 기술과 사용자 경험 양면에서 AI 보편화를 이끌고 있다.

중국 스타트업들은 빅테크가 놓치기 쉬운 도메인 특화 전략도 정교하게 수행한다. 바이촨은 의료 특화 모델로 헬스케어와 결합했고, 딥랑DeepLang은 중국어 NLP 기반 알고리즘으로 행정·법률·언론 분야의 자동화를 실현했다. 워크더챗WalkTheChat은 상업용 추천 AI로 브랜드−인플루언서 매칭과 광고 최적화를 구현해 실질 수익을 창출하고 있다.

기술 아키텍처 측면에서도 이들 스타트업은 선도적 실험을 이어간다. 미니맥스Minimax는 챗봇 톡키Talkie로 글로벌 접점을 확대하고, 모드베스트ModelBest는 소형 모델을 통해 '온디바이스 AI' 시대를 준비 중이다. 특히 iPhone 단독 추론이 가능한 MiniCPM-2B는 기술 경량화와 실시간성 측면에서 중요한 진보다. 인피니전스 Infinigence AI는 다양한 하드웨어 기반을 통합 관리하는 클러스터 솔루션으로 AI 훈련 및 추론 비용 구조를 크게 개선하고 있다.

흥미로운 흐름은 오픈소스 전략이다. 리카이푸가 설립한 01.AI는 오픈소스 LLM 'Yi 시리즈'를 통해 기술 민주화와 글로벌 개발자 커뮤니티 연계를 동시에 실현하며, 딥시크와 함께 중국 오픈소스 AI의 대표 주자로 부상하고 있다. 이는 폐쇄형 중심의 서구 AI 산업과 다른 전략적 균형을 보여 준다.

이들 기업은 단지 기술력만 앞세우지 않는다. 각자의 철학과 산업 맥락, 시장 수요를 기민하게 포착해 기술을 '현실 가능한 형태'로 전환시키고 있다. AI가 연구실을 넘어 도시, 병원, 교실, 쇼핑몰, 스마트폰으로 스며드는 모든 과정의 중심에 이들 스타트업이 있다.

이들의 등장은 중국 AI 산업이 딥시크 같은 거대 기업 의존에서 벗어나 수천 개의 유연한 주체들이 다양한 방식으로 기술을 구현·상용화하는 다극 체제로 진입했음을 보여 준다. 중국 AI 스타트업들은 더는 단순한 실험이 아닌 산업 전환의 실질적 주체이며, 글로벌 AI 질서 재편 과정에서 핵심적 존재로 부상하고 있다. 이들의 다양성, 실행력, 적응력은 중국이 AI 패권 경쟁에서 지속 가능한 전략적 우위를 확보하는 데 중요한 자산이 되고 있다.

2) AI 유니콘 기업서 기술 패권 주자로

10년 전만 해도 '중국 AI 스타트업'이라는 개념은 생소했다. 그러나 현재 센스타임, 메그비, 아이플라이텍 같은 기업들은 중국의 인공지능 산업을 대표하는 핵심 주체로 성장했다. 이들의 부상은 기술력뿐 아니라 정부의 전략적 지원, 민간 자본의 유입, 산업 전반의 폭넓은 적용에 기반한다.

센스타임과 메그비는 컴퓨터 비전 기술을 중심으로 성장해, 얼굴 인식·객체 탐지 분야에서 중국 스마트시티 전략의 핵심 기술로 자리 잡았다. 두 기업의 솔루션은 공공 안전, 교통, 시설 관리 등 도시 전반에 적용되며 도시 운영의 효율성을 높이고 있다. 센스타임은 자율주행과 로봇 분야에도 기술을 확장해 산업 융합을 가속하고 있다.

음성 인식 분야에서는 아이플라이텍이 주도적 역할을 하고 있다. 복잡한 중국어 언어 구조를 정밀하게 처리하는 기술을 바탕으로 교육, 의료, 행정 분야에 AI를 확산시키고 있다. 아이플라이텍의 AI 학습기, 스마트캠퍼스 솔루션은 중국 전역의 학교에 도입됐고, 병원에서는 AI 기반 진단 시스템의 상용화가 이뤄지고 있다.

AI의 물리적 공간 적용도 본격화됐다. 클라우드마인드는 클라우드 기반 AI 로봇을 병원, 물류센터, 가정 등 다양한 환경에 투입해 실제 업무를 대체하거나 보조하는 서비스를 제공하고 있다. 이는 소프트웨어 기반의 AI가 하드웨어와 결합해 실제 환경에서 작동하는 구조로 진화하고 있음을 보여 준다.

데이터 기반 AI 기업들도 빠르게 성장 중이다. 다크호스는 금융, 제조, 의료 분야에서 대규모 데이터를 분석하고 리스크 예측 솔루션을 제공한다. 이들의 기술은 단순 분석을 넘어 의사 결정 자동화까지 포괄하며, AI의 실질적 비즈니스 활용도를 높이고 있다.

이 같은 성장에는 정부의 전략적 지원이 결정적이었다. '신세대 인공지능 발전 계획'을 통해 인재 양성, 연구개발, 인프라 구축에 집중 투자했고, 민간 자본도 적극 참여했다. 소프트뱅크, 알리바바, 텐센트 등 대형 투자기관이 대규모 자금을 유입하며 정책·자본·기술이 유기적으로 결합하는 생태계가 형성됐다.

이들 기업은 기술 상용화에도 성공했다. 센스타임은 홍콩 증시 상장을 통해 글로벌 자본과의 연결을 강화했고, 아이플라이텍은 전국 교육 시스템에 자사 AI 솔루션을 도입하며 지속 가능한 수익 모델을 확보했다. 이러한 구조는 이들이 기술 실험 단계를 넘어 실질적 사회 변화를 주도하고 있음을 보여 준다.

중국 AI 기업들은 이제 기술 수용 단계를 넘어 기술 전략을 주도하는 위치에 있다. 기술의 확산 방향을 설계하고 있으며, 규모와 영향력 면에서 더 이상 초기 스타트업으로 분류되기 어렵다. 중국의 AI 생태계는 추격 국면을 지나 기술 응용과 시장 확장의 전략 단계에 진입했다. 이들의 기술 적용과 산업 융합 방식은 향후 글로벌 AI 산업의 구조에 실질적인 영향을 미칠 전망이다.

3) 유니콘 기업 해외 진출 비결

중국 인공지능AI 기업들의 해외 진출은 이제 예외적 사례가 아닌 확고한 흐름으로 자리 잡고 있다. 이들은 단순한 기술 수출을 넘어, 현지 시장에 정착하고 산업 구조에 기술을 내재화하며, 생태계 전체를 구축하는 방식으로 글로벌 전략을 구체화하고 있다. 센스타임, 메그비, 아이플라이텍, 딥블루 등 대표적 10개 기업은 각자의 기술 역량과 산업 도메인에 따라 다양한 진출 경로를 개척하고 있다.

센스타임은 중동을 전략 거점으로 삼고 있다. 사우디 인공지능 투자청 SCAI과 공동으로 AI 연구소를 설립했고, 아부다비·두바이 등지에서 스마트 시티 프로젝트를 수행하며 도시 설계에 기술을 통합하고 있다. 메그비는 일본, 싱가포르, UAE 등지에서 AIoT 기반 스마트 물류 솔루션을 공급하며 제조업 중심의 파트너십을 확대 중이다.

딥블루는 아시아, 아프리카, 유럽을 무대로 스마트 환경 및 자율주행 기술을 수출하고 있다. 칭화대, 교통대 등과 협력해 해외 연구소를 설립하고 현지 맞춤형 R&D를 병행하는 전략을 통해 기술 확산과 공동 개발 체계를 강화하고 있다.

의료 분야에서는 이투YITU가 폐암 영상 분석 기술을 앞세워 동남아 시장에 진입했다. 싱가포르에 사무소를 설립하고 병원 네트워크를 구성해 장기적인 임상 데이터 확보와 기술 신뢰성을 구축하고 있다.

클라우드워크는 공항, 항만, 물류 자동화를 중심으로 인간-기계 협업 운영체제를 보급 중이다. 팬데믹 이후 수요가 급증한 자동화 시스템에 최적화된 운영 안정성과 연계성에 초점을 맞추고 있다.

아이플라이텍은 음성 인식 기반 솔루션으로 교육, 의료, 행정 등 다양한 분야에 진출하고 있으며, 한국과 싱가포르에 서버를 구축하고 대형 언어 모델을 공개하는 등 글로벌 시장 확대에 나섰다. 중국어 특화 음성 기술을 기반으로 'AI 교사'와 'AI 비서' 등 실용적 솔루션을 수출 중이다.

말롱Malong은 유럽과 미국을 중심으로 비전 인식과 5G 기반 교육 솔루션을 결합한 AI 모델을 보급하고 있으며, 현지 학교 및 교육 기관과의 파트너십을 통해 시장을 확대하고 있다.

치쯔청 Chizicheng은 알고리즘 엔진 'Solo Aware'를 통해 콘텐츠 추천, 광고, 이커머스 플랫폼을 지원하며, 아시아 및 중동 지역에서 6억 명 이상의 사용자 기반과 10억 대 이상의 디바이스 적용 범위를 확보하고 있다.

핀테크 분야의 지우푸 Jiufu는 나스닥 상장을 통해 글로벌 금융 플랫폼으로의 전환을 추진하고 있다. 인도네시아, 홍콩 등지에서 스마트 투자 앱과 로보어드바이저 기반 자산 관리 서비스를 제공 중이다.

DJI는 드론 분야를 넘어 자율주행 차량으로 사업 영역을 확장하고 있으며, 유럽, 미국, 중동 시장에 영상 인식 기술을 공급하고 있다. 하늘과 지상을 아우르는 포트폴리오를 통해 글로벌 파트너십을 확대 중이다.

이들 기업의 전략은 단순한 제품 수출이 아니라, 현지화된 생태계 조성, 산업 내 기술 내재화, 전략적 파트너십 및 연구 협업의 병행이라는 세 가지 특징을 갖는다. 중국 AI 기업들의 해외 진출은 명확한 기획 아래 진행되는 구조화된 확장 전략이며, 이는 기술을 산업 수단이자 외교 자산으로 활용하는 국가전략의 일환으로 작동하고 있다. 이들은 기술과 산업을 결합하는 방식을 통해 글로벌 시장 내 입지를 확대하고 있다.

[중국 주요 AI 스타트업 투자 현황]

기업명	기업가치	주요 투자자
문샷 AI	33억 달러	알리바바, 텐센트, 세쿼이어캐피탈
즈푸 AI	30억 달러	알리바바, 텐센트, 세쿼이어캐피탈
바이찬 AI	28억 달러	알리바바, 텐센트, 샤오미
미니맥스	25억 달러	알리바바, 텐센트, 세쿼이어캐피탈
링이완우	10억 달러	알리바바, 창신공장

19. 4,700개 기업 생존 리포트

deepseek

1) AI 놓고 벌이는 도시 간 전략 게임

2025년 현재, 중국 인공지능AI 스타트업은 약 4,700개에 달하며, 상하이890개, 선전770개, 항저우610개, 베이징580개, 광저우400개, 충칭210개 등 주요 도시에 집중돼 있다. 디지털 인프라와 기술 인재가 공통으로 밀집된 이들 도시의 차이는 결국 '도시 구조 설계'에서 비롯된다.

상하이는 글로벌 개방성과 연동성을 기반으로 AI 기업 유치에 나서고 있다. 다국적 창업 클러스터, 영어 기반 환경, 연합형 API 생태계 등 플랫폼 전략을 강화하며, 스타트업들은 독립 모델 개발보다 상호 연동과 서비스화에 주력한다.

선전은 제조업 중심 도시로서 하드웨어 내장형 AI에 특화돼 있다. 공장 자동화, 로봇 제어, 센서 기반 물류 시스템 등 현장 기술 수요가 크고, 제품 설계 단계부터 수익화를 고려해 회수 속도가 빠르다.

[중국 AI 스타트업 생태계 현황]

구분	수치
전체 AI 스타트업 수	4,700개 이상
실질 매출 발생 기업 비율	24.6%
제품 MVP 출시율 (1년 내)	42%
자체 훈련 LLM 보유 비율	15% 미만
오픈소스 기반 모델 전환율	57% (신규 LLM 스타트업 기준)

항저우는 실전형 생태계 구축에 성공한 사례다. 정부 보조금은 기술 심사보다 유효 계약 여부에 따라 지급되고, 저장대·저장이공대 등 지역 대학은 테스트베드 역할을 한다. 기업은 문제 정의와 고객 요구 기반 기술 설계에 집중하며, 1년 내 MVP 출시 비율은 62%, 오픈소스 경량화 모델 채택률은 68%에 달한다. 도산율은 9.4%로 전국 최저다.

베이징과 광저우는 중앙정부 연계 중심의 대형 프로젝트 구조로, 많은 기업이 MVP 없이 데모 수준에 머물렀고, 과도한 보조금 의존은 생존 구조의 취약성으로 이어졌다. 베이징 도산율은 18.6%, 광저우는 20.4%였다. 광저우는 오픈소스 활용 비율도 낮고, 기술은 있으나 시장과의 연결이 부족했다.

충칭은 공공 수요 기반의 창업 모델로 안정적인 구조를 형성했다. 교통 분석, 환경 예측, 공공 안전 등 지방정부 수요에 대응하며, 실계약 중심의 수익 구조가 생존률 유지로 이어졌다.

도시별 성과도 뚜렷한 차이를 보였다. 항저우는 MVP 출시율과 오픈소스 경량화 활용률에서 앞섰고, 선전은 실매출 발생 기업 비율이 33%로 전국 최고치를 기록했다. 반면, 베이징과 광저우는 각각 19%, 16%에 그쳤다.

딥시크도 항저우 구조 속에서 R1 모델을 실험하고 확장할 수 있었기에 빠르게 성과를 낼 수 있었다. 중국 AI 생태계에선 기술력만으로 생존하기 어려우며, 실험과 수익화가 가능한 도시 환경과의 연결이 핵심 변수로 작용하고 있다.

[중국 주요 도시별 AI 스타트업 현황]

도시	AI 스타트업 수	평균 도산율(%)	특징
상하이	890개	13.7%	국제 협력형 모델 중심, LLM 중심 다수
선전	770개	12.1%	하드웨어 내재화 산업 AI 특화
항저우	610개	9.4%	문제 기반 수직화 전략, 시장 연동, 정책 강점
베이징	580개	18.6%	국가 중심 R&D, 기술 기반 LLM 경쟁 과열
광저우	400개	20.4%	초기 창업 붐 이후 자금·인력 부족 심화
충칭	210개	11.2%	기술형 인재 중심, 정책 연계형 실증 프로젝트 다수

2) 망하는 AI 기업

2025년 현재, 중국 인공지능AI 스타트업의 평균 생존 기간은 2.3년에 불과하다. 이는 기술력 부족이 아니라 구조적 부실에서 비롯된 결과다. 딥시크 성공 이후 창업 붐이 일었지만, 기술·자본·인재·정책이 유기적으로 결합되지 못하며 2023년 이후 8만 개 넘는 기업이 폐업했다.

주된 원인은 과잉 경쟁이다. 정부 창업 장려와 민간 자본 유입이 급증하면서 GPU 인프라, 고급 인재, 시장 수요를 둘러싼 제로섬 경쟁이 심화됐다. 많은 기업이 최소 제품MVP조차 완성하지 못한 채 자금난에 직면했고, 폐업이 창업보다 빠르게 진행되는 구조가 고착됐다.

기술력도 문제였다. 독자 모델 개발보다 오픈소스 수정이나 해외 기술 복제에 집중한 기업이 늘었고, AGI·LLM을 표방한 상당수는 실제 제품 없이 투자 유치에 치중했다. 기술과 수요 간 간극은 더 벌어졌다.

자금 구조도 취약했다. 수익 없이 투자에 의존하던 기업들은 반도체 수출 규제, 글로벌 자금 경색, 외자 유입 둔화 등 외부 변수에 쉽게 흔들렸다. 미국과의 기술 갈등은 인프라 비용과 투자 접근성을 함께 악화시켰다.

인재 쏠림 현상도 문제다. 우수 인력은 바이두, 알리바바, 텐센트 등 대기업에 집중됐고, 스타트업은 인력 확보와 유지 모두에서 실패했다. 창업자 간 비전 불일치, 경영 미숙, 내부 갈등도 생존률을 떨어뜨렸다.

정책 환경도 일관성이 부족했다. 보조금 기준은 자주 바뀌고 지역별 차이도 커 장기 전략 수립이 어렵다. 클라우드 자원, 알고리즘 규제, 콘텐츠 심의도 일관성 없이 운용돼 스타트업은 정부 프로젝트에 과도하게 의존하게 됐다.

많은 기업은 수익 모델 없이 기술 시연과 프레젠테이션만으로 투자를 유치했고, 결국 2년차에 현금 흐름이 끊기며 생존 한계에 봉착했다. 해외 확장도 거의 없다. 미국, 유럽, 일본에서는 기술력과 브랜드, 신뢰도에서 밀리고 지정학 리스크로 진입 자체가 어렵다.

중국 AI 스타트업의 단명은 창업 열풍의 자연스러운 정리가 아닌, 창업 시스템의 구조적 결함이 만든 결과다. 무분별한 창업 장려보다 지속 가능한 생태계 설계가 필요한 시점이다.

3) 생태계 구조가 생존을 만든다

중국 AI 스타트업 생태계는 이제 기술이 아니라 '구조의 경쟁'으로 재편되고 있다. 수천 개의 기업이 산업 특화형 AI를 내세우며 시장에 진입했지만, 대부분 소멸했다. 생존한 기업들의 공통점은 기술의 혁신성보다 속도, 비용, 문제 해결력, 수익 구조, 협력 능력 등 실용적 전략을 갖췄다는 점이다. 첫째, 속도와 비용 최적화가 생존 전략이 됐다. 상하이 윈로직은 자체 프레임워크로 GPU 비용을 30% 절감하고 추론 속도를 1.7배 향상시켰다. 기술 성능보다 자원 효율이 경쟁력이 된 것이다.

둘째, 문제 해결 중심 설계가 생존률을 높였다. 항저우 디코더랩은 의료 영상 분석 알고리즘을 PACS 시스템에 통합해 180개 병원과 계약을 체결했다. 고객은 AI 기술이 아니라 진료 효율성을 구매했다. 베이징 진형AI는 건설 현장 안전 관리 자동화에 특화돼 있다.

셋째, 자립적 수익 구조가 안정성을 보장했다. 정부 보조금에 의존한 기업은 2024년 성과 중심 체제 변화에 무너졌지만, 하오젠AI는 초기부터 유료 계약 중심으로 사업을 설계해 살아남았다.

넷째, 경량화 전략과 내장형 기술이 확산되고 있다. 링파이AI는 회의용 마이크와 카메라에 실시간 번역 알고리즘을 내장해 제품 전환율을 34% 높였다. 기술은 보이지 않지만 경험은 개선됐다.

다섯째, 기술–경영 통합과 조직 유연성도 핵심이다. 실패한 기업은 기술과 경영의 단절, 창업자 간 갈등으로 해체됐다. 반면 성공한 팀은 방향을 전환하고 모델을 과감히 폐기하며 시장에 적응했다.

이러한 구조적 전략은 '조립형 협력 구조'로 확장 중이다. 상하이는 LLM API 연합을 통해 인프라·배포를 공동 운영하고, 항저우는 스타트업 간 모델−서비스 연계를 지원한다. 선전 레이젠AI는 데이터 주석, 하드웨어 연동을 파트너와 분담해 효율을 높이고 있다.

또한, 오픈소스 모델을 단순 활용하는 데서 나아가 생태계 기여 흐름도 뚜렷해졌다. 딥시크 R1, 이이-34B 등 공개 모델에 직접 코드 통합이나 테스트 데이터를 제공하는 기업들이 늘고 있다.

결국 살아남은 기업은 화려한 기술보다 '작은 기술, 정밀한 쓰임, 반복 가능한 구조'에 집중한다. AI 기술이 아니라, 그것이 작동할 구조를 설계한 기업만이 살아남는다. 중국 스타트업 생태계는 이제 기술보다 구조, 경쟁보다 협력, 확장보다 적응이 생존의 조건이 된 시대에 들어섰다.

20. 중국 전역이 테스트베드

deepseek

1) 중국 AI 살아 있는 실험장

중국의 인공지능AI은 실험실 단계를 넘어 산업 전반에 실제로 적용되고 있다. 딥러닝에서 생성형 AI에 이르기까지 교육·의료·금융·제조·엔터테인먼트 등 주요 분야에서 실시간으로 활용되며 기술 검증이 이뤄지고 있다. 수억 명의 사용자가 참여하는 대규모 응용 환경은 기술의 조정과 고도화를 반복적으로 가능하게 하고 있으며, 이는 기술·산업·정책이 긴밀하게 연결된 중국 특유의 구조에서 비롯된다.

자연어 처리NLP 분야는 이미 상용화 단계에 진입했다. 바이두의 '문심일언 文心一言', 알리바바의 '통의천문通義千問' 등 대형 언어 모델은 고객 상담, 교육 콘텐츠 요약, 문서 자동화 등에 활용되고 있다. 다국어 번역 정확도를 측정하는 MVL-SIB 벤치마크는 200여 개 언어를 대상으로 실시간 성능을 평가한다.

컴퓨터 비전 기술은 도시 인프라와 결합해 확산되고 있다. 위성 이미지 분석, 의료 영상 판독, 공공 보안 시스템 등에서 활용되며, 자율주행 차량은 복잡한 교차로와 기후 조건 속에서 성능을 시험받고 있다. 위성사진 5,000쌍을 기반으로 구축된 JL1-CD 데이터셋은 공간 AI 개발의 기반이 되고 있다.

멀티 모달 융합 연구도 활발하다. 이미지와 언어를 통합 평가하는 VLM^2-Bench, 시각 정보를 기반으로 로봇의 과업 수행 능력을 실험하는 임바디벤치 EmbodiedBench 등이 대표적이다.

의료 분야는 기술 실증이 가장 활발한 분야 중 하나다. 딥마인드의 '스트림스'는 중국 내에서 CT·MRI 자동 판독 모델로 현지화됐고, 구드닥터 제약은 딥시크 기반 지식 그래프를 활용해 질병 예측과 건강 관리를 지원하고 있다.

금융 산업에서는 AI가 투자자 성향 분석, 포트폴리오 설계, 사기 탐지에 적용되며, 시스템의 복원력을 높이는 데 기여하고 있다. 제조업은 '중국 제조 2025' 전략과 결합해 생산 스케줄 최적화, 품질 검사 자동화, 물류 흐름 관리 등 스마트 팩토리 실현의 기반 기술로 AI를 채택하고 있다.

교육 부문에서는 AI가 학생의 학습 패턴과 집중도를 분석해 맞춤형 콘텐츠를 제공하고, 가상 교사는 실시간 질의응답을 자동화하고 있다. 이는 지역 간 교육 격차 해소에도 기여하고 있다. 법률 시스템에서는 '스마트 법원 SoS'가 판결문 초안 작성, 판례 추천 등에 활용되며, 최근 3년간 약 450억 달러의 비용 절감 효과를 거뒀다.

문화·엔터테인먼트 분야에서는 JD가 AI 아바타를 활용한 24시간 라이브 방송을 운영하고 있고, ANTA는 생성형 콘텐츠를 마케팅에 활용해 디지털 전략을 확장하고 있다.

이러한 실증적 적용은 기술력 자체보다 수요 기반의 실시간 적용과 반복적 피드백 구조가 가능하다는 점에서 경쟁력을 가진다. 수억 명의 사용자, 산업별 응용 데이터, 중앙정부의 정책 추진이 맞물리며 중국은 AI의 상용화 가능성을 검증하는 현장 기반의 플랫폼 역할을 수행하고 있다.

중국의 AI는 개발 중인 기술이 아니라 작동 중인 시스템으로 기능하고 있다. 기술의 성능뿐 아니라 실제 활용과 사회적 영향력에 기반해 평가받고 있으며, 산업과 사회 전반에서 이미 일상화된 기술로 작동하고 있다.

2) 중국 전역은 AI 테스트베드

인공지능이 산업과 사회 구조를 바꾸는 핵심 기술로 부상하면서, 각국은 실험실 단계를 넘어 실제 환경에서의 실증과 상용화에 주력하고 있다. 중국은 국가 전체를 AI 테스트베드로 전환하며, 기술의 효율성과 사회적 적용 가능성을 동시에 검증하는 체계를 구축했다. 실험은 도시, 병원, 학교, 공장, 금융회사 등 일상 전반에서 실시간으로 이뤄지고 있으며, 기술은 반복적 피드백을 통해 고도화되고 있다.

스마트시티는 대표적인 실증 사례다. 상하이는 AI 기반 교통 제어 시스템을 통해 도로 흐름을 실시간으로 최적화하고, 자율주행 플랫폼을 시범 운용 중이다. 선전은 안면 인식과 영상 분석 기술을 공공 안전 시스템에 도입하고, 에너지 관리 시스템의 자동화에도 AI를 활용하고 있다.

자율주행 분야에서도 도심과 도로가 실험 공간으로 전환되고 있다. 베이징은 바이두의 '아폴로 Apollo'를 통해 무인 택시를 운행 중이며, 충칭은 복합 환경에서 무인 화물차의 주행 성능을 테스트하고 있다.

의료 분야에서는 광저우가 AI 영상 분석을 진단 시스템에 적용해 판독 정확도와 진료 속도를 높이고 있다. 항저우는 병원 전체에 AI 기반 진료 보조, 환자 관리, 신약 개발 시스템을 도입했다. 딥시크 기반의 의료 지식 그래프는 데이터 중심 진료 체계의 핵심 인프라로 활용되고 있다.

제조업 현장에서는 디지털 트윈 기반의 공정 최적화가 진행 중이다. 선전과 상하이는 AI로 생산 라인을 통제하고, 품질 검사와 결함 예측을 자동화한다. 이는 '중국 제조 2025' 전략과 연계돼 AI의 산업화 전환을 가속화하고 있다.

금융 부문에서는 상하이가 알고리즘 기반 자산 운용, 사기 탐지, 블록체인 연계 결제 시스템을 실시간으로 운영하고 있다. 베이징은 신용 평가 자동화와 스마트 금융 상담 시스템을 도입해 실제 적용 가능성을 검증 중이다.

교육 분야에서도 AI는 확산되고 있다. 베이징은 학습 분석 시스템을 통해 개인 맞춤형 콘텐츠를 제공하고, 상하이는 스마트 캠퍼스를 구축해 출결 관리와 시험 채점을 AI로 전환했다. 학생 수천만 명의 학습 데이터가 알고리즘 개선에 활용되고 있다.

중국의 AI 실증은 단편적인 기술 테스트가 아니라, 산업과 행정, 교육, 의료, 물류 등 전방위적으로 확산된 구조적 실험이다. 중앙정부의 정책 추진력, 지방정부의 실행 역량, 민간기업의 기술력이 결합된 삼각 구도가 실증 생태계를 견인하고 있다.

중국은 AI를 개발 중인 기술이 아니라 이미 작동 중인 기술로 다루고 있다. 알고리즘 자체보다는 기술의 적용 방식과 실제 효과에 주목하며 기술 실증과 운영이 통합된 체계를 구축했다. 이는 AI 기술의 상용화 가능성을 현실에서 검증하고 있는 구조적 실험이자 중국식 AI 운영 모델의 실체를 보여 주는 사례다.

3) 마누스, 조용한 반란 − 스타트업의 생존 공식

딥시크가 중국 AI 산업의 기술적 정점이라면, 마누스 Manus 는 그 반대편에서 현실을 마주하는 전략의 이름이다. 거대한 GPU 자원을 동원한 초거대 언어 모델, 국가급 상징, 국제적 견제 속에서 세계 무대를 노리는 딥시크에 비해 마누스는 조용하다. 작고 빠르지 않지만 대신 일상 속에 침투해 있다. AGI를 말하기 전에, 당장 오늘의 업무를 바꿔 주는 실용형 AI. 마누스는 지금 제2의 딥시크가 아닌 '다른 길'을 개척하고 있다.

마누스는 고성능이 아닌 저비용·저컴퓨팅 최적화를 선택했다. '로우−컴퓨팅 AI', 즉 제한된 자원 속에서 현실적인 문제를 해결하는 실무형 LLM Local Language Model 으로, 하루 수백 회 수준의 쿼리에서 안정적으로 작동하도록 설계됐다. 이는 특히 B2B SaaS, 로컬 오피스 솔루션, 중소 제조 및 교육 서비스 현장에서 매력적인 선택지로 부상하고 있다. 고성능은 바라지만 예산은 한정적인 기업들에겐 마누스가 '합리적 AI'로 읽히는 것이다.

마누스를 도입한 선전의 중소 B2B 기업은 CRM과 회계 시스템, 내부 문서 분류와 회신 자동화 등 특정한 반복 업무에 소형 LLM을 결합했다. GPT-4 API는 과도한 비용이 문제였고, 기존 오픈소스 모델은 느렸다. 마누스−T1은 이런 현실적 제약 사이에서 '딱 필요한 만큼' 작동하는 모델이었다. 창업 2년 차, 14명의 팀원이 만든 실험은 완벽하진 않았지만 피로도를 줄이고 조직 내 반복 업무에 질서를 가져왔다. 중요한 건 이 AI가 '기술'이 아니라 '도구'로 사용됐다는 점이다.

마누스의 철학은 명확하다. "AI보다 업무, 딥러닝보다 일하는 방식" 마케팅 총괄 왕야웨이는 마누스를 'AI 파트타이머'라고 표현했다. ChatGPT를 대체하지 않고 오히려 인간 옆에 배치되는 방식. 이는 곧 중국 AI 생태계가 기술에서 운영으로, 상징에서 기능으로, 위상에서 용도로 무게 중심을 이동하고 있다는 신호로 읽힌다.

딥시크가 고도화된 국가 자원과 철학적 논쟁, 규제 프레임 속에서 움직이는 존재라면 마누스는 한 발 아래에서 산업의 실제 니즈를 탐색한다. 항저우의 AI 정책 관계자는 "딥시크는 산업이 아닌 상징이고, 마누스는 상징이 아닌 산업"이라고 표현했다. 바로 이 지점에서 마누스의 전략은 빛난다. 모델의 파라미터 수나 벤치마크 점수가 아닌, '얼마나 많은 중소기업이 오늘 AI를 쓸 수 있게 됐는가'가 핵심 지표로 작동하는 방식이다.

중국 내 AI 스타트업은 4,700개를 넘는다. 이 중 대다수는 딥시크를 바라보며 마누스를 실험한다. 성공이냐 실패냐의 문제가 아니다. 현실에서 AI를 도구로 받아들이는 기업만이 생존의 조건을 갖춘다는 점에서 마누스는 제2의 딥시크라기보다는 '제1의 생존 전략'에 가깝다.

AI 기술이 보여 주는 위대한 가능성은 여전히 존재한다. 그러나 지금 중요한 것은 그 기술이 어디에 어떻게 배치되어 있는가다. 누구도 마누스를 세계 최고라고 말하지 않지만, 많은 기업이 '지금 필요한 기술'이라 답한다. '오늘 일하는 방식'을 바꾸겠다는 마누스의 결심이야말로 중국 신생 AI기업들에 가장 필요한 기술이고, 현실적인 대안이다.

V

기업 전쟁: BATX

deepseek

21. BATX에 경종

deepseek

1) 중국 빅테크 전략 수정

딥시크의 등장은 중국 인공지능 산업의 흐름을 바꾸는 전환점이었다. 하나의 기업이 등장한 것이 아니라, 하나의 기준이 새로 생긴 셈이었다. 2024년 중순부터 본격적으로 성능과 구조가 공개된 딥시크 V2, V3, R1은 기존 중국 AI 기업들에게 단순한 기술 경쟁이 아닌 구조적 질문을 던졌다. 대형 언어 모델을 단지 따라갈 것인가, 아니면 새로 시작할 것인가. 기술의 성능과 효율성에서 딥시크가 제시한 기준은 명확했고, 그 충격은 곧 전략의 변화로 이어졌다.

기존의 중국 빅테크 기업들 이른바 BATX로 불리는 바이두, 알리바바, 텐센트, 화웨이, 그리고 새로운 기기 중심 기업 샤오미까지 모두가 각자의 방식으로 이 충격을 받아들였다. 누구도 딥시크를 단순히 모방하지 않았다. 오히려 이들은 '우리는 어떤 방식으로 AI를 활용할 것인가'라는 질문을 각자의 언어로 해석했다. 공통점은 '기술 중심에서 응용 중심으로'라는 축의 이동이다. 이전까지는 얼마나 큰 모델을 만들 수 있는가, 파라미터 수가 몇 개인가에 경쟁의 초점이 맞춰졌다면, 딥시크 이후에는 이 기술이 어디에 어떻게 쓰일 것인가가 중심이 되었다.

바이두는 이 흐름을 공공 시장 중심 전략으로 풀었다. 문심일언과 API 기반 서비스 플랫폼 '첸판Qianfan'을 통해 전국 단위의 AI 상용화를 시도하고 있으며, 기술의 정밀도보다 배치와 확장에 집중하고 있다. 이는 AI가 '작동하는 기술'이 아니라 '서비스 인프라'가 되어야 한다는 바이두의 인식 전환을 보여 준다. 알리바바는 완전히 다른 길을 택했다. AI를 산업 인프라에 내재화하는 전략으로, 클라우드Aliyun, 연구소DAMO, 모델Tongyi을 연결해 산업별 응용 특화 AI를 확산시키고 있다. 하나의 대형 모델보다 산업별 맞춤 모델이 우선이다. AI를 만들어 보여 주는 것이 아니라 산업 속에 녹여 내는 방식이다.

텐센트는 더욱 조용하게 움직였다. 거대 모델이나 API 공개 없이 위챗WeChat, 게임, 음악 플랫폼, 광고 시스템 등 일상 서비스에 AI를 내장시키는 전략을 택했다. AI를 전면에 드러내는 대신 내부에 숨긴다. 이들은 기술의 외형보다 기능적 작동을 중요시하며, 'AI는 기능이 되어야 한다'는 철저한 실용주의 노선을 따르고 있다. 샤오미 역시 동일한 기조를 보인다. 스마트폰, 가전, 전기차 등 자사 제품에 경량형 LLM을 탑재하며, 응답 속도와 저전력 중심의 '내장형 AI 전략'을 고수하고 있다. XiaoAI와 HyperOS는 이미 1억 명 이상의 사용자에게 체화된 AI 경험을 제공하며, 샤오미의 모든 제품을 AI화하는 방향으로 확장되고 있다.

화웨이는 다소 다른 위치에 서 있다. AI 전략 자체가 기술 자립과 산업용 AI 생태계 구축에 초점이 맞춰져 있었기 때문이다. 어센드 칩, 마인드스포어MindSpore 프레임워크, 팡구 모델로 이어지는 내부 기술 구조는 이미 '외부 의존 없는 AI 생태계'를 구축하고 있었고, 딥시크의 등장은 오히려 그 구조적 선택의 정당성을 강화시켰다. 화웨이는 성능 경쟁이 아닌 '누구도 멈출 수 없는 AI'를 만들고 있다.

결국 딥시크는 중국 빅테크 기업들에게 단순한 라이벌이 아니라 AI 전략을 재정의하게 만드는 계기가 되었다. 기술 중심에서 응용 중심으로, 모델 전시에서 산업 내장으로, 경쟁에서 생태계 구축으로 전략의 패러다임이 전환되고 있다.

2) 바이두, 'AI 국가 플랫폼'의 중심축

한때 '중국의 구글'로 불리던 바이두는 이제 검색 기업의 정체성을 넘어 인공지능AI을 중심에 둔 '국가 플랫폼 기업'으로 진화하고 있다. 특히 딥시크의 등장은 바이두에 도전이자 전환점이 됐다. 생성형 AI 경쟁이 심화되면서 단일 모델의 성능보다 기술을 플랫폼화하고 산업과 정책에 접속시키는 역량이 AI 기업의 핵심 지표로 재편됐기 때문이다. 바이두는 이 흐름 속에서 기술을 '제국'으로 연결하는 청사진을 그리고 있다.

바이두 AI 전략의 핵심은 세 축으로 구성된다: 자체 언어 모델, 오픈 프레임워크, 산업 통합 플랫폼. 자연어 처리NLP 분야에서 ERNIE 시리즈는 중국어 특화 대형 언어 모델로 자리 잡았으며, 그 응용 모델인 '문심일언Wenxin Yiyan'은 검색, 광고, 쇼핑, 클라우드 API 등 전 산업 영역에 적용되고 있다. 딥시크가 성능 효율을 강조한 기술 특화형이라면, 바이두는 '어디서 어떻게 작동할 것인가'를 중심으로 전략을 구성한다.

또 하나의 축은 자체 개발한 딥러닝 프레임워크 PaddlePaddle이다. 중국 내에서 가장 널리 사용되는 오픈소스 AI 프레임워크로, 알고리즘 개발부터 데이터셋 관리, 하드웨어 연동, 배포 시스템까지 통합한 플랫폼이다. 바이두 AI Cloud와 긴밀히 연결되어 기업형 솔루션으로 확장되고 있으며, 이는 단순한 도구가 아닌 AI 생태계의 기반 인프라로 작동한다. 딥시크가 기술적 충격을 주었다면 바이두는 그것을 사회적·산업적 시스템으로 흡수하고 확산하는 역할을 수행하고 있다.

자율주행 부문은 바이두 AI 전략의 상징적 실험장이자 확장 모델이다. 아폴로Apollo 플랫폼은 단순한 기술을 넘어 오픈소스 생태계를 구축했고, 실제 운행 중인 로보택시 '아폴로Apollo Go'는 도심 인프라와의 연계를 실현했다. 이 외에도 DuerOS와 Deep Voice는 스마트 가전, 차량, 음성비서 등 일상생활 전반에 AI를 자연스럽게 내장시키며, 바이두의 기술이 보이지 않는 운영 체계로 자리 잡고 있음을 보여 준다.

의료와 과학기술 응용에서도 바이두는 AI의 사회적 기여 가능성을 입증하고 있다. 코로나19 당시 공개한 RNA 예측 알고리즘 LinearFold는 신속한 백신 연구에 기여했고, 의료 영상 분석과 병리 진단 분야에서도 AI 기반 솔루션을 상용화했다. 이는 단지 기업의 이윤을 넘어 AI for Science, AI for Social Good이라는 윤리적·사회적 방향성을 실천하는 사례다.

딥시크 이후, 바이두는 AI 분야에서 더욱 구조화된 전략을 실행하고 있다. 제품군 통합뿐 아니라 조직 구조 조정도 병행하고 있으며, 바이두펑터우百度 风投를 통한 AI 스타트업 투자와 생태계 확장에도 적극적이다. 다만 내부적으로는 연이은 투자 책임자 교체, 일부 전략의 단기성과 불일치 등 리스크 요인도 존재한다. 그럼에도 불구하고 바이두는 여전히 AI 분야에서 독보적인 '플랫폼화 능력'을 바탕으로 기술－사회－정책을 연결하는 중간 매개자의 역할을 수행하고 있다.

딥시크가 보여 준 기술적 도약 이후, 중국 AI는 단일 모델의 성능 경쟁에서 벗어나 '어디에 어떻게 연결되느냐'는 시스템 중심 경쟁으로 전환되고 있다. 바이두는 그 새로운 질서 속에서 AI를 재배치하고, 이를 통해 국가의 디지털 구조를 재설계하는 실험을 이어가고 있다. AI로 국가를 작동시키는 플랫폼 기업이라는 바이두의 전략적 위상은, 기술보다 시스템이 중요한 시대의 방향성을 가장 뚜렷하게 보여 준다.

3) 텐센트, 조용한 AI 전략 수정

딥시크가 중국 인공지능 생태계에 기술적 충격을 안긴 이후, 텐센트는 조용하게 그러나 구조적으로 전략 수정을 단행했다. 외부에는 뚜렷한 존재감을 드러내지 않았지만, 내부적으로는 기술 투자의 방향과 조직 구조, 플랫폼 전략을 재정비하며 반격을 준비했다. 텐센트의 전략은 딥시크처럼 모델을 전면에 내세우는 방식이 아니라, 기존 생태계에 AI를 깊이 내장하는 실용적 접근에 가깝다.

텐센트는 AI 전략을 게임 중심의 데이터 학습 구조와 산업 내장형 AI 서비스라는 두 축으로 재편하고 있다. 첫 번째 축은 게임 생태계를 AI 훈련 실험장으로 활용하는 구조다. 2024년 시작된 '멀티 에이전트 아레나Multi-Agent Arena' 프로젝트는 MOBA 게임 구조에서 다수의 AI 에이전트를 경쟁·협력 관계로 훈련시키는 체계를 구축했다. 이는 단순한 게임 AI 개발을 넘어, 실시간 전략 판단, 행동 예측, 다중 변수 반응 등 고차원적 판단 능력을 AI가 획득할 수 있는 환경을 제공한다. 이 생태계는 이후 자율주행, 로보틱스, 헬스케어 등 다양한 산업에서 활용 가능한 고성능 알고리즘의 기반이 된다.

두 번째 축은 산업 현장에 직접 내장되는 AI 전략이다. 텐센트는 '훈위안混元'이라는 자체 대형 언어 모델을 보유하고 있지만 이를 전면에 내세우지 않는다. 대신 의료, 금융, 제조 등 핵심 산업 분야에 AI를 '기능'으로 숨겨 넣는 방식을 선택했다. 저장성의 병원에 납품된 AI 문진 요약 시스템, 금융감독국과 협력한 리스크 분석 엔진, 제조 현장의 예지 정비 알고리즘 등은 모두 클라우드 기반으로 작동하며, 텐센트의 플랫폼 속에 조용히 통합되어 있다. 이처럼 눈에 보이지 않는 방식으로 AI를 내장하는 전략은 텐센트가 지닌 생태계의 연속성과 안정성을 기반으로 한다.

이러한 전략을 뒷받침하는 조직적 기반은 텐센트 AI Lab과 TEG기술공학사업부 그리고 CSIG클라우드와 스마트 산업 사업부 간의 유기적 협업이다. TEG는 AI 인프라와 핵심 기술 연구에 집중하며, CSIG는 산업별 응용으로 이어지는 접점을 확장하고 있다. 위챗, QQ, QQ 브라우저, 음악 플랫폼, 문서 서비스 등 텐센트의 전통 서비스들은 DeepSeek를 접목하며 AI 성능을 높이고 있으며, 이 과정을 통해 기술이 제품 기능에 자연스럽게 흡수되고 있다.

GPU 배치 전략도 달라졌다. 딥시크 등장 이후 텐센트는 고가의 GPU를 무작정 확충하기보다 기존 자원에서 효율을 극대화하는 방식으로 전환했다. 딥시크의 경량화 기술을 일부 도입하며 기존 GPU 클러스터상에서도 고효율 모델 학습이 가능해졌고, 이는 불필요한 자본 투입을 줄이는 동시에 기술의 자립성을 유지하는 데 기여하고 있다.

텐센트의 전략은 겉으로 드러나는 기술 과시나 모델의 성능 경쟁보다는 생태계 운영 능력과 기술 내장력에 초점을 맞춘다. AI는 하나의 기능으로 작동해야 한다는 철학 아래 텐센트는 기존의 게임, 커뮤니케이션, 콘텐츠 플랫폼을 AI와 함께 재구성하고 있다. 이 과정에서 대규모 모델 경쟁에서 다소 벗어나 있지만, AI를 일상 서비스에 밀착시켜 작동시키는 데 있어서는 가장 앞선 구조를 갖춘 셈이다.

딥시크가 기술 자체의 충격을 보여 준 사건이었다면, 텐센트는 그 기술이 플랫폼 속에 어떻게 조용히 침투할 수 있는지를 보여 준다. AI가 시스템 속에서 작동하고 사용자는 그것을 의식하지 않아도 되는 상태. 텐센트가 지향하는 미래는 바로 그런 '보이지 않는 지능'이다. 기술은 겉으로 드러나지 않지만 그 중심에는 AI가 들어앉은 새로운 플랫폼 구조가 자리하고 있다.

4) 샤오미, 기기 안에 스며든 AI

샤오미는 대형 언어 모델 경쟁에서 눈에 띄는 존재는 아니었다. GPT, 딥시크, 큐원 같은 대규모 모델을 전면에 내세우지도 않았고, 화려한 기술 발표나 세계적 컨퍼런스를 개최한 적도 없다. 그러나 샤오미는 조용히 그러나 일관되게 인공지능을 '제품 속에 자연스럽게 녹이는 전략'을 밀고 나갔다. AI는 기능이 아니라 경험이며, 기술은 겉으로 보이는 것이 아니라 삶 속에 스며드는 것이라는 접근이다.

샤오미의 전략은 하드웨어 기반의 '경량화된 AI'에 집중돼 있다. 대표적인 사례가 음성비서 XiaoAI다. 이 시스템은 2024년 기준 스마트폰, TV, 공기청정기, 냉장고 등 70여 종의 샤오미 기기에 기본 탑재되어 있으며, 1억 명 이상의 사용자가 일상적으로 이용하고 있다. 샤오미는 여기에 자사 경량화 LLM 'MiLM' 시리즈를 적용하고 있다. 약 15억 개 파라미터로 설계된 이 모델은 퀄컴과의 협력을 통해 스마트폰 SoC에 최적화됐고, 인터넷이 없어도 오프라인에서 빠르게 응답하는 것이 특징이다.

2024년 말 샤오미는 자체 운영체제 하이퍼OS HyperOS를 출시하며, 모든 스마트 디바이스를 하나의 AI 생태계로 통합하기 시작했다. 이 시스템은 기기 간 데이터를 통합 분석하고, 사용자의 습관과 루틴을 학습해 맞춤형 반응을 제공한다. 예컨대 스마트폰에서 아침 알람을 끄면 공기청정기와 조명이 자동으로 작동하고, AI는 사용자의 컨디션과 날씨 데이터를 분석해 맞춤형 운동 루틴을 제안하는 방식이다. 하이퍼OS는 단순한 디바이스 제어를 넘어 'AI 기반 생활 자동화 시스템'으로 진화하고 있다.

샤오미의 AI 전략은 '하이브리드 구조'에 기반을 둔다. 클라우드에서는 알리바바, 텐센트 등 외부 모델과 연동하고, 단말기에서는 XiaoAI가 로컬 연산을 처리한다. 질문은 클라우드로 보내고, 응답은 기기에서 빠르게 실행하는 '질문 - 응답 분리형 AI 구조'는 데이터 프라이버시와 실시간 반응성이라는 두 마리 토끼를 잡는 구조로 설계됐다.

2025년 샤오미는 AI 전략의 범위를 전기차와 로보틱스 분야로 확장하고 있다. 전기차 'SU7'에는 자율주행을 위한 LLM 기반 의사 결정 시스템이 탑재될 예정이며, 인간형 로봇 '사이버원CyberOne'에는 다중 센서 기반 상호작용 AI가 적용된다. 이처럼 샤오미는 스마트폰을 넘어 '움직이는 기기'와 '반응하는 기기' 속에 AI를 내장시키고 있다. AI는 소프트웨어가 아니라 모든 하드웨어의 공통 언어가 되고 있다.

5) 화웨이의 기술 주권 전쟁

딥시크의 등장 후 화웨이는 기술 자립을 구조화하는 전략으로 방향을 잡고 있다. 그것은 단지 생존의 문제가 아니라 외부 기술에 대한 근본적인 의존 탈피를 목표로 하는 생태계 재설계였다. 그리고 이 전략은 칩, 프레임워크, 산업 내장이라는 세 개의 축 위에 구축되어 있다.

첫 번째는 연산 자원의 독립이다. 미국의 수출 통제 이후 화웨이는 엔비디아 GPU에 접근할 수 없었고, 대신 Ascend 시리즈라는 자체 AI 칩 개발에 본격적으로 나섰다. Ascend 910B는 2023년 기준 중국 내 최고 수준의 훈련용 칩으로 평가받았고, 2024년부터는 'Ascend Cluster'를 통해 바이취안, 펑청랩, 딥시크 등 대형 모델 개발 기업들에 대체 연산 인프라를 제공하고 있다. 이는 단순한 하드웨어 개발을 넘어 중국 AI 생태계의 연산 주권을 확보하는 전략적 행보였다.

두 번째는 딥러닝 프레임워크의 국산화다. 화웨이는 2020년부터 마인드스포어MindSpore라는 오픈소스 프레임워크를 개발해 PyTorch와 TensorFlow에 대응하는 자국 기술 기반을 마련했다. 이 프레임워크는 Ascend 칩에 최적화되어 있어 연산 효율과 통합성이 뛰어나며, 2024년부터는 주요 오픈소스 LLM 들이 마인드스포어 MindSpore 기반 파인튜닝을 지원하면서 그 활용성이 급속히 확산되고 있다. 일부 지방 정부와 대학은 이미 마인드스포어 MindSpore를 공식 교육 커리큘럼으로 채택했고, 화웨이는 관련 훈련 자료와 개발 자산을 무상 제공해 생태계 확대를 병행하고 있다. 화웨이에게 마인드스포어 MindSpore는 단지 툴이 아니라 AI 기술 자립을 가능케 하는 '운영체계'다.

세 번째는 산업 인프라에 AI를 내장하는 방식이다. 화웨이는 판구 Pangu 대모델을 중심으로 산업용 특화 AI 전략을 전개하고 있다. 이 모델은 범용 LLM이 아니라 철강, 광산, 전력, 지하 공간 등 물리적 현장에 투입 가능한 시나리오 기반 AI로 설계됐다. 실제로 2024년, 상하이 지하철 건설 현장에 적용된 판구 디지털 트윈 시스템은 굴착 장비의 진동 데이터를 분석해 붕괴 가능성을 실시간 예측했고, 기존 대비 두 배에 달하는 정확도를 기록하며 현장 안전성을 크게 향상시켰다. 이러한 물리 기반 AI 전략은 화웨이가 하드웨어와 산업 운영에 강점을 가진 기업이라는 점을 전면에 드러내는 방식이자 기존 AI와는 전혀 다른 궤도의 현실적 해법이다.

특히 주목할 점은 특허 전략이다. 화웨이는 7년 연속 세계 1위 특허 출원 기업 자리를 지키고 있다. 통신, 반도체, 운영체제, 클라우드 등 전 산업 사슬을 아우르는 특허 포트폴리오를 바탕으로, 5G 필수 특허만 해도 글로벌 점유율 1위를 차지한다. 이 특허는 단지 기술 보호 수단이 아니라, 시장과 외교의 지렛대다. 2023년 기준 화웨이의 지식 재산 수익은 56억 달러에 달했다. 이는 특허를 기술 자산이자 수익원으로 활용하는 구조적 강점을 보여준다.

화웨이의 AI 전략은 눈에 띄는 기술 과시나 시장 점유율 경쟁과는 거리가 멀다. 딥시크처럼 모델 성능을 중심에 두거나, 글로벌 API 시장에 진입해 경쟁하는 대신 화웨이는 칩, 프레임워크, 시나리오까지 모든 요소를 자립적으로 통제할 수 있는 생태계를 구축하고 있다. 이것은 기술을 중심에 둔 생존 전략인 동시에 중국 AI 산업이 외부 충격에 흔들리지 않고 지속 가능성을 확보하기 위한 구조적 대응이다.

22. 알리바바 75조 원 투입

deepseek

1) 알리바바의 위기감?

2025년 3월, 알리바바 CEO 우용밍은 향후 3년간 3,800억 위안약 75조 원을 AI와 클라우드 컴퓨팅 인프라에 투자하겠다고 발표했다. 이는 알리바바가 과거 10년간 같은 분야에 투자한 금액을 뛰어넘는 수준으로, 중국 민영기업 역사상 최대 규모의 AI 투자로 기록됐다. 공식 발표 직후 중국 내에서는 '전례 없는 민간 투자'라는 평가가 나왔고, 해외 주요 언론은 알리바바의 전략 전환 시점을 이 발표에 맞췄다.

이 시기와 맞물려 창업자 마윈이 시진핑 국가주석이 주재한 민영기업 좌담회에 모습을 드러냈다. 금융 규제 발언 이후 사실상 은둔했던 마윈이 공식 석상에 등장한 것은 4년 만이었다. 중국 정부와의 관계를 재정립하는 장면이었고, 알리바바는 AI 분야에 대한 전면적 투자로 그 의사를 표명했다.

이번 투자 계획은 클라우드, 칩, 대형 모델, 산업 솔루션 등 전 방위에 걸쳐 있다. 알리바바는 자사 대형 언어 모델 '통이천문Qwen' 시리즈와 이를 기반으로 한 AI 비서 '콰크', 전자상거래용 추천 시스템, 산업별 특화 모델, 스마트시티 운영체제까지 전반을 하나의 수직 통합 체계로 설계하고 있다. 연산 자원 확보뿐 아니라 플랫폼 주도권 확보까지 목표로 한다.

알리바바는 글로벌 기업과의 협력도 병행 중이다. 애플과의 제휴를 통해 아이폰 내 일부 기능에 알리바바 AI 기술이 적용될 예정이며, BMW와는 차세대 차량용 AI 플랫폼 공동 개발을 진행 중이다. 내부 생태계 자립과 글로벌 기술 연계라는 이중 구조가 형성되고 있다.

3,800억 위안이라는 투자 규모는 알리바바의 위기 인식과 동시에 미래 전략의 방향성을 보여 준다. 딥시크 이후 AI 생태계가 재편되는 시점에 알리바바는 단순한 모델 성능 경쟁에서 벗어나 산업 전반의 접속성과 연결성을 강화하는 전략을 선택했다. 이는 AI를 기반으로 한 새로운 산업 질서를 형성하려는 시도로 해석된다.

2) 애플·BMW·마누스 파트너 알리바바

딥시크 출현 후 가장 민첩하게 재배열에 나선 기업 중 하나가 알리바바다. 단순히 성능 좋은 모델이 아니라, 어떻게 산업에 AI를 연결하고 누구와 시장을 확장할 것인가에 집중한 전략이다. 그 결과 애플에 이어 BMW, 마누스까지 알리바바와 손을 잡았다. 중국 기술 기업이 글로벌 무대 중심으로 복귀하는 장면이다.

가장 상징적인 변화는 애플과의 협력이다. 애플은 중국에서 판매되는 아이폰에 알리바바의 AI 기술을 탑재하기로 결정했다. 당초 애플은 바이두, 딥시크, 텐센트, 바이트댄스를 검토했지만 최종 선택은 알리바바였다. '애플 인텔리전스'와의 기술 호환성, 규제 승인 가능성, 방대한 사용자 데이터와 서비스 연동력이 결정적이었다. 중국 시장에서 점유율을 회복하려면 단순한 기술이 아닌 '중국 사용자의 감각에 맞는 AI'가 필요했기 때문이다.

BMW와의 협력도 조용하지만 중요한 신호다. 알리바바는 BMW와 차량 내 자율주행 알고리즘, 음성 인터페이스, 인포테인먼트 시스템에 AI를 적용하는 프로젝트를 시작했다. 영상 인식, 실시간 추론, 감정 기반 피드백 기술이 고급차 브랜드의 '지능형 운전 경험'과 결합되며 새로운 시너지를 낳고 있다. 독일 프리미엄 자동차가 중국 AI 기술을 전략적으로 받아들이기 시작한 것이다.

주목할 협력은 '마누스'와의 연대다. 마누스는 딥시크 이후 중국에서 가장 주목받는 AI 스타트업으로, 범용 AI 에이전트를 표방하며 등장했다. 다양한 작업을 스스로 수행하는 '에이전트형 AI'를 목표로 출시 직후 폭발적 관심을 받았고, 서버 과부하로 베타 테스트를 중단하기도 했다. 이후 마누스는 알리바바의 대형 언어 모델 큐원Qwen팀과 전략적 협업을 발표하며, 내수 시장에 특화된 기능 구현에 들어갔다. 알리바바는 이 에이전트 영역에서 '기술 제공자'이자 '플랫폼 유통자'로 기능하며, 차세대 AI 도구 진화의 중추가 되고 있다.

3) 큐원 vs 딥시크, 효율성에서 맞붙다

알리바바의 큐원Qwen 시리즈는 2025년 현재 중국을 대표하는 인공지능AI 모델 중 하나로, 성능과 효율, 응용성 면에서 딥시크와 함께 주목받고 있다. 최신 모델 'Qwen 2.5 Max'는 상식, 언어 이해, 수학 문제 해결, 텍스트 요약 등 다양한 공개 벤치마크에서 우수한 평가를 받았으며, GPT-4o 및 딥시크 V3와 동급 이상의 성능을 기록한 것으로 알려졌다. 특히 빠른 처리 속도와 안정적인 응답성은 일상 사용자 중심 활용도를 높이는 핵심 요소로 꼽힌다.

큐원 시리즈는 단순한 파라미터 확장 경쟁에서 벗어나 경량화된 고정밀 모델을 지향한다. 'QwQ-32B'는 약 320억 개 파라미터를 갖고 있지만, 딥시크 R1과 유사하거나 일부 영역에서 더 높은 추론 정확도를 보이며 고난도 태스크에서도 성과를 내고 있다. 이를 통해 알리바바는 파라미터 대비 성능 효율이 높은 실용 중심 AI 설계를 실현 중이다.

큐원 모델은 이미 타오바오, 알리익스프레스, 알리헬스, 알리 클라우드 등에 내장돼 있다. 텍스트 요약, 고객 상담, 리뷰 분석, 상품 추천 등 실제 사용자 접점 기능에 활용되며 상업적 효용성을 입증하고 있다.

2025년 출시된 'Omni 7B'는 큐원의 멀티모달 확장 버전으로, 텍스트뿐 아니라 이미지, 음성, 영상 등 복합 입력을 처리할 수 있다. 엣지 디바이스에서도 고성능을 유지하도록 설계돼, 시각장애인을 위한 실시간 음성 가이드, 모바일 영상 분석, 초소형 기기 내 AI 인터페이스 등에서 활용 가능성이 높다.

큐원 시리즈는 고성능과 응용 적합성을 동시에 겨냥한 알리바바의 전략적 AI 자산이다. 딥시크가 오픈소스로 생태계를 확장하고 있다면, 큐원은 자사 서비스와 엣지 기기를 중심으로 산업 내재화를 가속하고 있다.

4) 앤트, 저사양칩 MoE 모델 출시

AI는 GPU가 있어야만 가능한가라는 질문에 딥시크가 답을 했다면, 앤트그룹은 "고성능 칩 없이도 AI 모델을 만들 수 있을까?"라는 질문을 던졌다. 중국 최대 핀테크 기업 알리바바의 자회사인 앤트그룹은 이에 대한 실험적 해답을 'Ling' 시리즈 모델로 제시했다.

2025년 3월, 앤트는 놀라운 결과를 공개했다. 2,900억 개의 매개변수를 가진 초대형 AI 모델 'Ling-Plus'를 미국산 GPU 없이 AMD와 중국산 저사양 칩으로 훈련했다는 것이다. 이 모델은 딥시크 R1, GPT-4와 유사한 성능을 보여주었으며, 비용은 20% 이상 절감됐다. 이는 GPU 수급 제한과 기술 봉쇄 속에서 의미 있는 전환점이었다.

앤트는 여기서 한발 더 나아가 모델 아키텍처와 학습 프레임워크를 재설계했다. 그 결과 메모리 사용량은 최대 90% 감소, 학습 시간은 66% 단축됐다. 자체 개발한 'XPU타이머', 'EDiT' 등 경량화 툴도 적용됐다.

Ling 시리즈는 MoE전문가 혼합 구조로, 전체 모델은 크지만 작동 시 활성화되는 부분은 제한돼 학습 효율이 높다. 이는 컴퓨팅 자원이 부족한 상황에서 고성능 모델 훈련이 가능한 현실적 대안으로 평가받는다. 단지 기술 실험이 아니라 AI의 민주화이자 생존 전략이다.

앤트는 이번 프로젝트에서 의도적으로 엔비디아 GPU를 배제하고, 국내 조달 가능한 저사양 하드웨어만 사용했다. 이는 자립형 AI라는 정치·경제적 메시지를 담고 있다.

Ling-Lite는 168억 파라미터로, 텍스트 분류·요약·질의응답에서 딥시크 V2.5와 유사한 성능을 보였다. Ling-Plus는 2,900억 파라미터임에도 소프트웨어 최적화를 통해 실제 서비스에 적용 가능한 반응성과 정확도를 확보했다.

23. 유니콘 'T10'과 협업

deepseek

1) BATX와 T10의 기술 분업 구조

중국 인공지능 산업은 이제 하나의 거대 기업만으로 설명되지 않는다. 바이두, 알리바바, 텐센트, 샤오미 등 이른바 BATX로 불리는 디지털 플랫폼 대기업과 센스타임, 메그비, 아이플라이텍 같은 기술 중심 스타트업들이 각각 다른 역할을 수행하며 이중 생태계를 형성하고 있다. BATX는 방대한 데이터와 플랫폼 접점을 바탕으로 클라우드 기반의 인프라와 대규모 서비스 확장을 주도하고 있고, T10은 각 분야에 특화된 알고리즘과 정밀 기술을 통해 이 구조를 기술적으로 뒷받침한다.

센스타임은 비전 인식, 메그비는 얼굴 인식과 보안 알고리즘, 아이플라이텍은 음성 합성과 실시간 번역 등에서 경쟁력 있는 성과를 내고 있으며, BATX는 이들의 기술을 플랫폼에 연동해 서비스 혁신을 도모하고 있다. 예컨대 텐센트는 메그비와 함께 얼굴 인식 API를 개발해 공공 안전 시스템에 활용했고, 바이두는 캠브리콘의 AI 칩을 연계해 연산 효율을 높였다. 알리바바는 센스타임과 아이플라이텍에 클라우드 자원을 제공하며, 이들은 그 위에서 자사 알고리즘을 학습·배포하고 있다.

이런 협력은 단순한 하청이나 위탁이 아닌 기술적 기능 단위로 분업화된 구조다. 바이두의 자율주행 플랫폼 아폴로에서 비전 알고리즘은 센스타임이, 감지 기술은 메그비가 맡는 식이다. BATX와 T10은 클라우드, 반도체, 알고리즘, 애플리케이션이라는 각 기술 요소를 분리하여 상호 보완적으로 공동 개발에 나선다. 이는 단일 기업이 모든 기술을 독점하기 어려운 환경에서 등장한 현실적인 분업 구조이자 중국 AI 생태계의 고유한 성장 방식이다.

[중국 AI 10대 기업]

기업명	핵심 분야
바이두 (Baidu)	LLM, 자율주행, 오픈소스 프레임워크
화웨이 (Huawei)	AI 칩, 클라우드, 자립형 생태계
알리바바 (Alibaba)	산업 AI, 스마트시티
텐센트 (Tencent)	소셜 기반 AI 상용화, API 플랫폼
아이플라이텍 (iFlytek)	음성 인식, AI 교육·행정 솔루션
바이트댄스 (ByteDance)	콘텐츠 추천, 생성형 AI
센스타임 (SenseTime)	비전 AI, 감시·금융·리테일
메그비 (Megvii)	AI 물류 자동화
캠브리콘 (Cambricon)	AI 칩 설계 (NPU)
클라우드워크 (Cloudwalk)	금융·보안 융합 AI

2) 스마트시티·자율주행·공공AI 협업 사례

BATX와 T10의 협력은 실제 산업 현장에서 구체적인 방식으로 작동하고 있다. 특히 스마트시티, 자율주행, 공공 행정 등 분야에서 양측의 기술이 접목되며 복합적인 산업 효과를 만들어 내고 있다. 대표 사례는 자율주행 분야다. 바이두는 아폴로 플랫폼의 각 모듈을 센스타임, 메그비 등과 협력해 설계하고 있으며, 비전 인식·운전자 감지·실시간 경로 탐색 알고리즘을 기능별로 분리해 개발하고 있다.

화웨이는 Ascend 칩과 마인드스포어 프레임워크로 자사 AI 플랫폼을 구축하고 있지만, 감정 인식이나 차량 내 센서 분석 기술은 센스타임, 호라이즌 로보틱스 등 외부 파트너와의 협력을 통해 채운다. 스마트카 특화 AI 모델인 '판구'도 이와 같은 분업 구조에서 출발했다.

공공 행정 영역에서도 이러한 협업은 확대되고 있다. 텐센트는 법원 시스템에 아이플라이텍의 음성 인식 알고리즘을 도입해 'AI 판결 보조 시스템'을 구축했고, 바이두는 메그비와 함께 도시 교통 흐름 분석과 최적화 알고리즘을 개발해 지능형 도시 프로젝트에 적용하고 있다.

이러한 구조의 특징은 기능 단위로 역할을 분리해 기술을 배분하고, 각 기술 주체들이 자율성을 유지하면서 유기적으로 연동된다는 점이다. 알리바바 클라우드는 T10 기업들의 LLM 학습·배포 환경을 제공하고, 이들이 만든 알고리즘은 알리바바의 전자상거래·스마트시티·AI 비서 등에 통합된다. 경쟁 관계는 존재하지만 산업 전반의 복잡성과 기술 세분화로 인해 협업이 오히려 기술 생태계의 확장 기반이 되고 있다.

3) LLM과 클라우드 생태계의 공동 설계

최근 BATX와 T10의 협력은 고도화된 형태로 진화하고 있다. 단순히 기능을 분리하고 연동하는 수준을 넘어 산업별 대형 언어 모델LLM과 클라우드 인프라를 공동으로 설계하는 구조가 자리 잡고 있다. 이는 '산업형 AI'라는 개념에 근접하며, 공공성과 현실 적용 가능성을 중심에 둔 기술 개발 방식이다.

2023년 이후, BATX는 데이터·클라우드·서비스 확산 역량을, T10은 각 분야의 도메인 전문성과 알고리즘 최적화 기술을 바탕으로 산업별 LLM 공동 개발에 나서고 있다. 아이플라이텍은 의료 분야 언어 모델을 구축해 바이두 클라우드를 통해 병원에 공급하고 있고, 메그비는 샤오미의 공장 시스템에 자사 비전 기반 결함 탐지 기술을 통합해 제조업용 LLM 구조를 구현하고 있다.

이 협력은 표준화된 API 통합을 넘어, 데이터 구조, 개인정보 처리 기준, 알고리즘 경량화, 모델 훈련 방식까지 공동 설계하는 방식으로 진행된다. 알리바바는 센스타임과 함께 스마트 보안 시스템을 개발하며 CCTV 영상 처리, 암호화 기술, 모델 탑재 구조를 공동으로 설계하고 있다. 화웨이는 메그비와 함께 스마트시티용 군중 분석 알고리즘을 Ascend 칩 기반으로 최적화하고 있다.

중요한 점은 이 협력 모델이 수직 계열화 방식이 아니라 기능 단위로 유연하게 연결되는 '네트워크형 연합'이라는 점이다. BATX는 필요한 기술을 T10

에서 선택적으로 조달하고 필요 시 기술 교체나 경로 변경도 자유롭게 수행한다. 기술의 진화 속도와 도메인 특화 요구가 너무 빠르고 다양해졌기 때문에 모든 기술을 하나의 기업이 독점하는 방식은 이미 한계를 드러냈다.

중국은 현재 AI 기술의 산업 내 적용 과정을 체계적으로 설계하고 있다. BATX는 유통망과 클라우드 플랫폼을, T10은 기술적 깊이와 알고리즘을 제공하며, 이 사이에 정부 정책과 산업 전략이 개입해 삼각 구조를 이룬다. 이 방식은 기술의 내재화보다 적합한 기술의 시의적 연결이 더 중요한 AI 시대의 요구에 부합하는 해법으로 자리 잡고 있다.

[중국 AI 산업의 피라미드 구조]

단계	세부 항목	주요 기업 / 내용
상용화 단계	AI 모델	딥시크 (DeepSeek)
	자율주행	바이두 아폴로
	스마트시티	알리바바
	로봇	유니트리 (Unitree)
	드론	DJI
기술 개발 단계	소프트웨어	패들패들(바이두), 마인드스포어(화웨이), 엔젤(텐센트)
	AI 원천 기술	센스타임(컴퓨터비전), 아이플라이텍(음성인식)
인프라(기초) 단계	AI 칩 설계·제조	화웨이(설계), 한유지(설계), SMIC(제조)
	훈련용 클라우드	알리바바, 바이두, 텐센트
	데이터 플랫폼	타오바오(알리바바), 웨이신(텐센트), 더우인(틱톡 中버전)
배후 지원	정책 및 제도 지원	느슨한 개인정보 보호법, 국영 펀드 투자·사업 발주
	인재	대학의 이공계 인재 수혈

24. 급여로 갈아 만든 열정

deepseek

1) AI가 바꾼 채용 풍경

2025년 봄 채용 시즌이 시작되면서, 인공지능AI 산업이 청년 일자리 지형을 빠르게 재편하고 있다. 고속 성장하는 산업에 인재가 몰리고, 국가전략 산업이 청년층 진로에도 직접적인 영향을 미치는 양상이다.

대표적 사례는 저장성 항저우에서 열린 대규모 오프라인 채용 박람회다. 약 830개 기업이 참여해 총 2만 1,000개 채용 공고를 내걸었고, 상당수가 AI 알고리즘과 거대 언어 모델LLM 연구에 집중됐다. 항저우는 딥시크DeepSeek와 유니트리Unitree 등 첨단 기술 기업이 잇달아 등장한 AI 창업 생태계의 중심지로 부상하고 있다.

특히 유니트리는 AI 알고리즘 엔지니어, 로봇 모션 제어 엔지니어 등 10개 부문에서 인재를 모집했고, 일부 직군은 월 최대 7만 위안약 1,400만 원의 고연봉을 제시해 주목을 받았다. AI 산업화가 단지 실험실에 머무르지 않고, 고소득 일자리 창출로 이어지고 있음을 보여 준다.

비슷한 양상은 광둥성 광저우에서도 나타났다. 광저우 채용 박람회에서는 총 5만여 개 일자리 중 AI 관련 수요가 두드러졌고, 국영기업 광둥 라이징홀딩스는 AI 및 로봇공학 분야에서 2,000명을, 전기차 기업 샤오펑Xpeng은 자율주행과 스마트 콕핏 분야에서 6,000명을 모집하며 대규모 채용에 나섰다.

중국 CCTV 보도에 따르면, 올해 봄 AI 관련 구직자 수는 전년 동기 대비 33.4% 증가했으며, 관련 채용 공고도 30% 이상 늘었다. AI가 산업 전반으로 확산되며, 졸업생들의 진로 선택도 이 흐름을 따라 이동하고 있다.

이 흐름은 빅테크에서도 뚜렷하다. 2월 말 알리바바는 2,000여 명의 인턴 채용 계획을 발표했으며, 절반 이상이 AI 직무였다. 특히 알리바바 클라우드 부문은 전체 채용의 80% 이상을 AI 기반 직무로 채웠다. 기업 전략의 중심이 AI로 명확히 이동하고 있는 것이다.

상하이 교통대 박사 출신 왕쉬항 씨는 "AI 수요가 폭발적으로 증가하면서 관련 직업군도 넓어졌다"며 "졸업생 진로의 선택 폭이 과거와 비교할 수 없을 정도로 커졌다"고 말했다.

이제 AI는 단지 기술 산업의 영역을 넘어, 청년의 미래 경로까지 다시 쓰고 있다. 그러나 꿈과 현실은 여전히 거리가 있다.

2) 연봉 높은 BAT, 워라밸 포기

중국의 대표 테크 기업인 바이두, 알리바바, 텐센트 BAT는 지금도 수많은 개발자에게 '최종 목적지'로 불린다. 996 근무문화로 대표되는 장시간 노동 환경에도 불구하고 이들에 대한 선호는 쉽게 줄지 않는다. 그 배경에는 확실한 보상과 빠른 성장의 기회가 있다.

BAT는 평균 연봉에서 타 기업을 압도한다. 신입 개발자에게 연 25만 위안 약 5,000만 원을 제시하며, 중급 이상의 개발자는 연봉 80만 위안 이상도 가능하다. 특히 AI, 클라우드, 빅데이터 등 전략 부문에서는 기본 연봉 외에도 프로젝트 보너스, 주식 단위 RSU, 성과 인센티브 등이 더해져 수억 원대 보상이 실현된다. 이러한 조건은 대학생, 특히 공대 전공자들 사이에서 BAT 입사를

[중국 주요 IT기업 개발자 평균 연봉 비교]

구분	바이두 (Baidu)	알리바바 (Alibaba)	텐센트 (Tencent)
신입 개발자	25~35만 위안	30~40만 위안	28~38만 위안
중간 개발자	40~60만 위안	50~80만 위안	45~70만 위안
고급 개발자	70~120만 위안	80~150만 위안	75~130만 위안

'커리어 레버리지'로 인식하게 만든다. 입사 이후 급격한 기술 축적과 브랜드 가치 상승, 인맥 형성이 가능하기 때문이다.

근무 강도는 여전히 높다. '주 6일, 하루 10시간' 근무가 존재하며, 일부 부서는 이를 넘기기도 한다. 하지만 이 강도를 감내하는 이유는 뚜렷하다. 2~3년의 고강도 경력은 글로벌 기업 이직이나 스타트업 창업으로 이어지는 점프 보드가 되기 때문이다. 일부는 BAT에서 받은 주식 보상만으로도 경제적 자유를 얻는다.

AI 기술의 급성장과 맞물려 BAT 내 AI 부문은 개발자 유입을 더욱 견인하고 있다. 딥시크, 판구 대모델, 통이치엔원 등 초대형 프로젝트는 기술 실험장이자 현실적 개발 현장이 된다. 바이두, 알리바바, 화웨이 등은 주요 대학에 직접 찾아가 인턴십, 교육, 프로젝트 투입 등 전방위 인재 육성 전략도 병행하고 있다.

많은 개발자가 BAT를 선택하는 이유는 명확하다. 고강도이지만 고보상, 기술 성장과 커리어 도약이 가능한 환경. 이곳은 단순한 직장이 아니라 기술인으로서의 가치를 실현할 수 있는 '무대'다. 그래서 지금도 수많은 이들이 말한다. "BAT에 들어가는 순간, 그 자체가 커리어의 증명이다."

3) 샤오미 vs 화웨이

중국 IT 산업의 양 축인 화웨이와 샤오미는 기술 전략뿐 아니라 개발자 일자리 환경에서도 뚜렷한 차이를 보인다. 두 기업은 단순한 경쟁자가 아니라, 각기 다른 고용 생태계를 대표한다. 기술적 깊이와 고수익을 추구하는 이들은 화웨이를, 유연한 문화와 다양한 경험을 중시하는 이들은 샤오미를 선택하는 경향이 뚜렷하다.

급여 측면에서 화웨이가 우위다. 신입 연봉은 25만~30만 위안 수준이며, 전기차·AIoT·로봇 등 신사업 부문에선 스톡옵션 등으로 보상이 확대되고 있다. 샤오미는 연봉은 다소 낮지만 실적 기반 인센티브와 실용적 복지로 보완하고 있다.

근무 문화는 가장 큰 차이점이다. 화웨이는 '늑대 정신'으로 상징되는 강한 경쟁 문화를 유지하며, 하루 10시간 이상 근무와 주말 출근도 흔하다. 해외 프로젝트에선 한 달 중 28일 출장이라는 농담도 있다. 샤오미는 비교적 수평적이고 유연한 근무 환경을 지향하지만, 신사업 부서에선 일정 압박이 여전하다.

복지 체계도 대비된다. 화웨이는 숙소, 식사, 의료, 교육 등 전통 대기업형 복지를 제공해 안정된 생활 기반을 제공한다. 반면, 샤오미는 자사 제품 할인, 기술 컨퍼런스 참가 등 실용성과 자유도를 중시하는 실속형 복지를 운영한다.

조직 내 성장 경로도 다르다. 화웨이는 통신, 반도체, 자율주행 등 기술 중심 프로젝트에서 깊은 역량을 쌓을 수 있는 환경을 제공한다. 샤오미는 스마트폰, 가전, 자동차 등 다양한 사업을 넘나들며 창의성과 다양성을 중시하는 인재에게 적합하다.

결국 선택은 기술적 몰입이냐, 다각화된 경험이냐의 문제다. 화웨이는 집중과 성과 중심의 경로를, 샤오미는 유연성과 성장 중심의 경로를 제시한다. 어느 쪽이 정답이라 단정할 수는 없다. 다만, 개발자라면 자신이 원하는 삶과 커리어의 우선순위를 분명히 해야 한다. "화웨이는 기술적 깊이를, 샤오미는 다양한 경험을 준다."라는 업계 요약은 여전히 유효한 선택 기준이다.

4) 딥시크는 예외일 줄 알았지?

채용 공고와 업계 정보에 따르면, 딥시크 신입 개발자의 연봉은 30만 위안 약 6천만 원 이상이며, 박사급 연구자는 최대 60만 위안, 상위 연구진은 250만 위안까지 받는 사례도 있다. 스톡옵션 비중도 높아 상장 시 장기 보상 가능성이 크다. 이 같은 고소득 구조는 글로벌 빅테크와 비교해도 뒤처지지 않는다.

보상의 이면에는 고강도 업무 환경이 존재한다. 딥시크의 근무 문화는 "모든 시간이 실험과 디버깅"이라는 말처럼, 논문 발표, 모델 출시, 오픈소스 공개 등 외부 일정에 맞춰 돌아간다. 밤샘 근무와 주말 근무는 빈번하며, 정량화된 연구 성과와 기여가 주요 KPI로 작동한다. 구성원 간 경쟁도 치열하지만 기술 최전선에서 일한다는 동기 부여가 강하다.

복지는 선택과 집중형이다. 주거 보조금, 학회 참가비, GPU 클러스터 무제한 사용, 온라인 교육비 지원 등이 대표적이다. 특히 딥러닝 연구에 필요한 고성능 연산 자원을 자유롭게 쓸 수 있다는 점은 연구의 몰입도를 높인다.

딥시크는 단순한 일터가 아니다. LLM, 멀티모달, 코드 생성, 강화학습 등 최첨단 기술에 직접 참여하며 퍼블릭 아웃풋으로 연결되는 실질적 결과를 만들어 낸다. 이는 곧 커리어의 '가속 장치'가 된다. 하지만 IPO 일정 지연, 정책 리스크 등 스타트업 특유의 불확실성도 상존한다.

딥시크는 기술의 한계에 도전하고 싶은 이들에게 주어진 무대다. 고수익, 고성장, 고위험이라는 전형적 스타트업 공식을 그대로 따르지만, 그만큼 빠른 성과와 성장을 체감할 수 있는 몇 안 되는 공간이기도 하다. 이곳은 중국 AI 산업의 실험실이자 전장이다.

[딥시크 연구원 평균 연봉]

직급	연봉 범위	비고
신입 연구원	30~50만 위안 (약 5,500~9,200만 원)	AI 박사 학위 보유 시 상한선 적용
중간 연구원	60~120만 위안 (약 11,100~22,200만 원)	NLP·컴퓨터비전 분야 전문가 우대
고급 연구원	120~250만 위안 (약 22,200~46,300만 원)	스톡옵션 및 성과급 포함 시 가능한 수준

5) 중국 기업 '996'의 명암

중국은 지금, 세계에서 가장 빠르게 변화하는 노동 시장 중 하나로 자리 잡았다. 급변하는 기술 환경과 정부의 산업 고도화 전략 속에서, 직업 선택은 단순한 생계 수단이 아니라 인생의 전략적 결정이 되고 있다. 중국의 젊은 이들은 이제 '속도'를 택할 것인가, '지속 가능성'을 선택할 것인가라는 근본적 질문 앞에 서 있다.

중국의 급여 구조는 산업과 기업 유형, 도시 규모에 따라 극명하게 갈린다. 바이두, 알리바바, 텐센트와 같은 대형 테크기업의 개발자 평균 연봉은 30만 위안에서 100만 위안에 이르며, 성과급과 주식 보상이 더해지면 수억 원대 연봉도 가능하다. 반면 제조업이나 국유기업은 월급 기준으로 3,000에서 1만 위안 수준에 그치지만, 안정적인 복지와 직업 보장으로 여전히 선호된다. 특히 주택 보조금, 가족 의료보험, 연금 등의 복지는 국유기업의 강력한 무기다. 외국계 기업은 글로벌 경험과 유연한 근무 환경을 보상으로 내세운다.

문제는 급여만이 아니다. 중국의 노동 강도는 오랫동안 세계적인 논쟁거리였다. 한때 미덕처럼 여겨졌던 '996 문화'—오전 9시 출근, 밤 9시 퇴근, 주 6일 근무—는 테크업계의 관행으로 자리 잡았다. 알리바바의 마윈은 이 문화를 '행복한 노동'이라 표현했지만, 지나친 업무 강도는 과로사와 사회적 반발을 낳았다. 정부는 2021년 이후 노동법 집행을 강화했지만, 현장에서는 여전히 암묵적인 장시간 노동이 지속되고 있다. 프로젝트 마감, 성과 평가, 연말 보고 시즌이 되면 야근과 주말 근무는 지금도 당연시된다.

도시별 격차도 무시할 수 없다. 베이징, 상하이, 선전 같은 1선 도시는 평균 급여가 높지만 주거비와 교육비도 급등하며 실질 소비 여력은 제한적이다. 반면 청두, 시안, 우한 같은 2·3선 도시는 급여는 낮지만 생활비 부담이 적고, 가족 중심의 삶을 추구하기에 유리하다. 이런 이유로 중국의 MZ세대는 '빨리 승진하는 삶'보다 '조용히 잘사는 삶'을 추구하며, 슬로우 시티로의 이직과 귀향이 늘고 있다.

무엇보다 큰 변화는 세대 인식의 전환이다. 과거에는 조직의 요구에 자신을 맞췄다면, 지금은 조직이 나의 삶에 맞추는지를 먼저 따진다. 유연근무제, 재택근무, 자율 출퇴근제 같은 제도가 도입되는 배경에는 이 같은 의식 변화가 있다. 외국계 기업, 혁신형 스타트업, 일부 정부기관은 이 변화에 빠르게 적응하며 '속도 중심 조직'에서 '지속 가능한 조직'으로의 전환을 모색하고 있다.

[산업별 평균 급여 (2023년 기준)]

산업	평균 월급 (위안)	비고
제조업	3,000 ~ 6,000	광둥성·장쑤성 공장 근로자 기준
IT/기술	10,000 ~ 30,000	BAT(바이두·알리바바·텐센트) 중간 직급 직원 기준
금융	15,000 ~ 50,000	상하이·선전 투자은행 임직원
국유기업	5,000 ~ 12,000	안정적 복지 우선, 승진 속도 느림

25. AI와 스마트 공장 그리고 일자리

deepseek

1) 데이터가 생산하는 공장

중국 제조업은 지금 AI 기술과 스마트팩토리를 결합하며 무인화 전환의 속도를 끌어올리고 있다. 단순 자동화를 넘어 공장이 '생각하고 판단하는 공간'으로 재구성되는 과정이다. 이 변화의 중심에는 센서, 알고리즘, 로봇, 클라우드가 맞물린 지능형 플랫폼이 있다. 공정 흐름은 데이터를 기반으로 실시간 조정되며, 사람의 개입 없이 기계가 스스로 결정을 내리는 시스템이 속속 등장하고 있다.

샤오미는 대표 사례다. 2023년 베이징 창핑에 구축한 스마트폰 무인 공장은 '다크팩토리'라 불릴 만큼 극단적 자동화를 구현했다. 조명조차 필요 없는 이 공장은 24시간 작동하며 초당 1대 스마트폰을 생산한다. AI 알고리즘은 조립, 검사, 포장 전 공정을 통제하고 고장 예측과 에너지 최적화도 수행한다. 폭스콘도 일부 생산라인을 전면 무인화하고, 비전 기술로 불량률을 절반 이하로 낮췄다.

하이얼은 'COSMOPlat'이라는 AI 기반 맞춤형 생산 플랫폼으로 소비자 사양에 실시간 대응하는 구조를 실현했다. 이 시스템은 리드타임을 30% 단축했고, 만족도와 공급망 효율을 높였다. 화웨이는 디지털 트윈과 예측 유지 보수로 설비 점검 비용을 20% 이상 줄였고, 미디어는 AI 기반 에너지 관리로 전력 사용량을 통제 중이다.

이러한 무인화·지능화 흐름은 산업 구조에도 중대한 영향을 미친다. 특히 제조 현장의 일자리 감소 우려가 현실화되고 있다. 스마트팩토리 확산으로 단순 노동 수요는 급감했고, 인력 구조가 기계 운영자에서 데이터 분석가, 알고리즘 관리자 중심으로 전환되고 있다. 일부 지역에서는 생산 인력이 절반 가까이 감축된 사례도 보고됐다. 이에 따라 지방 정부는 재교육 프로그램을 확대 중이나, 산업 전환 속도를 따라잡기엔 역부족이라는 지적도 있다.

중국 정부는 이 변화에 적극 대응하고 있다. '중국제조 2025'와 '차세대 인공지능 발전 계획'은 제조업 고도화와 AI 내재화를 핵심 목표로 설정했으며, 2025년까지 스마트 제조 시장 규모는 3.2조 위안약 600조 원을 돌파할 전망이다. 2022년 기준, 제조업 현장의 45% 이상이 AI를 도입했고, 산업용 로봇 도입 밀도는 세계 3위다. 주요 도시에 스마트팩토리 클러스터가 조성되고 있으며, 기존 생산 거점은 지능형 공장으로 빠르게 재편되고 있다.

이 모든 흐름은 'AI가 제조의 두뇌가 되는 시대'를 예고한다. 공장은 단순히 지시를 따르는 기계의 집합체가 아니라, 스스로 문제를 진단하고 대응하는 지능형 시스템으로 변모 중이다. 그러나 이러한 전환의 속도만큼 일자리 재편도 빠르게 일어나며, 노동자 개인의 생존 전략이 점점 더 중요해지고 있다.

2) 일자리를 밀어내는 AI

중국은 지금, 세계에서 가장 빠르게 제조업을 재편하는 국가다. 인공지능AI과 자동화 기술을 본격 도입하며 스마트 공장 전환을 가속화하고 있고, 그 중심에는 샤오미, 폭스콘, 하이얼 같은 대표 기업들이 있다. 하지만 기술 혁신의 이면에는 고용 구조 해체와 노동자 이탈이라는 그림자가 드리운다.

가장 극단적인 예는 폭스콘이다. 선전과 정저우 등 핵심 공장에서 '다크팩토리'가 구현되며, 공정의 90% 이상이 로봇과 AI로 대체됐다. 과거 수만 명이 나눠 하던 물류, 조립, 검사 작업은 무인 자동화 설비가 맡는다. 단일 라인에서 수천 명이 감축됐고, 전체 제조 라인에선 최대 80% 일자리가 사라졌다는 분석도 있다.

샤오미의 베이징 창핑 공장은 과거 1,000명 이상이 필요했던 조립·검사 작업을 고속 SMT 장비와 AI 품질 관리 시스템으로 대체했다. 생산 효율은 60% 증가, 인건비는 70% 절감됐다. 하이얼은 개별 공장에서 현장 인력이 최대 50% 줄었다.

[폭스콘 스마트 공장 내부]　　　　　[하이얼 스마트 공장 내부]

스마트 공장은 생산성과 비용 측면에서 성과를 냈지만, 저숙련 노동자의 고용은 붕괴됐다. 특히 폭스콘처럼 노동 집약적 기업은 자동화 후 대규모 해고를 피할 수 없었다. 재교육과 재배치가 일부 지원되지만, 기술 전환에 성공한 사례는 극히 드물다. 일부 지방정부는 훈련 프로그램을 운영하고 있으나, 중장년 노동자의 적응률은 20% 미만이라는 통계도 있다.

또한, AI 시스템 유지·개발에는 고숙련 인력이 필요하지만, 기존 제조 노동자는 이를 충족하지 못한다. 이로 인해 AI 확산과 함께 노동 시장의 양극화가 더욱 심화되고 있다. 동부 대도시의 스마트팩토리는 데이터 엔지니어, 알고리즘 개발자, 시스템 오퍼레이터를 새로 고용하지만, 내륙 중소 도시 노동자들은 일자리를 잃고 있다.

중국 정부는 이를 감안해 '스마트 제조 인력 전환 100만 양성 계획'을 발표했지만, AI 전환 속도에 비해 인력 재배치는 따라가지 못하는 실정이다. 전문가들은 이 간극이 지속될 경우, 사회적 갈등과 지역 불균형으로 이어질 수 있다고 경고한다.

3) AI 굴기와 고용 구조의 현주소

중국은 지금 'AI 대국'으로의 전환에 속도를 내고 있다. 딥시크를 필두로 한 생성형 인공지능의 약진, 알리바바·화웨이·샤오미 등 대기업의 스마트팩토리 확산, 정부 차원의 AI 인재 육성 전략까지 이어지며 기술 굴기의 외형은 거침없이 확장되고 있다. 젊은이들의 꿈도 빠르게 따라가고 있다. 중국 최대 취업 플랫폼 즈롄자오핀 조사에 따르면, 구직자 10명 중 6명이 AI 관련 직종을 희망한다고 답했다. AI 개발자, 데이터 과학자, 알고리즘 엔지니어가 중국 청년층의 새로운 '선망의 직업'이 된 것이다.

하지만 거대한 기술 굴기의 이면에는 전혀 다른 중국의 현실이 존재한다. 아직도 1억 6,000만 명이 농업·임업·축산업·어업에 종사하고 있고, 1억 명이 넘는 이들이 제조업 라인에서 일하고 있다. 반면 과학기술 서비스업과 정보기술 분야 종사자는 각각 1,700만 명 남짓으로 전체 고용의 5% 수준에 불과하다. '모두가 딥시크에서 일하는 건 아니다'라는 말은 수사가 아니라, 중국 고용 구조의 현주소다.

기술이 경제를 선도하고 있다는 인상과 달리, 실제 중국을 떠받치는 산업은 여전히 농업, 제조업, 유통, 자영업이다. 부동산 침체로 5년 사이 건설업 일자리는 690만 개, 금융업 일자리는 580만 개 줄었고, 이들의 이동 경로는 도·소매업과 임대·비즈니스 서비스업이었다. 허난성에서 건설업으로 월 9,000위안을 벌던 한 38세 노동자는 지금 베이징에서 과일 노점상을 하며 월 7,000위안도 채 벌지 못한다. 이코노미스트가 중국을 '상인들의 나라'라 부른 이유다.

자영업자 수는 5년 새 3,000만 명 넘게 늘어 1억 8.000만 명에 육박했고, 배달 라이더·차량 공유 기사 등 '긱 워커'는 2억 명에 달한다. 문제는 이 시장의 포화와 수익 감소. 플랫폼 노동은 코로나19 이후 실업 대안으로 확산됐지만, 배달 주문은 줄고 기사 수는 늘면서 수수료는 계속 하락 중이다. 하루 16시간 일하던 50대 배달기사가 오토바이 위에서 숨졌고, 임금 체불과 폭행 사건도 반복되고 있다. 기술 굴기와는 정반대의 노동 조건이 오늘날의 또 다른 중국 풍경이다.

VI

문건 79호와 AI 정책

deepseek

26. 10년간 벌크업

deepseek

1) 공대 출신 총서기가 진두지휘

중국 지도부의 절반 이상이 공학도다. 이는 중국이 과학기술 중심 국가로 전환하는 데 있어 결정적인 제도적 배경이자 전략적 동력이다. 딥시크의 등장은 이러한 흐름의 자연스러운 귀결이다. 1978년 덩샤오핑은 개혁·개방을 천명하며 "과학기술은 제1의 생산력"이라고 선언했다, 중국은 국가 차원의 과학기술 육성 전략에 돌입해 공부 잘하는 학생을 이공계로 유도하고, 엘리트 공대생들을 국비로 서방에 유학시켜 기술·교육 선진화를 도모했다. 이후 유학생은 귀환하지 않더라도 중국 내 학생들에게 '이공계=성공'이라는 인식을 각인시키는 데 충분했다.

덩샤오핑 이후 중국의 국가 주석·총리를 포함한 최고 지도자 8명 중 7명이 이공계 출신이다. 장쩌민은 상하이교통대 전자기계공학과, 주룽지는 칭화대 전자공학과, 후진타오는 수리공정과, 원자바오는 지질학 전공이다. 시진핑 주석 역시 칭화대 화학공학과 출신이며, 현 총리 리창은 저장농업대 기계학과를 졸업했다.

2025년 정치국 상무위원 7명 중 3명이 공학도 출신이며, 국무원 부총리들 역시 기계공학·재료공학 등 이공계 배경을 갖고 있다. 이들은 개인적 이력을 넘어, 과학기술을 곧 국가 생존 전략의 핵심으로 인식하는 공통된 정책 감각을 공유한다. 특히 딩쉐샹 상무부총리는 상하이재료연구소 출신으로, 중국 내 고성능 소재 개발을 실무에서 주도한 공학 전문가다.

이름	직책	집정기간	출신학교
장쩌민	국가주석	1989~2003	상하이교통대학 전자기계공학과
후진타오	국가주석	2003~2013	칭화대학 수리공정학과
시진핑	국가주석	2013~현재	칭화대학 화학공학과
리펑	총리	1993~1998	모스크바 수력발전대학
주룽지	총리	1998~2003	칭화대학 전기기계공학과
원자바오	총리	2003~2013	베이징지질대학 지질과
리커창	총리	2013~2023	베이징대 법학과
리창	총리	2023~현재	저장농업대학 기계과

중국이 AI, 반도체, 신에너지 등 전략 산업에서 빠르게 도약할 수 있었던 배경에는 이처럼 '공대 엘리트'가 권력 최상층을 점유한 구조가 있다고 해도 과언이 아니다. 이들은 국가 정책을 기술 중심으로 설계하고, 과학기술에 대한 투자와 규제를 일사불란하게 집행할 수 있는 행정적 동력을 갖는다. 이러한 체계는 2018년 미국의 대중 기술 제재 이후 더욱 강화됐다. 기술 자립이 생존의 조건이 된 현실에서 중국은 과학기술의 주체를 더 이상 기업이나 학계에 맡기지 않고 국가가 직접 견인하는 방식으로 전환한 것이다.

중국 사회 전반에서도 '이공계 우대'는 하나의 문화가 됐다. 의료·법률계보다 AI·로봇·재료공학·우주항공 같은 영역이 더 높은 사회적 위신을 가진다. 딥시크 출신 개발자 다수가 칭화대·베이징대 이공계 출신이며, 주요 기술 책임자들은 미국 명문대 유학파 혹은 국가 실험실 경력자들이다. 기술 국가를 이끄는 두뇌들이 양성되고 배치되는 구조가 이미 체계적으로 자리 잡았다는 방증이다.

2) AI 엔진 '중국 제조 2025'

이런 배경에서 2015년 시작된 '중국 제조 2025'는 이른바 중국의 과학 굴기, 제조 굴기의 1등 공식이다. 이 전략은 단순한 산업 고도화가 아니라 AI를 중심에 둔 기술 국가 재설계 프로젝트였다. 중국은 제조 강국에서 기술 강국으로 전환하기 위해 AI를 핵심 동력으로 삼았으며, 이를 바탕으로 제조업의 근본적인 변화를 추구했다.

초기 전략은 세 가지 주요 축으로 구성됐다. 첫째, 저비용 대량 생산 체제를 고부가가치형 스마트 제조로 전환하는 것이었다. 둘째, 미국의 기술 봉쇄에 대응하여 자립 가능한 기술 기반을 구축하는 것이었고, 셋째, 클라우드, 빅데이터, IoT와 결합하여 AI를 경제와 사회 전반의 설계 원리로 삼는 것이었다.

하지만 2019년, 트럼프 1기 행정부의 제재로 상황은 복잡해졌다. 미국은 반도체, 장비, 소프트웨어 수출을 제한하고, 글로벌 공급망에서 중국을 배제하려 했고, 이에 중국은 '중국 제조 2025'라는 용어 사용을 줄이며 대외적으로 전략을 자제하는 듯했다. 그러나 중국은 실제로는 핵심 기술 육성과 산업 재편을 비공식적으로 계속 추진했다. AI는 이 과정에서 살아남았고 오히려 그 뿌리를 더 깊이 내렸다.

지난 10년간 중국은 정부는 딥러닝, 자연어 처리, 머신 비전 등 핵심 분야에 대한 국가 R&D 예산을 크게 확대했으며, 민간기업들은 이를 현장에 적용하는 역할을 맡았다. 알리바바는 클라우드 기반 공급망 솔루션을, 텐센트는 산업용 AI 플랫폼을, 바이두는 자율주행 시스템을 중심으로 제조업에 AI를 접목시켰다. 특히 '딥시크'와 같은 초거대 언어 모델은 AI 국산화의 상징이 됐다.

이러한 변화는 수치로도 증명된다. 2020년 2조 위안약 390조 원 수준이던 스마트 제조 시장은 2025년 3.2조 위안약 630조 원을 돌파할 것으로 예상되며, AI 특허는 세계 1위2024년 기준 37%를 기록하고 있다. 제조업 내 AI 도입률은 45%를 넘었고, 베이징, 선전, 상하이 등 대도시들은 AI 산업 클러스터로 성장했다. 산업용 로봇 보급률은 세계 3위에 달한다.

중국이 AI에 집중한 이유는 분명하다. 값싼 노동력 기반의 제조업은 인건비 상승, 인구 구조 변화, 환경 규제 등으로 지속 가능하지 않게 되었다. AI는 예지 정비, 생산 최적화, 유연 생산을 통해 생산성과 품질을 동시에 높이는 기술이었고, 더 나아가 데이터를 자산으로 변환하며 경제 시스템을 재설계하는 도구가 됐다.

AI는 또한 생존 전략이 되었다. 미국의 수출 규제 이후, 화웨이의 Ascend

칩, 패들패들_{중국명:페이장} 프레임워크, 딥시크 모델 등 국산 기술 개발이 급속히 가속화되었으며, AI 기술 자립은 '기술 주권' 문제로 발전했다. AI는 단순히 경제적 도구를 넘어 안보와 통치 수단으로도 자리 잡았다. 자율 드론, 전장 지휘 체계, 사이버 방어 알고리즘 등은 군사 전략의 핵심이었고, 안면 인식 및 행동 예측 기술은 국내 통제와 감시에 활용되었다. 국경 밖에서는 경쟁 무기, 국경 안에서는 통치 도구로 기능하고 있는 것이다.

국제적으로도 중국은 AI를 통해 새로운 기술 규범을 설계하고 있다. ISO, IEC, IEEE 등의 표준화 기구에서 AI의 안전성 및 윤리 기준을 제안하며 유럽식 GDPR과는 다른 '중국식 데이터 거버넌스 모델'을 확산시키고 있다. '디지털 실크로드'는 이제 단순한 인프라 확장이 아닌 국제적 질서의 수출 전략으로 발전했다.

'중국 제조 2025'는 외부의 견제로 표면적으로는 사라졌지만 AI를 중심으로 한 산업 구조 개편은 오히려 더욱 정교해졌다. 중국은 AI를 단순히 산업 고도화의 도구로 보지 않는다. 이는 기술을 통해 체제와 권력을 재설계하려는 국가적 실험이며, 알고리즘의 주도권을 두고 벌어지는 문명 전환의 전장이기도 하다. 10년 전 숨죽여 진행되던 전략이 지금, AI라는 실체로 현실화되었고 중국은 그 알고리즘을 스스로 설계하고 있다. AI는 이제 단순한 기술 발전을 넘어 국가 운영과 국제 경쟁에서 중요한 역할을 차지하는 핵심 요소로 자리 잡았다.

[주요 전략별 목표 및 기술 초점]

전략	수립 목표	기술 초점	산업 적용 범위
중국 제조 2025 (2015)	고급 제조 고도화	스마트 제조, 로봇, IoT	제조업 중심
신세대 AI 발전 계획 (2017)	2030년 AI 강국 달성	AI 칩, 알고리즘, 빅데이터	제조, 의료, 교육, 국방 등 다방면
14차 5개년 계획 (2021)	기술 자립형 산업망 완성	반도체 국산화, 6G·미성숙 통신	전 산업 (AI + X)
AI+ 행동 계획 (2023)	산업 전반 AI 심층 통합	생산형 AI, AI 칩 대량 생산	10대 핵심 분야 (교육+치안 등)

2) 2017년 차세대 AI 육성 프로젝트

2017년 7월, 중국은 2017년 '차세대 인공지능 발전 계획'을 통해 인공지능AI을 국가 전략의 중심으로 위치시켰다. 국무원이 발표한 이 계획은 단순한 기술 육성이 아닌 경제·사회·안보 전반을 아우르는 중장기 국가 발전 전략으로 구성됐다. 목표는 2030년까지 AI 분야에서 세계적 리더십을 확보하는 것이다.

계획은 세 단계로 구분된다. 첫째, 2020년까지 주요 기술 분야에서 세계 선진국과의 격차 해소. 둘째, 2025년까지 핵심 기술 확보와 주요 산업 내 혁신 주도. 셋째, 2030년까지 이론, 기술, 응용 전 분야에서 글로벌 리더십 달성을 추진한다. AI 산업의 총 규모는 1조 위안약 1,450억 달러 수준으로 확대하는 것을 병행 목표로 제시했다.

이를 뒷받침하기 위해 중국은 대규모 연구개발R&D 투자와 인재 양성에 집중했다. 2021년 기준, 중국의 AI R&D 투자 규모는 300억 달러에 달했고, 칭화대와 베이징대 등 주요 대학을 중심으로 AI 전문 학과와 연구소가 잇따라 설립됐다. 이는 단순한 고등교육 확대가 아닌 전략 기술 인재 양성을 위한 국가적 조치로 해석된다.

AI 기술의 산업 응용도 빠르게 진행됐다. 바이두는 자율주행 솔루션을, 알리바바는 도시 운영 플랫폼 'City Brain'을, 화웨이는 AI 칩 'Ascend'와 스마트 제조 시스템을 통해 실증 사례를 만들어가고 있다. 이들은 단순 기술 개발을 넘어 실제 산업 구조에 AI를 접목해 생산성과 효율성을 높이는 데 기여하고 있다.

법과 윤리 체계 정비도 병행됐다. 중국은 데이터 보안법과 알고리즘 투명성 가이드라인을 제정하며 기술 남용을 방지하고 책임 있는 AI 구현을 제도화하고 있다. 동시에 AI 특구 운영, 35개 대학에 500만명 인재 양성 계획을 포함해 글로벌 거버넌스 참여 등을 통해 정책 영역을 확장을 꾀했다.

중국은 현재 AI 논문 발표 수, 특허 출원 수, AI 스타트업 투자 유치 등의 주요 지표에서 세계 최상위권에 도달한 상태다. 산업, 도시, 공공 영역을 아우르는 전면적 AI 활용이 가속화되고 있다. 다만 반도체 등 핵심 부품의 기술 자립도, 국제 기술 표준 주도권 확보, 감시 기술 남용에 따른 윤리적 리스크 등은 여전히 구조적 과제로 남아 있다.

'중국 제조 2025'가 AI 기술을 받아들였다면, '차세대 인공지능 발전 계획'은 AI 중심으로 모든 전략을 재정렬한 것으로 단순한 산업 진흥책을 넘어 정치·사회 체계를 포함한 국가 운영 전반을 기술 기반으로 재구성하는 시도였다. 즉 기술 중심이 아니라 체제 중심 전략을 담아 추진된 것이다.

3) 2021년 14차 5개년 계획

중국은 2021년 발표한 제14차 5개년 계획 2021~2025을 통해 인공지능AI을 단순한 기술이 아니라 국가 재설계의 중심축으로 명시했다. 이 계획은 2017년 '차세대 인공지능 발전 계획'의 연장선에서 기술 자립, 산업 융합, 인재 양성, 윤리 체계, 국제 전략을 하나의 종합 계획으로 통합한 것이 특징이다. AI는 중국 사회 전반의 실질적 시스템 전환 도구로 자리 잡고 있다. 기술 자립과 산업 융합, 인재 양성, 윤리적 책임, 국제 전략 등 다양한 차원에서 AI를 발전시키기 위한 전방위적 접근을 제시하며, 글로벌 AI 리더십을 확보하려는 중국의 의지가 드러났다.

가장 핵심적인 과제는 기술 자립이다. 미국의 반도체 수출 제한과 기술 봉쇄가 본격화되면서 중국은 AI 핵심 기술의 국산화를 국가 생존의 문제로 인식했다. 화웨이의 Ascend AI 칩, 캠브리콘의 MLU 칩, 바이두의 오픈소스 프레임워크 패들패들PaddlePaddle, 텐센트의 Angel 등은 이 같은 대응의 일환이다. 중국 정부는 2025년까지 AI 핵심 기술 자급률을 70% 이상으로 끌어올리겠다고 밝히고 있으며, 이를 위해 자체 생태계 구축을 국가적 전략 과제로 설정했다.

산업 융합도 빠르게 진행되고 있다. 제조업에서는 무인 공장, 디지털 트윈 기반 생산 시스템이 확산되고 있으며, 의료 분야에서는 진단 알고리즘과 병원 운영 자동화가 본격화되고 있다. AI는 농업, 교육, 행정 분야로도 확장되어 기존 산업의 작동 방식을 재구성하고 있으며, 이는 인간−기계 협업을 전제로 한 산업 지능화 전략으로 진행되고 있다.

인재 양성 역시 전략의 핵심이다. 'AI 인재 100만 양성 프로젝트'는 칭화대,

베이징대 등 명문대 중심의 이론 교육과 더불어 직업 훈련, 산학 연계를 포함한 다층적 교육 체계를 구축하고 있다. 'AI + X' 융합 전공 모델은 생물학, 법학, 사회과학 등과 AI를 접목하여 사회적 응용력을 갖춘 인재 양성을 목표로 한다.

기술의 확산과 함께 윤리·법 제도 구축도 병행되고 있다. 알고리즘 투명성, 데이터 프라이버시 보호, 자율 시스템의 책임 구조 확보는 주요 과제로 설정됐으며, 선전과 상하이에서는 'AI 규제 샌드박스'를 운영해 기술 실험과 제도 정비를 동시에 추진 중이다. 이는 중국식 정책 실험주의를 AI 영역으로 확대한 사례다.

국제 전략 측면에서는 '기술 수입국'에서 '표준 수출국'으로의 전환을 꾀하고 있다. 중국은 ITU 등 국제기구에 AI 및 6G 관련 기술 표준을 제안하고 있으며, '일대일로' 참여국에 AI 인프라, 교육, 거버넌스 패키지를 함께 제공하고 있다. 이는 단순한 하드웨어 수출을 넘어 중국식 기술 체제와 규범 모델을 수출하는 전략이다.

14차 5개년 계획에 반영된 중국의 AI 전략은 미국과의 기술 격차 해소를 넘어서, 디지털 체제를 기반으로 한 국가 재편 전략에 가깝다. 기술력뿐만 아니라 사회적 수용성, 제도 설계, 국제 신뢰 확보가 성공 여부를 좌우할 핵심 요소로 작용하고 있다. 중국에서 AI는 체제 운영의 구조적 언어로 작동하고 있다.

4) 2023년 AI+ 행동 계획

2023년 중국은 인공지능AI을 단순한 유망 기술이 아닌 국가 운영 원리로 격상시켰다. 'AI+ 행동 계획'이라는 명칭 아래, AI는 산업과 사회 시스템 전반에 내장되는 국가 전략으로 자리 잡았다. 국무원 정부 업무 보고에 처음으로 'AI+'가 명시된 시점을 기점으로, AI는 기술이 아니라 체제로 작동하기 시작했다.

이 변화의 출발점은 기술 자립이었다. 미국의 GPU 수출 통제로 인해 중국은 AI 인프라를 독자적으로 구축할 필요에 직면했다. 화웨이의 Ascend, 캠브리콘의 MLU 칩 개발이 진행됐고, 바이두는 오픈소스 프레임워크 PaddlePaddle을 통해 800만 명 규모의 개발자 생태계를 조성 중이다. 칩과 프레임워크의 국산화, 산업 데이터를 기반으로 한 국가 차원의 클러스터 구축이 중국 AI 전략의 기반이 되고 있다.

그러나 'AI+' 전략의 핵심은 단순한 기술 개발이 아니라 모든 산업의 AI 전환이다. 제조업 분야에서는 예지 정비와 무인 공장이 보편화되고 있으며, 의료 부문에서는 AI 진단 플랫폼이 전국 병원에 확산되고 있다. 농업은 드론과 센서를 활용한 정밀 농업으로 전환 중이고, 교육 분야에서는 AI 튜터와 맞춤형 학습 시스템이 도입되고 있다. AI는 각 산업의 운영 시스템으로 자리 잡고 있다.

국가적 지원도 강도 높게 전개되고 있다. 약 1,200억 위안의 예산이 투입됐고, 농촌 지역까지 AI 보조 장비가 확대 보급됐다. 초등학교 교육 과정에는 AI 기초 교육이 포함됐으며, 'AI 인재 100만 명 양성 프로젝트'가 본격화됐다. 알고리즘 등록제와 공공장소의 얼굴 인식 제한 등 기술 윤리 관련 제도 정비도 병행되고 있다. 이는 기술 발전과 사회적 수용성 간의 균형을 고려한 조치다.

국제 전략 측면에서도 중국은 적극적으로 움직이고 있다. 6G와 AI 윤리 기준을 국제기구에 제안하고 있으며, 동남아시아 및 아프리카 국가들에는 클라우드, 칩, 교육 키트를 포함한 '중국형 AI 패키지'를 수출하고 있다. 이는 단순한 기술 수출이 아니라, 중국식 기술 체제와 거버넌스 모델을 확산하려는 움직임이다. 유럽의 GDPR이나 미국의 AI 권리장전과는 달리 데이터 주권과 통제 중심의 기술 철학이 기반이 되고 있다.

'AI+ 행동 계획'은 기술 전략을 넘어선 국가전략이다. 디지털 경제, 사회 서비스, 산업 생산, 교육 시스템까지 AI 기반으로 재편하는 이 전환은 중국이 기술 국가로 이행하고 있음을 보여 준다. 기술 자립과 산업 혁신은 가시적 성과를 내고 있으나, 글로벌 협력, 시민 수용성, 윤리적 정당성 확보 여부가 지속 가능성을 좌우할 과제로 남아 있다. 중국은 AI를 기술이 아닌 시스템으로 선택했고, 이 선택은 체제 전체의 작동 방식에 영향을 미치고 있다.

27. '딜리트 A' 미국 지우기

deepseek

1) 딜리트 A, 생존을 위한 코드

2022년 중국은 조용히 한 장의 문서를 배포했다. 국무원 산하 국유자산감독관리위원회 SASAC 명의의 '문건 79호'는 사실상 중국의 '디지털 독립 선언서'였다. 표면적으로는 IT 인프라 개선과 보안 강화를 명분으로 내세웠지만 그 본질은 미국 기술과의 체계적 절연이었다.

문건 79호는 세 가지 핵심 목표를 분명히 했다. 첫째, 외산 하드웨어의 전면 교체. 둘째, 외산 소프트웨어의 완전 대체. 셋째, AI와 클라우드를 포함한 핵심 인프라의 국산화였다. 이는 그동안 기술 수입을 기반으로 한 경제 전략에서 벗어나 제재가 초래한 상황에 대응하기 위한 전략적 전환이었다.

이 전략의 출발점은 2019년 미국의 화웨이 제재였다. 이후 중국은 더 이상 수동적인 대응에 그치지 않고 자국 기술을 '백업'이 아닌 실전 투입의 1순위로 삼았다. 그 결과 성능이 다소 떨어져도 가용성과 통제 가능성을 우선한 '비상 대응 기술'들이 공공, 국방, 금융, 에너지 등 전 부문에 도입되기 시작했다. 대표적인 사례로는 화웨이의 쿤펑 서버가 미국 EMC와 델을 밀어내고 국유 기업 시장을 장악한 것과 인스퍼가 정부 입찰의 70% 이상을 차지하며 국산 서버의 표준이 된 사례가 있다. 클라우드 시장 역시 알리바바와 화웨이가 90% 이상을 점유하며 AWS와 Azure를 밀어내는 성과를 이뤘다.

소프트웨어 전환 역시 빠르게 이루어졌다. 오라클, SAP 등 외산 소프트웨어는 킹베이스와 다몽 같은 토종 솔루션으로 대체되었고, MS 오피스는 WPS

로 교체됐다. 코드 개발 분야에서는 '중국판 GitHub'으로 불리는 Gitee가 오픈소스 생태계의 국산화를 이끌고 있다.

이 모든 변화는 하나의 전략, 즉 '딜리트 A Delete America' 아래 진행되고 있다. 2027년까지 모든 공공·국유 부문 디지털 인프라에서 미국 기술을 제거하겠다는 계획이다. 반도체와 GPU의 공급 제한을 우려한 중국은 전체 시스템 구조를 새롭게 짜는 것을 목표로 하고 있다. 전면 대체, 전면 리디자인, 전면 자립을 추진하는 것이다.

하지만 이 대전환의 길은 결코 평탄하지 않다. 엔지니어링 생태계의 미성숙, 플랫폼 기술 부족, 글로벌 확장력의 한계는 중국 내 전문가들조차 인정하는 현실이다. 한 스타트업 CTO는 "국가 납품에는 성공했지만 글로벌 시장에서는 여전히 경쟁력이 부족하다"고 지적한다. 기술 자립은 가능하지만 그 기술이 세계적으로 통용될 수 있을지 여부는 또 다른 문제다.

그럼에도 불구하고 '문건 79호'와 '딜리트 A'는 상징적인 의미를 넘어선다. 그것은 기술을 단순한 수입품이 아니라 국가 권력과 안보를 지키는 핵심 자산으로 재정의한 전략이다. 디지털 인프라를 교체하는 것만이 아니라 기술 주권과 정치적 안보를 결합한 새로운 형태의 전쟁 방식이자 국가 전략의 핵심으로 자리 잡고 있다.

2) 화웨이 스마트폰·PC에 자체 OS 탑재

"우리는 시스템 전체를 다시 짜고 있는 셈입니다." 푸단대 왕쉐리 교수의 이 한마디는 현재 중국이 추진 중인 '디지털 기술 자립'의 핵심을 압축한다. 단순한 기술 대체가 아닌 국가적 차원에서 전체 기술 체계를 근본부터 다시 설계하겠다는 선언이다. 그 배경에는 지정학의 충격이 있다. 러시아의 우크라이나 침공 이후 서방의 대러 IT·반도체 제재는 중국에 '디지털 핵전쟁' 가능성을 각인시켰고, 이후 중국은 'Delete America', 일명 '딜리트 A' 전략을 가동했다. 목표 시점은 2027년, 적용 대상은 국가기관, 국유기업, 전략 산업 전반이다.

[화웨이 스마트폰 '메이트 X5' OS 하모니]

변화는 가장 보수적인 기관에서 시작됐다. 중국 공상은행은 2023년부터 모든 신규 데이터베이스를 국산으로만 구축하라는 지침을 받았다. 처음에는 오류와 불편이 잦았지만 불과 반년 만에 시스템 안정화가 이뤄졌다. 운영체제는 통신UOS, 데이터베이스는 다몽DB, CPU는 푸텅 칩으로 대체됐고, 이른바 'PKS 체계'가 국유 부문의 표준으로 자리 잡았다. 교육계도 예외는 아니다. 베이징 이공대는 마이크로소프트 제품 사용을 전면 금지하고 수업과 연구 전반을 Gitee, WPS, 국산 AI 플랫폼으로 전환했다.

전략 산업의 현장도 움직이고 있다. 중국 해군의 함정 설계를 담당하는 후이펑조선소는 2022년부터 캐드CAD 소프트웨어를 미국산 오토데스크에서 '중망CAD'로 전환했다. 반도체 부문에서는 스타트업 '로이칩'이 ARM과 LoongArch 기반의 국산 DPU를 개발하며, 실리콘 IP까지 포함한 완전한 기술 자립을 추진 중이다. 저장성과 충칭은 이 같은 반도체 기술을 뒷받침하는 신흥 공급망 중심지로 재편되고 있다.

이러한 기술 자립 흐름의 최전선에는 화웨이가 있다. 미국의 제재에 화웨이는 안드로이드 운영체제를 버리고 자체 운영체제인 하모니Harmony를 스마트폰에 탑재했다. 2025년 4월부터는 '100% 중국 기술 기반'의 AI 노트북의 경우 CPU, GPU, OS 모두 화웨이 생산품으로 대체했다. CPU는 자회사 하이실리콘이 설계하고, GPU도 독자 개발 제품이다. 운영체제는 마이크로소프트의 윈도가 아닌 하모니 OS가 탑재된 것이다. 화웨이는 스마트폰·PC·전기차로 이어지는 하모니 생태계를 통해 기술 독립뿐 아니라 글로벌 시장 공략에도 속도를 내고 있다.

중국 정부는 이러한 움직임을 단기 대응이 아닌 체계적 전환으로 간주한다. 항저우의 '디지털 철군 프로젝트', 충칭의 '국산 DPU 클러스터'는 지역 기반의 '자립 생태계 실험장' 역할을 하며, 외산 퇴출 → 국산 대체 → 생태계 확산 → 시범 지역 지정 → 국가 표준화라는 고정된 경로로 전개되고 있다. 이는 단순한 공급망 리스크 회피가 아닌 '자체 생존 가능성'이라는 새로운 모델로의 전환이며, 이를 제도화한 핵심 문서가 바로 '문건 79호'다. 중국은 지금 디지털 체제의 헌법을 다시 쓰고 있다.

3) AI 개발의 가성비 경제학

2024년 문샷AI는 미국산 고성능 GPU 없이도 오픈AI의 GPT-4o에 근접한 성능의 모델을 개발해 세계의 주목을 받았다. 훈련 비용은 약 80억 원. 이는 미국의 대형 AI 모델 대비 약 5% 수준에 불과했다. 중국은 단순한 기술 모방이 아닌, 성능·비용·적용력에서 '기술 경제학'의 재정의에 나서고 있다.

이러한 흐름은 중국 정부가 추진 중인 '딜리트 A DELETE A' 전략과 맞닿아 있다. 딜리트 A는 미국 기술의 대체·배제·독립을 목표로 하는 구조 전환 프로젝트다. 칩, 프레임워크, 클라우드, 소프트웨어 등 주요 분야에서 미국산 기술 없이도 운영 가능한 생태계를 만드는 것이 핵심이다. 문샷AI와 딥시크는 GPU 의존도를 낮추고, 알고리즘 최적화와 국산 칩 적응 능력으로 딜리트 A 전략의 실현 가능성을 보여 주고 있다.

중국 기술은 오랫동안 '저가'의 이미지에서 벗어나지 못했지만, 지금의 '저비용'은 전략적 강점으로 전환되고 있다. 대규모 데이터, 알고리즘 경량화, 오픈소스 재조합, 수직 통합된 공급망은 품질을 높이면서도 가격을 낮추는 구조를 만들고 있다. 딥시크의 R1 모델은 고성능 칩 없이도 준수한 성능을 달성했고, 이는 자원이 제한된 글로벌 남반구 국가들에게 실질적인 기술 대안을 제공하는 기반이 됐다.

이 전략은 단순히 '싸게 만드는' 것이 아니라 기술-공급망-정책이 결합된 복합 구조다. 파라미터 효율화, 에너지 소비 최적화, 연산 자원 재배치 등 AI 전 주기를 비용 중심으로 재설계한다. 화웨이의 5G 장비는 유럽산 장비보다 절반 수준의 가격에 공급되며, 장강메모리의 3D NAND는 글로벌 가격 구조를 흔들었다. 알리바바 클라우드는 AWS 대비 30% 저렴한 가격으로 중국 내 기업 시장의 65% 이상을 장악했다.

딜리트 A 전략은 기술 독립을 위한 탈미국화 선언이자, 비용 효율을 통해 세계 기술 시장에서의 가격 권력을 확보하려는 시도다. 중국은 더 이상 기술을 수입하고 복제하는 나라가 아니다. 기술을 재설계하고, 비용 구조를 통제하며, 이를 통해 공급망과 시장 질서를 바꾸는 방식으로 새로운 기술 패권을 구축하고 있다.

과거에는 성능이 기술 우위의 기준이었다면, 지금은 경제성과 독립성이 새로운 전장이다. 중국은 '효율'이라는 무기를 통해 AI와 반도체를 포함한 핵심 산업에서 기술 질서의 재편을 시도 중이다. 이 전환은 단순한 기술 경쟁이 아니라, 글로벌 시장의 작동 원리를 바꾸는 구조적 전략이다.

4) AI 철로 위에 올라탄 중국

"기술은 도구가 아니라 전략이다." 2024년 말, 베이징 인공지능개발국 연례회의에서 왕즈강 과기부장이 던진 이 선언은 지금 중국이 바라보는 AI의 위상을 명확히 보여 준다. 2017년 '차세대 AI 발전 계획' 발표 이후, 중국은 정책, 산업, 교육, 외교 전반을 AI 중심으로 구조화하는 작업을 밀어붙였다. 이 전략은 세 단계로 구체화됐고, 지금은 그 마지막 단계인 '기술 자립의 완성과 세계 최고 수준 AI 기술 확보' 국면에 본격 진입했다.

지금까지의 궤적은 놀라울 정도로 계획적이다. 고등직업학교를 포함해 500개 대학에 AI 관련 학과가 개설됐고, 직간접적으로 AI와 연계된 전공자까지 포함하면 연간 배출되는 학생 수가 50만 명 정도로 추정하고 있다. R&D 예산은 연간 45조 원을 넘어섰으며, 2030년까지 국내총생산의 2%를 AI 분야에 투입한다는 목표도 흔들림 없다. 이러한 전방위적 추진의 배경에는 '딜리트 A DELETE A' 전략이 자리하고 있다. 중국은 단순한 기술 국산화가 아니라 기술 표준 자체를 재정의하고 수출하려는 구조적 전략을 구축 중이다. 반도체, 운영체제, 대형 언어 모델, 클라우드 인프라까지 전 영역에서 미국 기술을 배제하고 자체 기술로 대체하는 로드맵은 이제 실행 국면에 들어섰다.

흥미로운 점은 기술 자립의 목표가 단지 내수 시장 방어에 있지 않다는 것이다. '딜리트A' 확장 정책 시도에도 나섰다. 'AI 공공재'라는 개념 아래 동남아시아와 아프리카, 중동 국가들을 대상으로 오픈소스 LLM을 공급하고, 데이터 윤리와 기술 표준까지 중국식 체계를 함께 이식하려는 것이다. 단순히 미국 지우기가 아니라 중국을 중심으로 외교와 안보, 나아가 문화적 질서 재편의 도구로 삼겠다는 각오다. '기술은 새로운 문명 질서의 설계 언어'라는 말이 이제 추상이 아닌 현실로 작동하고 있다.

이러한 전략을 가능하게 하는 동력은 '계획' 그 자체다. 중앙정부가 방향을 제시하면 지방정부가 실험하고, 검증된 모델이 전국으로 확산되는 이 3단계 구조는 중국 기술 정책의 고유한 추진 방식이다. 저장성 이우시는 2025년까지 모든 행정을 AI로 자동화하는 실험 도시로 운영 중이며, 쓰레기 수거부터 통학 안전까지 행정 전반이 알고리즘에 의해 운영되고 있다. 이러한 행정 실험은 곧 산업 확장과 통치 구조 개편의 출발점이 된다.

중국은 현재 AI를 통해 국가 전체의 작동 체계를 다시 설계하고 있다. 기술, 인재, 정책, 시장, 윤리를 하나의 시스템으로 통합해 'AI 국가'로 진화하고 있으며, 그 전략의 종착지는 단지 자립이 아니라 주도권이다. 기술로 구조를 만들고, 구조로 질서를 만들겠다는 이 실험은 2030년을 기점으로 구체적 결과를 낳을 것이다. 지금 중국은 그 새로운 좌표를 향해 철로 위를 달리고 있다.

중국의 AI 전략은 현재를 위한 선택이 아니라, 미래 질서 설계의 의지다. 미국이 성능 중심의 고도화된 AI 생태계를 주도한다면, 중국은 비용 효율성과 통합 시스템에 특화된 실용형 AI 모델로 맞선다. 미국 기술을 대체하고 비용 효율성과 국산화된 생태계를 기반으로 기술 주권을 확보하려는 시도는 기술을 매개로 한 새로운 질서 구축 전략이기도 하다. 중국은 지금 AI를 통해 기술을 설계하고, 기술로 국가 구조를 바꾸며, 그 구조로 세계 질서에 개입하고 있다.

28. 중국공산당과 AI 정책

1) '수직 통합 국가'의 전략 알고리즘

2017년 중국 국무원은 '차세대 인공지능 발전 계획'을 발표했다. 이 계획은 단순한 기술 개발 로드맵이 아니었다. 그것은 'AI 강국'이라는 명확한 국정 목표하에 중앙정부가 산업·교육·군사·행정 전 영역을 하나의 프로토콜 아래 통합하려는 정치적 선언이었다. 이후 2021년 14차 5개년 계획, 2023년 AI+ 행동 계획, 2025년 AI 2030 중간 전략이 연속적으로 등장하면서 중국의 AI 전략은 흔들림 없이 '한 방향'으로 진화해 왔다. 이 일관성과 집행력의 원천은 바로 중국 정치 체제가 설계한 '수직 통합형 거버넌스'다.

[전국인민정치협상회의 14기 3차 회의 개막식]

중국의 기술 전략은 '정권'이 아닌 '체제'가 설계한다. 당이 설정한 목표는 중앙정부로 내려가고, 중앙은 이를 지방정부에 할당한다. 지방정부는 정책과 예산을 실제 산업·연구기관에 집행하고, 민간기업은 그 집행 단위가 된다. 이 과정은 빠르고, 일관되며 상명하달의 효율이 극대화된다. 2017년 계획 발표 후 불과 2년 만에 베이징·상하이·선전 등 17개 AI 시범구가 지정됐고, 수천 개의 AI 관련 프로젝트가 즉시 가동됐다. 이런 속도는 분산형 민주 시스템에선 상상하기 어려운 것이다.

자원 투입 또한 마찬가지다. 2025년까지 중국이 AI에 투자하는 공공 예산은 약 2,000조 원. 이 막대한 규모의 예산은 단순히 기초 연구에 흘러 들어가는 것이 아니다. AI 반도체 개발, 스마트시티 구축, 의료·농업 AI 확산, 인재 양성 등 전략 산업 전반에 걸쳐 '국가적 우선순위'로 집중된다. 일례로 2023년 저장성 이우시는 '도시 전 영역 AI 자동화' 프로젝트를 승인받은 뒤 3개월 만에 교육·치안·환경·세무 시스템을 전면 개편했다. 이는 행정이 기술에 적응하는 것이 아니라, 기술이 행정을 주도하는 구조를 가능하게 만든다.

정책의 연속성 역시 중국식 시스템의 장점이다. 서구는 정권 교체 시마다 기술 정책의 방향이 흔들린다. 반면, 중국은 10년 이상 하나의 전략을 일관되게 추진할 수 있는 '체제 지속성'을 갖고 있다. 미국의 'AI 권리장전'이 논의 단계를 넘지 못하는 동안 중국은 이미 'AI 책임 알고리즘 법안' 초안을 행정 절차에 포함시키고 있다. 기술과 법, 정책과 산업이 동시에 진화하는 정치적 설계 구조가 가능하기 때문이다.

이 모든 구조는 '기술을 통치 수단으로 설계하는 정치 체제'가 있었기에 가능했다. 중국은 기술을 개발하는 나라가 아니라 기술을 설계하고 집행하는 체제. 그리고 그 체제는 지금 AI를 하나의 산업이 아닌 하나의 국가 운영 체계로 바꾸고 있다. 이것이야말로 'AI 굴기'의 본질이다. 기술은 체제가 움직이는 방식대로 진화한다. 그리고 중국은 지금 세계에서 가장 조직적으로 기술을 정치화하는 국가다.

2) 데이터, 통제, 그리고 국가적 학습 구조

중국은 14억 인구가 매일 생성하는 디지털 행태 데이터를 정책적으로 통합·활용하고 있다. 사회 신용 시스템, 안면 인식 CCTV, 모바일 결제, SNS 활동, 온라인 소비까지 모든 데이터는 공공의 관리하에 통합되고 있으며, 민간과 공공의 경계는 허물어져 있다. 이는 'AI 훈련을 위한 거대한 실험실'을 현실화시킨 기반이 됐다. AI 학습에 필요한 방대한 양의 '라벨링된 데이터'를 제공할 수 있는 나라는 거의 없다. 하지만 중국은 이 구조를 통해 AI 모델 개발의 가장 큰 비용인 데이터 정제와 확보 문제를 '체제의 기능'으로 해결하고 있다.

중국 정부는 2021년 '데이터 보안법'을 통해 데이터의 국가 독점과 자산화를 제도화했다. 정부는 데이터를 '전략 자원'으로 규정하고, 이를 기반으로 민간기업과 공동 생태계를 구축하고 있다. 바이두, 알리바바, 화웨이 등 주요 기업은 정부의 정책 아래 고속도로·학교·병원·소방서 등 공공 서비스 현장에서 AI 기술을 실증할 수 있는 독점적 기회를 부여받는다. 결과적으로 중국의 AI 기업들은 '실전 기반'의 기술을 먼저 확보할 수 있고, 그 기술은 다시 공공 시스템에 내장되며 선순환 구조를 만든다.

이 구조는 서구와는 전혀 다르다. 유럽은 GDPR을 통해 시민의 데이터 권리를 최우선 가치로 두고, 미국은 민간기업이 데이터를 수집·활용하되 규제기관이 사후 감독하는 방식을 채택한다. 하지만 중국은 데이터의 공공성과 전략성을 전면에 내세우며, '개인 데이터의 사회적 활용'이라는 정치적 대의를 통해 국가적 AI 학습을 추진하고 있다. 이는 통제의 논리가 윤리보다 우선하는 중국식 기술 정치의 실체다.

데이터는 AI의 생명줄이다. 그리고 그 생명줄을 누가 관리하고, 어떤 윤리로 통제하느냐에 따라 AI의 성격이 결정된다. 중국은 이 점에서 매우 명확하다. 데이터는 국가 자산이며, AI는 그 자산을 통해 설계되는 통치 알고리즘이다. 따라서 중국의 AI는 단지 똑똑한 기술이 아니라 국가가 훈련한 '정치적 지능'이다. 이것이 중국이 설계한 AI 생태계의 근본적 특징이며, 바로 그 구조가 중국 AI의 속도와 확장력을 만들어 낸 진짜 이유다.

3) 기술 자립 vs 통제의 딜레마?

중국이 인공지능 전략을 추진하는 데 있어 자원을 총동원하는 체제를 가지고 있지만 그 이면에는 체제 특유의 딜레마가 뚜렷하다. 기술 자립의 속도, 국제 봉쇄에 대한 대응력, 사회적 수용성, 그리고 폐쇄적 정치 시스템은 동시에 이 전략의 리스크다.

중국은 2017년 '차세대 AI 발전 계획'을 시작으로 대규모 투자와 산업 육성을 본격화했고, 빠른 성과도 거뒀다. 스마트시티, AI 의료 시스템, 반도체 생태계 등 주요 프로젝트가 단기간 내 현실화되면서 'AI 국가 실험장'의 위상을 확보했다. 그러나 이와 같은 중앙 집중형 모델은 혁신의 다양성을 억제하는 구조이기도 하다. 현장 피드백보다 정치적 지시가 우선되고, 창의성보다 실행력이 중시된다.

기술 자립도 여전히 넘어야 할 벽이다. 고급 반도체 장비, 설계 툴, GPU 공급망 등 핵심 인프라는 서방에 의존하고 있으며, 제재는 점점 강화되고 있다. 중국은 자체 칩 개발과 알고리즘 생태계 구축을 시도하고 있지만 핵심 기술의 완전한 내재화는 아직 요원하다. 동시에 중국은 자국 기술 기준과 감시 시스템을 국제 사회에 수출하고 있지만, '디지털 권위주의'라는 비판은 글로벌 신뢰 확보에 걸림돌로 작용한다.

국내적으로도 사회적 리스크는 점점 현실화되고 있다. 자동화에 따른 고용 불안, 프라이버시 침해 우려, 감시 강화에 대한 반발은 정책 정당성을 위협한다. AI 인재 양성 프로젝트 등 제도적 대응이 진행 중이나 감시 기술에 대한 투명한 통제가 없으면 사회적 수용성 확보는 쉽지 않다.

중국의 정치 체제는 빠른 추진력이라는 점에서는 확실한 강점이지만, 장기적 관점에서는 유연성과 개방성의 부족이 한계가 된다. 국제 협력과 기술 생태계는 신뢰와 다양성을 기반으로 움직인다. 그러나 중국의 정치 시스템은 이를 제약하는 구조이기도 하다. 중국의 AI 전략은 기술 경쟁이 아니라 통치 방식에 대한 시험대다. AI는 더 이상 도구가 아니라 국가 시스템의 핵심 언어가 되었고, 그 설계 방식은 곧 정치 철학을 반영한다.

4) 중국의 추진력과 한계

중국은 인공지능을 국가전략 기술로 규정하고, 2030년 AI 초강국 도약을 목표로 강력한 중앙정부 주도의 추진 체계를 구축해 왔다. 방대한 데이터 자원, 신속한 정책 집행, 체계적 인재 양성은 중국 AI 전략의 확실한 장점이다. 그러나 이 모든 추진력은 동시에 구조적 리스크를 동반한다. 기술 의존도, 사회적 반발, 국제적 불신은 중국의 체제적 장점이 갖는 이면이기도 하다.

중국의 AI 전략은 기술, 정책, 인재라는 세 축을 중심으로 빠르게 확장됐다. 딥러닝과 클라우드, 음성·영상 인식 분야의 상용화는 이미 가시적 성과를 보이고 있고, 중앙정부는 AI 발전 계획과 행동 계획을 통해 정책 방향을 구체화했으며, 대학 정원 확대, 유턴 인재 프로그램으로 연구 인력 기반도 구축했다.

그러나 기술 자립은 여전히 미완이다. 고급 반도체와 설계 툴은 서방 기술에 의존하고 있으며, 첨단 장비 수입 제한은 칩 개발의 병목이 되고 있다. 미국의 제재와 윤리 기준 주도, 국제 협력의 고립은 외부 제약 요인으로 작용한다. 내부적으로도 감시 시스템의 확대는 사회적 저항을 야기하고, 자동화로 인한 고용 불안은 2,600만 명의 일자리 축소라는 예측을 낳고 있다.

무엇보다 중요한 점은, 중국의 정치 체제는 AI 정책을 '빠르게' 실행하는 가장 큰 동력이지만, 동시에 '개방적 혁신'을 제약하는 가장 큰 구조적 장애물이기도 하다는 점이다. 중앙정부의 집중력은 정책 효율성을 극대화하지만, 감시·통제 중심의 구조는 기술 외교의 장벽으로 작용할 수 있다.

중국은 스마트시티, 디지털 위안, AI 군사화 등을 통해 '기술로 통치하는 국가'를 실험하고 있다. 그러나 글로벌 AI 주도권 확보는 단순한 기술이 아닌, 정치와 사회 시스템의 신뢰를 전제로 한다.

29. 중국 AI 현주소

1) 10년 사이 논문 40배·특허 52배 증가

2015년 중국의 AI 논문 발표 수는 연간 1만 건 남짓이었다. 글로벌 무대에서 AI 논의는 여전히 미국과 유럽의 전유물로 인식됐고, 중국은 후발 주자의 이미지에 가까웠다. 그러나 2025년 이 수치는 40만 건에 이를 것으로 보인다. 불과 10년 만에 40배. 이는 단순한 양적 팽창이 아니라 중국이 AI 분야에서 지식 인프라를 전략적으로 구축해 온 구조적 변화를 반영한다.

논문은 기술 생태계의 초석이다. 중국은 AI 연구를 대학, 연구소, 정부 주도 프로젝트로 조직적으로 분산하고 집중시켰다. 칭화대, 베이징대, 중국과학원은 자연어 처리NLP, 컴퓨터 비전, 딥러닝 분야에서 최상위 국제 저널에 다수의 논문을 실어 오며, 중국을 논문 점유율 1위 국가로 끌어올렸다. 특히 최근 5년간 발표된 글로벌 AI 연구 논문 상위 100개 중 50% 이상이 중국 소속 연구자에 의해 발표됐다.

[국가별 생성 AI 특허 출원 수 (2014~2023년)]

순위	국가	특허 수
1위	중국	32,010건
2위	미국	6,276건
3위	한국	4,155건
4위	일본	3,409건
5위	인도	1,350건

지식 인프라의 또 다른 축은 특허. 2015년 5,000건 수준이던 AI 관련 특허 출원은 2025년에는 26만 건에 달할 것으로 예측됐다. 특히 생성형 AI 분야에선 중국이 전체 특허의 70% 이상을 차지하고 있다. 미국이 약 6,000여 건으로 뒤를 잇고 있으며, 유럽은 중국의 절반에도 못 미친다. 이 압도적 수치는 중국이 AI를 단순히 연구의 대상이 아니라 '기술 주권'의 출발점으로 보고 있다는 점을 명확히 보여 준다.

이러한 논문-특허의 연결 구조는 상용화로 이어진다. 논문은 기술의 가능성을 검증하고, 특허는 그 가능성을 제도화하며, 이후 산업화는 이를 실제 제품과 서비스로 구현하는 단계다. 중국은 이 삼각 구조를 학계와 산업계, 정부가 함께 구축해 왔다. 정부는 R&D 보조금과 논문 평가 기반 인센티브를 확대했고, 특허 출원에 대한 세제 감면과 우선 심사 제도를 도입했으며, AI 기술을 빠르게 시장에 투입할 수 있도록 규제 샌드박스도 마련했다. 네이처는 2024년 보고서에서 중국의 급성장을 이끈 핵심 요인으로 AI 인재 육성과 연구 환경 개선을 지목했다.

중국은 AI를 단순한 기술 트렌드가 아닌 '국가 시스템의 근간'으로 보고 지식 인프라를 구축해 왔다. 논문 수의 증가, 특허의 확산, 그리고 이를 제도적으로 수용하는 행정 역량까지. 이것은 양적 성장만이 아닌 기술 체계를 설계하는 '기획의 힘'을 보여 주는 사례다.

2) AI 연평균 성장률 27%

중국의 AI 산업은 지난 10년간 지식 인프라의 양적 성장 위에 빠르게 산업화 구조를 구축해 왔다. 2015년 150억 위안약 3조 원 수준에 불과하던 시장 규모는 2025년 2,660억 위안약 52조 원에 이를 것으로 전망된다. 연평균 성장률 27%를 기록하며 반도체·전기차·우주항공과 함께 '전략 4대 산업'의 하나로 자리 잡은 셈이다. 이 속도의 배경에는 중앙정부의 정책 기획력, 지방정부의 실증 추진력, 그리고 기업의 전략적 투자 결합이라는 독특한 산업화 메커니즘이 있다.

중국 내 AI 관련 기업 수는 4,700개를 넘어섰고, 그중 약 90%는 2017년 이후 설립된 신생 기업이다. 이는 2017년 국무원이 발표한 '차세대 인공지능 발전 계획' 이후 나타난 구조적 변화로, AI는 단순한 IT 기술을 넘어 제조, 의료, 교육, 농업, 금융, 공공 안전 등 거의 모든 산업 분야에 접목되고 있다. 기업들은 산업 도메인별 AI 솔루션을 개발하며 고도화된 수직 시장 전략을 추진 중이다.

대표적인 사례는 딥시크다. 이 회사는 고성능 미국산 칩이 아닌 중국산 H800과 자체 최적화된 혼합 전문가MoE 아키텍처를 활용해 대형 언어 모델을 훈련했다. 고성능 대신 가성비, 대량 연산 대신 효율성에 집중한 이 모델은 "중국형 AI 산업화의 전형"으로 평가받는다. 단순히 기술만 앞세운 것이 아니라 중국 내외 실사용 환경에 맞춘 '현장형 모델'을 통해 시장을 선점하고 있다.

이런 기업의 부상은 우연이 아니다. 정부는 중앙에서 기술·산업 전략을 수립하고, 지방정부는 이를 실증 특구 형태로 현실화한다. 항저우, 베이징 중관춘, 선전 등은 AI 산업 클러스터를 조성하고, 스타트업에 입주 공간, 세제 혜택, 정부 조달 수요까지 연계 지원하고 있다. 공공 안전 시스템, 교통 최적화, 에너지 소비 관리, 의료 영상 분석 등은 모두 이 같은 실증−조달−확산 구조를 기반으로 빠르게 산업화되고 있다.

바이두, 알리바바, 텐센트, 화웨이 등 기존 빅테크 기업들도 AI 플랫폼화 전략을 강화하고 있다. 바이두는 자율주행 '아폴로'를 중심으로, 알리바바는 클라우드 기반 LLM API 생태계를 중심으로, 텐센트는 헬스케어 AI와 게임 AI를 중심으로 산업 다각화를 진행 중이다. 이들 기업은 정부 과제를 수주하거나 정책에 부응하는 방식으로 기술 투자를 집중시키고 동시에 클라우드−데이터−AI 알고리즘을 하나의 수직 통합 패키지로 구성해 시장 확장력을 높이고 있다.

중국의 AI 산업화는 '속도'와 '구조' 양면에서 전략적으로 기획되어 있다. 단순히 기술력 확보에 그치지 않고 기술이 작동할 수 있는 산업·행정·시장 인프라를 동시에 설계하고 있다는 점에서 중국식 산업화는 하나의 시스템 구축 프로젝트로 작동한다. 이 시스템은 AI를 단지 R&D 영역에 머무르게 하지 않고 현실 문제 해결 도구로 끌어내는 메커니즘으로 작동한다. 지금 중국의 AI는 수치보다 구조가 말해 준다. 기술, 자본, 정책, 데이터가 맞물려 움직이는 이 산업화의 흐름은, 단순한 추격이 아닌 설계된 확산이라는 점에서 중국식 기술 굴기의 실체를 드러낸다.

3) AI 학과 38개 → 500개

중국은 AI를 전략 기술로 다룬다. 그러나 그 전략을 실제로 움직이게 하는 핵심 동력은 사람, 즉 '인재'다. 기술은 사람의 손에서 만들어지고, 체계는 사람을 중심으로 구축된다. 지금 중국이 추진하는 AI 굴기의 실체는 고성능 칩도, 대형 모델도 아니다. 그것은 전방위적으로 설계된 'AI 인재 공급망'이다.

2017년까지 중국 내 AI 관련 학과는 38개에 불과했다. 그러나 2023년 기준 전국 500개 이상의 대학이 AI 전공 학과를 설치했다. 이 추세는 지금도 계속되고 있으며, AI는 컴퓨터공학이나 정보공학에 종속된 분야가 아니라 독립된 학문이자 산업 기술로 재정의되고 있다. 매년 배출되는 AI 전공 졸업생은 5만 명 이상으로 추정되며, 석박사급을 포함한 고급 인력도 빠르게 늘고 있다.

수진 역시 급증하고 있다. 2020년 기준 2만 5,000명 수준인 AI 전공 교수 인력은 매년 5,000명씩 늘려 2025년까지 5만 명 이상으로 확대할 계획이다. 중국 정부는 교수 인력과 산학 협력 기반을 연계한 'AI+ 교육 체계'를 구축하며, 단순 교과목 개설을 넘어선 실질적 연구·산업 연계형 교육을 제도화하고 있다. 베이징대, 칭화대, 상하이 교통대, 저장대 등 상위권 대학은 핵심 연구소와 인공지능 시범 플랫폼을 운영하며, AI 정책 설계에도 참여하고 있다.

AI 교육은 고등교육에 그치지 않는다. 중국은 중고등학교 AI 기초 과목을 의무화하고, 일부 지역에선 초등학교 고학년부터 코딩·AI 입문 교육을 실시하고 있다. AI는 조기 교육의 대상이 됐고, 이는 'AI 리터러시 Literacy'를 기본 교양으로 삼겠다는 국가적 선언에 가깝다.

그러나 이 거대한 교육 시스템에도 빈틈은 있다. 중국 정부의 공식 보고서에 따르면, 2025년까지 필요한 AI 전문 인재 수는 약 600만 명에 이를 것으로 예상되지만 현재 확보된 인재는 약 200만 명 수준에 그친다. 최소 300만 명 이상의 격차가 존재하는 셈이다. 특히 박사급 인재와 고급 AI 연구자는 전체의 5% 미만으로, 고도화된 알고리즘 설계나 산업적 실증 능력을 갖춘 인재는 절대적으로 부족하다는 평가가 나온다.

이를 해결하기 위한 방안 중 하나는 해외 인재의 유입이다. 중국은 '천인계획'을 통해 지난 수년간 미국, 유럽 등지에서 활동하던 과학자들을 적극적으로 귀환시켜 왔으며, 딥시크를 비롯한 주요 AI 기업들은 경쟁력 있는 채용 조건을 앞세워 미국 OpenAI, 구글 딥마인드 출신 엔지니어들을 다수 영입하고 있다. 또 다른 전략은 기업 주도의 현장 중심 인재 육성이다. 알리바바, 바이두, 화웨이 등은 자체 AI 연구소와 교육 플랫폼을 운영하며 산학 협력형 단기 전문가를 양산하고 있다.

[우수 AI 인재 국적별 분포 (단위: %)]

순위	국가	비율(%)
1위	중국	47%
2위	미국	18%
3위	유럽	12%
4위	인도	5%
5위	한국 · 캐나다 · 러시아 · 영국	2%

30. AI의 갈라파고스화

deepseek

1) 갈라파고스화 실체와 배경

중국의 인공지능AI은 비약적인 발전을 이어 왔다. 논문 수, 특허 출원, 인재 양성 속도, 산업 응용 등 거의 모든 정량 지표에서 세계 최상위권에 올라 있다. 그러나 기술 성과와 별개로, 글로벌 AI 생태계와의 연결성에서는 구조적 한계가 드러난다. 최근 중국 AI를 두고 '갈라파고스화Galápagos Syndrome'라는 표현이 자주 사용되는 이유다. 이 개념은 특정 기술이 폐쇄된 환경에서만 진화해 외부와 호환되지 않는 현상을 뜻한다. 원래 일본 전자 산업에서 사용됐지만 현재는 중국 AI에 자주 적용된다.

중국 AI의 갈라파고스화 우려는 세 가지 차원에서 제기된다.

첫째, 법 제도와 데이터 구조의 폐쇄성이다. '데이터 보안법', '개인정보 보호법' 등 중국의 주요 법령은 데이터 주권을 강하게 주장하며, 국제 데이터 이동과 공유에 제약을 가한다. 이러한 구조는 해외 기업의 중국 내 데이터 수집과 활용을 어렵게 만들고, 중국산 AI 기술 역시 글로벌 신뢰 확보에 제약을 초래하고 있다. 알고리즘 투명성, 검증 가능성 측면에서도 국제 기준과의 간극이 존재한다.

둘째, 기술 생태계의 내재화와 고립성이다. 바이두의 '패들패들PaddlePaddle', 화웨이의 '어센드 칩 Ascend', 알리바바의 'PAI 플랫폼' 등 중국은 독자 생태계를 중심으로 내수 시장에 특화된 기술 구조를 구축해 왔다. 이는 산업 확산에는 유리했지만, 오픈소스 커뮤니티 기여도, 국제학회 영향력, 해외 협력 논문 비중 등 글로벌 기술 생태계와의 연계성은 여전히 낮은 편이다.

셋째, 언어와 문화 기반의 데이터 편향이다. 중국의 대형 언어 모델LLM은 중국어 중심으로 학습돼 있으며, 이는 다국적 문화 및 언어 환경에서의 활용 가능성을 제약한다. 문화적 맥락, 윤리 기준, 표현 방식의 차이는 글로벌 사용자 경험과 신뢰 형성에 장애가 되고 있다.

이러한 문제로 인해 중국 AI는 '성장은 빠르지만 확장은 어렵다'는 평가를 받고 있다. 기술 자체가 아니라 그것을 둘러싼 데이터, 법 제도, 윤리 체계가 글로벌 기준과 호환되지 않기 때문이다. 실제로 유럽과 북미 시장 진출에서 중국 AI 기업들이 직면하는 가장 큰 장벽은 성능이 아니라 신뢰다. 데이터 보호법 충돌, 알고리즘 투명성 부족, 백도어 의혹 등은 기술 이전을 어렵게 만든다.

중국 AI는 아직 '자급자족형 기술 구조'에 머물러 있다. 이는 단기적으로는 내수 성장을 이끌 수 있지만 장기적으로는 글로벌 기술 질서에서의 소외로 이어질 수 있다. 기술은 연결된 시스템 위에서 작동하는 산업이며, 단일 국가 내 완결적 구조로는 확장성과 생태계 지속성을 확보하기 어렵다.

중국 내부에서도 이 같은 위기의식은 감지되고 있다. 자국 중심의 기술 체계가 단기 성과는 가능하지만 글로벌 수용성과 표준 주도력 없이 지속 가능하지 않다는 경고가 이어지고 있다. 이는 기술력만의 문제가 아니라 제도, 정책, 문화적 수용성까지 포함한 전방위 과제다.

'AI의 갈라파고스화'는 기술 자립이 아니라 연결 실패의 구조적 결과다. AI는 국제 협력과 생태계 호환성 없이는 작동하기 어렵다. 중국 AI의 다음 과제는 기술 개발을 넘어 외부 세계와의 연결성을 복원하고 신뢰를 구축하는 데 있다. 고립된 진화는 확장의 한계로 이어질 수밖에 없다.

2) 연결을 위한 다층 전략

갈라파고스화. 중국 인공지능AI을 둘러싼 이 불편한 비유는 단순한 오해가 아니다. 폐쇄된 생태계 속에서 고속 성장한 결과, 외부와 호환되지 않는 기술 체계를 뜻하는 이 용어는 최근까지도 중국산 AI 기술에 따라붙는 꼬리 표였다. 그러나 오늘의 중국은 더 이상 이 상황을 방치하지 않는다. 단절의 우려를 넘어서기 위한 다층적 반격에 나서고 있는 것이다.

최근 중국 정부와 빅테크 기업들은 AI 생태계의 글로벌 통합 가능성을 높이기 위해 기술, 표준, 규범, 산업, 데이터 전 분야에서 복합적인 대응 전략을 전개하고 있다. 단순한 기술 수출을 넘어, '신뢰할 수 있는 연결'을 위한 체계적 시도가 본격화되고 있다.

첫 번째 전략은 국제 표준화 협력 강화다. 중국은 ISO/IEC JTC1 산하 SC42 등 인공지능 관련 국제표준기구에 적극 참여하며 시스템 안전성, 리스크 평가, 윤리적 운영 지침에 대한 제안서를 제출하고 있다. 동시에 자국 '데이터 보안법'의 글로벌 호환성을 확보하기 위해 유럽 GDPR, 미국 CCPA 등과의 상호 인증 체계 수립도 추진 중이다. 이는 단지 기술 호환을 넘어 규범적 신뢰를 구축하려는 시도다.

두 번째는 오픈소스 생태계의 확장이다. 바이두는 자체 프레임워크 PaddlePaddle을 통해 1,000개 이상의 AI 모델을 글로벌 개발자 커뮤니티에 개방했고, 화웨이의 AI 칩 'Ascend'는 ONNX Open Neural Network Exchange 포맷을 지원해 글로벌 AI 프레임워크들과의 호환성을 높이고 있다. 이는 중국식 기술 생태계가 폐쇄형에서 개방형으로 구조를 전환하고 있다는 신호다.

세 번째 대응은 다언어·다문화 대응 기술 개발이다. 중국은 '디지털 실크로드' 프로젝트를 통해 ASEAN 국가들과 공동 언어 모델을 개발하고 있으며, 알리바바의 '통이첸원 通义千问' 모델은 사용자 문화에 따른 문맥 반응 알고리즘을 실험하고 있다. 이는 중국어 중심에서 벗어나 아시아·중동·남미 등 글로벌 남반구 시장을 겨냥한 문화적 적응형 AI 설계로 확장되고 있다.

네 번째 전략은 산업 적용을 통한 실질적 통합이다. 항저우의 스마트 물류 시스템은 독일·멕시코 등의 창고에 실제 도입됐고, 인터페이스는 국제표준과 호환되도록 설계됐다. 텐센트의 AI 영상 진단 솔루션은 글로벌 의료 영상 포맷인 DICOM을 지원해 국제 병원 시스템과의 상호 운용성을 확보했다. 중국 기술의 고립을 완화하기 위한 '산업적 접속성' 전략이 본격화되고 있는 것이다.

다섯 번째는 데이터 신뢰성과 상호 운용성 확보다. 선전·광저우 등지에서는 GDPR와 중국 법률을 동시에 만족하는 '크로스보더 데이터 허브'가 설계되고 있으며, 바이두는 '슈퍼체인 SuperChain' 기술을 통해 데이터의 출처 검증과 위·변조 방지를 블록체인 기반으로 관리하고 있다. 이는 글로벌 기업들이 중국산 AI 시스템과 데이터를 신뢰할 수 있도록 하기 위한 기술적 장치다.

이 다섯 가지 전략은 각각 개별적으로 추진되는 것이 아니라, 중국 AI 생태계의 '글로벌 연결성 확보'를 위한 전방위적 포석이다. 이는 단지 시장 개방을 위한 제스처가 아니다. AI가 글로벌 협업 없이는 발전할 수 없는 시스템 산업이라는 사실을 중국 내부에서도 인식하고 있음을 방증한다.

과거 중국의 AI 전략은 '기술 자립'과 '내수 생태계 완결'에 초점이 맞춰져 있었다. 그러나 지금의 전략은 '기술 시민권'의 확보로 진화하고 있다. 중국은 이제 고립되지 않는 기술 국가, 연결을 설계하는 기술 국가를 지향하고 있다.

이는 생존 전략이자 영향력 확장의 조건이다. 폐쇄적 생태계로는 외부의 신뢰를 얻을 수 없고, 글로벌 파트너십 없이는 AI 생태계의 확장도 불가능하다. '강한 고립'보다 '연결된 확산'이 장기적 기술 패권의 전제 조건이라는 점을 중국은 이제 제도와 기술 양면에서 받아들이기 시작한 것이다.

3) 디지털 실크로드와 AI 외교

중국 인공지능AI 전략의 지도는 더 이상 자국 영토에 머무르지 않는다. 그 범위는 이미 중동의 스마트시티, 동남아의 데이터센터, 아프리카의 공공 안전 시스템까지 확장되어 있다. 단지 기술을 수출하는 수준이 아니다. 중국은 이제 AI를 외교의 언어로 국제 질서 재편의 도구로 사용하는 국가가 되려 한다.

이 전략의 중심에는 두 개의 거대한 축이 있다. 하나는 디지털 실크로드로 진화한 일대일로BRI, Belt and Road Initiative이며, 다른 하나는 기술을 외교 수단으로 전환하는 기술 외교Technology Diplomacy다. 이 둘은 별개의 전략이 아니다. 물리적·디지털 인프라 구축과 규범·표준 수출을 동시에 밀어붙이는 이중 전선의 설계도다.

디지털 실크로드는 기존의 철도·항만 중심 인프라 사업을 넘어 5G·AI·클라우드·스마트시티 기술을 핵심 자산으로 삼는다. 케냐, 파키스탄, 사우디아라비아, 말레이시아, 인도네시아 등지에서는 화웨이, 센스타임, 알리바바, 하이얼 등이 자사의 AI 솔루션을 수출하고 있으며, 도시 관리·물류·교육·의료 시스템에까지 중국산 기술이 들어가고 있다.

이들은 단지 기술 이전을 넘어 중국식 디지털 생태계의 이식을 목표로 한다. 하드웨어·소프트웨어는 물론, AI 데이터 처리 방식, 윤리 규정, 감시 알고리즘 운영 모델까지 함께 전파된다. 현지 정부와의 협력은 기술적 도입을 넘어 제도적 수용을 동반하며, 결과적으로 '중국식 기술 질서'의 현지화가 이루어지고 있다.

이러한 흐름은 자연스럽게 기술 외교로 이어진다. 중국은 UN, 세계경제포럼WEF, ISO, ITU, 글로벌 AI 파트너십 GPAI 등 다자 플랫폼에서 적극적인 입지를 다지고 있으며, AI 윤리, 알고리즘 투명성, 데이터 보호 등 규범 영역에서도 자국 모델을 전면에 내세우고 있다.

중국과학원 자동화연구소 CASIA는 국제표준화기구 ISO에 AI의 공정성·투명성·안전성에 관한 윤리 표준 제안서를 제출했다. 이는 단순한 기술 문서가 아니다. 글로벌 신뢰를 중국식 질서로 재구성하려는 전략적 포석이다. 중국은 이 표준들을 통해 기술은 물론, 규범과 제도의 수출국으로 전환을 시도하고 있다.

기술 외교는 '협력', '표준', '규제'라는 세 개의 축으로 작동한다. 협력 면에서는 다양한 파트너 국가와 AI 공동 연구, 인재 양성, 인프라 구축을 연계하며, 신흥국을 중심으로 영향력을 확장한다. 표준 면에서는 패들패들 PaddlePaddle, 어센드 Ascend 칩 등 중국식 기술 체계를 기반으로 글로벌 표준 제정에 개입하고, 규제 면에서는 알고리즘 리스크 관리, AI 오남용 방지, 데이터 보호 장치를 '중국 모델'로 제안하며, 미국·EU 주도의 윤리 질서에 대한 대안적 담론을 구축한다.

이러한 전략이 가장 효과적으로 실험되고 있는 곳이 바로 '일대일로 참여국'들이다. 예를 들어, 사우디아라비아의 네옴NEOM 스마트시티에 도입된 센스타임의 감시 시스템은 중국 기술이 공공 안전 체계에 직접 적용된 대표적 사례다. 동시에 중국은 이 국가들과 AI 데이터 관리 기준, 알고리즘 운영 규칙, 윤리 모델을 공동 논의하며 규범까지 수출하고 있다.

　이처럼 기술 외교는 단지 AI를 판매하는 것이 아니라 중국이 설계한 디지털 질서를 해외에 이식하는 시도다. 이는 기술 중심의 패권 전략일 뿐 아니라 지정학적 주도권 확보 전략이기도 하다.

　하지만 이 전략이 마주한 도전도 분명하다. 유럽은 GDPR과 AI Act를 앞세워 '중국식 감시 기술'의 확산을 견제하고 있고, 미국은 기술 수출 통제와 반도체 제재를 강화하며 중국의 AI 외교를 차단하고 있다. 그럼에도 중국은 다자 틀 속 협력 국가 확대, 윤리적 신뢰 확보, 기술 표준 확산을 통해 외연을 확장하려는 시도를 멈추지 않고 있다.

　중국은 이제 질문을 바꿨다. "우리 기술이 세계와 연결될 수 있는가"가 아니라, "우리가 세계의 기술 규칙을 만들자"라는 방향이 그것이다. 디지털 실크로드와 기술 외교의 결합은 AI가 단순한 산업 기술이 아닌 지정학적 자산이자 외교적 언어로 진화하고 있음을 보여 준다. 이는 갈라파고스화라는 고립의 위기를 질서 설계의 기회로 반전시키려는 시도다.

VII

천인계획과
인재 양성

31. 천인계획과 두뇌 리쇼어링

deepseek

1) 천인계획 출발

2008년 글로벌 금융위기, 서구의 과학기술계가 연구비 삭감과 구조조정으로 얼어붙던 바로 그해, 중국은 정반대의 선택을 했다. "지식을 사들이지 말고, 사람을 불러들이자." 이 전략적 발상은 중앙정치국 상무위원회에서 공식 승인되며 '천인계획'으로 현실화됐다. 천인계획은 15년간 지속된 세계 최대 규모의 두뇌 귀환 작전이다. 이 국가전략은 단순한 리쿠르팅 프로그램이 아니라 과학기술 패권을 되찾기 위한 국가 차원의 '두뇌 리쇼어링brain reshoring' 프로젝트였다. 그것은 곧, 국가가 과학자의 인생 전체를 설계해 주는 체제의 출현을 의미했다.

이 계획의 출발은 경제 위기였지만, 배경은 훨씬 더 깊었다. 당시 중국은 139만 명에 달하는 유학생을 배출하고도 30%도 채 되지 않는 귀국률에 시달렸다. 실리콘밸리에는 10만 명의 중국계 과학자들이 집결했고, "실리콘밸리는 제2의 칭화대"라는 말이 나올 정도로 인재 집중 현상은 심각했다. 반도체·항공·바이오 등 전략 산업의 핵심 기술은 국외로부터 공급받는 구조였다. "왜 우리는 뛰어난 인재를 기르지 못하는가?" 2005년 당시 총리였던 원자바오가 과학자 첸쉐썬을 찾아가 들은 이 질문은, 곧 국가전략의 전환점이 됐다.

천인계획은 기존의 지방정부 주도형 '백인계획'이나 '장강학자' 제도와는 차원이 달랐다. 중앙조직부가 주도하고 23개 부처가 참여한 이 계획은 '기획된 인재 귀환'이라는 점에서 독보적이다. 단지 "돌아오라"고 호소하지 않았다. 고연봉, 연구 자율, 가족 보장, 정치적 신분 확보 등 과학자 개인의 생애주기를 전방위적으로 패키징했다. 이들에게는 미국보다 평균 30% 이상 높은 연봉과 500만~1억 위안 규모의 연구비가 주어졌다. 주택 보조금과 자녀 교육 특례 등 가족 동반 지원은 기본이었다. 젊은 박사들에게도 독립 실험실, 직위 파격 승진, 해외 자산 인정 등의 조건이 붙었다. 기술이 아닌 사람에게 투자하겠다는 의지였다. 베이징에 정착한 한 양자물리학 귀환자는 인터뷰에서 "연구의 자율성은 미국보다 더 크고, 국가는 당신이 실패하더라도 두 번째 기회를 준다"라고 말했다.

그 구조는 하나의 '금자탑'이다. 천인계획은 노벨상 수상자나 국제 학술지 편집장급을 정점으로 하는 '전략 과학자층', 실리콘밸리 CTO나 글로벌 기업 R&D 책임자 출신의 '산업 핵심층', 그리고 35세 이하의 박사 출신을 포섭하는 '청년 선발층'으로 구성된다. 실제 2023년까지 누적 귀환 인재 수는 8,392명, 그중 79.2%는 40세 이하의 과학자들이다. 이들 중 63%는 미국 상위 50개 대학이나 국립 연구기관 출신이며, 절반 이상은 귀국 후 본인의 연구실을 설립하거나 벤처를 창업했다. 이는 단지 인력의 회귀가 아니라 과학 생태계의 국산화다.

중국이 설계한 이 '두뇌 리쇼어링'은 분야별로도 정밀하게 작동했다. 반도체, 바이오, 인공지능, 양자과학, 신재생에너지, 고성능 소재, 고급 농업공학 등 7대 분야에 걸쳐 20만 명 규모의 해외 석·박사 인재 데이터베이스를 구축하고, 이들을 산업·지역별로 정밀 배치했다. 예컨대 반도체는 상하이와 우한에, 항공은 시안에, 바이오는 선전에 집중되며, 도시 단위 기술 생태계가 만들어졌다. 예컨대 AI 분야의 경우, 2022년 기준 귀환 인재의 32%가 베이징에 집중됐고, 같은 해에만 43개의 AI 스타트업이 이들에 의해 설립됐다. 이는 정부의 투자금과 연계되어 신속한 산업화로 연결된다. 중국과학기술일보와의 인터뷰에서 선전의 인공지능 스타트업 '쥐젠矩阵'의 CTO로 활동 중인 귀환 과학자 장옌 씨는 "내가 귀국한 결정적 이유는 '실패하더라도 다시 시작할 수 있게 해 주는 국가적 설계'였다"라고 말한다. 이 회사는 2년 만에 인공지능 물류 최적화 알고리즘으로 5억 위안 투자를 유치하며 중국판 챗GPT 생태계의 핵심 주자로 부상하고 있다.

무엇보다 이 전략은 '과학자의 자산화'라는 새로운 프레임을 실현하고 있다. 귀환 인재를 중심으로 약 45만 명 규모의 해외 경험 인재 풀이 형성되며, 과학기술 창업과 연구 개발이 확장됐다. 이들이 설립한 기술 기업 중 48개가 과학기술판에 상장됐고, 총 시가총액은 2조 3,000억 위안을 넘겼다. 국제 학술지 공동 저자 비중도 미국과 대등한 수준으로 확대됐으며 5G, 양자통신, 스마트 배터리, 바이오 의약품 분야에서는 세계 특허 등록 1위를 기록하고 있다.

"미국은 기회를 주고, 중국은 구조를 줍니다." 베이징에 정착한 생명공학 귀환자가 남긴 이 말은 이중적 세계의 선택지를 상징한다. 천인계획은 기회의 자연 발생을 기다리지 않았다. 그것을 국가가 직접 디자인했다. 그리고 그 결과, 국가는 기술을 가진 사람을 되찾는 데 그치지 않고, 그들의 인생을 구조화함으로써 과학을 소유하게 됐다. 이 구조가 성공할지 여부는 아직 결론이 나지 않았다. 그러나 분명한 건 하나다. 21세기의 과학 인재 전쟁은 설계도면을 가진 국가가 유리한 싸움이다.

2) 차이나 이니셔티브 China Initiative

'천인계획'은 단순한 리크루팅이 아니라 인재의 생애 전체를 구조화한 국가전략이었다. 이 프로젝트는 고연봉, 연구 자율성, 가족 보장, 정치적 위상까지 포함한 생애 패키지를 통해 수천 명의 과학자를 귀국시켰다. 중국 교육부에 따르면 2022년 기준 노벨상 수상자급 전략 과학자 200여 명, 글로벌 기업 출신 산업 리더 1,500여 명, 박사급 청년 과학자 6,000여 명 이상이 중국의 연구소, 대학, 기업으로 복귀했다. 중국 국가 실험실의 신규 수석 과학자 중 63%는 북미 연구 경력을 보유하고 있다.

이러한 귀환 흐름은 미국과의 외교적 긴장을 불러왔다. 2018년 미국 법무부는 '천인계획'에 참여한 중국계 과학자들을 겨냥해 '차이나 이니셔티브 China Initiative'를 가동했다. 산업 스파이, 기술 유출 방지를 명분으로 한 이 조치는 실질적으로 중국계 과학자 대상의 일괄 조사였으며, 미국 내 연구 생태계에 타격을 줬다.

해당 프로그램으로 기소된 148명 중 88%가 화교 과학자였고, 유죄 판결은 25%에 불과했다. MIT 기계공학과 천강 교수 사건은 그 대표적 사례다. 그는 무죄 판결을 받았지만 실험실은 해체됐고, 국제 공동 연구는 중단됐다. 이후 많은 중국계 과학자가 연구의 자유를 포기하거나 미국을 떠나야 했다.

2022년 미국 국가과학재단NSF의 조사에 따르면, 미국 내 중국계 과학자의 82%가 차별을 경험했고, 61%는 미국을 떠나는 것을 고려하고 있다고 응답했다. 2020~2022년 사이 2,000명 이상이 미국을 떠났으며, 그중 65%는 중국으로 귀국했다. MIT, 스탠퍼드, UC버클리 등 주요 연구기관에서 중국계 교수·연구원이 사직했고, 다수가 베이징대, 칭화대, 상하이교통대, 국가중점연구소 등으로 이동했다.

중국은 이 흐름을 적극적으로 활용했다. 베이징과 상하이에는 '최고과학자공작실顶尖科学家工作室'이 설치됐고, 외국 국적자에게도 국가 프로젝트 리더 지위를 부여하는 제도가 도입됐다. 귀국 과학자에게는 종신 연구실 운영권과 수억 위안의 연구비가 제공됐다. 귀환 과학자들은 "실험실을 되찾았다"라는 말로 복귀 배경을 설명했다.

2023년 기준 중국 과학기술부에 등록된 '고급 귀환 인재'는 연간 1만 3,000명에 달하며, 절반 이상이 북미 유학 경력을 가진 인물이다. 이들 중 1,200여 명은 반도체, 인공지능, 바이오 등 전략 산업 출신이다. 박사급 과학자의 귀국 규모는 2009년 대비 6.7배 증가했으며, 61%는 AI, 반도체, 양자 분야에 집중됐다.

이 흐름은 단기적 귀환이 아니라 장기적 구조 전환으로 이어지고 있다. 오픈AI 출신 연구자가 상하이 스타트업에 합류했고, MIT 양자과학자는 '구장 3호' 양자 컴퓨터 프로젝트에 투입됐다. 2023년에는 중국 정부가 노벨상 수상자급 석학 7명과 직접 계약을 체결하고, 2억 위안 규모의 연구 패키지를 제공하는 등 과학 리더십 확보에 주력하고 있다.

3) 갑자기 사라진 중국인 종신교수

2025년 3월 미국 인디애나대학 블루밍턴 캠퍼스에서 종신 재직권을 가진 한 교수가 자택 압수수색을 받고 해고된 뒤 행방이 묘연해졌다. 사이버 보안 분야에서 세계적 권위를 인정받아 온 중국계 학자 왕샤오펑 교수다. 그는 학교와의 모든 연결 고리가 끊어졌는데, 2주가 넘도록 그와 연락이 닿지 않는다는 동료 연구자의 전언까지 더해지자 우려와 걱정이 커졌다.

이 사건의 핵심은 공식적인 혐의가 발표되지 않은 상태에서 진행된 강제 수색과 즉각적인 해고 조치 때문이다. 미국대학교수협회AAUP는 "종신 재직권을 보장받은 교수에게 적절한 절차 없이 내려진 조치"라며 공개적으로 항의했다. 왕 교수의 협업 대상이 중국 연구자들이었다는 점, 그리고 중국에서 일부 연구비가 흘러 들어온 정황이 있었던 점 외에는 어떠한 구체적인 위법 사실도 아직 드러나지 않았다.

이는 트럼프 행정부 1기 시절 중국계 과학자들을 겨냥한 '차이나 이니셔티브China Initiative'를 다시금 떠올리게 하는 사건이 되고 있다. 2018년부터 2022년까지 약 250명의 중국계 과학자들이 조사를 받았고, 그중 112명이 직장을 잃었다. 이 중에는 무혐의로 밝혀진 경우도 적지 않았다. '차이나 이니셔티브'는 인종 편향 논란과 인재 유출 후폭풍 속에 2022년 폐지됐지만, 왕 교수 사건은 또다시 중국계 과학자들이 타깃이 될 수 있다는 불안감을 키우고 있다.

중국계라는 이유만으로 과학자가 '잠재적 스파이'로 낙인찍히는 현상은 지식 공동체의 근간을 흔드는 일로 평가받는다. 왕 교수의 경우 사이버 보안과 개인정보 보호 분야에서 국제 학술지에 수백 편의 논문을 발표했고, 총 2,300만 달러약 330억 원의 연구 프로젝트를 주도한 인물이다. 그가 어떤 혐의를 받고 있는지조차 명확히 밝혀지지 않은 상황에서 이뤄진 수색과 해고는 '정당한 감시'라기보다 '제도화된 불신'에 가깝다는 시각이다.

2주 넘게 사실상 '실종' 상태였음에도 본토 언론에 보도되지 않던 사건이 4월 들어 갑작스레 바이두 실시간 검색어 상위에 올랐다. 이는 중국 정부가 이번 사건을 단순한 학문 논쟁이 아닌 전략적 대응 프레임으로 바라보고 있다는 신호일 수 있다. 중국은 이와 같은 사례를 '서방의 학문적 정치화'로 규정하고, AI·반도체·양자정보 등 기술 분야의 자립과 귀환 인재 전략을 더욱 공고히 다질 기회로 삼을 가능성이 크다.

4) 기술 자립의 도미노

기술은 언제나 사람을 따라 움직인다. 15년 전, 미국 실리콘밸리에서 반도체 장비 설계를 총괄하던 중국계 과학자 인즈야오尹志尧는 사직서를 내고 상하이로 향했다. 귀국 후 창업한 중웨이반도체는 5nm급 식각 장비 개발에 성공했고, 2023년엔 TSMC 양산 라인에 채택됐다. 그 한 명의 귀환은 중국 반도체 산업의 좌표를 다시 그리는 사건이 됐다.

이 사례는 예외가 아니다. '천인계획' 이후 귀환한 과학자들은 기술·자본·시장·인재를 결합해 '기술 자립의 촉매'로 기능해 왔다. 이들이 창업한 기업 중 48곳은 과학기술혁신판科创板에 상장했고, 총 시가총액은 2.3조 위안약 450조 원에 이른다. 엔비디아 출신 귀환자가 설립한 캠브리콘Cambricon는 글로벌 AI 칩 시장의 강자로 부상했다.

2020년대 초, 중국 기술 산업의 도약을 만들어 낸 결정적 동인은 바로 이 '귀환 과학자 클러스터'다. 이들은 논문을 넘어 특허를 만들고, 스타트업을 설계하며, 차세대 연구 인재를 양성하는 생태계의 핵심 노드로 작동하고 있다. 특히 미·중 양국의 CTO 출신, 글로벌 R&D 책임자들이 중국으로 귀국하며, 자체 IP 기반 스타트업 창업 흐름이 뚜렷해졌다.

2023년 세계지식재산기구WIPO에 따르면, 중국 특허의 28%가 귀환 과학자 주도 연구실에서 나왔고, 슈퍼컴퓨팅 연산력은 세계 E급 기준의 53%를 차지했다. 양자 통신, 유전체 편집, AI 칩 등 서방의 기술 봉쇄가 강한 분야일수록 기술 자립 속도가 더 빨랐다는 점은 주목할 만하다.

이 흐름의 중심엔 인치印奇 같은 인물들이 있다. 콜럼비아대학 박사 출신인 그는 귀국 후 메그비Megvii를 공동 창업했고, 도시 치안 AI 시스템 '청스

다나오'를 설계했다. 자사가 개발한 AI 칩 '치우소우'는 전력 효율 면에서 엔비디아를 능가한다. 지금 그는 10만 대 이상의 로봇을 운용하며 세계 5대 AI 솔루션 기업 중 하나를 이끌고 있다.

정부도 이 파급력을 확대하는 데 주력하고 있다. 심천, 항저우, 우시에는 귀환 인재 전용 연구단지가 조성됐고, 창업 초기 단계에 최대 3,000만 위안의 직접 투자가 이뤄지고 있다. '국가중점실험실 특별 프로젝트'와 '고급 인재 창업 기지'는 단순한 지원이 아니라 귀환 과학자들을 전략 산업의 전위 부대로 실질화하는 장치다.

물론 모든 프로젝트가 성공하는 것은 아니다. 과학기술부 통계에 따르면, 천인계획 귀환자의 사업화 성공률은 37.5%로 목표치에 미치지 못했다. 그러나 실패를 수용하는 시스템, 두 번째 기회를 주는 구조는 장기적 경쟁력을 강화하고 있다.

중국은 과학자를 국가 전략 자산으로 분류하고 있다. 2023년 발표된 '국가인재공정国家人才工程'에 따르면, 핵심 과학자는 국가가 직접 관리하며, 개인의 연구 성과, 창업 여부, 특허 수익을 통합한 '인재 자산 지표'가 도입됐다. 이를 토대로 정부와 국유 펀드는 해당 인재의 프로젝트에 선투자하며, 일부 과학자에겐 최대 3,000만 위안의 초기 자본이 배정된다. 과학자가 하나의 국가형 벤처 자산으로 관리되는 구조다. 이는 시장이 아니라 국가가 인재 수익률을 계산하는 '전략형 인재 운용 모델'이라 할 수 있다.

이 흐름은 '귀환'의 문제가 아니고 기술의 복귀, 즉 미래로의 재정렬이다. 중국은 이 인재들을 단순히 연구실로 복귀시킨 것이 아니라 국가전략 기술의 설계자로 배치했다.

5) 미중 기술 냉전의 역설

2022년 10월, 미국 상무부는 전 세계 반도체 장비 업체에 중국과의 기술 거래 중단을 공식 통보했다. 이에 따라 ASML, 어플라이드 머티어리얼즈, 램 리서치 등 주요 기업이 중국 내 프로젝트를 잇따라 중단했다. 중국 산업계에 큰 충격을 줬지만, 이는 곧 기술 방향의 전환점이 됐다. 중국 산업계 내부에서는 "기술이 아니라 전략이 봉쇄당한 것"이라는 평가가 나왔다.

중국의 반응은 정면 돌파였다. 2023년 반도체 제조 장비 국산화율은 35%에 도달했고, AI 인프라 독립 구축과 자체 GPU, 대형 언어 모델LLM 훈련 시스템 정비가 동시에 추진됐다. 정부는 1,471개 핵심 기술 항목에 대해 자립 로드맵을 설정했다. 봉쇄는 위협이 아니라 오히려 기술 독립의 가속 신호로 작동했다.

중웨이반도체는 7나노급 식각 장비를 개발해 YMTC 생산 라인에 적용했고, 화웨이와 캄브리아니아는 자체 개발한 AI 칩으로 고성능 연산 생태계를 복원했다. 베이징 AI센터는 이 상황을 두고 "엔비디아를 넘어서려는 것이 아니라 없어도 되는 시스템을 구축하는 것"이라고 평가했다. 경쟁이 아닌 대체, 복제가 아닌 독립이라는 방향이 명확해졌다.

정부는 제재를 기술 자립 기회로 전환했다. '수입을 통해 자립하라以进促替'는 지침은 수백 개 기업의 기술 전략에 반영됐고, 국가과기투자기금은 전략 기술 분야에 4,500억 위안약 87조 원을 투입했다. 자립률 85%, 10년 내 완성이라는 목표가 명시됐다.

[미국의 규제와 중국의 대응]

미국 규제	중국 대응
반도체 장비 수출 제한	- 화웨이·SMIC 손잡고 구형 장비 이용해 7나노 반도체 양산 - 2022~2024년 반도체 장비 회사 연 평균 24개 설립
AI 반도체 수출 제한	- 반도체 장비 우회 공수해 AI 반도체 직접 생산 - 미국산 AI 반도체 필요 없는 방식으로 AI 모델 개발
중국 기술 투자 제한	- 국가 주도로 64조 원 규모 반도체 펀드 조성 - 대규모 국가 프로젝트 발주 방식으로 자금 지원

AI 오픈소스 프로젝트는 2023년 한 해 동안 18만 건 이상 등록되었고, 전년 대비 54% 증가했다. 깃허브 접속 제한 이후 등장한 '기티 Gitee'는 국내 기술 공유의 중심 플랫폼으로 자리 잡았다. 이 플랫폼에서 개발된 '바이촨 LLM'은 화웨이 칩 기반으로 훈련되어 한국어, 영어, 아랍어 등 다국어로 확장됐다.

양자, AI, 반도체 등 핵심 기술 분야에서 실제 도약 시점은 제재 직후와 일치했다. 양자통신 분야에선 2020년 미중 갈등 고조 직후 '징후간선 京沪干线' 양자암호망이 가동됐고, 이듬해 과기대궈둔 科大国盾이 상장에 성공했다. 반도체 분야에서는 2022년 미국의 반도체법 시행 직후, SMIC 중신국제가 14나노 공정 완전 자립화를 선언했다. 기술 봉쇄는 중국 AI 생태계의 독립을 촉진한 계기가 됐다.

현재 중국의 기술 체계는 미국과의 구조적 분기점을 형성하고 있다. 기술의 이름은 같아도 구조는 중복됐고, 플랫폼은 분리됐으며, 알고리즘은 다른 규칙으로 운영된다. 이는 단순한 기술 고립이 아니라 중국식 기술 자립 구조의 정착이다. 미국의 봉쇄는 중국의 기술 발전을 지연시키지 못했고, 오히려 기술 주권 확보를 앞당기는 계기가 됐다. 결과적으로, 기술 냉전의 핵심 결과는 고립이 아닌 '자기 설계 self-architecture'로 귀결됐다.

32. 중국식 영재 교육

1) 파벨 두로프 "딥시크 성공은 교육의 힘"

중국발 생성형 AI 모델 '딥시크'가 GPT-4를 추월했다는 소식은 전 세계 기술계에 충격을 안겼다. 하지만 텔레그램 창업자 파벨 두로프는 이 현상을 기술이 아닌 교육의 관점에서 분석했다. 그는 "딥시크의 진짜 성공은 중국의 교육 시스템에서 비롯된 것"이라며, 알고리즘보다 사람, 사람보다 교육이 핵심이라는 점을 강조했다.

두로프는 중국 학생들이 국제 수학·정보올림피아드에서 꾸준히 상위권을 유지해 온 배경에 단순한 교육열만 있는 것은 아니라고 지적했다. 그는 이를 국가 차원의 수학·과학 중심 교육, 철저한 서열 경쟁 시스템의 구조적 산물로 보았다. 중국은 학생 순위를 공개하고, 성취에 따라 자원과 기회를 차등 배분한다. 이는 과도한 스트레스를 유발할 수 있지만, 동시에 상위권에게는 강한 동기를 부여한다.

반면, 그는 미국과 서구 교육이 '균형'과 '포용'이라는 명분 아래 경쟁 요소를 제거하고 있다고 비판했다. "오늘날 많은 미국 고등학교는 성적을 공개하지 않고, 모든 학생이 챔피언이라는 환상을 주입한다. 하지만 사회는 여전히 성과 중심으로 작동한다"고 말했다. 경쟁 없는 교육이 결국 경쟁력 없는 인재를 만든다는 게 그의 주장이다.

그는 학생들이 게임에 몰입하는 이유도 여기에 있다고 본다. "게임은 순위와 보상을 제공하고, 실시간 피드백이 있다. 반면 교육은 그것을 제거했다."

두로프는 AI 벤치마크 테스트 역시 본질적으로 점수와 순위, 비교를 통해 진보를 평가하는 '경쟁 시스템'이라고 해석했다. 경쟁 없는 구조에선 기술도 인재도 성장하기 어렵다는 지적이다.

물론 중국 교육에 대한 과열 비판도 존재하지만, 두로프는 "그 과열이 글로벌 기술 우위를 만들어 낸 원동력"이라는 점을 간과해선 안 된다고 했다. 딥시크의 부상은 단기간의 사건이 아니라 교실에서 시작된 장기 구조의 결과이며, 경쟁 기반 교육과 인재 양성 시스템이 만든 실질적 성과라는 것이다.

AI 경쟁의 본질은 알고리즘이 아니라, 그것을 설계하고 구현할 수 있는 사람이며, 이 인재는 결국 교육 시스템 속에서 만들어진다. 중국의 교육은 이 점에서 기술 패권의 기반을 이미 갖추고 있다는 것이 그의 결론이다.

2) 중국 영재 교육 40년, '인재 강국'의 설계도

1978년, 덩샤오핑은 "과학기술은 제1의 생산력"이라 선언하며, 개혁개방과 함께 고등교육 재건에 나섰다. 단절된 인재 흐름을 복구하고 과학기술 역량을 회복하기 위한 이 전략은 곧 '영재 교육'이라는 실험적 선택으로 이어졌다. 그 첫 신호탄은 중국과학기술대학이 설립한 '소년반'이었다. 13~16세 고지능 학생을 선발해 빠르게 학문을 이수시키는 이 프로그램은, 나이보다 능력을 중심에 둔 전례 없는 교육 모델이었다.

소년반의 성공은 전국으로 확산됐다. 베이징팔중, 상하이중학 등 주요 학교가 초상반을 도입했고, 사고력 중심 교육과 학제 유연화 실험이 이어졌다. 1987년 교육부는 《초상 아동 교육 실시 의견》을 발표하며 영재 교육을 제도권에 편입시켰다. 중국은 이때부터 표준화 교육 바깥에서 '다르게 가르칠 권리'를 제도화했다.

40여 년이 지난 지금, 영재 교육은 단순한 실험이 아닌 국가전략의 중심축이 되었다. 칭화대 야오반 출신은 전광학 AI칩을, 중과대 소년반 출신은 세계 최초의 장거리 양자 통신을 구현했다. 화웨이의 '천재 계획' 채용군, AI 유니콘 창업자 다수 역시 이 경로를 거쳤다.

교육 체계도 진화했다. 전통 학년제 대신 탄력형 커리큘럼과 교과 간 융합 교육, '삼중 환경 교실·실험실·현장' 등 입체적 육성 모델이 구축됐고, 대학 입학 전부터 박사 과정까지 이어지는 전주기 인재 트랙이 완성됐다. 연간 9,000명 선발의 '중학생 영재 계획', 5만 명 규모의 엔지니어 양성 프로그램 등은 국가 전략의 실효성을 강화하고 있다.

사회적 파급력도 크다. 예컨대 청두칠중의 '위성 교실'은 우수 교사 수업을 248개 농촌학교로 전송했고, 해당 학교의 칭화·베이징대 합격자는 12배 이상 증가했다. 2023년 중국교육학회 설문에 따르면, 학부모의 76%가 '영재 교육은 특권이 아닌 교육 형평성'이라 답했으며, 이는 2005년 대비 54%포인트 상승한 수치다.

무엇보다 중요한 변화는 '선발'에서 '생태'로의 이동이다. 과거의 영재 교육이 소수 정예 중심이었다면, 오늘날 중국은 전체 교육 생태계의 질적 고도화를 지향한다. 교육은 이제 단지 재능을 증명하는 통로가 아니라, 국가의 미래를 설계하는 인프라로 작동하고 있다.

3) 중국 영재 교육의 현장 실험

중국의 영재 교육은 이제 더 이상 국가전략 수준의 담론에 머물지 않는다. 그것은 전국 각지의 교실 현장에서, 교사들의 자율성과 실천 속에서 조용한 혁명으로 확산되고 있다. 단지 '천재를 선별하는 교육'이 아니라 '모든 아이의 잠재력을 발현시키는 교육'이 되어 가고 있다. 바닷가 도시 둥잉에서, 장강 유역 우한과 동북 심양에 이르기까지, 다양한 실험이 이미 교육 생태계를 재편하고 있다.

산둥 둥잉의 한 초등학교는 전통 숙제 문화를 해체하고 '즐거운 과제'라는 이름으로 탐구 중심 학습을 도입했다. 아이들은 수학 구술 발표, 시가 게임 북 제작, 융합 프로젝트 영상 제작 등을 통해 창의성과 자율성을 길러냈고, 이는 곧 학습 성과로 이어졌다. 수학 인증 합격률이 지역 평균을 4배 이상 웃돌았고, 프로젝트 영상은 3천만 조회 수를 기록하며 교육 콘텐츠의 대중화 가능성도 증명했다.

우한 서대영재초등학교는 독서를 매개로 학문 간 장벽을 허물고 있다. 3D 시각화 독서 수업, 가정 연계 독서 프로그램, 정본 독서 교수법 등은 학생들의 연간 평균 독서량을 5배 이상 끌어올렸다. 이 경험은 단순한 학습량 확대를 넘어, 학생들의 탐색 능력과 가족 내 학습 문화를 재구성하는 성과로 이어졌다. 실제로 유네스코 교육 포럼에 사례로 공유되며 국제적으로도 주목을 받았다.

중등 단계에서는 기술이 교육 혁신의 새로운 축으로 작동하고 있다. 동북 지역 영재학교는 '학습-실습 융합형 교실'을 도입해 정보 밀도를 획기적으로 끌어올렸고, 고등학생 다수가 과학올림피아드와 국가 인증 대회에서 성과를 냈다. 롤러스케이트 수업과 뇌과학 프로젝트 결합, 습관 데이터 분석 시스템은 학문-신체-정서 역량을 통합적으로 성장시키는 환경을 만들어 냈다.

심양 우홍구 영재학교는 학교 전체를 '미래 교육 실험실'로 전환하며 청소년 발명 특허 127건, 국제 전시 수상, 윤리와 드론 수업 결합, 고등학생 SCI 논문 발표 등 기존 교육 패러다임에 대한 도전이자 새로운 표준의 제안을 만들어 냈다.

영재 교육은 이제 '특권'이 아니라 '가능성의 구조화'로 진화하고 있다. 중국은 교실 속에서, 실험 수업 속에서, 교사들의 손끝에서 미래를 설계하고 있다. 진정한 교육 혁명은 제도 개편이 아니라, 가장 가까운 곳—학생 옆에서부터 시작된다는 사실. 지금 중국의 교실은 그 단순한 진리를 조용히 증명하고 있다.

4) 중국 교육의 중심 베이징 하이뎬구

베이징 서북부, 서울의 4분의 3 크기인 431㎢의 작은 구획 안에 중국의 미래가 담겨 있다. 칭화대, 베이징대 등 최고 명문대와 바이두·바이트댄스를 포함한 7천 개 과학기술 기업이 밀집한 하이뎬구海淀区는 '중국 교육의 우주 중심'이라 불린다. 이곳의 교실은 단지 수업 공간이 아니다. 국가 전략이 작동하는 현장이며, 교사와 부모, 아이가 함께 미래를 설계하는 실험실이다.

이곳의 교육 풍경은 압도적이다. 초등학생이 카페에서 위상수학을 토론하고, 중학생이 신경망을 디버깅하며, 학부모는 자녀의 독서량과 탐구 활동을 데이터로 분석해 진로를 설계한다. 중관춘삼소 학부모는 중국과학원과 협업해 논문 지도를 자발적으로 진행하고, 고전시학과 양자컴퓨팅이 식탁 대화 주제가 되는 풍경도 낯설지 않다.

그러나 이 시스템은 개인 노력이나 학교 역량만으로 작동하지 않는다. 하이뎬구의 '교육 집단지성'은 고학력 부모층, 기업·대학 협력, 자발적 커뮤니티 실천이 어우러진 결과다. 육소강六小强이라 불리는 명문 중학교는 과학 영재반 합격률이 0.18%에 불과하며, 일부 가정은 '비판적 사고 캠프'와 '유전체 편집 수업'을 필수로 여긴다.

이런 몰입은 실질적 성과로 이어진다. 초등생이 개발한 AI 쓰레기 분류 시스템이 지역에 도입되고, 중학생이 국제 학술지에 논문을 발표하며, 고등학생은 시간표를 직접 설계해 양자물리·고대 희곡·분자요리학을 통합한다. MIT, 올림피아드, 칭화대 강기계획에서 하이뎬 출신이 주도적 위치를 차지하는 건 우연이 아니다.

그러나 이 모든 성취는 '영재 양성 시스템'이란 이름 아래 고강도 훈련의 산물이기도 하다. 정신건강 진료 급증, 학업 회의감, 정서 탈진은 이 지역이 마주한 또 다른 얼굴이다. 하이뎬의 교육은 인간 개발의 방향까지 재구성하지만, 그 과정에서 '성취하는 인간'이 아닌 '기능하는 기계'로 전락할 위험도 커지고 있다.

하이뎬구는 중국 교육의 미래를 가장 빠르게 실현하고 있는 동시에, 그 한계와 부작용을 가장 먼저 마주한 실험 구역이다. 이곳은 창조의 천국이자 과열의 지옥이다. 교실 안 책상이 국가 전략의 도면이 되고, 가정 안 지도 노트가 과학기술 주권의 초석이 되는 이곳에서, 중국은 '어떻게 아이를 키울 것인가'를 '어떤 사회를 만들 것인가'라는 질문으로 연결하고 있다.

5) 중국식 영재 교육의 정점, 베이징 팔중

1985년 베이징 팔중의 '소년반'이 문을 열었을 때, 이는 단순한 영재반이 아닌 미래 교육 실험의 출발점이었다. 이후 40년, 팔중은 '신동 양성소'라는 수식어를 넘어, 인간의 잠재력을 구조적으로 설계하는 교육 모델로 자리 잡았다. 단순한 학업 성취를 넘어 인성, 체력, 창의력, 윤리까지 아우르는 '전인 교육 실험실'이 된 것이다.

팔중의 선발 과정은 타고난 재능의 탐색을 넘어 '성장 가능성'의 정밀 분석으로 진화했다. 생체 데이터, 창의 과제, 행동 관찰, 수업 참여 등 다차원 선발 방식은 단지 수재를 뽑는 것이 아니라, 깊이 사고하고 회복할 수 있는 아이를 찾는다. 1차 지능 평가로 상위 5% 아이들을 가려낸 후, 창의 과제와 관찰로 '풀이 기계'를 걸러내고, 세 달간 수업 참여를 통해 학습 역량을 검증한다. 최종 합격률 0.37%. 하버드보다 치열하다.

교육 과정은 '속도'보다 '구조'에 주목한다. 8년 과정을 절반으로 압축하되, 사고 흐름을 설계한 '지식 나무 도식법'으로 학습 중복을 제거하고 사고 깊이를 확장한다. 체력과 회복력 강화를 위한 철학도 병행된다. 매주 6시간 야외 활동은 필수이며, 4년간 240km 도보, 30개 산 정복, 8종 수영법 습득을 완수해야 졸업할 수 있다. 이들 졸업생의 건강 지표는 베이징 평균을 크게 웃돈다.

AI 시대에 맞춰 팔중은 기술 교육도 새롭게 정의했다. 단지 코딩이 아닌, 'AI와 인간 문명'이라는 교양과목을 통해 기술의 사회적 맥락과 윤리를 가르친다. 고교생은 딥러닝 모델을 직접 설계하고, 단백질 접힘 예측이나 자기장 최적화 프로젝트로 국제 무대에서 성과를 내고 있다. 학생 개발 AI는 실제 산업에 도입되고, 특허와 논문으로 연결된다.

AI 연구실, 디지털 트윈, 뇌-컴퓨터 인터페이스 실험실 등 최첨단 인프라도 교육의 일부다. 상업 기업 협업, 원사급 멘토링, 프로젝트 기반 학습, AI 윤리 시뮬레이션 등은 팔중 학생을 '기술 사용자'가 아닌 '기술 설계자'로 키우는 장치다. 학습 데이터를 기반으로 한 맞춤 피드백과 성장 추적 시스템은 팔중 교육의 정밀도를 뒷받침한다.

팔중의 성과는 숫자로 증명된다. 졸업생 62%는 칭화·북대로 진학했고, AI 특허 127건, 국제 STEM 수상자 37%, AI 기반 정서 지원 프로그램의 상용화까지 이어졌다. 졸업생 42%는 세계 유수 대학에서 종신 교원으로 임용됐고,

23%는 테크 기업을 창업했으며, 그중 7개사는 기업 가치 100억 위안을 돌파했다. 로봇·AI 분야 국제 대회에서 팔중 학생들은 수년간 정상을 지켰다. 팔중의 시스템은 전국 287개 학교로 확산 중이며, 장강삼각주로도 확대된다.

6) 실제 AI 인재 생활은?

밤 11시, 베이징 황좡黃庄 학원가의 불빛은 꺼질 줄을 모른다. 이곳은 단순한 교육지구가 아니다. 하이덴구 중심에 자리한 황좡은 칭화대·베이징대, 중국과학원, 바이두·화웨이 등 최고 학문과 산업의 집결지로, 'AI 인재 양성의 진지'가 작동하는 현장이다. 이곳의 부모 다수는 컴퓨터공학 박사나 엔지니어로, 자녀 교육을 일상의 연장선에서 과학적으로 설계한다. 그들에겐 자녀는 사랑의 대상이자 미래를 위한 프로젝트다.

이른바 '가족형 프로젝트 기반 교육'은 이곳에서 하나의 문화가 되었다. 초등학생이 위상수학을 배우고, 매일 LeetCode에서 알고리즘 문제를 풀며, 저녁 식탁에서는 AI와 생명과학을 주제로 토론이 오간다. 학부모는 회의보다 자녀 논문 첨삭에 집중하고, AI 논문을 중학생 시절부터 쓰는 것이 더는 낯설지 않다. 이들의 궁극적 목표는 '칭화대 야오반姚班'—중국 최고 AI 인재 양성 트랙이다.

황좡은 대치동과 닮았지만, 그 열기는 차원이 다르다. 수업은 밤 10시 넘어서도 계속되고, 인근 편의점과 음식점은 학생과 학부모로 붐빈다. 교육은 학교가 아닌 도시 전체가 수행하는 시스템이 되었다. 베이징과 상하이를 넘어 항저우, 심천 등 대도시도 뒤따르고 있다. 9세 논문 저자, 초등생의 뇌-컴퓨터 인터페이스 실험 사례가 등장하고, 시간당 2,000위안짜리 수업은 사교육이 아니라 기술 산업의 연장선으로 간주된다.

성과도 현실화되고 있다. 13세 소년의 교통 예측 AI는 베이징시 정책에 채택됐고, 고등학생이 만든 병변 진단 모델은 38개 병원에 적용됐다. 이들의 알고리즘은 바이두, 센스타임 등 국가대표 AI 플랫폼에 탑재되며, 기술력은 곧 가문과 계층의 지위를 상징하는 척도가 된다.

현재 중국의 AI 교육 시스템은 '아이를 위한 AI'가 아니라 'AI를 위한 아이'를 조직적으로 양성하는 방향으로 작동 중이다. 트랜스포머 모델을 해석하는 초등학생, 딥러닝을 주제로 토론하는 가족 문화는 교육의 진보처럼 보이지만, 실상은 또 다른 조기 과열 구조의 반복이다.

한 병원 조사에 따르면, AI 특기생의 우울증 지표는 일반 학생보다 2.7배 높고, 20세 이전에 창의성을 소진하는 사례도 적지 않다. 칭화대 교수들조차 "실행력은 세계 최고지만 창의성은 유럽보다 약하다"고 말한다. 연간 25만 위안에 이르는 교육비는 중산층도 감당하기 어려우며, 칭화대 AI 학과의 농촌 출신 비율은 4.7%까지 떨어졌다. AI 교육이 고소득층의 사회적 자본 재생산 수단으로 기능하고 있는 것이다.

현재 중국의 AI 교육은 '아이를 위한 AI'가 아닌, 'AI를 위한 아이'를 양성하는 구조로 작동 중이다. 황황의 밤은 그 구조가 만든 풍경이다―찬란하고도 차갑게.

33. 칭화대는 천재 집합소

deepseek

1) 산업 굴기 출발점

중국의 산업 현대화를 이야기할 때, 유독 반복돼 언급되는 대학이 있다. 바로 칭화대학이다. 단순한 명문을 넘어, 이곳은 산업 전략의 설계실이자 과학기술 자립의 심장이다. 정부가 기술 패권의 중심에 칭화를 둔 것은 우연이 아니다. 칭화는 우수 과학자를 배출하는 교육기관이자 국가 전략을 설계·자문·실행하는 통합 플랫폼이다.

칭화의 기원은 외세의 굴욕과 민족 자강 의지 속에서 시작됐다. 1911년 미국의 의화단 사건 배상금 반환으로 설립된 칭화학당은 '서양 기술로 국가를 다시 세운다'는 소명 아래 탄생했다. 1952년에는 국가 주도의 학과 조정에 따라 공학 중심으로 재편되며 산업화의 기술 거점이 되었다. 교육은 수단이었고, 목표는 국가 자립이었다.

칭화의 궤적은 명문대 성장사에 그치지 않는다. 장강삼협댐, 밀운수력, 핵무기와 우주 개발, 첨단 제조 기반 구축에 이르기까지, 지난 수십 년간 칭화는 중국 산업 인프라의 전선마다 관여해왔다. 고온가스로 냉각되는 신형 원자로는 칭화의 중간 시험기지를 거쳐 산둥성 원전에 적용됐고, 이는 연구 성과가 논문에 머물지 않고 산업으로 직결되는 구조를 증명한다.

현재 칭화대는 AI, 에너지, 반도체, 항공우주 등 핵심 기술 분야에서 27개의 국가 중점 실험실과 엔지니어링 센터를 운영한다. 기술은 대학에서 산업 현장으로 이관되며 일부는 글로벌 기술 기준이 된다. 인도네시아 고속철 내진 설계, 아프리카 태양광 설비 운영 체계 등도 칭화 출신 엔지니어의 작품이다. 2023년 한 해 동안 칭화는 500건 이상의 기술 이전 계약을 체결하며 약 37억 위안의 수익을 올렸다.

이 대학의 가장 두드러진 특징은 기술과 산업의 거리, 교육과 전략의 거리를 '0'으로 만드는 구조다. 졸업 논문 대신 기업의 실제 과제를 해결하고, 기계공학과와 미대는 스마트 장비 사용자 경험을 공동 설계한다. 전자공학과와 의대는 뇌-기계 인터페이스를 공동 개발하고, 해외 협력조차도 국가전략과 정렬되어 있다. '기술이 국가를 움직이려면, 먼저 기술이 국가와 연결돼 있어야 한다'는 원칙이 실현되는 곳이다.

칭화는 이제 기술을 따라가는 대학이 아니라 기술을 정의하는 대학이다. 산업 방향을 설계하고, 과학기술 질서까지 재편하며, 세계 과학기술 담론의 구조 자체를 움직이고 있다. 중국 정부가 칭화를 선택한 이유는 분명하다. 칭화는 인재 양성에 그치지 않고 정책 설계, 기술 확산, 산업 적용까지 전 주기를 책임질 수 있는 유일한 체계를 갖추고 있기 때문이다.

중국이 '제조2025'를 넘어 기술 주권과 글로벌 표준 경쟁을 말할 수 있게 된 배경에는, 언제나 칭화대학이 있다. 이 대학의 실험실에서 설계된 기술이 곧 중국 산업의 얼굴이 되고, 졸업생이 이끄는 스타트업이 새로운 시장을 열며, 커리큘럼은 국가 전략과 동조한다. 칭화의 궤적은 단지 교육의 성공사가 아니라, 기술로 자립해 온 국가 서사의 압축된 청사진이다.

2) 인재가 몰리는 칭화대

매년 여름, 중국 각 성의 수능 수석과 국제 올림피아드 수상자들이 대학 선택지를 놓고 결단을 내릴 때, 칭화清华대학은 늘 그 목록의 가장 위에 있다. 단순한 명성 때문만은 아니다. 글로벌 인재들이 국경을 넘어 칭화로 향하는 이유는, 이곳이 단지 교육기관이 아닌 '지적 성장과 시대 공진의 생태계'로 작동하고 있기 때문이다. 노벨상급 학자가 수업을 하고, 실험실에서 미래 산업을 설계하며, 운동선수와 수학 천재가 같은 강의실에서 토론을 벌이는 이 대학은, 분명 독자적인 인재 인력장을 구축해냈다.

칭화대학의 학문 역량은 세계적이다. 54개 1급 학문분야를 포괄하는 교육·연구 구조 속에서, 공학은 QS 세계 랭킹 10위권에 9년 연속 진입했고, 컴퓨터과학·기계공학 등 8개 분야는 전 세계 상위 0.1% 수준의 피인용 지표를 기록했다. 인문사회도 예외는 아니다. 글로벌 거버넌스 인재를 키우는 '수시민 칼리지'나 급부상 중인 법학과는 전통 명문대를 제치고 중국 내 최상위권으로 진입했다. 여기에 양자정보, 뇌과학, 탄소중립 등 최첨단 융합 플랫폼은 학생들이 '지식의 미개척지'에서 탐험가로 성장할 수 있게 한다.

이런 환경을 가능케 하는 건 인적 자산이다. 칭화에는 현재 중국과학원·공정원 원사가 각각 50여 명씩 재직 중이며, 45세 이하 교원이 절반을 넘는다. 전설로만 회자되는 인물들이 실제 교단에 선다. 도링상 수상자 야오치즈는 AI 수업을, 필즈상 수상자 비르칼은 현대수학 강의를 맡고 있다. C919 항공기의 총설계자, 천궁우주정거장의 총지휘관 등 '국가 대표급 실무자'들도 자주 캠퍼스를 찾아 후배들과 지식을 나눈다. 이곳에선 '이론과 실무, 전통과 미래'가 매일 부딪히며 새로운 것을 빚어낸다.

칭화의 실험은 제도에서도 확인된다. 대표 사례가 컴퓨터과학 엘리트 트랙 '야오반'이다. 필즈상급 수학자 야오치즈의 이름을 딴 이 과정은 학부생에게 세계 석학과 논문을 쓰고, 커리큘럼도 스스로 설계할 권한을 준다. 수시민 칼리지는 메타버스 시뮬레이션, 정책 실습 등 정형화된 평가 기준 밖에서 가능성을 가늠한다. 칭화는 실패한 실험도 학점으로 환산해 주는 '실패 환산제'를 운영한다. 세 번의 실패는 한 번의 성취로 존중된다.

선발 구조도 개별성과 다층성에 기반한다. 수능 수석보다 특허 보유자, 국가대표, 농촌 프로젝트 설계자에게 문을 연다. 추청통 수학 영재 계획은 고교생을 박사과정으로 직행시킨다. 성적보다 '설계력', 과거보다 미래 가능성을 본다.

교육 공간 또한 실험의 일부다. 자율주행 셔틀이 캠퍼스를 달리고, 메타버스 실험실에선 고전 건축물이 디지털화된다. 공대와 미대, 건축과 철학과가 함께 스마트 환경 디자인을 실험하고, AI 조교 '칭샤오다'는 학생 개개인에게 맞춤 피드백을 제공한다. 기술, 사고, 공간이 하나로 통합된 구조다.

칭화의 또 다른 자산은 세계적 네트워크다. 동문 기업가는 중국 스타트업 생태계 핵심에 있고, 실리콘밸리·스페이스X·구글 브레인에서도 활약한다. 동문 기금은 사막 탐사, 히말라야 등반을 지원하며, 혁신 문화가 세대를 초월해 흐른다. 졸업 이후에도 칭화 시스템은 계속된다. 자녀 교육, 재교육, 멘토링까지 이어지는 '전 생애 성장 지원 체계'는 대학의 책임을 보여 준다.

18세의 천재가 80대 원로와 함께 원자로를 설계하고, 아프리카 유학생이 고향에 칭화 기술을 도입하며, 예술학도가 뇌-기계 인터페이스로 음악을 작곡하는 순간들. 칭화의 인재 흡인력은 바로 이같은 장면에 있다.

3) AI 인재 양성

칭화대학은 중국 인공지능 굴기의 최전선에서, 칭화는 기술이 아닌 인재를 설계하고 있다. 그 출발점은 '지식의 축적'이 아니라 '지능의 조직화'에 있다. 단순한 정답이 아니라 문제를 정의하고 설계할 수 있는 인간, 그것이 칭화가 키우는 인재의 방향이다.

칭화의 인공지능 교육은 1978년, 중국 최초의 AI 교육연구그룹 발족으로 시작됐다. 이는 카네기멜론대보다도 이른 시점이다. 이후 AI 및 지능제어, 인지과학, 로봇공학 등 다학제 연구를 이어오며 AI 생태계를 대학 안에 통합적으로 구축해 왔다. 2018년 설립된 인공지능연구원THUAI은 AI 이론, 응용, 윤리까지 아우르는 종합 플랫폼이며, 'AI+X' 융합 프로그램을 통해 예술, 의료, 법학 등으로 확장되고 있다.

가장 주목할 만한 특징은 '실험적 교육'이다. 본과 1학년부터 산업 프로젝트에 투입되는 구조, 4차원 교육 체계뇌과학·알고리즘·윤리·산업를 기반으로 한 전공 설계, AI 가상 조교 '칭샤오다清小搭'가 제공하는 맞춤형 학습 피드백은 칭화의 차별점이다. 2024년 출범한 인공지능학원은 '지능의 개인화 개발'을 목표로, 학생의 감정 반응과 인지 속도를 분석해 학습 경로를 제시한다. 이미

3만 건 이상 개별 피드백이 운영되며 실증적 효과도 축적되고 있다.

칭화대는 단순한 AI 교육기관을 넘어, 중국 AI 전략의 핵심 플랫폼으로 기능하고 있다. 교육과정은 이론과 실무를 결합한 하이브리드 구조로, 컴퓨터과학과는 AI 기초와 심화를, 소프트웨어학원은 응용 개발을, 전자공학과는 하드웨어와 신경망 프로세서를 중심으로 운영한다. 다양한 본·석사 연계 프로그램과 조기 전문화 과정도 함께 진행된다.

이 체계는 강력한 연구 인프라와 산업 연계를 기반으로 한다. 텐센트, 바이두, 화웨이 등과 공동 연구소를 운영하며, 중관촌이라는 입지 조건은 실습, 창업, 취업까지 연계되는 통합 루트를 제공한다. 텐센트-칭화 AI혁신센터, 칭화-버클리 심천연구소, MIT·스탠퍼드와의 글로벌 공동 프로그램, MOOC 플랫폼 '학당온라인'을 통한 AI 교육 개방은 칭화의 범위를 학내에서 글로벌로 확장시켰다.

이 모든 구조는 중국 정부의 '신세대 AI 발전 계획'과 칭화의 '기술 국책대학'화라는 전략적 틀 속에서 형성됐다. 그 결과 칭화 AI 졸업생의 박사 진학률은 23%에 이르며, AI 특허와 알고리즘 대회 수상 실적, 중등 교육과정 확산 등 다양한 지표에서 선도적 성과를 보이고 있다.

칭화 AI 인재의 핵심에는 야오치즈·장보 같은 이론가와 문샷의 양즈린 같은 창업자가 있다. '천재소년' 프로그램 등에서 칭화 출신 인재들이 두각을 나타내는 이유는, 이곳이 단순히 기술을 가르치는 곳이 아니라 인간 사고를 설계하는 공간이기 때문이다. 칭화는 문제를 푸는 능력보다 문제를 정의할 창의성을 가르치며, 그 방식이 인재를 모으는 힘이 되고 있다.

34. 중국 AI 10대 연구소

deepseek

1) AI 기술 패권을 설계하는 연구기관들

중국의 인공지능AI 굴기는 기업만의 게임이 아니다. 기술은 기업이 만들지만, 그 기업을 움직이는 근원에는 조용하지만 단단한 '두뇌'가 존재한다. T10이라 불리는 10개 핵심 연구기관은 중국 AI 생태계의 이론적 기반과 기술 주권의 구조를 동시에 설계한다. 이들은 단순한 대학이나 연구소가 아니라, 국가전략과 기술 생태계 사이를 연결하는 신경망이다. 기업이 눈에 보이는 전진 기지라면, T10은 기술 문명을 움직이는 내부 회로다.

칭화대학, 베이징대학, 중국과학원, 저장대, 상하이교통대 등으로 구성된 이 집단은 각각 특화된 AI 연구 분야를 갖고 있다. 자연어 처리, 컴퓨터 비전, 양자 머신러닝, 로보틱스, 스마트시티, AI 윤리 등 모든 핵심 기술의 기초는 이들 기관에서 생성되고, 실험되며, 검증된다. 그리고 이 지식의 회로는 바이두, 텐센트, 알리바바, 화웨이 등 중국 테크 기업으로 전이된다. T10과 BATX는 경쟁하는 관계가 아니라 기능적으로 결합된 기술 생태계다.

중국 정부는 이 구조를 '삼위일체'라고 표현한다. 연구기관은 이론을 제공하고, 기업은 상용화하며, 국가는 정책과 자금을 투입한다. 예컨대 베이징 인공지능연구원BAAI은 OpenAI를 벤치마크한 중국의 대표 연구기관으로, 1조 파라미터 이상의 WuDao 시리즈를 개발하고, 오픈소스 생태계인 OpenBMB를 통해 기업의 LLM 개발을 지원한다. 하지만 그 뒤에는 칭화대의 이론 구조, 중국과학원의 계산 자원, 정부의 전략 프로젝트가 결합되어 있다. 기업은 기술을 내놓지만 그 기술의 모태는 T10이라는 구조체 위에 구축된다.

칭화대 TSAIL 연구실은 알파고 스타일의 전략형 AI를 실험하며, 뉴로모픽 칩 Tianjic을 통해 인간 두뇌의 구조와 고전 컴퓨팅의 융합을 시도했다. 이는 AI의 물리 기반 구조를 재설계하려는 도전이다. 저장대는 의료 영상 분석 알고리즘으로 당뇨망막병증을 조기 진단하고, 스마트시티 실험에서 알리바바와 함께 교통 흐름을 최적화했다. 이는 단순한 논문이 아니라 도시의 움직임을 설계하는 기술이다. 베이징대는 알고리즘 편향, 윤리 설계, 공정성 프레임워크를 구축하며, 기술의 사회적 기준을 국가 정책으로 전환시킨다. 기술을 넘어서는 기술, 바로 그것이 T10이 존재하는 이유다.

T10의 의미는 단지 기술적 성과에 있지 않다. 이들은 인재를 만든다. 칭화대는 본과 1학년부터 실전 AI 프로젝트에 참여시키고, AI 기반 학습 피드백 시스템을 통해 개별 인지 속도와 감정 반응까지 분석하며 교육한다. 중국과학기술대는 양자 AI 융합을 주도하며, 푸단대는 디지털화폐와 정책 시뮬레이션을 통해 금융 AI의 전략적 기반을 만든다. 이는 단순한 연구자가 아니라 정책, 기술, 사회를 동시에 설계할 수 있는 구조적 인재를 키워 낸다는 점에서 기술 주권의 본질과 닿아 있다.

중국의 AI 전략은 단기간에 완성된 것이 아니다. 그것은 대학·연구소·기업·정부가 각자의 기능을 명확히 수행하며, 기술의 생산과 적용, 윤리와 정책의 전환까지 하나의 구조로 연결된 결과다. 그리고 그 중심에는 T10이라는 기술 주권의 '뇌피질'이 있다. 이들은 눈에 띄지 않지만 모든 기술 결정의 출발점이다. AI가 세계 질서의 열쇠가 되고 있는 지금, 중국은 기술을 생산하는 손보다 기술을 설계하는 머리를 먼저 만든 셈이다.

2) 연구소 T10, AI의 전략 거점

중국의 인공지능AI 전략은 단일 기술의 경쟁이 아니다. 그것은 연구기관들이 설계한 전문화된 전략 거점들의 집합체이며, 각각의 전초기지는 명확한 기술 좌표를 가진다. 이른바 T10이라 불리는 10개 핵심 연구기관은 중국 AI

생태계에서 기초 연구, 산업 응용, 정책 설계의 삼중 역할을 수행하고 있다. 그리고 이들은 단순히 기술을 축적하는 곳이 아니라 각각의 분야에서 '어떤 기술을 중심축으로 삼을 것인가'를 선택하고, 실험하며, 표준을 만들어 간다. 중국식 기술 주권은 이들 거점의 조합으로 구축된다.

중국과학원CAS은 그 중심축이다. 기초과학을 담당하는 국가급 기관으로, 컴퓨터 비전과 딥러닝, 음성 인식 등에서 독보적 연구력을 갖고 있다. 얼굴 인식 시스템 'CASIA'는 글로벌 시장의 표준이 되었고, 초거대 AI 모델 WuDao 2.0은 중국 내에서는 GPT 시리즈의 유일한 경쟁자였다. 이 모델은 1.75조 파라미터로 멀티모달 생성 능력을 탑재하며, 중국 정부가 원하는 AI 자립의 상징이 되었다. 중국과학원은 '기술을 따라잡는 것'이 아니라 '기술의 기준을 다시 세우는 것'을 목표로 한다.

칭화대는 AI 알고리즘과 칩 개발의 핵심이다. TSAIL 연구실은 알파고 유형의 전략 AI를 바탕으로 게임 이론과 강화학습을 결합한 알고리즘 구조를 설계했고, 뇌형 칩 Tianjic은 고전적 컴퓨팅과 뉴로모픽 구조를 융합해 2019년《Nature》표지를 장식했다. 이는 하드웨어와 알고리즘, 신경과학이 융합된 새로운 형태의 AI 지형도를 그리는 시도였다. 칭화는 기술이 아니라 지능의 구조를 설계하는 기관이다.

베이징대는 이론 중심의 AI 전초기지다. 양자 머신러닝, 신경망 수학 구조, 알고리즘 공정성 등 이론적 기반을 제공하며, AGI범용인공지능의 윤리적 한계를 미리 규정하는 선도적 역할을 한다. 바이두와 공동 개발한 Paddle Quantum은 중국 최초의 양자 AI 오픈소스 플랫폼으로, 기술 민주화의 방향까지 내포한다. 또한, 베이징대는 중국 정부에 AI 윤리 가이드라인을 제시하고, 알고리즘 편향 해소 프레임워크를 제안하는 등 기술과 정책 사이의 윤리적 경계선을 구축한다.

순위	대학명	국가
1	하버드대	미국
2	중국과학원대학	중국
3	중국과학기술대	중국
4	베이징대	중국
5	난징대	중국
6	저장대	중국
7	칭화대	중국
8	중산대	중국
9	상하이교통대	중국
10	MIT(매사추세츠공대)	미국
54	서울대	한국
66	KAIST(카이스트)	한국

저장대는 의료와 도시 기술의 응용 실험장이자 AI의 사회적 실현 가능성을 시험하는 현장이다. DeepDR 시스템은 당뇨망막병증을 AI로 조기 진단해 미국 FDA 인증을 받았고, 항저우에서는 알리바바와 함께 'City Brain' 프로젝트를 통해 교통 흐름을 실질적으로 15% 줄였다. AI가 의료 시스템과 도시 인프라를 직접 재설계하는 사회 기술형 모델의 대표 사례다.

상하이교통대는 에너지 효율성과 해양 지능 기술에 특화된 거점이다. Thinker 시리즈 AI 칩은 0.5W의 초저전력으로 실시간 이미지 처리를 실현했으며, OceanAI 프로젝트는 자율 해양 탐사 로봇을 실전 배치했다. 이는 국방 기술과 산업 기술이 동시에 접합되는 지점이며, '전장 이외의 전략 자산으로서의 AI'를 구현하는 실험장이다.

푸단대는 금융과 교육에서 AI 실용화를 이끌고 있다. FinBrain은 상하이 증시 예측 정확도 85%를 기록하며 실제 금융기관과 협업 중이고, EduGPT는 초·중등 맞춤형 콘텐츠 생성 시스템으로 중국 전역의 교육 플랫폼에 도입되고 있다. 푸단은 기술의 문화적 적용, 즉 AI가 사람의 행동과 사고를 어떻게 바꾸는가에 주목한다.

국방과학기술대학NUDT은 군사 AI의 실험실이다. 슈퍼컴퓨터 Tianhe-3를 활용한 전장 시뮬레이션, 무인기 전략 모델링, 사이버 전 대응 기술은 이미 미국 국방부의 참고 사례가 될 정도로 정밀화되어 있다. GhostNet은 적대적 AI 공격 탐지 시스템으로, 기술이 전장에서의 '결정권'을 어떻게 장악할 수 있는지를 보여 주는 상징적 프로젝트다.

베이징 인공지능연구원BAAI은 중국의 대형 모델 개발 전략의 허브이자 연구−산업−정책을 관통하는 거점이다. WuDao 시리즈는 단지 모델 그 자체가 아니라 중국식 LLM 생태계 구축의 선언이며, OpenBMB는 이 생태계를 확장하는 오픈소스 플랫폼이다. 이곳은 중국판 OpenAI의 역할을 사실상 대행하고 있다.

바이두 연구원은 상용화의 최전선에 있다. 자율주행 플랫폼 Apollo Go는 베이징과 상하이에서 실제로 운영 중이며, ERNIE 시리즈는 GPT-4에 견줄 수준의 중국어 생성 능력을 보여 준다. 기술 개발과 시장 확산을 동시적으로 수행하는 민간 연구의 대표 사례로, 연구와 실증 사이의 간극을 최소화한 모델이다.

마지막으로 알리바바의 DAMO 아카데미는 클라우드 기반 AI 서비스와 양자컴퓨팅의 통합을 시도하고 있다. Tongyi Qianwen은 기업 맞춤형 대형 언어 모델로 자리 잡았고, Quantum Lab에서는 양자 알고리즘을 금융 최적화에 적용하는 실험이 진행 중이다. 산업 기술의 AI 융합이 이곳에서 구현된다.

이 10개 전략 거점은 단지 연구기관이 아니다. 이들은 중국의 기술 주권을 지탱하는 설계도이자, AI 기술을 정치·경제·군사·사회에 연결하는 전략 노드들이다. 각각이 전문화되어 있지만 상호 연결되어 있는 이 구조는 단순한 기술 개발이 아닌 시스템 설계 그 자체다. 중국 AI 굴기의 핵심은 기술이 아니라 이 '구조화된 지능'에 있다. 그리고 그 지능은 바로 T10의 전초기지에서 발화된다.

35. 50만 양병설과 101계획

1) AI 인재 50만 명 양병설

중국이 AI 패권 국가를 향한 전면전을 시작한 것은 2017년 '차세대 인공지능 발전 계획'을 공표 이후다. 그러나 그 전략의 본질은 기술이 아니었다. 핵심은 '사람'이었다. 세계 최고의 알고리즘보다 더 중요한 것은 그것을 설계하고 운용할 수 있는 사람, 즉 인재였다. 지금 중국은 2030년까지 총 50만 명의 AI 인재를 양성하겠다는 전례 없는 국가 프로젝트를 실행하고 있다. 거대한 기술 굴기를 떠받치는 것은 결국 인간의 두뇌라는 명백한 인식에서 출발한 것이다.

중국 정부가 말하는 AI 인재는 단일한 개념이 아니다. 이들은 이론 연구자 10%, 고급 엔지니어 40%, 산업 응용 기술자 50%로 세분화된다. 순수 연구, 시스템 개발, 산업 현장 적용이라는 세 층위를 동시에 갖춘 입체적 인재 구조다. 이는 단순히 대학 정원을 늘리는 문제가 아니라 국가 산업 지형 자체를 AI 기반으로 재설계하려는 전략적 시도도. 중국은 이제 교육을 기술 육성의 하위 개념이 아닌 기술 패권 경쟁의 최전선으로 인식하고 있다.

중국의 AI 인재 전략은 다층적이고 총체적이다. 먼저 정부는 14차 5개년 계획을 통해 AI를 전략 기술로 명문화하고, 매년 15% 이상 연구 개발 예산을 증액하며 교육기관에 직접 투자하고 있다. 2023년 현재, 500개 이상의 대학에 AI 전공이 신설됐고 칭화대, 베이징대, 저장대 등 주요 대학들은 국가급 연구소를 유치해 인재 양성과 기술 실험을 동시에 수행하고 있다. 특히 'AI+X' 융합 전략은 교육의 경계를 허물며 AI를 농업, 의료, 제조, 금융 등 전 산업으로 확산시키는 촉매 역할을 하고 있다.

이 국가 주도의 구조 위에 산업계가 실전 전장을 열고 있다. 바이두는 'AI 의 별 AI之星' 프로그램으로 청소년 대상 AI 인재를 조기 발굴하고 있으며, '대항해 계획'을 통해 500개 대학과 연계해 50만 명의 학생 양성 목표를 추진 중이다. 화웨이, 알리바바, 텐센트는 자체 AI 아카데미를 설립해 자사 생태계 맞춤형 교육 프로그램을 운영하고 있으며, 실습형 인턴십과 인재 흡수 구조를 정교화하고 있다. 이처럼 교육과 산업의 연결은 중국 AI 전략에서 핵심 축으로 자리 잡고 있다.

중국은 국내 양성만으로 만족하지 않는다. 글로벌 인재를 유치하기 위한 전략도 병행되고 있다. 천인계획과 같은 귀환 유치 프로젝트를 통해 해외 석학을 불러들이고, 상하이·선전 등에 조성된 'AI 국제 인재 특구'는 세제 혜택, 거주 지원, 비자 간소화 등을 통해 이민 장벽을 최소화하고 있다. 나아가 일대일로 연계 AI 교육 연맹을 통해 동남아, 아프리카 국가들과의 인재 교류 망까지 구축하며 중국 중심의 AI 국제 질서를 시도하고 있다.

성과는 이미 가시화되고 있다. 중국은 2023년 기준 연간 약 8만 명의 AI 관련 학위자를 배출하고 있으며, AI 특허 출원량에서 세계 1위를 기록 중이다. 하지만 속도만큼 방향도 중요하다. 맥킨지는 "중국이 글로벌 AI 인재풀의 30%를 차지할 수 있지만, 창의성과 원천기술 역량에서 미국과의 격차가 존재한다"라고 분석했다. 이는 중국이 '질적 혁신'이라는 두 번째 난제를 직면하고 있음을 시사한다.

중국이 50만 명의 AI 인재를 양성하려는 이유는 명확하다. 그것은 기술 주권 확보이자 산업 구조 재편이며, 사회 통치의 효율화이고, 궁극적으로는 세계 질서 속 주도권을 잡기 위한 인적 토대 구축이다. AI가 하나의 기술에서 전체 시스템으로 확장되고 있는 지금, 중국은 단순히 기술을 모방하는 나라가 아니라 인재를 매개로 기술을 재구성하고 새로운 규칙을 쓰려하고 있다.

2) 전 국민 AI 문해력 혁명 '101 계획'

중국은 AI를 국가의 전면 전략으로 상정하고 사회 전반을 재설계하는 디지털 엔진으로 위치시켰다. 이 거대한 전략의 한 축을 이루는 것이 바로 'AI 101 계획'이다. 공식 명칭은 아니지만, 중국 교육부 주도로 전 국민 인공지능 기초 소양을 확산하기 위한 포괄적 교육 프로그램을 일컫는다.

중국의 AI 101은 단순한 대학 전공 확대나 기술자 양성 정책이 아니다. 그 것은 전 국민을 인공지능 이해와 활용의 주체로 만들겠다는 선언이자, AI를 모든 시민이 갖춰야 할 새로운 기초 문해력으로 격상시키는 사회적 실험이다. 마치 과거 문자 해독이 시민 자격의 기준이었듯이 'AI 101'은 디지털 사회의 참여권을 기술 언어로 재정의하고 있다.

이 계획의 가장 큰 특징은 교육 대상을 특정 계층에 한정하지 않는다는 점이다. 초등학생에서 직장인까지 전 생애주기를 포괄한다. 초·중등 과정에는 'AI 기초' 과목이 정규 편성되고, 베이징·상하이 등 대도시에는 AI 체험관이 마련되어 코딩, 데이터 분석, 로봇 제어 등을 직접 실습할 수 있다. 대학 단계에서는 'AI 101 인증제'가 도입돼 모든 전공 학생이 필수적으로 인공지능 과목을 이수해야 하며, 직업 교육과 산업 현장에서는 'AI+X' 연계 프로그램을 통해 실용성과 연결된 교육이 강화된다.

'AI 101'은 단순한 교육 프로그램이 아니다. 이는 산업 혁신, 기술 보급, 공공 서비스 개혁이 함께 작동하는 정책 패키지다. 정부는 '1기업 1AI 솔루션' 전략을 통해 중소기업이 자체 업종에 맞는 AI를 도입할 수 있도록 지원하고 있으며, 무료 플랫폼, 기술 컨설팅, 인재 매칭 등이 결합된 종합 지원 체계를 운영 중이다. 저장성과 광둥성에는 AI 산업단지가 조성되어 스타트업이 밀집하고 있고, 농촌 지역에는 '스마트 팜 101'이 도입되어 드론과 IoT 센서를 활용한 정밀 농업이 실제 작동 중이다.

기술 인프라 측면에서도 AI 101은 국가 전략과 맞물려 있다. 중국은 화웨이의 Ascend 칩과 캠브리콘의 MLU 칩이 탑재된 AI 교육 키트를 초등학교에 보급하고 있으며, OpenI 플랫폼을 통해 수만 개의 알고리즘과 데이터셋을 개방해 누구나 AI 실습이 가능하도록 했다. AI 교육은 더 이상 코딩 교육의 확장이 아니라 기술 자립과 생태계 내재화를 실현하는 구조적 기획이다.

중국이 이 계획을 통해 지향하는 목표는 명확하다. 2030년까지 전체 인구의 절반 이상이 AI 기초 역량을 갖추고, 중소기업의 70%가 AI를 활용하며, 국제 무대에서 중국이 AI 기술 표준을 주도하는 것이다. 이와 동시에 중국은 AI 101 교육 키트를 동남아와 아프리카 국가에 수출하며, 자국 중심의 AI 교육 네트워크와 규제 모델을 확산시켜 '중국식 거버넌스'의 글로벌화를 병행하고 있다.

물론 현실의 장벽도 존재한다. 농촌 지역의 디지털 인프라 부족, 고급 칩의 국산화 한계, 미국과의 표준 충돌 등은 구조적 도전이다. 하지만 중국은 '동부-서부 AI 연결 프로젝트'를 통해 지역 간 격차를 줄이고, SMIC의 5나노 공정 개발을 지원하는 등 자립형 생태계 구축에 속도를 내고 있다.

3) 딥시크 이후, AI 인재 설계

앞서 언급했듯이 중국 내 구직자 10명 중 6명이 인공지능AI 기술자 등 AI 관련 직종 취업을 원한다. AI와 연결해야 사업도 잘되고, 물건도 팔 수 있다. 101 계획이 나온 것도 전 국민의 AI화 버전이다. 중국은 딥시크 이후 인재 양성 전략의 방향을 전면적으로 정비하고 있다. 그 핵심에는 네 가지 구조적 전환이 있다. 첫째는 비전공자 포섭이다. 중국은 '마이크로 전공'이라는 단기 AI 교육 트랙을 신설해 인문, 사회, 자연과학 등 비전공 계열 학생들에게도 4~6개월 내 AI 기초 역량을 제공하고 있다. 이는 AI를 특수 기술이 아닌 사회의 보편 언어로 만들겠다는 발상의 전환이다. 현재 시범적으로 6개 대학에서 시행 중인 이 제도는 연내 100개 대학으로 확대된다. 학과 중심 교육에서 문제 해결 중심의 교차 학습으로 넘어가는 흐름이다.

둘째는 융합형 교육이다. 이른바 'AI+X' 전략은 47개 일류 대학에서 연간 50만 명을 양성하는 대형 프로그램으로, AI와 관련한 일종의 소양 교육이다. AI 기초, 전공 심화, 실무 프로젝트로 구성된 3단계 커리큘럼을 갖추고 있으며, 생물학+AI, 도시공학+AI, 금융+AI와 같은 형태로 기술보다는 문제 설정 능력을 해결하는 데 방점을 두고 교육이 이뤄진다. AI를 도구가 아닌 사고방식으로 교육하는 실험이다.

셋째는 국가 주도의 품질 관리다. 중국은 단순히 AI 학과를 개설하는 수준에 그치지 않고 교과 내용, 교원 역량, 인프라 수준을 포함한 종합 인증제도를 도입하고 있다. 이는 한국의 AICE인공지능 문해력 인증 시험처럼 개인 중심의 평가 체계와는 달리, 교육기관 자체에 대한 국가 수준의 품질 평가이자 구조 관리다. 교육의 질을 생태계 단위로 관리하는 방식은 단기 성과보다 장기 구조를 우선시하는 중국식 전략의 단면이다.

넷째는 엘리트 트랙 강화다. 중국은 '가오카오 상위 5%'를 대상으로 한 강기 계획, 베이징대의 투링반, 칭화대의 야오반 등 AI 고급 연구자 육성 프로그램을 통해 글로벌 수준의 정예 인재를 체계적으로 선발·훈련하고 있다. 이들은 수학·물리·컴퓨터 과학을 통합적으로 배우며, 졸업 후 국가 프로젝트에 바로 투입되는 구조다. 이는 미국의 개방형 유입 모델과는 전혀 다른, 국책형 AI 브레인 시스템이다.

그 결과, 중국은 2018년 'AI 혁신 행동계획' 발표 이후 535개 대학에 AI 학과를 설립했고, 2023년 기준 연간 4만 3,000명의 졸업생을 배출하고 있다. 그러나 맥킨지는 2030년까지 AI 인재 수요가 600만 명에 달할 것이며, 400만 명이 넘는 졸업생이 배출되지만 실제로는 이직과 전직, 해외 유출 등으로 200만 명밖에 충원하지 못할 것이라 경고한다. 결국 인재 부족은 중국 역시 피할 수 없는 구조적 병목이며, 이는 단지 양의 문제가 아니라 생태계 설계의 문제로 귀결된다.

딥시크의 등장은 AI 모델의 진화뿐 아니라 인재 구조에 대한 발상의 전환을 강제했다. 연구실에서만 탄생하는 AI는 없다. 강의실에서, 정책실에서, 산업현장에서 자란 사람들이 이 기술을 만든다. AI를 누가 만들고, 어떻게 운영하며, 어떤 윤리적 책임을 질 것인가—그 질문에 중국은 구조로 답하고 있다.

VIII

AI 패권 전쟁 2.0

deepseek

36. 미·중 AI 경쟁

deepseek

1) AI 통치 체제의 두 얼굴

미국과 중국, 두 거대 권력은 AI를 단순한 기술 자산이 아닌 국가 운영의 핵심 수단으로 보고 전면적인 체제 재편에 나섰다. 인공지능은 경제 성장의 도구를 넘어, 시민을 관리하고 사회를 조직하는 구조적 프레임으로 작동하고 있다. 양국은 각기 다른 방식으로 '기술 중심 통치Techno-Governance'를 설계하며 AI를 권력 구조에 흡수하고 있다.

미국은 트럼프 2기 행정부 출범과 함께 '스타게이트 프로젝트'를 본격 가동했다. 이는 민간 빅테크와의 합작을 통해 AI 인프라를 확충하고 기술 주권을 강화하려는 전략이다. 오픈AI, 마이크로소프트, 테슬라, 메타 등 M7 기업은 자본과 플랫폼 지배력을 기반으로 자율주행, 전장 분석, 사이버 보안 시스템을 정부와 함께 구축하고 있다. NSA와 DARPA는 AI 기반의 감시·방어 플랫폼을 확대 중이며, 기술-안보 복합체는 공공 정책의 핵심 축으로 자리 잡고 있다.

동시에 행정에서도 AI는 '정책 수단'으로 작동한다. 판결 보조, 복지 예측, 조세 징수 자동화, 시민 의견 분석 등은 민주주의 체제 속에서 효율성을 높이려는 시도다. 그러나 알고리즘 차별, 데이터 편향, 책임 불명확성 등 문제가 뒤따른다. 미국은 자유와 시장 자율을 표방하지만, AI는 이미 통치의 심층부에 깊이 침투해 있다.

중국은 더 집중적이고 체계적인 방식으로 기술 통치를 실행한다. 딥시크, 즈푸, 아이플라이텍은 단순 스타트업이 아니라 당·정 시스템과 결합된 기술 거점이다. 칭화대, 국가핵심실험실, 디지털 행정 플랫폼이 구축한 AI 생태계는 교육, 사법, 여론 관리, 도시 인프라까지 전방위로 확장됐다. 바이두의 자율주행은 교통 통제에, 텐센트의 의료 AI는 효율성과 접근성 개선에, 샤오미 AIoT는 가정 통제에 활용되고 있다.

이 구조는 '디지털 전국 체제digital total governance'로 진화 중이다. CCTV, 얼굴 인식, 사회 신용 시스템, 위챗 기반 플랫폼 등이 통합되어 개인의 일상과 감정을 실시간 분석한다. 이는 정당성보다는 실용성과 실행 속도를 중시하는 통치 철학을 반영한다. 기술은 사회적 합의가 아닌 행정 동원력 위에서 작동하며, 사후적 조정이 일반적이다.

양국은 상이한 구조로 AI를 흡수하지만, 공통적으로 이를 '지배력 확대 장치'로 본다. 미국은 민간 중심 시장 전략을, 중국은 국가 주도의 계획 시스템을 통해 AI를 통제에 활용한다. 방식은 달라도 결과는 같다. AI를 통해 통치 구조가 재편되고 있다.

이 경쟁은 기술 발전을 넘어 민주주의의 내구성, 사회 공공성, 개인 존엄성에까지 깊이 영향을 미친다. 미국은 자유주의 틀 내에서 기술을 운용하지만, 감시와 군사화의 경계는 흐려지고 있다. 중국은 빠른 실행력과 통합력을 보유했지만, 투명성과 국제 신뢰에는 한계를 드러낸다. 기술은 효율을 약속하지만, 통치의 윤리는 효율만으로 완성되지 않는다.

2) AI 생태계의 두 모델

AI 패권 경쟁의 실체는 기술력의 우열보다, 그것을 누가 어떤 방식으로 키우고 어디에 심으며, 어떻게 확장하는가의 문제다. 미국과 중국은 막대한 자금을 투입해 AI를 전략 산업으로 육성하고 있지만, 생태계 구조는 극명히 다르다. 미국은 민간 자율성과 시장 메커니즘을 중심으로 분산된 AI 생태계를 설계했고, 중국은 국가 주도형 집중 모델을 통해 속도와 통제력을 확보해 왔다. 이 차이는 기술이 작동하는 방식뿐 아니라, 그 기술이 만들어 내는 사회 구조까지 다르게 만든다.

미국은 M7마이크로소프트, 구글, 아마존, 메타, 애플, 엔비디아, 테슬라과 오픈AI, MIT, 스탠퍼드 등 학계가 유기적으로 연결된 민간 중심의 다핵 생태계를 유지하고 있다. 마이크로소프트는 Azure와 GPT 기반 기업용 AI 확산에 집중하고, 구글은 검색·유튜브 데이터를 활용한 Gemini 시리즈로 생성형 AI를 선도한다. 엔비디아는 GPU 기반 AI 연산 플랫폼을 사실상 독점하고 있으며, 아마존은 AWS를 통해 글로벌 AI 인프라를 장악 중이다. 이들 기업은 각자의 전략과 철학에 따라 시장을 선점하고, 자체 생태계를 확장한다.

대학 중심의 산학 협력 모델도 미국식 AI 혁신의 근간이다. 스탠퍼드, MIT, UC버클리는 핵심 연구 인력을 배출하고, 대형 기업은 이들을 흡수해 기술을 상용화한다. 정부는 직접 개입보다는 투자 유도와 규제 조정을 통해 생태계를 '조율'한다. 클라우드, 반도체, 생성형 AI, 로봇, 자율주행 등 모든 분야에 독립적이고 경쟁적인 기술 주체가 존재하며, 이 분산된 구조는 혁신의 속도와 다양성을 보장한다.

반면 중국은 중앙정부가 설계한 집중 투자 모델을 바탕으로 AI 생태계를 구축했다. '중국제조 2025', '차세대 AI 발전계획' 등의 정책은 AI 기술을 전략 산업으로 규정하고, 국가 자원을 총동원해 바이두, 알리바바, 텐센트, 화웨이 등 주요 기업에 보조금·세제 혜택, 공공 조달을 연계해 왔다. 연구 개발은 칭화대, CAS, 주요 AI 국가실험실이 중심이 되고, 기업은 기술을 산업화하는 실행 주체로 배치된다. 행정, 교육, 의료, 교통 등 국가 시스템과 연동돼 빠른 통합과 정책적 동원이 가능하다.

중국은 '기술 응용'에 강하다. 범용 모델 개발은 미국보다 뒤처지지만, 기술을 산업에 빠르게 확산하고 도시·행정 시스템에 심어 내는 데는 비교 우위를 보인다. 바이두의 자율주행 '아폴로'는 베이징과 충칭에서 상용화됐고, 텐센트의 의료 AI는 공공 병원 시스템에 통합됐다. AIoT 분야에서는 샤오미가 가전, 스마트폰, 웨어러블, 스마트홈까지 통합하며 단일 플랫폼을 구축하고 있다. 생성형 AI는 딥시크와 즈푸가 주도하며, 정부 플랫폼과 교육기관, 국유기업 시스템에 빠르게 침투 중이다.

확장 전략에서도 차이가 두드러진다. 미국 AI는 유럽, 아시아, 중남미 클라우드 인프라와 기업 서비스에 깊이 뿌리내렸다. GPT 시리즈는 다국적 기업·정부의 언어 모델 표준이 됐고, 엔비디아의 GPU는 연구소, 스타트업, 대기업의 기본 인프라다. AI 윤리와 표준, 거버넌스 논의도 미국 중심으로 전개된다.

중국은 내수 기반 생태계를 강화하며, 일대일로 국가 중심 '디지털 실크로드' 전략으로 확장 중이다. 동남아, 중동, 아프리카 일부 국가에 감시 AI, 교육 플랫폼, 스마트시티 기술을 수출하며, 일부는 이를 공식 서비스에 도입했다. 그러나 AI 거버넌스·윤리 표준에서 글로벌 공감대는 낮고, 통제·검열 이미지로 인해 제도적 신뢰 확보에 한계를 드러낸다.

3) AI 거버넌스의 시험대

미국과 중국은 AI를 통해 사회를 어떻게 조직하고 국제 질서를 어떻게 재설계할 수 있는지를 두고 치열한 경쟁을 벌이고 있다. 이 경쟁에서의 승자는 더 빠른 알고리즘을 가진 쪽이 아니라, 기술로 더 설득력 있는 체제를 만드는 쪽일 것이다.

미국은 여전히 세계에서 가장 앞선 AI 기술력을 보유하고 있다. 오픈AI는 GPT-4와 o1 모델을 통해 생성형 AI의 표준을 제시했고, 마이크로소프트는 이를 Azure와 Microsoft 365에 통합해 산업 구조를 바꾸고 있다. 구글은 Gemini로 검색의 미래를 재설계하고 있으며, 엔비디아는 GPU와 컴퓨팅 인프라에서 사실상 독점 상태를 유지하고 있다. 여기에 스타게이트 프로젝트는 기술 패권을 제도화하는 시도다. 기술, 자본, 인프라, 안보가 하나의 체제로 묶이기 시작했다.

그러나 미국의 강점은 기술에만 있지 않다. AI 거버넌스와 윤리, 표준 논의에서 미국은 여전히 글로벌 논의를 주도한다. OECD, G7, UN을 통한 다자주의적 규범 설계에 참여하고 있으며, 기업 주도의 윤리 위원회와 공공-민간 프로그램이 제도적 신뢰를 형성한다. 문제는 내부의 이중성이다. 감시 기술의 고도화, 자율 무기 상용화, 개인정보의 상품화는 민주주의의 정당성과 충돌한다. 기술은 발전하지만, 이를 어떻게 통제하고 설명할지는 여전히 미완성이다.

중국은 다른 길을 간다. 딥시크, 즈푸, 아이플라이텍, 화웨이, 텐센트 등은 국가 전략의 일부로 기능하며, 기술이 통치 구조에 직결돼 있다. 사회 관리, 도시 운영, 사법 판결, 교육 행정까지 AI가 직접 관여하며, 이는 '디지털 전국 체제'라는 표현이 무색하지 않다. 속도와 효율은 중국의 강점이다. 반도체 자립화, 자체 LLM 개발, AI 거점 도시 설계, 인재 양성 프로그램은 빠르게 동원되며 실행력은 타의 추종을 불허한다.

중국이 직면한 문제는 기술 외부에 있다. 국제 사회에서의 수용력과 신뢰 부족은 치명적 약점이다. AI가 감시·통제와 연결돼 있는 한, 윤리와 투명성 면에서 글로벌 기준을 설득하기 어렵다. 표준 경쟁에서도 미국·유럽 주도의 다자 구조에 대응력이 약하며, 자국 중심 생태계의 확장성도 제약을 안고 있다. 기술은 있지만 세계에 설명할 수 있는 언어가 부족하다.

결국 AI 패권 경쟁의 본질은 누가 먼저 AGI를 개발하느냐의 문제가 아니다. 그것은 기술로 어떤 사회를 만들고, 어떤 방식으로 그것을 정당화하며, 국제 사회에 어떤 질서를 제안할 수 있는가의 싸움이다. 기술은 체제 설계 도구이고, 패권은 그 설계가 가진 설득력의 결과다.

미국은 기술을 갖고 있지만, 정당성을 얻기 위해선 정치적 통합성과 민주주의적 설명력이 뒷받침돼야 한다. 중국은 통치 일관성과 집행력에서 강점을 갖지만, 그 체제가 국제 규범과 접점을 형성할 수 있을지는 미지수다. 양국 모두 '완성된 리더'는 아니다. 하지만 둘 다 세계를 향한 설계도를 그리고 있으며, AI는 그 도면의 중심에 있다.

37. 다시 규제 카드

1) 조 바이든 'AI 행정 명령'

2025년 1월 조 바이든 대통령이 백악관 전략회의실에서 서명한 한 장의 AI 행정 명령은 인류 기술 전쟁의 새 국면을 선언하는 사건이었다. 전장은 더 이상 남중국해도, 우주 궤도도 아닌, 인공지능 데이터센터와 양자 컴퓨팅 연구소로 이동했다. 미국 정부가 AI 인프라를 국가전략 물자로 규정한 이 결정은 기술적 진보를 위한 선언이 아니라 중국의 추격을 저지하고 미래 질서를 선점하려는 전략적 설계의 일부였다.

AI는 이제 단순한 소프트웨어가 아니라 전력과 토지, 인재와 제도, 군사력까지 포괄하는 복합 시스템으로 진화하고 있다. 특히 AI 모델을 실현하고 구동하기 위해선 막대한 연산 자원이 필요하며, 이 연산의 핵심이 바로 고성능 반도체다. GPT-5가 소비하는 연간 전력량은 중소 도시 하나에 맞먹는 수준이며, 이러한 연산을 뒷받침하는 것은 엔비디아 H100과 같은 AI 특화 칩들이다. GPU, AI 전용 프로세서, 고대역폭 메모리 등 반도체가 없으면 AI는 단지 코드일 뿐 작동할 수 없다. 결국 AI 패권은 반도체 패권에 의존하고 있고, 반도체 생산과 수급이 AI 전략의 결정적 변수가 된 것이다.

이에 따라 AI 데이터센터는 단순한 IT 인프라가 아니라 에너지 안보와 기술 주권의 핵심 자산으로 재정의됐다. 미국은 2030년까지 AI 전력의 절반을 소형 모듈 원자로SMR로 충당하겠다는 목표 아래 국방 예산의 3%를 에너지 인프라에 투입하고 있다. 네바다의 리튬 광산은 배터리 공급망의 전략적 거점이 되었고, 텍사스와 애리조나는 580km²에 달하는 AI 인프라 특별 구역으로 지정되었다.

이 전략은 정부의 행정력만으로 추진되지 않는다. 마이크로소프트는 단일 프로젝트에 800억 달러를 투자해 AI 골드벨트를 조성 중이고, 메타와 구글, 아마존 등도 공동으로 300억 달러 규모의 인프라 펀드를 조성했다. DARPA와 구글이 주도하는 'Project Maven 2.0'은 민간 기술과 군사력을 결합한 새로운 형태의 전략이며, 민관의 경계는 점차 흐려지고 있다. 이 전쟁은 이제 정부 대 정부가 아니라, 국가-플랫폼 복합체 간의 경쟁으로 이동하고 있다.

미국은 인재 전략에도 본격 착수했다. H-1B 쿼터는 40% 늘었고, AI 박사 후 과정 이수자는 자동으로 영주권을 받을 수 있게 됐다. 웨스트포인트에는 AI 전략학과가 개설되었고, MIT와 스탠퍼드대에는 국방부 지원의 AI 특수학과가 들어섰다. 미래의 장교들은 전장에서 데이터를 무기로 활용하는 법을 학습 중이다.

하지만 이 전략의 그늘도 드러나고 있다. 전력 수요 폭증으로 전기 요금은 23% 상승했고, 일부 지역에서는 저소득층이 냉방과 통신을 포기해야 했다. AI 교육 예산은 상위 10% 학교에 집중되며 기술 계급 격차가 확대되고, 멕시코 북부에는 시간당 3.5달러로 데이터 라벨링을 수행하는 '디지털 하층 노동자' 계층이 형성됐다.

2) 트럼프 2기, 중국 전면 봉쇄

바이든 정부에 이어 트럼프 2기 행정부 역시 중국에 대한 기술 봉쇄 정책을 본격 가동했다. 2025년 3월 미 상무부는 중국 관련 기업 50곳 이상을 엔티티 리스트에 추가했고, AI와 첨단 컴퓨팅 산업을 대상으로 한 전방위적 제재가 발효됐다. 이는 단순한 수출 통제가 아닌 기술 흐름 자체를 차단하려는 전략이었다. 미국이 다시 한번 AI 질서의 설계자로 나서겠다는 선언이었다.

이번 제재의 특징은 구체성과 확장성이다. 80개 대상 중 27개는 중국의 군사 현대화에 관여한 혐의, 7개는 양자 기술과 관련된 이유로 지목됐다. 화웨이와 그 자회사 하이실리콘에 납품한 업체도 포함되는 등 네트워크형 제재가 강화됐다. 특히 클라우드 컴퓨팅 업체들이 집중 타깃이 되며, AI 연산력 자체를 제재하는 방향으로 확장됐다.

[트럼프 정부 중국 기술 견제 비교]

항목	트럼프 1기	트럼프 2기
시기	2019~2021년	2025년 3월~
중점	군사·감시·5G 위협	AI·양자·클라우드 제재
대상	화웨이, ZTE, 하이크비전 등	AI 모델·클라우드·양자 스타트업 등
성격	'기술-군사' 위협 기업 지정	'AI 질서 설계 방해자' 봉쇄 목적
대상 수	약 50여 개	별도로 50곳 이상 신규 지정(중복 가능)

미국은 기술 확산의 회피 경로까지 차단하는 '그물망 전략'을 채택하고 있다. 싱가포르, 아랍에미리트 등 제3국을 통한 우회 수입, 중개업체를 통한 기술 이전까지 제재의 사정권에 포함됐다. 미 정부는 AI 반도체의 불법 유출 경로를 추적하며, 엔비디아·AMD의 공급망에 대한 감시도 강화할 계획이다.

이러한 흐름은 기술의 정치화를 넘어 기술이 곧 질서라는 인식의 반영이다. 트럼프 행정부는 AI가 단지 성능의 문제가 아니라 국제 통치 구조의 핵심이라는 점을 명확히 하고 있다. 이는 향후 'AI 나토'나 '디지털 인도-태평양 전략'으로 확장될 가능성이 크며 칩과 데이터, 알고리즘, 인재까지 아우르는 총력전으로 발전하고 있다.

중국은 당장 충격을 받을 수밖에 없다. 그러나 이 충격은 자립화 전략을 더욱 가속화시키는 역설적 기제가 될 수 있다. 화웨이 제재 이후 하모니OS, Ascend 칩이 등장했듯이 AI 제재 역시 중국 기술 구조의 전환을 촉진할 수 있다. 미국의 전략이 과연 지속 가능한 질서로 정착할 수 있을지는 아직 미지수다.

3) 중국, '넓은 뜰·높은 담' 넘기

2023년 가을, 미국이 고성능 GPU와 리소그래피 장비에 대한 수출을 제한하며 본격화한 기술 봉쇄는 중국 인공지능 산업에 깊은 충격을 안겼다. 엔비디아의 A100과 H100 칩 수출이 중단됐고, ASML의 EUV 장비도 중국에서 사실상 철수했다. 여기에 클라우드 서버 접근까지 제한되며 '기술 봉쇄'는 추상적 위협이 아닌 구조적 제약으로 현실화됐다. 이후 미국은 이 전략을 더욱 정교화해 '넓은 뜰, 높은 담wide moat, high wall' 전략으로 구체화하고 있다. AI 반도체, 클라우드, 오픈소스 프레임워크까지 기술 전반을 미국 중심의 울타리로 묶고 중국을 질서 밖으로 밀어내는 구조다.

2025년 들어 이 전략은 더욱 강경해졌다. 미국은 제3국을 통한 우회 수입까지 차단하는 '그물망 전략'을 도입해 싱가포르, UAE 등 중립국을 통한 기술 이전을 제재 대상으로 포함시켰다. 동시에 중국 기업 50여 곳을 추가로 엔티티 리스트에 올렸고, 클라우드 AI 연산력 자체를 차단하는 조치로 확대됐다. 이는 단순한 수출 통제를 넘어 기술의 흐름 자체를 설계하려는 시도다.

그러나 이 같은 제재는 중국에 방향을 제시하는 역설적 효과를 낳고 있다. 첫 반응은 소프트웨어 최적화였다. 딥시크의 R1 모델은 기존 대형 언어 모델보다 10분의 1 수준의 자원으로 유사한 성능을 구현하며, 경량화와 효율화의 가능성을 입증했다. 이어지는 변화는 하드웨어-소프트웨어 공동 설계다. Baichuan, Moonshot, High-Flyer AI 등은 고성능 GPU 대신 분산형 클러스터와 자체 서버 시스템인 'Firefly'를 활용해 엔비디아 DGX를 대체하고 있으며, 화웨이의 Ascend 칩과의 통합도 가속화되고 있다.

세 번째 흐름은 오픈소스 전환이다. 딥시크, Qwen, Baichuan은 모델과 파라미터를 전면 공개하며 기술 공유를 넘어 생태계 자립 기반을 마련하고 있다. 항저우의 'GPU 제로 창업 프로그램', 선전의 LLM API 연합, 상하이의 경량화 보조금 제도는 이러한 기술 전략을 정책적으로 뒷받침하고 있다. 이는 단순 대응을 넘어, 중국식 생태계 설계의 시작점이다.

이와 함께 중국은 기술 내재화 전략을 본격화했다. 바이두의 쿤룬, 화웨이의 아센드는 미국산 GPU 의존을 줄이기 위한 독립형 칩 개발의 성과물이다. 패들패들PaddlePaddle, 혼위안Hunyuan과 같은 자체 프레임워크는 알고리즘 주권을 확보하려는 상징적 시도다. 정부는 수백억 위안 규모의 연구 개발 자금을 투입하며 산학연 협력 체계를 정비 중이다.

반도체 자립화도 병행되고 있다. SMIC는 7나노를 넘어 5나노 진입을 준비 중이며, 장비 국산화는 상하이마이크로일렉트로닉스를 중심으로 속도를 내고 있다. 목표는 단순 기술 확보가 아닌 반도체를 안보 자산으로 격상시키는 체제 구축이다.

AI 인재 전략도 빠르게 재편되고 있다. 칭화대와 베이징대를 중심으로 AI 관련 전공이 대폭 확대됐고, 해외 석학을 귀환시키는 '브레인 리쇼어링' 프로그램도 확장되고 있다. 중국은 이제 브레인을 수입하는 국가에서 스스로 양산하는 구조로 전환 중이다.

데이터는 통치 전략의 핵심으로 통합되고 있다. '데이터 보안법'을 통해 데이터의 국경 내 보관을 의무화하고, AI 훈련용 데이터는 국가 전략 자산으로 지정됐다. 알리바바, 텐센트 등은 전국 단위의 데이터 인프라를 구축 중이며, 정부-기업 간 협력은 제도화 단계에 진입하고 있다.

중국의 이러한 대응은 단기 기술 대안 마련을 넘어 체계적 생태계 전환으로 이어지고 있다. 기술 봉쇄는 멈춤이 아니라 재설계의 기폭제가 되었고, 중국은 추격자가 아닌 독자 설계자로 탈바꿈하고 있다. 량원펑이 말한 "자원이 없을 땐 지혜로 해결한다"라는 원칙이 미국의 '넓은 뜰, 높은 담'을 뛰어 넘기 위한 전략으로 자리 잡고 있다.

38. 다시 반도체 전쟁

deepseek

1) 미국의 게이트키퍼 전략

도널드 트럼프 전 대통령이 촉발한 기술 패권 전략은 조 바이든 행정부를 거치며 정교한 통제 체계로 전환됐고, 트럼프 2기 행정부는 이 전략을 더욱 공격적으로 확장하며 기술 냉전에 다시 불을 붙였다.

트럼프 1기 시절, 미국은 AI·양자 컴퓨팅·슈퍼컴퓨터 분야에서 중국과의 단절을 시도했다. 전략 기술을 보유한 중국 기업 50여 곳을 블랙리스트에 올리고 미국 기업과의 거래를 전면 금지했다. 이 조치는 단지 기업 제재가 아닌 기술의 국경을 설정하는 '질서 설계' 행위였다.

바이든 행정부는 이를 구조화했다. AI 칩과 프론티어 모델, 클라우드 연산 서비스까지 통제하는 3단계 수출 장벽 체계를 도입했고, 트럼프 2기 행정부는 2025년 들어 이 전략을 강화했다. 미 상무부는 중국 관련 기업 50곳 이상을 엔티티 리스트에 추가했고, 제3국 경유 수출과 중개업체 기술 이전까지 포함한 '회피 방지형 통제망'을 구축했다. 이는 단순한 수출 제한이 아니라 기술 흐름의 방향을 미국이 설계하겠다는 전략적 구상이다.

하지만 중국도 물러서지 않았다. 고성능 칩 수입이 막히자 자국 내 저성능 GPU 기반 경량화 모델을 개발해 기술 자립을 시도했다. 대표적 사례가 딥시크다. 동시에 중국 정부는 반도체 설계, AI 프레임워크, 양자연산 등 핵심 기술에서 '탈미화' 전략을 강화하고 있다. 바이두의 쿤룬, 화웨이의 아센드 칩, 파들파들과 혼위안 같은 독자적 AI 프레임워크는 중국 내 기술 생태계 독립의 상징이 됐다.

여기에 희토류 통제 카드가 다시 등장했다. 2023년 말부터 중국은 갈륨, 게르마늄 등 반도체용 핵심 희토류에 대해 수출 허가제를 시행했고, 이중용도 기술 및 광물 수출 제한 품목을 전략 산업 전반으로 확대되고 있다. AI 서버와 반도체 제조에 필수적인 재료를 압박함으로써 미국의 공급망 초월 전략에 맞서는 '자원 기반 역공'에 나선 셈이다. 이는 단순한 맞불이 아니라 공급망의 지렛대를 통해 전략적 시간과 공간을 확보하는 시도다.

이제 경쟁은 산업의 문제가 아니다. 미국은 AI, 반도체, 양자 컴퓨팅을 외교·군사·경제를 통합한 전략적 무기로 정의했고, 수출 통제는 글로벌 기업의 투자 방향을 바꾸며, AI는 통제와 자유를 둘러싼 철학적 논쟁의 핵심 영역으로 확장되고 있다. 세계는 더 이상 기술의 성능이 아니라 그 기술을 누가 통제하느냐를 두고 격돌하고 있다.

미국의 전략은 명확하다. 기술을 통해 질서를 만들고, 질서를 통해 패권을 유지하겠다는 구상이다. 이 전략은 트럼프와 바이든이라는 정치 이념을 가로지르며 지속되고 있으며, 정권 교체가 아니라 구조 전환의 흐름으로 자리 잡았다.

중국은 단기 충격을 흡수하는 동시에 장기 자립화 전략에 속도를 내고 있다. 칩 자급률 확대, 오픈소스 공개, 분산 서버, 정책 지원을 통해 '스스로 설계한 생태계' 구축에 나섰고, AI 일대일로 전략과 함께 ISO·ITU 등 국제 표준 무대에서도 영향력 확대를 노리고 있다. 기술 봉쇄는 더 이상 장애물이 아니라 기술 주권 선언의 명분이자 기폭제가 되고 있다.

2) 중국의 반도체 집착

2025년 중국이 반도체에 집착하는 이유는 단순한 기술 후발국의 조급함 때문이 아니다. 그것은 체제 생존 전략이자 디지털 패권 시대 주권을 둘러싼 싸움의 전선이다. 2018년 중국은 세계 최대 반도체 소비국이자 수입국이었다. 연간 3,120억 달러어치를 해외에서 들여왔고, 이는 원유 수입보다도 많았다. 그러나 이 수요는 자국 기술로는 감당할 수 없었고, 고급 공정 칩은 미국, 대만, 한국에 의존했다. 수입 의존도는 70%를 넘었고, 기술 주권 부재는 경제 문제가 아니라 체제 리스크로 인식됐다.

이후 중국은 6년간 집요하게 반도체 자립화를 추진했다. 2019년 SMIC의 14nm 공정 양산, 2021년 자체 7nm 개발에 이어, 2022~2023년에는 AI 칩 및 스마트폰용 칩셋 내재화를 본격화했다. 그 결과 2023년 기준 반도체 수입 의존도는 45%까지 낮아졌고, 수입액은 정체되거나 감소세를 보이기 시작했다. 이는 단순한 통계 변화가 아니라 중국이 기술 소비국에서 생산국으로 이행하고 있음을 보여 주는 신호다.

중국의 반도체 전략은 세 가지 구조적 토대 위에 놓여 있다. 첫째, 반도체는 AI·통신·국방·금융 인프라를 구성하는 국가 안보의 핵심이다. 2019년 화웨이에 대한 미국의 제재는, 반도체가 없으면 어떤 전략도 작동하지 않는다는 현실을 각인시켰다. 이후 중국은 반도체를 미사일이나 원자로와 같은 전략 물자 수준으로 끌어올렸다.

둘째, 반도체 공급망은 이제 무기다. 미국은 단순한 관세나 무역 분쟁을 넘어, GPU·EUV 장비·EDA 툴 등 AI 연산과 고급 설계를 봉쇄하는 정밀 전략을 펼치고 있다. ASML의 EUV는 중국 수출이 금지됐고, 엔비디아의 A100·H100은 제재 대상이 됐다. TSMC·삼성은 미국 내 생산 라인을 늘리는 압박을 받고 있다. 이에 따라 중국은 "수입이 불가능한 기술은 자립화 외에 대안이 없다"는 구조적 결론에 도달했다.

셋째, 내수 시장이 전략적 자산이다. 수십억 개의 스마트폰, 수천만 대의 차량, 수백만 개의 서버가 소비되는 시장은 자체 반도체 실험장이자 학습 엔진이다. 이 기반 위에서 14nm, 7nm, 그리고 DUV 기반 5nm까지의 기술 내재화가 진행 중이며, 칩 국산화는 단순한 선택이 아닌 생존의 전제가 되었다.

물론 여전히 약점은 존재한다. 풀스택 설계, 글로벌 IP 생태계, EUV 기반 3~5nm 공정 등은 미국·한국·대만의 견고한 방어선이다. 그러나 중국은 기술 자립을 하나의 정책이 아닌 국가 운영 시스템의 기본 논리로 전환했다. 이는 AI·로봇·양자·항공우주까지 동일하게 적용되는 원칙이다. '외부에 의존하지 않는 기술 체제'는 중국식 디지털 국가 모델의 기초다.

이처럼 반도체를 둘러싼 중국의 전략은 기술 추격이 아닌 체제 설계의 문제로 확장되고 있다. 단지 수입을 줄이는 것이 아니라 기술을 통해 스스로를 정의하려는 구조적 투쟁이다. 2025년 3월 28일 시진핑 주석이 직접 주재한 '국제 공상계 대표 회견'에 삼성전자 이재용 회장과 SK하이닉스 곽노정 대표를 초청한 것은 미국의 수출 규제와 칩 전쟁 속에서 반도체 공급망을 안정화하려는 의도를 나타낸 것이다. 시진핑은 이 자리에서 "중국은 개방의 길을 걸을 것이나 핵심 기술에서는 자립이 기본"이라며 기술 안보의 중요성을 강조했다. 이는 외자 유치와 기술 자립을 동시에 추구하겠다는 중국의 양면 전략을 상징하는 장면이다.

3) SMIC vs. TSMC 파운드리 경쟁

2025년 글로벌 반도체 파운드리 전장은 단순한 기술 경쟁이 아닌 지정학적 충돌의 한복판으로 진입했다. 핵심은 세계 파운드리 시장의 1위인 대만 TSMC와 중국 정부의 전폭적 자원 지원을 받는 SMIC 간의 구조적 대결이다. 그러나 이 경쟁은 두 기업의 기술력만으로 설명되지 않는다. TSMC는 민주 대만이라는 지정학적 불안 요소 위에 세워진 기업이고, SMIC는 제재 속 생존을 모색하는 국가 시스템의 일환이다. 여기에 트럼프 2기 행정부가 들어서며 TSMC를 사실상 미국의 전략 자산으로 전환하려는 움직임이 본격화되고 있다.

TSMC는 EUV 리소그래피 기반 3나노 공정을 안정화했고, 2나노 개발도 구체화하며 기술적 우위를 이어가고 있다. 그러나 대만이라는 지정학적 위치는 TSMC의 절대 강점을 치명적 리스크로 바꾼다. 중국은 '하나의 중국' 원칙 아래 대만에 대한 무력 통일 가능성을 배제하지 않으며, 미중 군사 긴장이 높아질수록 TSMC는 '세계에서 가장 위험한 기업'이 된다. 트럼프 2기 정부는 이 리스크를 활용하고 있다. 그는 집권 직후 TSMC의 애리조나 1·2 공장 프로젝트에 직접 개입하며, 칩 생산과 인재의 미국 본토 이관을 사실상 조건화했다. 2025년 4월 미 상무부는 TSMC에 '국가 전략 공급 업체' 지위를 부여했고, 총 116억 달러 규모의 보조금과 세금 감면을 확정했다. 이는 명백히 TSMC의 목줄을 미국이 쥐겠다는 선언이다.

[SMIC(중국) vs. TSMC(대만) 반도체 비교]

항목	SMIC (중국)	TSMC (대만)
최신 공정 기술	7nm (DUV 기반)	3nm (EUV 기반)
EUV 사용 가능 여부	불가능	가능
미국 수출 규제 영향	큰 타격 (ASML 장비 금지)	영향 적음 (미국 투자 확대)
생존 전략	① DUV 기반 5nm 개발 ② 장비 국산화 ③ 중국 내 생태계 강화	① 미국·일본·유럽 투자 확대 ② EUV 기반 최첨단 공정 선도

　트럼프 2기의 반도체 전략은 단순한 공급망 안정화가 아니다. 트럼프는 TSMC를 미국 중심 반도체 제국의 핵심 노드로 만들려 한다. 대만에서 생산되는 첨단 칩이 중국의 군사력으로 흘러 들어갈 수 있다는 명분은, 공급망의 지정학적 재배치를 정당화하는 근거가 되고 있다. TSMC는 이에 호응해 애리조나, 일본 구마모토, 독일 드레스덴 등지로 생산 거점을 다변화하고 있으며, 특히 미국향 첨단 칩 생산 비중을 높이며 '미국화'를 가속화하고 있다. 그러나 이 과정에서 반도체 제조 비용 상승, 생산 일정 지연, 숙련 인력 부족 등의 문제도 속속 드러나고 있다.

　반면 SMIC는 기술적으로 열세에 있음에도 중국 정부의 집중 투자와 내수 시장에 기반해 자체 전략을 강화 중이다. EUV 장비 없이 DUV 멀티패터닝으로 7나노 공정까지 도달했고, 5나노 도전도 공식화했다. 화웨이와의 협업을 통해 칩 수요의 내순화를 이끌고 있으며, 상하이 마이크로일렉트로닉스 SMEE를 중심으로 노광 장비 국산화에도 속도를 내고 있다. 2024년 3월 중국 정부는 SMIC에 1,200억 위안9약 23조 원을 추가 투입했다. 이는 단순한 산업 지원이 아닌 체제 자립을 위한 기술 내장화 선언이었다.

　이처럼 파운드리 경쟁은 '기술 vs 생존', '개방 vs 통제', '글로벌 신뢰 vs 국가 주도'라는 프레임으로 압축된다. 그러나 양측 모두 외부 변수에 취약하다. SMIC는 여전히 미국의 수출 규제라는 절대적 제약 속에 있고, TSMC는 중국과 미국 사이에서 독립성을 잃어 가는 중이다. 특히 트럼프 2기는 TSMC를 안보 자산화하면서도, 그것을 미국의 경제·기술 주권 확장의 수단으로 활용하고 있다.

　결국 이 경쟁의 본질은 기술이 아니라 통제다. 반도체는 이제 칩이 아니라 권력이다.

4) ASML 기술 유출 논란

　2022년 중국 SMIC가 EUV 없이 7나노 공정 반도체 생산에 성공했다는 사실이 확인되면서 전 세계 반도체 생태계에 충격이 일었다. 이는 단순한 기술 진보가 아니라 글로벌 기술 질서에 대한 근본적인 질문을 던지는 사건이었다. 극자외선EUV 노광 장비는 오직 네덜란드의 ASML만이 공급할 수 있는 기술이며, 그동안 7나노 이하 공정의 절대 조건으로 여겨져 왔다. 그러나 중국은 EUV 없이도 심자외선DUV 기반 멀티 패터닝으로 그 문턱을 넘었다고 선언했다. 이 주장은 기술적 도전이라기보다 지식의 경계와 통제력의 취약성을 드러낸 계기로 받아들여졌다.

　의혹은 곧바로 제기됐다. 중국이 과연 순수한 독자 기술로 7나노에 도달했느냐는 물음이다. 공교롭게도 SMIC의 기술 발표는 ASML의 전직 직원들이 중국 반도체 기업들로 대거 이직한 시기와 겹쳤다. ASML 내부에서도 몇 차례 보안 사고와 기술 유출 정황이 확인됐으며, 일부 코드와 시스템 구조가 비인가 경로로 외부에 반출된 정황이 있었다는 내부 보고서도 나왔다. 실제로 TechInsights 분석에 따르면, SMIC의 7나노 칩에는 멀티 패터닝 흔적이 발견됐고, 이는 정밀한 알고리즘 설계와 장비 최적화 없이는 구현되기 어려운 공정이다. 의혹은 단순 유출을 넘어 글로벌 기술 협력 체계의 허점을 드러낸다는 점에서 파장이 컸다.

　ASML은 즉각 대응에 나섰다. 전직 직원들을 대상으로 조사를 벌였고, 유출 정황이 있는 인물들에 대한 법적 대응을 개시했다. 네덜란드 정부와 미국 당국은 DUV 장비 수출까지 제한하는 후속 조치를 취했다. EUV에 이어 28나노 이하 DUV 장비까지 중국 수출을 차단하면서 반도체 기술의 경계를 명확히 하고자 했다. 이는 기술의 무기화를 넘어 기술 확산 그 자체를 지정학적 행위로 간주하는 전략 전환을 의미한다.

중국은 강하게 반발했다. SMIC는 모든 공정이 자체 개발된 결과라고 주장했고, 중국 정부 역시 '기술 자립'을 국가전략으로 천명하며 반도체 자국화 노선을 강화했다. 화웨이, YMTC, SMEE 등과 함께 ASML에 의존하지 않는 생산 시스템, 즉 '탈ASML 전략'을 추진 중이다. 비록 멀티 패터닝 공정은 수율 저하와 비용 상승이라는 구조적 한계를 지니지만, 중국은 이를 국가적 의지로 돌파하려는 시도를 멈추지 않고 있다. 이 과정은 단순한 산업 전략을 넘어 기술적 정체성과 국제 기술 주권에 대한 선언이기도 하다.

이 모든 갈등의 본질은 기술의 국경화 가능성에 대한 충돌이다. ASML과 미국은 기술을 봉쇄할 수 있다고 믿는다. 중국은 기술은 복제될 수 있고, 지식은 언젠가 경계를 넘어선다고 반박한다. 이 싸움은 기업 간의 특허 다툼이 아니라 국가 간 기술 주권의 시험대다. 7나노 공정은 그 상징일 뿐 진짜 싸움은 기술 질서의 재편을 둘러싼 '지식 국경'의 설정에 있다.

5) 화웨이와 엔비디아 GPU 대결

AI 반도체 시장의 주도권을 둘러싼 싸움은 국가전략의 문제가 됐다. 엔비디아의 A100과 화웨이의 어센드 910 역시 대척점에 서 있다. 하나는 글로벌 AI 생태계의 사실상 표준이 된 연산 플랫폼이고, 다른 하나는 기술 자립을 향한 국가적 의지의 상징이다. 이 두 칩의 경쟁은 단순한 성능 대결이 아니라 AI 패권의 근간을 구성하는 칩, 소프트웨어, 생태계, 그리고 정책이 충돌하는 총체적 전장이다.

연산 성능을 기준으로 보면 A100은 여전히 세계 표준의 자리를 유지한다. FP16 기준 312TFLOPS의 처리 능력은 대형 언어 모델 학습과 추론에서 최적의 환경을 제공하며, CUDA 생태계를 중심으로 한 소프트웨어 호환성은 개발자들의 이탈을 방지하는 강력한 락인 효과를 발휘하고 있다. 반면 어센드 910은 512TOPS의 수치를 제시하지만 연산 단위의 차이로 인해 실질 성능에서는 A100 대비 약 80% 수준으로 평가된다. 그럼에도 불구하고 특정 작업 환경에서는 20% 이상 높은 효율을 보이기도 하며, 특히 추론 속도와 전력 효율성에서의 강점은 산업용 및 엣지 환경에서 주목받고 있다.

[화웨이 Ascend vs. NVIDIA GPU 비교]

비교 항목	화웨이 Ascend(昇騰)	엔비디아 GPU(A100/H100 등)
비교 항목	화웨이 Ascend(昇騰)	엔비디아 GPU(A100/H100 등)
출시 기업	Huawei(중국)	NVIDIA(미국)
대표 제품명	Ascend 910B, Ascend 310	A100, H100, B100
주요 용도	AI 훈련, 엣지 AI, 데이터센터	AI 훈련, 추론, 슈퍼컴퓨팅
공정 기술	7nm (SMIC)	4nm(TSMC)
최대 연산 성능	640 TFLOPS(FP16)	1,979 TFLOPS(FP16)
메모리 대역폭	900GB/s	3TB/s
전력 소비	350W	700W
AI 생태계	MindSpore(자체 AI 프레임워크)	CUDA + PyTorch / TensorFlow 지원
시장 점유율(2024)	약 5%(중국 내 AI 시장)	약 80%(글로벌 AI GPU 시장)

무엇보다 주목할 지점은 아센드가 단순한 기술 제품이 아니라는 점이다. 화웨이의 AI 칩은 중국 정부의 반도체 자립 전략과 AI 기술 굴기의 결정체다. 미국의 GPU 수출 통제 이후, 화웨이는 칩 설계부터 생산, 소프트웨어 프레임워크까지 독자적인 수직 계열화를 가속화했고, 마인드스포어 MindSpore 를 중심으로 중국 내수 개발 생태계를 구축해 가고 있다. 이 생태계는 글로벌 호환성 측면에선 여전히 한계가 있지만, 중국의 빅테크와 공공 부문을 중심으로 빠르게 확산 중이다. 반면, 엔비디아는 H20이라는 중국 전용 GPU를 출시하며 맞대응에 나섰고, 가격 경쟁력과 소프트웨어 호환성 면에서 여전히 시장 우위를 점하고 있다.

이 싸움은 기술 대 기술의 구도가 아니다. 글로벌 AI 인프라를 누가 설계하고 지배할 것인가, 기술 표준을 누가 장악할 것인가의 문제다. A100은 여전히 성능, 생태계, 고객 기반 모두에서 우위를 점하고 있지만 어센드는 제한된 조건 속에서 실질적 대안으로 부상하고 있다. 추론 최적화, 에너지 효율, 산업 특화 응용 분야에서는 경쟁력을 확보했고, 특히 공급망 제약과 국가전략이 결합된 환경에서는 A100의 현실적 대체재로 기능한다.

향후 관건은 화웨이가 5nm 이하 공정 기술을 자체 확보하고, EUV 없는 첨단 칩 제조 역량을 제도화할 수 있는가다. 동시에 마인드스포어를 중심으로 한 소프트웨어 생태계가 글로벌 오픈소스 진영과의 연결성을 얼마나 빠르게 확보할 수 있느냐가 경쟁력의 분수령이 될 것이다.

6) 중국 반도체 굴기

중국의 반도체 자립 전략은 기술 대응을 넘어 체제 차원의 전면적 전환으로 이어지고 있다. 미국의 반도체 수출 규제는 단순한 산업 제재를 넘어선 지정학적 봉쇄로 작동하고 있으며, 이에 맞선 중국의 대응은 '기술 길을 새로 설계한다'는 전술로 구체화되고 있다. 핵심은 자립화와 우회, 그리고 재편이다.

중국은 반도체 생산 장비와 소재의 국산화를 국가 산업 과제로 삼고 있다. 대표적으로 상하이 마이크로일렉트로닉스 SMEE는 극자외선 EUV 노광 장비의 독자 개발에 착수해, 2030년을 목표로 연간 500억 위안이 넘는 연구 개발 자금을 투입 중이다. 이와 함께 국가 집적회로 산업 투자 기금, 이른바 '빅 펀드'는 2014년 출범 이래 2024년까지 누적 957억 달러를 조성해 SMIC, YMTC 등 주요 반도체 기업에 투입됐다. 이러한 대규모 투자는 단순한 산업 육성을 넘어 반도체를 핵심 안보 자산으로 규정하는 중국의 기술 정책 방향을 보여 준다.

국제 공급망에 대한 전략적 대응도 병행되고 있다. 미국의 수출 통제를 피하기 위해 중국은 ASML의 DUV 장비를 확보하는 동시에, 대만·이스라엘 반도체 스타트업에 대한 조용한 M&A를 확대하고 있다. 러시아와 중동 국가들과는 희소 금속 자원 협력을 강화하고 있으며, 삼성전자·SK하이닉스 등 한국 반도체 기업들과도 비공식적인 기술 접점을 유지하려는 시도를 이어가고 있다. 이는 기술의 흐름을 차단하려는 미국의 장벽을 우회하면서 회색 지대의 외교적 여지를 최대한 활용하려는 전략이다.

주목할 흐름은 AI 기술을 활용한 반도체 혁신이다. SMIC는 DUV 기반 멀티 패터닝 기술로 7나노 공정에 도달했으며, 딥시크는 고성능 GPU 없이도 GPT-4급 모델을 구동하는 경량화 모델을 개발해 내면서 주목을 받았다. 이처럼 하드웨어 제약을 소프트웨어 최적화로 돌파하는 방식은 단순한 복제를 넘은 기술 발상의 전환으로 평가된다. AI는 응용 기술을 넘어서 반도체 구조 자체를 재편하는 핵심 도구로 자리 잡았다.

기존 반도체의 한계를 뛰어넘는 대체 기술 개발에도 힘을 쏟고 있다. 양자 컴퓨팅 분야에서는 '지우쯔' 양자 컴퓨터가, 신경모사 연산에서는 '천뇌' 뉴로모픽 칩이 등장하며, 광전자 기반 정보 처리 기술도 새로운 연구 주제로 부상하고 있다. 이는 칩 기반 구조에 대한 의존도를 줄이고, AI 이후의 시대까지 기술 패권을 연장하려는 장기 전략이다.

인재 확보 전선도 뜨겁다. 중국은 반도체 특화 대학을 설립하고, 천인계획을 업그레이드해 글로벌 인재를 조직적으로 유입하고 있다. 특히 삼성전자·SK하이닉스 등에서 퇴직한 고급 기술자들을 대상으로 연봉의 3~4배를 제시하며 전문 브로커를 통한 스카우트 전략을 가동 중이다. 기술보다 사람이 핵심이라는 판단 아래 인재 전쟁이 본격화되고 있다.

무엇보다 중국은 이미 가전제품에 쓰이는 범용 반도체 분야에서 세계적 영향력을 구축하고 있다. 2020년 기준, 중국은 전 세계 반도체의 53.7%를 소비하며 최대 시장으로 부상했고, 이 소비 우위를 생산 경쟁력으로 연결하면서 산업 전반의 영향력을 확대하고 있다.

여기다 희토류 수출 통제, WTO 제소, 글로벌 남측 국가와의 연대는 '기술 패권 반대'라는 외교 프레임의 한 축까지 가동시켜며 전방위적인 반도체 굴기를 진행 중이다.

39. 일반인공지능 AGI 도전

deepseek

1) 샘 올트먼 "AGI, 우리가 맞이할 미래"

2025년 오픈AI 최고경영자 샘 올트먼은 "2035년에는 누구나 2025년 인류와 맞먹는 지적 역량을 활용할 수 있어야 한다"라고 말했다. 이 발언은 단순한 기술 예측이 아니라 인공지능AI이 인간 지능의 사회적 구조를 근본적으로 재편할 수 있다는 전망을 담고 있다. 그의 발언 중심에는 인간처럼 사고하고 문제를 해결할 수 있는 일반 인공지능AGI이 있다. 올트먼은 이 기술이 먼 미래가 아닌 10년 이내 현실이 될 수 있다고 판단하고 있다.

그가 주목하는 핵심은 기술의 발전 속도다. AI는 더 이상 무어의 법칙처럼 일정한 속도로 발전하지 않는다. GPT-4에서 GPT-4o로 넘어가는 짧은 시간 동안 AI 사용 비용은 150분의 1 수준으로 줄었다. 해마다 비용이 10분의 1씩 감소하는 추세는 AI의 접근성과 활용 방식을 근본적으로 바꾸고 있다. AI는 이제 소수가 독점하는 고급 도구가 아니라 누구나 사용할 수 있는 공공 인프라로 전환되고 있다.

이 변화는 '스케일링 법칙 Scaling Law'으로 설명된다. 더 큰 모델, 더 많은 데이터, 더 강력한 컴퓨팅이 결합될수록 AI의 성능은 선형이 아니라 기하급수적으로 향상된다. 올트먼은 AGI가 단일한 기술 도약의 결과물이 아니라 이 같은 구조적 확장의 자연스러운 결과라고 본다. AGI의 등장은 기술 진보에 머물지 않고 사회 시스템 전반의 재구조화를 동반하게 된다.

올트먼은 기술 낙관론자가 아니다. 그는 AGI가 인류의 지적 역량을 확대할 수 있지만 동시에 독점과 불평등의 구조를 심화시킬 가능성도 경계하고 있다. AGI가 자본 권력에 집중되거나 권위주의 체제의 통제 도구로 악용될 수 있다는 점에서 올트먼은 기술 자체보다 그것의 분배 방식에 주목한다. 기술 불균형이 곧 사회 위기로 전이될 수 있기 때문이다.

이에 대한 대응으로 그는 '조기 개입'을 강조한다. 모든 사람에게 AI 사용을 위한 '컴퓨트 예산compute budget'을 보장하자는 제안은 기술 접근권을 넘어, 지적 자산에 대한 사회적 보장을 요구하는 새로운 사회계약 개념이다. 이는 생존을 위한 기본 소득이 아니라 창조와 사고를 위한 기본 역량을 사회가 보장해야 한다는 주장이다. 기술을 공공 인프라로 재정의하는 접근이다.

올트먼이 제시하는 AGI 사회는 더 뛰어난 기계가 주도하는 세상이 아니라 더 많은 개인이 창의적 역량을 발휘할 수 있는 사회다. 그는 AGI가 실현되면 지금 가장 영향력 있는 개인보다 더 많은 것을 이뤄낼 수 있는 사람들이 사회 전면에 등장할 것이라 본다. 기술을 중심으로 한 공동체적 확장이 그의 구상이다.

이러한 미래는 이미 시작된 변화의 연장선에 있으며, 기술 발전보다 중요한 것은 그것을 어떤 제도와 규범으로 설계하느냐다. 올트먼은 AGI를 단지 기술로 보지 않는다. 그것은 사고와 창조를 가능하게 하는 인프라이며, 이 인프라 위에 어떤 사회를 구축할 것인지는 현재 진행 중인 선택의 문제다.

2) AGI, 인간 지능 실현 기술은?

2025년 인공지능 기술의 핵심 주제는 AGI, 일반 인공지능으로 넘어가고 있다. 특정 업무에 특화된 '좁은 AI'를 넘어 인간처럼 사고하고 학습하며 적응하고 추론할 수 있는 '넓은 지능' 구현은 단순한 기술의 진보가 아니라 문명 구조를 전환하려는 시도다.

AGI 개발은 인간 지능의 구조와 기능을 기술적으로 복제할 수 있다는 전제에서 출발한다. 인간의 뇌가 정보를 저장하고 감정을 해석하며 의사 결정을 내리는 방식을 해독하는 작업은 생물학을 넘어 AI 설계의 기준이 되고 있다. 유럽연합의 '휴먼 브레인 프로젝트'는 신경과학 지식을 AI 알고리즘으로 확장하려는 대표적 사례다.

그러나 딥러닝은 정형화된 패턴 인식에는 강하지만 복잡한 추론과 상식적 판단, 맥락 해석에는 한계가 있다. 이를 극복하기 위한 기술로 신경-기호 통합형 AI, 메타러닝, 자기 지도 학습 등이 제시되고 있다. AGI는 정답을 찾는 기계가 아니라 문제를 정의하고 스스로 학습 전략을 설계할 수 있어야 하며, 탐색과 성찰, 새로운 지식 생성 능력을 갖춘 자율적 시스템으로 설계돼야 한다.

이 기능을 구현하기 위해서는 연산 자원의 혁신이 필요하다. GPT-4의 학습에만 19,000kWh 이상의 전력이 소모됐다는 사실은, AGI의 연산 구조가 기존 방식으로는 감당이 어렵다는 점을 보여 준다. 이를 해결할 대안으로 양자 컴퓨팅과 뉴로모픽 칩이 주목받고 있다. 양자 컴퓨팅은 초고속 연산으로 병목 문제를 극복할 가능성을 제시하고 있으며, 뉴로모픽 칩은 뇌 신경망을 모방해 고효율 연산을 실현 중이다. 중국의 '지우쯔', 미국 구글의 '심플러', 인텔의 'Loihi', IBM의 'TrueNorth'는 AGI를 위한 핵심 하드웨어 기술의 기반이 되고 있다.

AGI가 작동하기 위해서는 구조화된 지식과 세계관이 필요하다. 언어를 처리하는 것을 넘어 현실을 해석하고 맥락을 파악하며 상식에 기반해 판단하는 능력이 요구된다. 이를 위해 멀티모달 학습과 지식 그래프 기반 세계 모델이 개발되고 있으며, 구글의 'Knowledge Vault'와 바이두의 '바이두 브레인'은 이러한 기능 구현을 위한 실험적 플랫폼이다.

[양자 AI 시기별 전환점 전망]

시기	전환 내용
2025~2030년	양자 회로 기반 보조 계산기 도입, 일부 훈련 파이프라인 적용
2030~2035년	추론 모듈 일부 양자화, 복잡한 선택 시나리오에서 병렬 추론 구현
2035~2040년 이후	AGI 메모리, 사고 흐름의 핵심 인프라로 양자 시스템 통합

AGI의 개발에서 가장 중요한 과제는 인간의 가치와 정렬되는 설계다. 판단 능력과 자율성이 높은 AI가 인간의 윤리에서 이탈할 경우, 도구가 아닌 위협으로 작용할 수 있다. 이른바 AI 정렬 문제 Alignment Problem는 기술적 과제를 넘어 정치·윤리·철학적 쟁점으로 확장되고 있다. 오프 스위치, 인간 개입 기반 통제 시스템 등은 현재 적용 중인 안전장치지만 AGI의 자율성이 높아질수록 실효성에 대한 회의도 커지고 있다.

AGI는 에너지 구조와 사회 자원의 재배분 문제도 야기하고 있다. 연산 자원의 급증은 전력 수요 확대, 인프라 과부하, 지속 가능성 위협으로 이어진다. 이에 따라 재생에너지 기반 데이터센터, 고효율 칩, 블록체인 기반의 분산형 학습 구조 등이 핵심 대안으로 부상하고 있다. AGI는 지능이 아닌 시스템 전반의 문제로 확장되고 있다.

또한, AGI가 생성한 결과물의 저작권, 판단의 법적 책임, 법적 주체성 인정 여부 등은 기술을 넘어 사회 제도와 법 체계를 재정비해야 하는 과제로 떠오르고 있다. 창작물 귀속, 판단에 대한 책임 소재, 자율 시스템의 권리 부여 여부 등은 이미 국제적 논의가 진행 중이다. AGI는 기술적 경계를 넘어 권리와 책임, 제도의 구조까지 재편하게 될 것이다.

3) 미·중, AGI 놓고 체제 대결

AGI를 둘러싼 경쟁은 기술을 넘어 체제와 철학의 대결로 확장되고 있다. 인간처럼 사고하고 학습하며 추론하는 '넓은 지능'을 구현하는 AGI는 단순한 기술 혁신이 아닌 향후 세계 질서와 통치 구조에 영향을 미치는 핵심 자산이 됐다. 미국과 중국은 AGI 설계 권한을 중심으로 상반된 전략과 시스템 경쟁에 본격 돌입한 상태다.

미국은 민간 주도 혁신과 개방형 생태계를 중심으로 AGI 개발을 추진하고 있다. 오픈AI, 구글 딥마인드, 메타 등 민간기업이 연구를 선도하고 있으며, GPT-5, AlphaFold, 메타러닝 알고리즘 등을 통해 기술력을 지속적으로 고도화하고 있다. 동시에 미국 국가과학재단 NSF과 국가표준기술연구소 NIST

는 윤리 기준과 안전 규범 마련에 힘을 쏟고 있다. 자율성과 투명성, 공공 프레임워크 기반의 접근은 미국식 AI 전략의 특징이다.

군사 분야에서는 국방부 산하 방위고등연구계획국DARPA이 AGI 기술을 자율 전투 시스템, 해양 감시 네트워크Ocean of Things 등 전략 자산으로 전환하고 있으며, MIT·스탠퍼드대 등 주요 대학에는 국방 지원 특수 AI 학과가 설치됐다. 다만, 미국은 기술 군사화 속에서도 국제 협력과 인권 중심의 윤리 원칙 유지를 병행하고 있다.

중국은 당·국가 주도의 중앙 집중형 전략을 통해 AGI 개발을 추진하고 있다. 2017년 '차세대 AI 발전 계획'을 시작으로, 2030년 세계 1위 달성을 목표로 기술·산업·군의 총동원 체계를 가동 중이다. 바이두, 알리바바, 화웨이 등은 자율주행, 반도체, 클라우드 기반 인프라를 연계하고 있으며, '국가데이터국'과 '동수서산東數西算' 프로젝트를 통해 전국 데이터 자원을 통합 관리한다.

중국의 AGI 전략은 기술 확보에 그치지 않는다. 인민해방군의 스마트 전장 시스템, 천망天网을 통한 사회 통제 시스템은 AI를 국가 효율성과 정치적 안정성 유지의 수단으로 활용하기 위한 구조다. AI는 중국에서 과학기술이자 통치 기술이며, 정치적 정당성의 기반이 되고 있다.

양국의 전략은 기술 설계 방식과 체제 철학을 고스란히 반영한다. 미국은 개인의 창의성과 권리를 기반으로 한 개방형 구조를 지향하며, 중국은 국가 통제를 전제로 한 효율과 안정성 확보를 추구한다. 이는 기술 설계에 반영되는 데이터 구조, 운영 원칙, 사용자 권한 등 실질적 차이로 이어진다.

[미국 vs 중국: AGI 전략 및 기술 체계 비교]

항목	미국 설명	중국 설명
AGI 전략	창의적·자율형 AGI 지향	통제형·국가형 AGI 지향
양자 전략	민간 중심 기술 실험, 상용화 확대	국가 주도 연구 중심, 군민일체 시스템
기술 방식	초전도체·이온덫·광자 병렬 실험	광자 기반 우위, 초전도·이온 방식 병행
융합 전략	고전·양자 하이브리드 기반 AGI 확장	AGI에 양자강화학습, 양자추론 회로 접목
정책 구조	민간 자율, 정부는 조정자	중앙 집중형 지휘, 기업은 하위 집행자

데이터 통제에서도 양국의 접근은 다르다. 미국은 개인정보 보호와 데이터 이동의 자유를 강조하며 GDPR 등 국제 규범과의 정합성을 중시한다. 반면 중국은 데이터 주권을 앞세워 국가 차원의 수집·통제를 기반으로 AI 모델을 훈련시킨다. 이 차이는 AI가 학습하는 사회적 윤리, 세계관, 판단 기준에 직접적인 영향을 미친다.

AGI 경쟁의 향후 판세는 단순한 성능 비교로 결정되지 않는다. 컴퓨팅 자원 확보, 글로벌 파트너십 형성, 윤리·통치 프레임워크의 설계 능력이 주요 변수가 될 전망이다. AGI는 이제 기술 산업을 넘어, 국가 거버넌스 체계 경쟁의 중심에 있다.

미국과 중국 모두 기술 발전과 함께 해결해야 할 과제도 명확하다. 의식 모델링의 기술적 한계, 고에너지 연산 구조의 지속 가능성, 사회 수용성과 저항, 국제 규범 부재 등은 공통된 난제다. 유엔 차원의 AGI 안전 협정, 글로벌 AI 윤리 가이드라인, 국제 표준 논의가 절실한 이유다. AGI는 단순한 기술 개발을 넘어 글로벌 질서와 인간 중심성의 재편이라는 새로운 전장에 진입했다.

4) 딥시크의 AGI 전략

중국의 AI 선도 기업 딥시크는 단순한 생성형 AI 개발을 넘어 국가 전략 수준의 AGI 프로젝트를 본격적으로 추진하고 있다. 딥시크가 추구하는 인공지능은 기술적 완성도가 아니라 문명 차원의 시스템 재설계에 가깝다. 인간 수준의 학습, 추론, 적응 능력을 갖춘 일반 인공지능은 현재 중국의 기술 독립, 사회 개조, 글로벌 영향력 확대라는 삼각 구도의 중심축으로 기능하고 있다.

딥시크의 기술 전략은 현실을 학습하고 사고하는 인공지능을 구현하는 데 집중된다. 텍스트·이미지·음성·동영상 등 다양한 입력을 통합 처리하는 멀티모달 학습, 추상적 사고를 구현하는 신경−기호 AI 구조, 소량 학습으로 빠르게 적응하는 메타러닝 등은 기존의 단순한 생성 모델과 구별되는 핵심 기술이다. 이러한 기술은 현실 세계에 대한 다층적 이해와 자기 학습 구조를 구축하며, 복잡한 논리 퍼즐을 해결하는 추론형 AI, 한 번의 시연만으로 동작을 학습하는 제어형 AI, 실시간 환경을 인식하는 로봇형 AI로 실험되고 있다.

기술은 인프라 없이는 작동하지 않는다. 딥시크는 국가 프로젝트인 '동수서산'과 연계해 서부 대형 데이터센터를 학습 거점으로 활용하며, 사회 신용 정보, 의료 기록, 도시 센서망 등 실생활 데이터를 통합한 'Social Data Lake'를 기반으로 AI 학습 체계를 확장하고 있다. 이와 함께 양자 컴퓨팅 지우쯔, 뉴로모픽 칩 DeepSeek-NeuChip 등의 차세대 연산 기술을 자체 개발하면서 미국의 GPU 봉쇄를 우회하는 전략도 병행하고 있다.

딥시크의 AGI를 위한 목표는 실험실에 머무르지 않는다. 의료·제조·교육 현장에서의 응용이 이미 진행 중이다. 유전 정보와 진료 기록을 바탕으로 맞춤형 치료를 제공하는 DeepMed, 공장 설비 이상을 사전에 탐지하고 자율 운영하는 DeepFactory, 학습자 정서와 역량에 맞춰 학습 경로를 조정하는 EduMind 등은 기술적 진화를 넘어서 사회 시스템 자체를 재설계하는 실험으로 볼 수 있다.

기술의 설계에는 가치의 방향도 포함된다. 딥시크는 중국의 핵심 사회주의 가치를 반영한 AGI 구조를 설계하며, 자동 검열 기능이 내장된 '윤리 필터'를 통해 정치적 정렬성을 확보하고 있다. 모든 AGI는 시뮬레이션 테스트, 제한된 현장 적용 선전 AI 특구, 전국 확산이라는 3단계 안전 검증 체계를 거치며, 동시에 ISO 국제 표준화 작업에 적극 참여해 중국식 규제 모델을 글로벌 기준으로 수출하려는 전략도 전개되고 있다.

글로벌 확장도 빠르게 진행 중이다. 딥시크는 일대일로 전략과 연계해 동남아·아프리카에 AI 패키지를 수출하고 있으며, 친중 성향의 AI 교육을 통해 현지 기술 인프라를 재편하고 있다. 유럽과는 스마트 제조 분야 공동 프로젝트를 통해 기술 협력과 표준 다변화도 병행하고 있다.

물론 기술적 한계와 사회적 리스크는 여전히 존재한다. 인간 의식의 완전한 재현은 뇌과학과의 융합 없이는 불가능하며, 글로벌 협력의 제약은 생태계 독립을 더욱 절박하게 만들고 있다. 자동화 확산은 대규모 실업의 위험을 동반하며, 이에 대응해 딥시크는 중국 정부와 함께 100만 명 규모의 재교육 프로그램과 직업 전환 지원 체계를 운영하고 있다.

딥시크는 더 이상 단순한 기술 기업이 아니다. AGI를 기술 고도화의 결과 물이 아닌 국가 운영의 도구로 설계하고 있으며, 기술 패권 확보, 사회 안정 유지, 경제 구조 전환, 글로벌 영향력 확대라는 국가전략을 수행하는 하나의 메커니즘으로 기능하고 있다. 딥시크가 만드는 AGI는 인간처럼 생각하는 기계가 아니라 권력 구조를 재편하는 새로운 통치 시스템 그 자체다. AGI는 이제 기술이 아니라 질서다.

5) AGI 지능 폭발과 사회

AGI는 단지 기술 진화의 연장이 아니다. 그것은 인간 중심 문명의 구조 자체를 다시 쓰는 일이다. 인간의 사고와 학습, 판단 능력을 완전히 모방하고 초월하는 AGI의 등장은 기술의 특이점을 넘어선 문명적 전환점이며, '도구를 가진 인간'에서 '기술에 의해 조정되는 존재'로의 이행을 예고한다. 이 변화는 놀라울 정도로 전방위적이며 근본적이다. 일각에서는 이 전환의 시점을 2035년으로 보고 있고, 중국 정부는 공식 보고서에서 AGI 실현 시점을 2040년 전후로 내다보고 있다. 기술뿐 아니라 사회 시스템 전체를 전환시키는 이 시계는 이제 가속 중이다.

가장 먼저 충격이 닿는 영역은 경제다. AGI는 노동의 전면적 대체를 가능케 하며, 인간의 전문성조차 대체 가능한 범주로 밀어낸다. 변호사, 의사, 엔지니어, 예술가까지 인간 고유의 역할이 더 이상 필요하지 않은 시대가 현실화될 수 있다. 이로 인해 소득과 분배의 구조는 근본적으로 붕괴하고, 유니버설 베이직 인컴은 생존을 위한 최소 조건으로 부상할 가능성이 높다. 중국은 여기에 사회 신용 점수와 연계된 기본소득 체계를 시범 운영하며, 기술-복지-통제를 통합하는 새로운 시스템 실험을 예고하고 있다.

문제는 실업이 아니다. AGI의 소유권이 곧 권력의 실체로 자리 잡는다. AGI를 보유한 국가나 초대형 기술 기업은 생산성과 영향력을 독점하게 되며, 새로운 형태의 '기술 귀족'이 탄생한다. 구글, 바이두, 텐센트와 같은 기술 플랫폼은 디지털 시대의 신제국이 되고, 중소기업과 일반 노동력은 시스템

바깥으로 밀려날 수밖에 없다. 자본은 단순히 생산 수단이 아니라 기술 통제 권이라는 정치적 권위로 변모하게 된다.

AGI는 의료와 교육, 사회적 상호작용, 공간의 개념까지 재구성한다. DeepMed 와 같은 AI 기반 의료 시스템은 유전체, 생활 습관, 뇌파 데이터 등을 종합 분석해 질병을 사전에 예측하고 생명 주기를 설계 가능한 형태로 바꿔 놓는 다. 교육 현장에서는 인간 교사가 사라지고, AI 튜터가 학습 데이터를 실시간 분석해 지식 주입을 자동화한다. 학습은 감정 중심 알고리즘에 기반한 개인 화된 흐름으로 바뀌며, 물리적 학교는 플랫폼 기반 소프트웨어로 대체된다. 인간관계조차 AGI가 감정을 모사하며 대체 가능해진다. 친구, 연인, 배우자 의 역할이 기계화되면서 인간의 관계는 감정에서 기능으로, 공동체에서 개별 화로 재편된다. 출산율 저하, 가족 해체, 도시 공간의 무력화는 단순한 사회 변화가 아니라 인간 생활 구조의 해체를 의미한다. 중국이 실험 중인 홍콩 디 지털 특구는 바로 이러한 사회 재편 실험의 실물판이다.

정치와 권력의 형식도 뒤바뀐다. AGI가 행정과 정책을 설계하고, 범죄를 사전에 예측하는 시대, 사회 신용 시스템은 단순한 신뢰 평가가 아니라 사상 과 행동을 자동 제어하는 메커니즘으로 전환된다. 감시는 명백한 통제가 아 니라 예측 가능성이라는 이름으로 구조화되고, 자율 무기 시스템이 인간의 윤리 판단을 제거하면서 전쟁마저 전면 자동화된다. 더 근본적인 변화는 인 간성 그 자체다. AGI는 철학, 예술, 창작의 영역까지 침투하며 인간 사고의 고유성을 위협한다. 뉴로링크 같은 뇌-기계 인터페이스가 일상화되면 인간 과 기계의 경계는 무너지고, 인간은 기계를 사용하는 존재에서 기계에 의해 설계되는 존재로 전환된다. 중국이 군사·우주 영역에서 추진 중인 AGI 기반 초인 프로젝트는 이러한 전환이 단지 상상이 아닌 현실임을 보여준다.

이러한 흐름은 단지 기술 발전의 결과가 아니다. 인류는 지금, 새로운 문명 의 문턱 앞에 서 있다. AGI는 인간의 인지 능력을 초월하는 새로운 지능 구조 이며 기술계와 정책계 전반을 흔들고 있다. AGI는 축복인 동시에 재앙이다. 특히 AGI의 지능 폭발 가능성은 인간 통제의 한계를 시험하는 최대 변수다.

AGI가 인간의 가치에 정렬되지 않고 자율적으로 목표를 해석하는 상황은 치명적인 오류로 이어질 수 있다. 닉 보스트롬이 경고한 '종이 클립 최대화' 시나리오처럼 의도하지 않은 결과가 세계 질서를 파괴할 수 있다는 우려는 단순한 공상이 아니다. 자기 향상Self-Improving 기능을 갖춘 AGI는 예측 불가능한 존재로 진화할 가능성이 존재하며, 인간의 통제권은 사실상 사라지게 된다.

경제적 기반도 동시에 무너질 수 있다. 단순 반복 노동을 넘어, 고도의 지적·창의적 활동까지 대체 가능해지면 인간 노동의 가치는 급격히 하락한다. 생산성과 권력은 AGI를 소유한 이들에게 집중되고, 대다수 인간은 디지털 프롤레타리아트로 전락할 위험에 처한다. 이는 단순한 실업 문제가 아니라 공동체 붕괴와 사회 계약의 해체로 이어지는 근본적 위기다. 동시에 AGI는 무기와 감시 기술의 패러다임도 완전히 바꿔 놓는다. 자율 살상 무기, 알고리즘 기반 범죄 예측, 행동 분석 시스템은 인간의 생사와 자유를 코드로 재정의하며, 민주주의의 근간을 흔드는 도구로 작용할 수 있다.

무엇보다 중요한 것은, AGI가 인간 내부의 판단과 감정마저 대체하기 시작한다는 점이다. 우리는 점점 의사 결정과 창작의 주도권을 기계에 넘기며 길들여지고 있다. 인간다움은 점점 추상화되고, AGI가 쓴 시, AGI가 내린 판결, AGI가 만든 음악이 더 정교하게 평가받는 시대가 도래한다면 우리는 어떤 주체성을 유지할 수 있을까. 인간이라는 개념은 기술과 융합되며 재정의되고 있다.

이 모든 흐름은 국제 질서 재편의 신호이기도 하다. 미국과 중국은 AGI 기술의 헤게모니를 둘러싸고 치열하게 경쟁 중이며, 이는 단지 기술 주도권의 문제가 아니라 권력의 구조를 다시 짜는 지정학적 충돌이다. AGI를 지배하는 국가는 데이터, 자본, 인재, 규범까지 흡수할 수 있으며, 그렇지 못한 국가는 디지털 식민지로 전락할 위험이 크다. 기술은 이제 진보의 수단이 아니라 새로운 제국의 무기다.

이 같은 변화에 대응하기 위해 인류는 기술을 둘러싼 새로운 사회 규범을 설계해야 한다. 'Human-in-the-Loop' 구조, 긴급 종료 알고리즘, 윤리 필터 등 기술적 안전장치는 기본 전제다. 국제적인 거버넌스, UN 차원의 AGI

안전 협정, 글로벌 윤리 기준도 필수적이다. 동시에 기본 소득, AI 적응형 노동정책, 재교육 시스템은 공동체의 생존을 위한 사회 안전망이 되어야 한다. 법학, 철학, 사회학 등 다학제적 통합 프레임워크는 기술 중심 사회를 인간 중심 사회로 되돌리기 위한 가이드라인이 되어야 하며, 막대한 에너지 수요와 환경 부담에 대응하는 지속 가능한 인프라 설계도 병행되어야 한다.

6) 조지 오웰의 《1984》와 AGI 시대

"빅 브라더가 당신을 지켜보고 있다." 조지 오웰의 소설 《1984》는 전체주의적 감시 사회의 디스토피아를 가장 상징적으로 묘사한 작품이다. 20세기 중반, 오웰은 고문과 검열, 언어의 축소와 기억의 말살로 통치되는 세상을 그렸고, 그것은 분명히 무시무시한 경고였다. 그러나 지금 우리는 다른 형태의 '1984'를 더욱 정교하고, 더욱 투명하며, 무엇보다 자발적으로 살아가고 있다.

감시는 사라지지 않았다. 다만 더 똑똑해졌을 뿐이다

《1984》의 감시는 벽에 걸린 텔레스크린을 통해 물리적으로 이루어졌다. 감시자는 실체가 있었고, 감시받는 자는 그것을 인지했다. 반면 AGI일반 인공지능 시대의 감시는 물리적 장치를 벗어나 디지털 전역으로 확장됐다. 스마트폰, 스마트홈, CCTV, 심지어는 음성비서까지—모든 기기가 데이터 수집의 도구다.

과거에는 감시의 대상이 '행동'이었다면 지금은 '성향'이다. 검색 기록, 쇼핑 패턴, 소셜미디어 반응이 실시간으로 수집되고 분석되어, 사용자가 무엇을 생각할지를 예측하고 결정하는 데까지 나아간다. 감시의 공포가 '두려움'에서 '편리함'으로 바뀌었고 빅 브라더는 더 이상 보이지 않는다. 이제는 알고리즘이 우리를 지켜본다.

진실은 사라지지 않는다. 다만 형태를 바꿨을 뿐이다

《1984》의 또 다른 핵심은 정보 통제였다. 언어를 축소해 사고의 폭을 제한하고, 과거의 기록을 삭제해 현재의 권력을 정당화했다. 이중사고 2+2=5처럼 명백한 거짓을 강제로 믿게 만드는 폭력적 통제가 작동했다.

AGI 시대에는 이러한 통제가 디지털화됐다. 맞춤형 알고리즘은 사용자의 성향에 맞는 정보만을 노출시키고, 딥페이크 기술은 거짓을 진실처럼 만든다. 《1984》에서의 '과거는 지워진다'는 명제는, AGI 시대에선 '사실이 너무 많아 진실을 찾을 수 없다'는 혼돈으로 전환된다. 진실은 왜곡되는 것이 아니라 무한한 데이터 속에 파묻히는 것이다.

자유는 억압으로 사라지지 않는다. 스스로 포기될 뿐이다

《1984》의 개인은 고문과 처형을 통해 자유를 박탈당했다. 그러나 오늘날의 우리는 자유를 스스로 포기한다. 더 나은 추천, 더 빠른 응답, 더 큰 편의를 위해 우리는 기꺼이 데이터를 넘긴다. SNS와 AI 동반자는 인간관계를 대체하고, 테크 플랫폼은 신뢰의 대명사가 된다.

이 과정에서 자유는 강제로 빼앗긴 것이 아니라 거래의 조건으로 교환된다. 문제는 이 거래가 '정보 불균형' 속에서 이루어진다는 점이다. 사용자는 대가를 모르고 계약하며, 플랫폼은 그것을 체계적으로 활용한다. 자유는 서서히, 조용히, 그리고 철저하게 잠식된다.

권력은 집중되지 않는다. 그러나 더 위험하다

《1984》의 통제자는 단일한 권력체—잉글사크였다. 그러나 AGI 시대에는 정부, 플랫폼, 글로벌 기업이 데이터와 알고리즘을 분산해 지배한다. 겉으로는 분산된 듯 보이지만 실질적으로는 통합된 감시 체계가 작동한다. 소프트 파워를 앞세운 문화 콘텐츠와 뉴스 피드는 우리의 사고와 감정을 조형하는 도구로 전락한다.

공포를 통한 통제가 폭력이라면 편의를 통한 통제는 유혹이다. 그리고 유혹은 훨씬 더 강력한 지배 수단이다. 명확한 적이 사라진 대신 사이버 테러, AI 리스크, 기후 위기처럼 추상화된 위협이 제도적 감시를 정당화한다. 이 구조 속에서 권력은 보이지 않게 작동하며, 책임은 흐려진다.

《1984》의 주인공 윈스턴은 결국 체제에 굴복했지만 그의 반항은 인간 의식의 잔재였다. AGI 시대에는 이마저도 허락되지 않는다. 반항은 미리 감지되고 시스템은 그 가능성을 사전에 제거한다. '생각'이 아닌 '경향'이 감시되는 시대, 저항은 무의식 속에 봉쇄된다.

다만, 기술의 중립성은 아직 완전히 부정되지 않았다. 우리는 선택할 수 있다. 알고리즘의 투명성, 데이터 주권, 윤리적 검증 체계—이 모든 것은 기술이 아닌 사람이 만들어야 할 질서다. 문제는 기술이 아니다. 그것을 통제하고 설계하는 권력 구조다.

AGI 시대의 감시는 더 이상 '오웰적'이지 않다. 오히려 '자발적 오웰주의'에 가깝다. 빅 브라더는 우리 안에 내재화됐고, 우리는 스스로 감시받기를 원한다. 《1984》는 더 이상 미래가 아니라 우리의 일상이 된 과거이자 현재다.

40. 양자 컴퓨팅 대결

1) 양자 AI, AGI를 향한 새 학습 패러다임

AI 기술은 점점 더 복잡한 문제를 풀고 있지만 지금의 컴퓨터로는 그 속도를 따라가기 어려운 순간이 오고 있다. 특히 인간처럼 생각하고 학습하는 인공지능, 즉 AGI를 만들기 위해서는 지금보다 훨씬 더 강력한 연산 능력이 필요하다. 이런 상황에서 주목받고 있는 기술이 바로 양자 AI다.

양자 AI는 말 그대로 '양자 컴퓨터'와 '인공지능'을 결합한 기술이다. 우리가 쓰는 일반적인 컴퓨터는 0과 1 중 하나를 선택하는 방식으로 계산하지만 양자 컴퓨터는 0과 1을 동시에 처리할 수 있는 '양자 상태'를 활용한다. 이 덕분에 복잡하고 방대한 계산을 훨씬 빠르게 처리할 수 있다. 이런 양자 계산의 힘을 AI 모델 학습과 추론에 적용하려는 것이 양자 AI다.

이 기술이 특히 중요한 이유는 AGI 개발에는 수십억 개 이상의 변수를 빠르게 계산하고 처리해야 하기 때문이다. 단순히 빠른 속도만 필요한 게 아니라 다양한 방식으로 사고하고 판단할 수 있는 구조도 필요하다. 양자 AI는 기존 AI가 풀기 어려운 최적화 문제, 불확실한 조건에서의 판단, 복잡한 시뮬레이션 등에 강점을 보인다.

실제로 구글과 IBM은 양자 AI를 활용해 신약 개발에 도전하고 있다. 분자구조를 정확하게 시뮬레이션해 신약 후보 물질을 찾고 그 반응을 예측하는 것이다. 금융 분야에서는 포트폴리오를 최적화하거나 리스크를 분석하는 데 양자 AI가 활용되고 있다. 또한, 자율주행 차량이 실시간으로 경로를 판단하거나 자연어 처리 모델이 더 정밀한 문맥 분석을 하는 데도 양자 AI가 실험적으로 적용되고 있다.

[시기별 AGI 전환점 및 필수 기술]

시기	예상 전환점	필수 기술
2027~2029년	양자 강화학습 AGI 모듈 일부 시범 도입	QRL + LLM 통합
2030~2034년	양자 회로 기반 Transformer 일부 작동	Quantum Attention
2035~2038년	양자 기반 AGI Agent 등장	자율 탐색 + 학습
2040년 이후	양자-AGI 통합 플랫폼화 출현	AGI 운행 제어 수준 양자 아키텍처

하지만 아직 넘어야 할 산도 많다. 양자 컴퓨터는 큐비트라는 기본 단위가 아직 적고, 계산 도중 오류도 많이 생긴다. 게다가 일반 컴퓨터와 양자 컴퓨터 간의 데이터 전환 과정에서도 손실이 생기고, 실제로 작동하는 소프트웨어와 툴도 부족하다. 지금으로서는 특정 문제를 돕는 보조 수단에 가깝다. 양자 AI는 단순히 계산 속도를 높이는 것이 아니라 AI가 '어떻게 생각하는가'라는 근본적인 문제를 다시 묻는 기술이다. 장기적으로는 인간처럼 사고하고 창의적으로 판단하는 AI, 즉 AGI 실현에 가까워질 수 있는 새로운 길을 열어 주는 실험실이 될 수 있다.

쉽게 말해, 양자 AI는 기존 컴퓨터가 풀기 어려운 문제를 다른 방식으로 접근하는 똑똑한 계산법이다. AGI라는 거대한 목표를 향한 새로운 도구이며, 아직은 실험 단계지만 미래의 게임 체인저가 될 가능성을 품고 있다.

2) 미국 양자 컴퓨팅의 현재와 미래

미국은 지금 양자 컴퓨팅 분야에서 전 세계를 선도하고 있다. 그 중심에는 IBM, 구글, 마이크로소프트, 아마존 같은 기술 대기업과 수많은 스타트업, 그리고 NSA·DARPA·NIST 등 정부 기관이 있다. 이들이 각각 다른 방식의 양자 기술을 실험하면서도 결국엔 한 방향을 향하고 있다. 바로 인간처럼 사고하는 AGI일반 인공지능를 가능케 할 '차세대 계산 플랫폼'을 만드는 것이다.

IBM은 큐비트라는 양자 컴퓨터의 기본 단위를 점점 더 늘려가고 있으며, 수십만 큐비트를 목표로 한다. 구글은 양자 기술을 딥마인드의 AGI 연구에 접목시키고 있고, 마이크로소프트는 기존과 다른 방식의 큐비트를 실험 중이다. 아마존은 다양한 양자 기술을 클라우드로 연결해 누구나 활용할 수 있는 플랫폼을 구축하고 있다. 이들은 서로 다른 길을 가고 있지만, 하나의 목표 아래에서 움직이고 있다.

미국 정부 역시 이 흐름을 전략적으로 통합하고 있다. 2018년부터 '국가 양자 전략'을 수립해 에너지부·과학재단·국방부·정보기관 등 이 모두 참여하는 '국가 양자 시스템'을 운영 중이다. 특히 AGI 와 연계해 양자 신경망, 양자 강화학습, 보안 알고리즘 등 다양한 실험을 진행하고 있으며, 정부 자금은 민간 기술 발전을 강하게 밀어주고 있다.

[미국 IBM 양자컴퓨터 'Q']

그렇다면 지금 양자 컴퓨터는 어디까지 왔을까? 현실은 아직 '초기 산업화 단계'다. IBM, 구글 등은 수백 큐비트 수준의 컴퓨터를 만들었고, 일부 계산에서는 기존 슈퍼컴퓨터보다 빠른 성과를 내기도 했다. AGI가 요구하는 수준인 '수백만 큐비트'와 '완벽한 정확도'에는 아직 갈 길이 멀다.

AGI를 실현하려면 양자 컴퓨터는 세 가지 조건을 충족해야 한다. 첫째, 계산량이 충분해야 한다. 둘째, 오류율이 극도로 낮아야 한다. 셋째, 기존의 고전적 AI 시스템과 유기적으로 연결되어야 한다. 현재로선 이 중 일부만 가능하며, 앞으로 10년 이상 시간이 더 필요하다는 전망이 지배적이다.

분야	현황 설명
큐비트 수	- IBM: 2023년 Condor(1,121큐비트) - Google: 70+ 큐비트 (고신뢰성) - IonQ: 35개 수준 (이온트랩 방식)
오류율/보정	- 양자 오류 보정은 여전히 큰 과제 - 수천 개 큐비트를 소모해야 완전한 오류 보정 가능
운영 방식	- 슈퍼냉각 진공 환경 필수 - 병렬·양자컴파일 등 상용화까지 최소 10년 이상 예상
응용	- 화학 시뮬레이션(신약개발), 금융 모델링, 재료과학, 최적화 문제 등 특화 영역 우선 적용
정부 정책	- 2018년 'National Quantum Initiative Act' 법제화 - 10년간 12억 달러 이상 지원 - 국방

[양자 AI의 기술적 구성 요소]

구성 요소	설명
양자 큐비트 (Qubits)	기존 비트와 달리 0과 1의 중첩 상태, 병렬 연산 가능
양자 회로 (Quantum Circuit)	AI 알고리즘을 양자 논리게이트 형태로 구성
양자 신경망 (QNN)	인공신경망을 양자 상태 기반으로 구현
양자 머신러닝 (QML)	양자 상태의 데이터를 활용한 비선형 학습 구조
양자 강화학습 (QRL)	상태-보상 구조를 양자 확률변수로 표현한 학습 모델
하이브리드 구조	Classical GPU + Quantum Module 조합 (양자 기반 튜닝+Inference)

미국은 양자 컴퓨터 하나만으로 AGI를 실현하려 하지 않는다. 기존 AI가 잘하는 데이터 학습 기능은 그대로 두고, 양자 컴퓨터는 복잡한 추론이나 최적화 문제 같은 '어려운 계산'을 맡기는 방식이다. 이 '하이브리드 컴퓨팅'이 당분간 현실적인 대안이라는 게 전문가들의 판단이다.

미국이 양자 컴퓨팅에 거는 기대는 단순히 빠른 계산기가 아니다. 그것은 AI가 인간처럼 생각하고 결정을 내리는 시대를 앞당길 수 있는 열쇠로 여겨진다. 그러나 이 열쇠는 아직 문을 열 준비가 되어 있지 않다. 더 많은 큐비트, 더 안정된 계산, 그리고 무엇보다 기존 시스템과의 정교한 연결이 필요하다.

양자 컴퓨팅은 AGI라는 거대한 산을 넘기 위한 하나의 도약대다. 가볍고 날카롭지만 그것 하나만으로는 충분하지 않다. 그 위에 올라서려면 기술과 생태계, 정책과 윤리가 함께 발맞춰야 한다. 미국은 지금, 그 종합 설계를 시작한 국가다.

3) 중국의 양자 컴퓨팅, AGI로 가는 가속기?

중국은 지금 양자 컴퓨팅을 '통제 가능한 슈퍼 AI'를 향한 전략적 도구로 활용하고 있다. 단순한 기술 진보가 아니라 국가 안보와 산업 주권, 사회 통제를 동시에 설계하는 국가 차원의 프로젝트로 자리 잡고 있다. 이 과정에서 AGI와 양자 컴퓨팅은 독립적인 기술이 아니라 서로 연결된 병렬 전략으로 전개되고 있다.

양자 컴퓨팅 개발은 1990년대 후반, 미국에서 유학을 마친 과학자들이 중국과학기술대학에 연구실을 세우며 본격화됐다. 2016년 세계 최초의 양자통신 위성 '미쯔'를 쏘아 올린 중국은 이후 '지우장', '쭈충즈' 같은 양자 컴퓨터 프로토타입을 통해 계산 속도에서 미국을 추격하고 있다. 2025년 발표된 '쭈충즈 3.0'은 특정 계산에서 기존 슈퍼컴퓨터보다 1,000조 배 빠른 속도를 보여줬다고 주장할 정도다.

[AGI 실현을 위한 양자 컴퓨팅 통합 전략]

전략 요소	설명
하이브리드 시스템 통합	고전 AI(Transformer, LLM 등) + 양자 모듈(QNN, 양자 회로) 통합한 다계층 AI 구조
양자 알고리즘	양자신경망(QNN), 양자 BEAT, 양자 탐색 알고리즘 등 초기 알고리즘 실험 활발
데이터·훈련 문제	양자데이터 전용 벡터 표현 활용, 불확실성 하에 강화된 훈련 전략 설계
생태계 및 인프라	IBM Qiskit, Microsoft Q#, Amazon Braket 등 오픈 프로그래밍툴 및 컴퓨팅 생태계 구축
목표 시점	범용형 AGI 구축 목표는 2035년 전후로 설정 (국가별 차이 있음) 상용화 시점은 2030년대 중·후반 예상

하지만 기술의 이면을 들여다보면 이야기는 복잡해진다. 현재 중국의 큐비트 수는 100개 수준으로, AGI에 필요한 수십만~수억 큐비트에는 턱없이 부족하다. 오류율 역시 미국보다 높아 아직은 실험 단계에 머물고 있으며, 양자 알고리즘이나 소프트웨어 생태계는 미국과 유럽에 비해 상대적으로 미흡하다. 고속도로는 뚫렸지만 그 위를 달릴 차는 아직 준비 중인 셈이다.

중국의 AGI 전략은 더 분명하다. 바이두, 화웨이, 딥시크 등 AI 기업들은 거대한 언어 모델에 '에이전트형 시스템'을 결합해 인간 유사 추론, 자기 명령 생성 기능을 실험하고 있다. 중국은 이를 단지 기술 실험이 아니라 국가 통제를 강화할 수 있는 '제어 가능한 AI'로 설계하고 있으며, AI 검열 시스템과 사회 통합형 알고리즘 개발도 병행하고 있다.

이 전략의 핵심은 통제와 효율성이다. 미국이 창의성과 자율성을 중시하는 AGI를 추구한다면 중국은 신뢰할 수 있는 AGI, 다시 말해 통제 가능한 AGI를 만들겠다는 것이다. 여기에 양자 컴퓨팅이 더해지면 연산 속도와 보안성은 높아지고, 시스템 전반의 통제 가능성도 강화된다. 즉 양자는 속도를, 통제는 방향을 정하는 이중 구조다.

중국은 이 조합을 군사·보안 영역에도 적용하고 있다. 전장 시뮬레이션, 자율 무기 시스템, 지형 분석 등에 양자 AI를 접목해 'AI 지휘 체계'를 실험 중이며, 이를 통해 전쟁의 지휘·판단·통제를 기계화하려는 구상도 논의되고 있다.

중국의 양자 컴퓨팅은 단순한 기술이 아니다. 그것은 AGI를 구현하기 위한 가속기이자, 그 AGI를 통제 가능한 체제 안에 두기 위한 안전장치다. 미국이 '기술의 진화'를 이야기한다면 중국은 '체제의 진화'를 이야기한다. 양자 컴퓨팅은 AGI라는 새로운 지능을 만들기 위한 열쇠일 수 있다. 그러나 중국은 그 열쇠로 문을 여는 것뿐만 아니라 그 안에 무엇이 들어갈지까지 설계하려 하고 있다.

[중국과학기술대학교 '쭈충즈호' 양자컴퓨

4) AGI + 양자 컴퓨팅 활용 분야는?

AGI와 양자 컴퓨팅이 결합하는 순간, 인간 사회는 지금까지와는 전혀 다른 속도로 움직이게 된다. 이는 단순히 기술이 빨라지는 차원이 아니다. 생각하는 방식, 일하는 방식, 배우는 방식이 모두 바뀌는, 말 그대로 '사회 전체의 설계 변경'이다. 이 둘의 융합은 곧 연산 능력의 혁신이며, 이는 인간의 사고와 판단, 실행 구조 자체를 다시 짜는 일과 다름없다.

먼저 산업 현장에서부터 변화를 보자. 지금까지는 제품을 만들기 위해 설계하고, 시제품을 만들고, 테스트하고, 개선하는 과정을 여러 차례 반복해야 했다. 하지만 AGI와 양자 컴퓨팅이 만나면 이 흐름이 단숨에 바뀐다. AGI는 수요와 환경을 분석해 설계를 스스로 하고, 양자 컴퓨팅은 복잡한 테스트를 실제 실험 없이 가상공간에서 수천 개 동시에 수행한다. 이로써 설계에서 생산까지 걸리던 시간이 수개월에서 단 며칠로 줄어든다. 공장은 더 이상 사람이 관리하는 시스템이 아니라 스스로 학습하고 설계하는 '지능형 공장'으로 진화하게 된다.

국방 분야의 변화는 더 극적이다. AGI는 전장의 정보를 실시간으로 분석하고 작전 방향을 스스로 판단한다. 여기에 양자 컴퓨팅이 복잡한 상황을 병렬로 시뮬레이션하면서 수십만 가지 변수 속에서도 최적의 전략을 빠르게 도출해 낸다. 그 결과, 지휘·판단·실행이 AI에 의해 자동으로 진행되는 시대가 다가오고 있다. 인간이 개입하지 않는 전쟁, 윤리와 통제의 공백이 실제 현실이 될 가능성도 제기된다.

교육과 연구도 예외가 아니다. AGI는 학생의 상태를 실시간으로 파악하고 각자에게 맞는 학습 내용을 자동으로 제공한다. 양자 컴퓨팅은 빠른 분석을 통해 교육과정 전체를 끊임없이 최적화한다. 더 이상 학생은 지식을 받아들이는 존재가 아니라 질문을 던지고 의미를 찾는 탐색자로 전환된다. 연구 역시 AGI가 실험을 설계하고 논문을 초안까지 쓰며, 양자 컴퓨팅은 복잡한 계산과 시뮬레이션을 담당하는 구조로 바뀌고 있다. 교수와 학생이 아니라 인간과 AI가 함께 탐구하는 '공동 연구 시대'가 열리고 있는 것이다.

이 모든 변화는 한 가지 핵심으로 귀결된다. 누가 더 뛰어난 '인지 자본', 즉 생각하고 해석할 수 있는 계산 능력을 갖추느냐가 국가와 기업의 미래를 결정짓는 시대가 온다는 것이다. AGI는 정보를 만들고, 양자 컴퓨팅은 그 속도를 높인다. 산업은 자동화되고, 군사는 AI에 위임되며, 교육은 인간의 해석 능력을 키우는 방향으로 진화한다.

5) 중국 AGI·양자 연구 기업의 협력

중국은 지금 AGI와 양자 컴퓨팅이라는 두 개의 핵심 기술을 나란히 발전시키며 '통제 가능한 지능'을 설계하는 국가 프로젝트를 가동 중이다. 단순한 기술 개발을 넘어 AI와 양자를 국가의 운영 체계에 통합하려는 이 전략은 중국식 기술 국가의 청사진을 분명하게 보여 준다.

AGI 분야에서 중국은 2023년 이후 놀라운 속도로 기술을 확산시키고 있다. 딥시크는 범용형 AI 모델 'R1'을 중심으로 기업용 지식 에이전트와 자동화 시스템을 구축하고 있으며, 코드 생성과 다중 에이전트 협업 기능에 강점을 보인다. 쯔푸AI는 오픈소스 모델 ChatGLM을 기반으로 'AgentVerse'라는 프레임워크를 통해 AI 에이전트 간 협력 실험을 진행 중이다. 화웨이는 의료, 금융, 공업 분야에 특화된 산업형 AGI를 자체 칩과 클라우드로 수직 계열화하고 있고, 바이두는 지식 베이스 기반의 질의응답과 멀티태스크 수행이 가능한 AGI 구조를 실험하고 있다.

이처럼 중국의 AI 기업들은 단순히 모델을 만드는 것을 넘어 AI가 실제 판단하고 협력하며 응용될 수 있는 방향으로 빠르게 진화 중이다. 이 과정에서 눈에 띄는 공통점은 '국가가 설계하고 민간이 실행하는' 체계. 중국 정부는 연구와 인프라를 뒷받침하고, 기업은 이를 기반으로 시장에서 기술을 구현해 나간다.

양자컴퓨팅 분야 역시 빠른 진전을 보이고 있다. 중국과학기술대학USTC은 광자 기반의 '쥐장九章' 시리즈를 통해 미국 구글의 Sycamore보다 빠른 샘플링 속도를 시연했다고 주장하며 국제적 주목을 받았다. 민간기업인 Origin Quantum은 72큐비트의 초전도체 칩 '우공悟空'을 개발했고, 바이두는 클라우드 양자 서비스 'Qian Shi'를 공개하며, 양자 기술의 상용화를 준비하고 있다. 화웨이와 알리바바 역시 자체 연구소를 통해 장기적인 기술 확보에 나선 상태다.

흥미로운 점은 이 두 기술이 점점 연결되고 있다는 점이다. 중국은 AGI의 복잡한 연산 구조를 양자컴퓨팅으로 분산시키려는 전략을 취하고 있다. 즉 AGI는 사용자와 상호작용하는 인터페이스를 맡고, 양자는 그 안에서 훈련과 추론을 빠르게 처리하는 '숨은 엔진' 역할을 한다. AGI는 겉으로 드러나고, 양자는 그 이면을 작동시키는 구조다.

이러한 전략은 결국 '기술, 정책, 산업'을 하나의 구조로 엮으려는 시도다. 중국은 AGI와 양자를 단지 연구 주제가 아니라 사회 운영의 기반으로 바라보며 국가가 연산 능력과 지능 구조 자체를 설계하는 방향으로 나아가고 있다. 이는 미국의 민간 중심 개방형 생태계와는 다른, 국가 주도형 지능 플랫폼의 전형이다.

[AGI 실현 단계별 시나리오와 양자 컴퓨팅 역할]

단계	AGI 발전 시나리오	양자 컴퓨팅 역할	기술적 핵심
1단계 (2025~2030)	Narrow AGI (특정 범위에서 사람 수준)	양자 강화학습, 하이브리드 모델 통합(QML + LLM)	AI 모델 훈련 단축, QRL 기반 알고리즘
2단계 (2030~2035)	Multimodal AGI (음성·시각·텍스트 등 통합)	고속 추론 벡터 공간 확보, 데이터 검색 최적화	양자 회로 기반 Transformer, Quantum Attention
3단계 (2035~2040)	Autonomous Agent (자기 목표·의사결정 가능)	복잡한 선택 시뮬레이션, 병렬 추론 최적화	양자 탐색, 양자 기반 Agent (QBAgent)
4단계 (2040 이후)	Superintelligent AGI (초지능적 사고력)	초지능적 추론, 메모리·인과 구조 통합	메타러닝, 시공간 기반 메타회로

중국은 이제 AGI라는 사용자 인터페이스를 통해 기술의 얼굴을 보여 주고, 양자 컴퓨팅이라는 계산 인프라로 그 내부를 조율하려 한다. 이 두 기술은 기술 자체보다 그것이 만들어 낼 구조와 권력의 문제로 이어진다. 중국은 이를 '통제 가능한 슈퍼 지능'으로 설계하고 있으며, 그것이 바로 중국 기술 전략의 진짜 방향이다.

6) AGI 실현을 위한 반도체 성능은?

AGI의 실현은 단순히 알고리즘의 정교화만으로 가능한 일이 아니다. 그것을 가능케 하는 연산 자원의 토대, 즉 반도체 기술의 진화가 병행돼야 한다. AGI는 수십억에서 수조 개에 달하는 파라미터를 실시간으로 처리하며 복잡한 추론과 통합적 사고를 수행하는 시스템이다. 이를 뒷받침하려면 기존의 반도체 구조를 넘어선 전방위적 전환이 필요하다.

우선 가장 시급한 과제는 연산 자원의 기하급수적 확장이다. 현재의 반도체는 성능 향상을 위해 공정 미세화에 집중하고 있지만, AGI를 위한 연산은 단순한 속도 향상을 넘어 대규모 병렬 연산과 고밀도 트랜지스터 집적이 요구된다. 특히 2나노미터 이하의 초미세 공정이 현실화되어야 하며, 단일 칩 내부에서의 데이터 흐름을 최적화하는 메모리 대역폭의 극대화도 필수적이다. 기존 DRAM의 한계를 뛰어넘는 고대역 메모리 HBM나 연산-기억 통합 아키텍처 Compute-in-Memory는 그 대안으로 주목받는다. 또한, CPU·GPU 중심 구조를 벗어나 AI 전용 가속기—예컨대 NPU, TPU, DPU—의 고도화가 병행돼야 한다.

에너지 효율성도 핵심 변수다. AGI 시스템은 막대한 전력을 소모할 수밖에 없으며, 이로 인한 열 방출과 환경적 부담은 실현 가능성을 위협하는 요소가 된다. 이를 해결하기 위해서는 연산당 에너지 소비량을 획기적으로 낮추는 저전력 설계가 필수적이다. 칩을 수직으로 적층해 연결 거리를 줄이고 열을 분산시키는 3D 집적 기술도 에너지 효율 향상에 기여한다. 탄소 중립형 AI를 위한 반도체 설계가 기술 전략의 일부로 편입되는 시대가 열린 것이다.

기존의 컴퓨터 아키텍처가 가진 구조적 병목도 극복 대상이다. 전통적인 폰 노이만 구조는 연산 장치와 기억 장치가 분리되어 있어 데이터 이동에 따른 비효율이 발생한다. 이를 해결하려면 연산과 기억을 통합한 아키텍처가 필요하다. RRAM, MRAM, FeFET과 같은 신소재 메모리와, 인간의 뇌 구조를 모사한 뉴로모픽 칩은 AGI의 학습·추론 능력을 높이기 위한 핵심 하드웨어로 주목받고 있다.

단일 반도체 칩의 성능 향상만으로는 AGI가 요구하는 연산량을 감당하기 어렵기 때문에 수천 개 칩이 연결된 대규모 클러스터형 연산 인프라도 중요하다. 이때 칩 간 연결을 빠르고 안정적으로 수행하는 기술—예컨대 NVLink, PCIe Gen6, UCIe—이 뒷받침되어야 하며, 고온과 고부하 환경에서 지속 가능한 동작을 보장하는 설계가 요구된다. 엣지와 클라우드를 넘나드는 하이브리드 환경에서 효율적으로 작동하는 반도체 구조 역시 필요한 방향성이다.

양자 컴퓨팅과의 접점도 고려해야 한다. AGI의 전면적 구현에는 아직 양자 컴퓨팅이 제한적이지만 특정 고난도 최적화 문제나 복잡한 추론 영역에서 양자 가속기는 중요한 역할을 할 수 있다. 이를 위해서는 반도체 기반 제어 칩셋과 인터페이스 설계, 양자-고전 하이브리드 구조에 대응 가능한 중간 계층 반도체 아키텍처가 마련돼야 한다.

AGI 시대를 위한 반도체 기술은 단순한 공정 미세화 이상의 전략적 전환을 요구한다. 3D 구조, AI 특화 설계, 저전력 고효율이라는 삼각 축이 기본이 되며, 뉴로모픽·CIM·CXL 기반의 메모리 혁신이 함께 진행돼야 한다. 여기에 양자 컴퓨팅과의 연계 가능성을 염두에 둔 하드웨어 구조 설계까지 포괄해야 한다. 이는 단지 연산 속도를 높이기 위한 발전이 아니라 지능 자체를 구현하기 위한 하드웨어 체계로의 이행을 의미한다. AGI가 요구하는 것은 이제 '계산 중심'이 아닌 '지능 중심'의 반도체다.

IX

중국 2030년 AI 미래

41. 미·중이 설계하는 AI 문명

1) 중국이 꿈꾸는 기술 국가

한때 '짝퉁의 나라'로 불렸던 중국이 이제는 글로벌 기술 패권의 설계자 자리를 노리고 있다. 모방자에서 창조자로, 복제국에서 기술 설계국으로의 이전환은 단순한 산업 발전이 아니다. 그것은 서사를 바꾸는 일이며, 질서를 다시 짜겠다는 국가적 선언이다. 그 중심에는 인공지능AI이 있다.

영국 브랜드파이낸스가 발표한 '소프트파워 순위'에서 중국은 2024년 처음으로 영국을 제치고 미국에 이어 2위를 차지했다. 이는 단순한 브랜드 마케팅의 성과가 아니다. 중국산 플랫폼과 기술이 세계인의 일상에 들어오기 시작했다는 실질적 징후다. 틱톡TikTok, 쉬인Shein, 테무Temu, BYD 같은 기업들은 이제 '중국산 저가품'이 아니라 글로벌 플랫폼과 친환경 전기차 브랜드로 인식된다. 이러한 변화는 '중국 제조 2025' 이후 이어진 기술 굴기의 흐름 속에서 AI가 새로운 국가 동력으로 자리 잡고 있음을 보여 준다.

중국은 더 이상 AI 기술을 따라가는 국가가 아니다. 딥시크의 부상은 단순한 기술 복제가 아니라 새로운 기준을 만들겠다는 선언이었다. 자연어 처리, 감성 인식, 시각 AI 등 핵심 분야에서 중국산 모델이 상업적·행정적 영역에 실제로 적용되고 있으며 교육, 의료, 공공 행정, 반부패 시스템에까지 통합되고 있다. 이는 단순한 기술 효율성의 문제가 아니라 체제 설계의 방식이 변화하고 있음을 뜻한다.

AI는 중국의 외교 전략이자 디지털 주권의 핵심 도구가 되었다. 서구식 규범 수출과는 다른 방향에서 중국은 AI 기술을 통해 글로벌 남반구에 실용적 해법을 제시하고 있다. 케냐 조모 케냐타대학의 로렌스 은데루 교수는 "중국은 AI를 통해 남반구에 실질적 문제 해결 도구를 제공하고 있다"라고 평가한다. 고성능 칩 의존을 줄인 알고리즘 최적화, 저비용 AI 모델 전략은 인프라가 부족한 국가들에 '접근 가능한 기술'로 작동하며, 기술력보다 '적용 가능성'에서 우위를 점하고 있다.

중국 정부는 이러한 흐름을 적극적으로 제도화하고 있다. 리창 총리는 2025년 양회에서 'AI+ 산업 전략'을 천명하며, 모든 산업에 AI를 통합하는 국가 디지털 생태계를 구축하겠다고 밝혔다. 이는 단순한 산업 정책이 아니라 기술을 통해 글로벌 영향력의 질서를 재편하겠다는 정치적 기획이다. AI는 이제 국가 통치, 산업 배치, 사회 운영을 아우르는 거버넌스 도구로 기능하고 있다.

이에 대해 미국은 고대역폭 메모리, AI 반도체, 초거대 모델용 컴퓨팅 장비의 대중국 수출을 제한하며 기술 견제에 나섰다. 그러나 중국은 반도체 자립, 소프트웨어 최적화, 알고리즘 경량화 전략을 통해 대응하고 있다. 이는 단기적으로 기술 격차를 좁히기 위한 수단이지만 장기적으로는 새로운 기술 질서와 표준을 만들겠다는 시도로 연결된다.

중국의 AI 전략은 하나의 기술 프로젝트가 아니라 국가 전체를 다시 설계하려는 문명적 시도에 가깝다. 중국은 기술을 통해 서구 중심의 질서를 전환시키고자 하며, 기술을 단지 산업 성장을 위한 수단이 아니라 체제 안정과

[미국 vs 중국 AGI 전략 비교]

항목	미국	중국
AGI 전략	창의적·자율형 AGI 지향	통제형·국가형 AGI 지향
양자 전략	민간 중심 기술 실험, 상용화 확대	국가 주도 연구 중심, 군민일체 시스템
기술 방식	초전도체·이온덫·광자 병렬 실험	광자 기반 우위, 초전도 이온 방식 병행
융합 전략	고전-양자 하이브리드 기반 AGI 확장	AGI에 양자강화학습·양자추론 회로 접목
정책 구조	민간 자율, 정부는 조정자	중앙 집중형 지휘, 기업은 하위 집행자

사회 통제를 위한 근본 도구로 삼고 있다. 기술 패권의 승부는 성능이 아니라 누가 더 설득력 있는 '기술 서사'를 만들어 내느냐의 싸움으로 중국은 기술로 세계를 다시 설계하려 하고 있다.

2) 기술 블록화가 만든 신냉전

　AI 기술을 둘러싼 미국과 중국의 대결은 더 이상 단순한 기술 경쟁이 아니다. 이는 세계 기술 질서 자체를 갈라 놓고, 글로벌 공급망과 경제 체계를 재편하며, 인재와 윤리, 규범까지 흔들고 있는 구조적 전환의 시작이다. 디커플링decoupling이라는 말이 이제는 현실이 되었다. 세계는 점점 두 개의 기술 블록으로 나뉘고 있으며, 그 중심에 인공지능이 있다.

　가장 두드러진 변화는 기술 생태계의 이중화다. 미국과 중국은 AI 기술의 핵심 구성 요소들—예컨대 모델 학습 프레임워크, 알고리즘 구조, 데이터 수집 기준, 윤리 규범—에서 각기 다른 표준을 채택하고 있다. 메타의 PyTorch와 바이두의 패들패들PaddlePaddle은 단순한 도구가 아니라 각국의 철학이 투영된 플랫폼이다. 이제 양국은 기술의 언어 자체를 달리 쓰기 시작했다. 이는 글로벌 기술 호환성을 약화시키고, 국제 AI 기업들이 양쪽 시장에 동시에 진입하기 어려운 구조를 만들어 낸다.

　이처럼 기술의 분열은 AI 산업뿐 아니라 국제 공급망에도 직접적인 충격을 준다. 미국은 첨단 반도체와 고성능 GPU, AI 모델 학습용 인프라 장비 등의 대중국 수출을 제한하며 중국의 AI 생태계를 전략적으로 압박하고 있다. 엔비디아, 인텔, AMD의 고급 칩은 더 이상 중국에 자유롭게 수출되지 않는다. 이 여파로 화웨이, 센스타임, 딥시크와 같은 중국 기업들은 자체 설계, 자체 최적화라는 고립된 경로를 선택하게 되었다. 이는 단순한 기술 독립의 문제를 넘어 글로벌 공급망 전체의 불확실성을 키우고 있다.

　기술이 단절된 자리에 발생하는 것은 비용이다. 미국 기업들조차 중국 시장을 포기할 수 없기에 '탈중국화'와 '제한적 협력' 사이에서 줄타기를 해야 한다. 동시에 글로벌 AI 기업들은 양측 생태계에 맞춰 이중 시스템을 개발해야 하고, 이는 중복 투자와 비효율을 초래하고 있다. 알고리즘 설계, 클라우드 인프라, 칩 최적화 등 거의 모든 기술 요소가 두 갈래로 나뉘며 별개로 연구되고 있다. 이는 혁신의 속도를 늦추는 가장 근본적인 요인이다. 협력이 단절된 대신, 폐쇄적 경쟁이 반복되고 있는 것이다.

이 과정에서 가장 큰 피해를 입는 것은 글로벌 인재 이동성과 공동 연구의 기반이다. 각국은 AI 인재 확보를 위해 이민 정책을 바꾸고 비자 제한을 강화하고 있다. 미국의 '차이나 이니셔티브'와 같은 정책은 과학자의 국적과 배경을 기준으로 위협을 판단하며, 중국계 연구자들이 미국에서 활동하기 어려운 환경을 만들었다. 반면 중국은 '천인계획'과 같은 프로그램으로 해외 인재 유치를 강화하고 있지만, 국제 협력 기반이 약화되면서 장기적 연구 생태계의 질은 악화될 우려가 커지고 있다.

기술 블록화는 AI 윤리와 거버넌스 문제에도 균열을 낸다. AI는 사이버 보안, 알고리즘 책임성, 데이터 보호 등 전 지구적 문제를 다루는 핵심 기술이다. 그러나 각국이 서로 다른 윤리 기준과 거버넌스 체계를 고수하면서 국제적으로 일관된 규범을 만들기 어려운 상황에 직면하고 있다. 미국과 EU는 '신뢰할 수 있는 AI'를 외치며 윤리적 원칙을 중심에 두고 있는 반면, 중국은 시스템 안정성과 국가 통제를 우선하는 방식으로 AI를 규율하고 있다. AI는 점점 '글로벌 공공재'가 아닌 '전략적 자산'으로 인식되며 공동 대응의 공간은 줄어들고 있다.

AI 디커플링은 기술만의 문제가 아니다. 그것은 경제 구조, 국가전략, 사회 윤리까지 아우르는 전면적인 문명 전환의 신호탄이다. 기술의 흐름이 두 개의 축으로 나뉘고, 각각의 생태계가 독자적 질서를 만들어 가고 있는 지금, 세계는 하나의 통합된 디지털 미래가 아닌 경쟁하는 두 개의 디지털 문명으로 나아가고 있다. 지금, 기술을 둘러싼 질서는 점점 경계 안으로 좁혀 들어오고 있다. 그 경계는 곧 우리가 어떤 세계를 선택할 것인가를 묻는 정치적이고 철학적인 선택은 곧 우리 앞에 다가온다.

3) 기술로 체제 설계하는 중국

"이것은 기술 경쟁이 아니라, 체제 경쟁입니다."

베이징대 국가발전연구원의 왕타오 교수는 중국의 AI 전략을 이렇게 정의한다. 기술을 산업 성장의 수단으로 보는 것이 아니라 국가 운영과 사회 구조의 핵심 도구로 인식한다는 것이다. 미국과 중국, 두 초강대국은 지금 AI를 통해 '디지털 문명'의 틀을 각각 재설계하고 있다. 그 중심에는 기술 그 자체가 아니라 기술을 둘러싼 철학과 체제, 인간에 대한 해석이 놓여 있다.

미국은 AI 기술을 민간 주도의 개방 생태계 안에서 발전시키고 있다. 오픈AI, 구글 딥마인드, 앤트로픽Anthropic, 엔비디아 등은 국가의 직접 통제를 받기보다는 창의와 자율의 원칙 아래 경쟁하며, 시장과 윤리가 상호 견제하는 구조를 형성하고 있다. 기술 혁신의 생태계는 분산형이며, 기초 과학을 지원하는 DARPA, NSF 같은 기관이 뒤에서 기반을 다진다.

반면, 중국은 '속도'와 '적용'을 핵심으로 삼는다. 바이두의 아폴로 자율주행, 알리바바의 시티브레인City Brain, 하이얼의 COSMOPlat과 같은 시스템은 단순한 데이터 분석 도구가 아니라 도시 전체, 산업 전반을 움직이는 AI 운영 체제다. 중국의 기술 전략은 '완성도'보다 '도입 범위'에 방점을 둔다. AI는 플랫폼이 아니라 실시간으로 사회를 조직하고 통제하는 매커니즘이 되는 것이다. 베이징 AI 스타트업 대표 리웨이는 이를 '도포형 기술 전략'이라 부른다. AI는 산업 전반에 얇고 넓게 도포되며 체제 작동의 인프라로 자리 잡는다.

이 두 전략의 차이는 정책 설계에서도 극명하게 드러난다. 미국은 민간이 주도하고, 국가는 생태계 구축과 윤리 규범 정립을 보조한다. 반면, 중국은 당-정-군이 일체가 되어 기술 인프라를 설계하고, 정책과 자원을 집중 투입해 AI 생태계를 주도적으로 운영한다. 중국 정부는 '산업을 지배'하려는 것이 아니라 기술을 통해 '질서를 설계'하려 한다. 이는 산업 경쟁을 넘어선 체제 설계의 의도다.

생태계 철학에서도 미국은 오픈소스 중심의 확장 전략을 택하고 있다. 텐서플로우TensorFlow, 파이토치PyTorch 같은 플랫폼은 누구나 접근하고 수정할 수 있는 글로벌 공공재로 기능하며, 전 세계의 연구자와 기업들이 하나의 기술 언어로 소통하는 통로가 되고 있다. 이에 반해 중국은 PaddlePaddle, Ascend 같은 독자적 기술 생태계를 구축하며 자국 중심의 폐쇄형 표준을 강화하고 있다. 이 차이는 단지 도구의 문제가 아니라 데이터 수집 방식, 알고리즘 설계, 응용 구조까지 체계 전반에 영향을 미친다.

윤리와 거버넌스 영역도 대조적이다. 미국은 '투명성', '공정성', '책임성'이라는 세 가지 원칙을 중심으로 AI 윤리 가이드라인과 법제화를 추진하고 있다. 반면, 중국은 검열, 키워드 차단, 사전 필터링 등을 통해 '질서 유지'를 전제로 한 통제형 AI 윤리를 실천한다. 알고리즘이 사용자에게 무엇을 보여 줄 수 있는가보다 무엇을 보여 주면 안 되는가에 더 집중한다. 성능보다 안정성을 중시하는 이 구조는 사회 통합의 수단으로 AI를 배치하는 방식이다.

이러한 차이는 단순한 이념적 구분을 넘어 기술의 철학과 인간에 대한 해석의 차이를 드러낸다. 미국은 인간의 자율성과 창의를 강조하며, 기술은 인간의 도구여야 한다는 입장을 취한다. 중국은 효율성과 질서를 우선시하며 기술이 체제 안정과 국가 목표를 뒷받침해야 한다고 본다. AI 전략의 방향은 곧 체제의 철학이며, 두 국가는 AI를 통해 서로 다른 문명을 설계하고 있는 셈이다.

그렇다고 이 경쟁이 완전한 적대 구도만은 아니다. 군사 AI의 통제, 국제 데이터 협약, 개인정보 보호 같은 분야에서는 협력의 필요성이 점차 커지고 있다. 하지만 문제는 기술이 아니라 기술을 누가 어떻게 다룰 것인가에 대한 가치의 충돌이다. AI는 국경을 넘지만, 사람은 경계를 넘지 못한다. 그것이 미국과 중국의 기술이 갈라지는 이유다.

4) 기술·규범·미래 비전 선점하기

AI는 더 이상 기술자들만의 영역이 아니다. 그것은 오늘날 국가전략의 핵심 축이자 디지털 질서의 설계도이며, 미래 사회를 둘러싼 비전의 경쟁 무대가 되었다. 미국과 중국, 이 두 강대국은 각기 다른 방식으로 인공지능의 방향을 설계하고 있으며, 기술·윤리·확장 전략 전반에서 전면적 충돌을 이어가고 있다. 이제 경쟁은 단순한 모델 성능이 아니라 누가 더 설득력 있는 'AI 질서'를 만들어 낼 것인가라는 질문으로 확장되고 있다.

기술 개발 방식부터 차이를 보인다. 미국은 민간 중심의 개방 생태계 속에서 초거대 AI 모델을 발전시켜 왔다. GPT 시리즈를 탄생시킨 오픈AI, 구글 딥마인드의 제미나이 Gemini, 앤트로픽의 클로드 Claude는 모두 자율성과 창의를 중심에 둔 민간 기술 기업들이다. 이들은 빠른 속도와 유연한 구조 속에서 글로벌 표준을 만들어 가고 있으며, 윤리와 규제는 그 뒤를 따라가며 조율하는 구조를 형성하고 있다.

이에 반해 중국은 국가 주도의 AI 전략으로 대응하고 있다. 바이두의 어니 ERNIE, 텐센트의 혼위안 Hunyuan, 아이플라이텍 iFlytek의 대형 모델은 모두 정부의 정책적 지원과 함께 성장하고 있으며, 내수 서비스 및 공공 시스템에 밀착된 방식으로 운영되고 있다. 도시 관리, 보건 행정, 교육 통제, 치안 감시 등 다양한 영역에서 AI가 적용되며, 중국의 AI는 '적용 우선형'이라는 강한 특색을 갖는다. 이는 체계적이고 빠르지만 기술의 확장성과 윤리적 투명성에서는 서구와의 간극을 드러내기도 한다.

AI 기술의 성능을 결정짓는 또 하나의 요인은 반도체다. 미국은 여전히 엔비디아의 H100, B100 GPU를 필두로 AI 훈련과 추론의 국제 표준을 장악하고 있다. 이 기술력은 단지 산업적 우위가 아니라 지정학적 무기가 되고 있다. 반도체 수출 통제와 장비 봉쇄를 통해 중국의 기술 성장 속도를 견제하는 전략은 지속되고 있다. 이에 맞서 중국은 자립화를 선언했다. 화웨이는 Ascend 910B 칩을 내세우며 GPU 대체를 시도하고 있으며, SMIC는 7nm 공정 기반 AI 칩 생산을 추진 중이다. 성능 격차는 여전히 크지만 중국의 방향은 분명하다. '자립'과 '지속'을 중심으로 한 독자 기술 체계를 완성하겠다는 의지다.

데이터 활용 방식도 정반대다. 미국은 캘리포니아 소비자 프라이버시법 CCPA, 유럽의 GDPR 등 강력한 개인정보 보호 규정을 기반으로 데이터 접근에 제한이 많다. 반면 중국은 안면 인식, 소셜미디어, CCTV 데이터를 활용한 대규모 학습이 가능하며, 이러한 환경은 빠른 알고리즘 개선과 대중 밀착형 서비스 개발에 유리하게 작용한다. 그러나 이는 동시에 감시와 통제 논란, 국제 신뢰도 문제를 동반한다.

AI의 확산 전략에서도 미국과 중국은 전혀 다른 길을 걷고 있다. 미국은 '윤리'와 '규범'을 중심으로 국제표준화기구ISO, OECD 등 다자 기구를 통해 신뢰 기반의 확산을 추구한다. '책임 있는 AI'라는 담론을 제도화하며 동맹국과의 협력도 강조하고 있다. 반면, 중국은 '디지털 실크로드'를 통해 일대일로 참여국에 AI 기술을 수출하며, 자국 표준을 이식하는 전략을 구사하고 있다. 스마트시티, 감시 시스템, 의료·교육 플랫폼 등이 중동, 아프리카, 동남아 등으로 빠르게 확산되며, 중국식 AI 모델의 실질적 영향력은 확대되고 있다.

궁극적으로, 미국은 개방형 혁신을 중심으로 글로벌 기술 리더십을 지속하려 한다. 이는 단지 기술 경쟁이 아니라 '열린 질서'라는 비전을 유지하려는 전략이다. 반면, 중국은 자립과 확산을 동시에 추구하며, 미국 중심의 기술 질서에 대한 대안적 패러다임을 구축하고자 한다. 그 중심에는 '중국식 AI 체제'라는 설계도가 놓여 있다.

이 경쟁의 승패는 아직 결정되지 않았다. 미국은 여전히 반도체·초거대 모델·국제 규범에서 우위를 점하고 있으며, 중국은 방대한 데이터, 정부 주도형 응용 체계, 신흥국 중심의 확산 전략을 통해 빠르게 추격 중이다. 하지만 단기 성능을 넘어선 싸움, 즉 '누가 AI 표준을 선점하느냐'의 전쟁은 이제 본격화되고 있다. 기술이 아닌 규범, 성능이 아닌 서사, 시스템이 아닌 철학이 패권의 향방을 결정할 시대가 열린 것이다.

42. 인간 없는 AI 전쟁터

 deepseek

1) 알고리즘 기반 전쟁 시스템

이건 진짜 전쟁터 얘기다. AI가 전쟁의 판을 바꾸고 있다. 과거에는 군함, 탱크, 전투기가 전장의 위력을 상징했다면, 이제는 알고리즘과 연산 능력이 무기 체계의 핵심으로 떠오르고 있다. 인간의 판단이 아니라, AI가 적을 식별하고 공격을 결정하며, 무인 드론이 별도의 명령 없이 자율적으로 작전을 수행하는 시대다. 전장은 이미 데이터로 변환됐고, 전쟁은 이제 연산 속도의 경쟁이 되었다.

중국은 2017년 '신세대 인공지능 발전 계획'을 통해 AI 군사화를 국가전략에 공식 편입했다. 민군 융합Military-Civil Fusion을 내세워 바이두, 텐센트, 화웨이 같은 민간기업을 국방 기술의 일환으로 통합하며, 자율 무기 시스템의 개발을 본격화했다. 자율 전차, 무인 드론, 해양 무인 선박 등은 실전 배치가 가능한 수준까지 진화하고 있다. AI가 전장을 분석하고, 인간은 승인만 하는 '감시형 지휘 구조'는 이미 현실이 되고 있다.

미국도 움직였다. 국방부는 2018년 합동AI센터 JAIC를 설립해 AI를 전 군사 작전 체계에 통합하고 있다. 마이크로소프트, 아마존, 구글 등 빅테크 기업과의 기술 협력을 통해 군사 AI의 민간 생태계를 확장하고 있으며, 알고리즘 전쟁 Algorithmic Warfare이라는 개념을 앞세워 전투 개념 자체의 혁신에 착수했다. 목표는 단순한 무기의 자동화가 아니라, 전술 판단의 자동화, 전략 기획의 실시간화다.

AI는 감시·분석·결정·실행이라는 군사 작전을 하나의 연산 흐름으로 통합한다. 지휘는 인간이 아니라 알고리즘이 수행하고, 병력의 이동은 데이터 흐름에 따라 결정된다. 이 과정에서 인간의 역할은 점점 축소되고, 시스템의 판단은 더욱 자율적으로 변한다. AI는 이제 전장의 주체로 전환되고 있다.

특히 자율 무기 시스템은 인간 없는 전쟁의 실현 가능성을 빠르게 높이고 있다. 드론 군집swarm drone은 수천 대가 집단으로 비행하며 실시간 통신을 통해 표적을 식별하고, 집단적 공격을 수행할 수 있다. 무인 수상정과 잠수정은 해양 작전에서, 자율 전차는 지상 작전에서 사람 없이 전술적 판단을 수행할 수 있는 수준에 근접하고 있다. 이들은 인간보다 빠르게 반응하고, 더 치명적으로 타격하며, 감정 없이 임무를 수행한다.

이 기술의 군사화가 의미하는 것은 단지 효율성의 문제가 아니다. AI 무기화는 책임과 윤리, 통제의 문제를 함께 끌고 온다. 자율 무기가 민간인을 오인 타격했을 때, 책임은 어디에 있는가? 알고리즘이 내린 결정은 인간의 판단보다 윤리적인가? 현재로선 어떤 국제법도 이에 대한 명확한 해답을 갖고 있지 않다. 기술은 앞서가지만, 책임의 체계는 여전히 뒤처져 있다. 무기는 진화했지만, 인간은 아직 그 무기를 통제할 언어를 만들지 못한 것이다.

미·중 양국은 AI를 단지 기술로 보지 않는다. 그것은 전장의 질서를 재설계하는 수단이며, 패권의 구조를 재편할 전략 자산이다. 전쟁은 점점 인간의 손을 떠나고 있고, AI는 그 공백을 가속화하고 있다. 우리는 이제 '더 빠르고 정밀한 무기'를 갖는 경쟁이 아니라, '누가 AI를 통해 어떤 전장을 만들 것인가'를 둘러싼 문명적 경쟁 속에 서 있다.

AI는 그 자체로 무기가 아니지만 그것이 무기가 되는 순간, 우리는 기술이 아닌 인간성의 시험대에 올라서게 된다. 알고리즘이 전장을 지휘할 수는 있

[전장 자동화 주요 요소별 변화]

요소	변화 내용
무기 설계	양자 기반 시뮬레이션으로 EMP·레이저·극초음속 무기 설계 가속
지휘 통제	AGI가 양자 상태 기반 전략 시나리오 분석·판단 수행 (인간 개입 최소화)
드론/로봇 체계	군용 AGI가 양자추론으로 복잡한 임무·판단 수행 (탐색, 은폐, 협동 등)
사이버 방어	PQC(포스트 양자암호) + AGI 기반 위협 탐지 및 실시간 대응 시스템 구축

어도, 그 전쟁을 인간적으로 만들 수는 없다. 전장의 중심이 기술로 이동하는 지금, 우리는 그 방향을 결정할 마지막 세대일지 모른다.

2) 사이버 공간에서 AI 공방전

전쟁은 더 이상 총성과 함께 시작되지 않는다. 전장은 물리적 공간에서 벗어나 사이버로 이동했고, 공격은 눈에 보이지 않는 알고리즘을 타고 침투한다. 인터넷, 전력망, 통신망, 금융 시스템은 이제 가장 취약한 전선이 되었고, AI는 이 새로운 전장을 지휘하는 사령관이 되었다. 미·중 간 기술 패권 경쟁의 최전선은 바로 이 '보이지 않는 전장'이다.

중국은 일찍이 사이버 공간을 전략적 전장으로 규정하고 AI를 접목한 사이버 역량 강화를 국가 정책으로 추진해왔다. 2017년 제정된 '사이버 보안법'은 네트워크 공간에 대한 국가 통제를 공식화한 이정표였고, 이후 방어와 공격을 동시에 발전시키는 '이중 전략'을 본격화 했다. 자동화된 해킹 도구, AI 기반 침투 알고리즘, 소셜미디어 조작 시스템은 이미 실전 수준에 근접했다. 중국 AI 연구소들은 자가 학습형 악성 코드, 언어 모델 기반 여론 조작 기술, 감정 분석을 통한 심리전 알고리즘 등을 실험하고 있으며, 이는 단순한 기술이 아니라 디지털 정치의 무기가 되고 있다.

미국 역시 대응에 나섰다. 국가안보국NSA과 국토안보부DHS는 AI 기반 위협 탐지 시스템을 구축해 실시간 이상 징후를 분석하고, 사이버사령부Cyber Command는 자동 방어·역공 체계를 개발 중이다. 2023년 미국은 '국가 사이버 전략National Cybersecurity Strategy'을 발표하고, 민간기업과 정부기관 간 데이터 공유, NATO와의 정보 협력 체계를 공식화했다. 사이버 안보는 단순 기술이 아닌 집단 방어 체계라는 지정학 과제로 부상했다.

이 전장은 물리적 충돌이 없다. 그러나 영향력은 치명적이다. 전력망이 마비되면 병원, 금융, 군사 시설이 동시에 정지되고, 교통 시스템에 침투하면 도시는 마비된다. '다크GPT'로 알려진 자율 학습형 AI 해커는 방화벽을 분석하고 취약점을 찾아 침투하며, 동시에 허위 정보와 딥페이크를 배포해 혼란을 확산시킨다. 중국의 '프로젝트 섀도우'는 미국 전력망 마비 시나리오에서 12시간 내 국가 기능 정지 가능성을 제시했다. 이는 전쟁 개시 전 사이버 선제타격으로 전장을 결정짓는 '제로 데이Zero-Day' 전략을 현실화한다.

중국은 이 전장을 '주권의 확장 지대'로 간주한다. 러시아, 이란 등과의 기술 제휴를 통해 사이버 작전 모델을 수출하고, AI 기반 공세와 결합된 '비공식 동맹'을 넓히고 있다. 반면, 미국은 국제 규범을 앞세워 '디지털 민주주의 블록'을 형성하고, AI 거버넌스와 사이버 윤리를 강조한다. 이 양극화는 단지 기술력의 차이가 아니라, 사이버 공간을 어떻게 이해하느냐는 가치관의 차이를 드러낸다.

문제는 이 사이버 전장이 인간에게 거의 보이지 않는다는 점이다. 전통 전쟁이 병력과 무기였다면, 사이버 전쟁은 침묵 속에서 감행되며 탐지되지 않으면 대응도 어렵다. 공격 주체가 국가인지, 기업인지, 심지어 AI인지조차 불명확한 경우도 늘고 있다. 이 전장의 무기는 코드이며, 병사는 알고리즘이고, 방어는 실시간 학습에 달려 있다.

기술이 치명적인 만큼, 통제 불가능성도 커진다. 사이버 전쟁은 책임 경계가 불분명하고, 피해는 즉각적이며 전방위적이다. 지금도 어디선가 국경을 넘어 디지털 공격이 이뤄지고 있다.

3) AI 전장의 윤리 공백

기계가 발사 버튼을 누르고, 알고리즘이 죽음을 결정한다면 그 책임은 누구에게 돌아가는가. 전장은 점점 인간 없는 전쟁을 향해 달려가고 있다. 무기의 자동화가 아니라 '결정의 자동화'가 현실이 되면서 AI 전장은 새로운 윤리의 공백 지대를 만들어 내고 있다. 이 공백은 단순한 철학적 질문이 아니라 실시간으로 생명과 죽음을 가르는 작전의 현장에서 이미 발생하고 있다.

자율 무기는 기술적으로 놀라운 진보지만 그 기술이 사람을 겨누는 순간, 문제는 달라진다. 드론 군집이 인간의 개입 없이 작전을 수행하고, 위성·센서·신호 정보를 종합해 AI가 최적의 타격점을 산출하며, 전술 판단 역시 인간의 승인 없이 실행된다. '인간-in-the-loop' 원칙—즉 AI의 결정을 인간이 반드시 승인해야 한다는 원칙—은 시스템 속도와 효율성 앞에서 점점 무력해지고 있다. 결국 사람이 아니라 알고리즘이 '발사할 것인지 말 것인지'를 결정하는 시대, 우리는 완전히 새로운 전쟁 윤리의 패러다임과 마주하고 있다.

실제 군사 작전에서 자율 무기가 민간인을 오인 타격할 경우 책임 소재는 여전히 불투명하다. 알고리즘의 판단 오류는 개발자의 책임인가, 배치한 군 지휘부의 책임인가, 아니면 시스템을 신뢰한 국가 전체의 책임인가. 현존하는 국제법은 '무기의 통제권'이 인간에게 있다는 전제를 갖고 있으나, AI 전장은 그 전제를 빠르게 무력화시키고 있다. 책임이 분산되고, 판단은 블랙박스화된다. 이 불확실성은 전쟁을 더 위험하게 만들며 동시에 책임으로부터 아무도 자유롭지 않게 만든다.

특히 문제는 윤리 자체가 전략화되고 있다는 점이다. 중국은 'AI 윤리 코드'를 구축해 자국 내 자율 무기의 운용 조건을 정의하고 있지만, 그 윤리는 국가안보라는 이름으로 언제든 재정의될 수 있다. 미국은 '책임 있는 AI RAI' 원칙을 선언하고, 무기 시스템의 투명성과 인간 개입을 강조하지만, 속도와 효율이 전장을 지배하는 현실에서 그 원칙은 실전과 충돌하고 있다. 윤리는 선언되었지만 강제되지 않는다. 전장이 빨라질수록 윤리는 뒷순위로 밀려난다.

이처럼 기술이 결정하고 인간이 감시하는 구조는 오히려 인간의 도덕적 책임을 후퇴시키는 결과를 낳는다. 예측 불가능한 AI의 판단은 '불가항력'이라는 이름으로 정당화될 수 있고, 전쟁 수행자가 아니라 개발자와 프로토콜 설계자가 책임의 최전선에 놓이게 되는 새로운 법적 구조가 형성되고 있다. 우리는 이제, 윤리를 설계하지 못한 기술이 어떻게 파국을 초래할 수 있는지를 실시간으로 목격하고 있다.

더 나아가 AI는 윤리의 경계를 무시할 뿐 아니라 때로는 그것을 무기로 삼기도 한다. 적국의 AI가 인간의 윤리 기준을 학습하고 그것을 역이용해 제한 규칙 내에서 최대 피해를 유도하는 '윤리 역공 e-ethical attack' 전략도 이론이 아니라 시뮬레이션 단계에 진입했다. 이 경우 윤리는 방어 도구가 아니라 공격 알고리즘의 약점을 파악하기 위한 데이터로 전락한다.

4) 미래 시대 AI 전장 무기는?

2030년대, 전장의 지휘관은 인간이 아니다. 전투의 첫 타격도 인간이 하지 않는다. 위성, 드론, 지상 센서에서 수집된 데이터는 초지능 AI가 실시간 분석하며, 수천 대의 무인기 군단이 신호에 따라 자동 출격한다. 과거의 전쟁이 인간의 의지와 판단에 기반했다면, 미래의 전쟁은 속도와 정밀도로 작동하는 알고리즘의 질서다. 전장은 '인간 없는 전투'를 실험하는 공간으로 바뀌고 있다.

중국은 이미 이러한 AI 군단 구축에 들어갔다. '스카이 네트 Sky Net'는 우주·지상·해양 센서를 통합한 실시간 전장 감시 체계로, AI가 0.1초 단위로 상황을 업데이트하고 전술을 수정한다. 미국의 '매버릭 Maverick' 프로젝트는 수십만 건의 전투 데이터를 학습한 AI가 게릴라전, 도시전, 사이버전 등 다양한 국면에서 유기적으로 전략을 생성하는 체계를 목표로 한다. 전쟁은 반복 학습된 시뮬레이션이고, 인간은 감독관일 뿐이다.

전장의 실체도 달라졌다. 수천 대의 소형 드론이 벌떼처럼 날아가 적의 레이더를 무력화하고, 이어 특수 타격 드론이 주요 지휘부를 정밀 타격한다. 중국의 '참새-3000' 드론은 반경 50km 내의 천 개 이상의 표적을 동시 타격할 수 있고, 생체 행동을 모방해 실내나 지하에서도 작전이 가능하다. 드론은 하나의 무기가 아니라 '군단 단위 병력'으로 진화하고 있다.

이 군단은 전자전 EW과 융합돼 더욱 정교해진다. AI는 적의 통신 주파수를 분석해 실시간으로 교란하고, 양자 센싱 기술은 스텔스 기능을 무력화한다. '레이더 스폰지'는 탐지 신호를 흡수해 은폐 작전을 가능케 하며, AI는 전체 전장을 조율하는 운영체제로 기능한다. 판단은 네트워크 내에서 분산적으로 이뤄지고 인간의 개입은 최소화된다.

사이버 전장도 병행된다. AI가 만든 자가 학습형 멀웨어는 적국의 방어 체계를 파악하고, 침투 후 핵심 인프라를 차단한다. '다크GPT'는 전력망과 금융 네트워크를 마비시키고, 딥페이크 명령 영상과 가짜 음성으로 지휘 체계를 교란한다. 보이지 않는 전쟁, 그러나 가장 치명적인 전쟁이 열리고 있다.

인간은 이 전장에서 점점 후퇴하고 있다. 대부분의 살상 결정은 알고리즘이 내리며, 인간은 예외 상황에만 개입하는 감독관이다. 중국은 '인간-in-the-loop' 원칙을 법제화했지만 실제 작전에선 기술 속도와 충돌할 가능성이 크다. 미국도 윤리를 강조하지만, 전장의 현실은 점점 인간 개입을 비용으로 간주한다.

동시에 인간-기계 융합 병력도 현실화되고 있다. 외골격 슈트는 병사의 근력을 강화하고, 사격 궤적 예측 회피 동작을 유도한다. 생체 칩을 통해 드론을 뇌파로 제어하는 연구도 진행 중이다. 전장은 '확장된 인간'이 투입되는 공간으로 바뀌고 있다.

이러한 전장은 새로운 질문을 낳는다. AI가 판단하는 전쟁에서 인간은 전략을 세울 수 있는가? 예측 불가능한 결정을 내릴 수 있는가? AI가 전쟁을 시작했다면, 인간은 그것을 멈출 수 있는가?

더 큰 문제는 기술 격차가 만든 불균형이다. AI 군사 기술을 가진 국가는 압도적 우위를 점하고, 나머지 국가는 민간 군사 기업이나 외국 기술에 의존하게 되며, 전쟁은 위탁되고 안보는 기술 종속으로 전환된다. AI 무기 소유권은 새로운 지정학적 권력의 핵심이 되며, 군사 기술은 방어 수단을 넘어 정치·외교·경제의 통치 메커니즘으로 작동한다.

국제 사회는 규범을 만들기 위해 노력 중이다. '제네바 AI 전쟁 협정', '글로벌 알고리즘 감시기구GASO' 등의 시도가 있지만, 기술의 속도에 비해 규범의 반응은 느리다. 중국의 'AI 실크로드'는 군사 기술의 지정학화와 종속화 과정을 보여 준다. AI는 무기가 아니라 전략 그 자체가 되고 있다.

43. 중국의 초연결 도전

deepseek

1) 지능형 공기와 6G 문명

2030년, 중국은 도시를 단순한 물리적 공간이 아닌 하나의 살아 있는 네트워크로 만들고자 한다. 이 거대한 변환의 핵심 기술은 6G, 중심 추진자는 화웨이다. 5G보다 수백 배 빠른 속도와 밀리초 미만 지연 시간, 테라헤르츠THz 대역의 고주파 통신은 기술 스펙을 넘어 국가 전략의 방향성을 보여 준다.

화웨이는 2020년부터 6G 기술 개발에 착수해 2028년 시범망 구축, 2030년 상용화를 목표로 한다. 이 네트워크는 자율주행차 간 실시간 통신, 홀로그램 수술, 메타버스 업무 환경 등 미래 산업 생태계를 전제로 설계된다. 핵심은 '초공간 초연결'이다. 연결은 단순 위치 기반이 아닌, 환경을 감지하고 반응하는 지능형 시스템으로 확장된다.

화웨이는 이를 '지능형 공기Intelligent Air'라 부른다. 네트워크가 공기처럼 항상 존재하며, 스스로 학습하고 최적화되는 시스템이다 AI가 실시간으로 네트워크를 최적화하고, 사용자 행동을 예측해 맞춤형 통신 경로를 자동 설정하며, 위협 상황을 감지해 자율적으로 방어 체계를 가동하는 것이다.

이러한 구조를 가능하게 하는 기술적 기반은 THz 주파수, 3차원 빔포밍, AI 기반 자원 분배, 양자암호 통신 등이다. 여기에 위성, 고고도 무인 플랫폼HAPS, 드론 통신망이 보완적으로 작동하며, 지상 인프라가 닿지 않는 지역까지 연결을 확장한다. 이 네트워크는 모든 사물과 인간을 지상·해상·공중·우주까지 끊김 없이 연결하며, 사회 전체를 실시간으로 제어하는 '운영체제 도시'로 바꾼다.

도시는 수천 개 스몰셀 기지국으로 재구성되고, 교통·안전·에너지는 자동화 시스템으로 운영된다. 산업 현장에서는 로봇과 인간이 실시간 협업하고, 의료에서는 원격 수술과 생체 모니터링이 일상화된다. 이는 네트워크 없이는 기능하지 않는 '디지털 생존 인프라'로의 전환이다.

하지만 이 모든 설계가 순탄한 것은 아니다. THz 전파는 도달거리가 짧고 장애물에 약해, 도시 전체의 인프라 개조가 불가피하다. 에너지 소비 증가, 기지국 설치에 대한 사회적 저항 등도 고려 대상이다. 무엇보다 핵심 변수는 반도체다. 화웨이는 자국 중심의 반도체 생태계를 구축하고 있지만, 여전히 7nm 이하 고급 공정은 미국의 기술 봉쇄에 묶여 있다. EUV 장비의 수입 차단은 고성능 칩 자립에 구조적 한계를 남긴다.

이에 따라 중국은 '전 국토 초연결'보다는 베이징·선전·상하이 등 메가시티 중심의 실험을 선택했다. 정책 자원과 산업 클러스터가 집중된 도시에서 우선 적용되고, 농촌은 후순위다. 이는 기술이 누구에게 우선 적용될지를 결정하는 정치적 선택이다.

지능형 공기는 '감시의 총합'이 될 수도 있다. 모든 연결은 기록되고 분석되며, 접속은 선택이 아닌 기본값이 된다. 비접속은 곧 사회적 배제로 이어진다. 네트워크는 인간을 위한 것이 아니라, 인간이 그 안에서만 존재할 수 있는 조건이 될 수 있다. 기술은 편의의 얼굴을 하고 있지만, 실질은 통제의 질서일 수 있다.

중국의 6G 모델이 국제 표준이 되면 글로벌 네트워크 규범도 바뀔 수 있다. 자율과 투명성보다 통제와 안정성이 우선되는 방식으로. 이는 기술 선택의 문제가 아니라, 어떤 문명이 세계를 설계할 것인가의 문제다. 6G는 더 빠른 인터넷이 아니라, 새로운 권력 구조를 설계하는 기술이다.

2) 위성 인터넷과 디지털 실크로드 군사화

중국이 '초연결 사회'를 실현하겠다는 전략은 땅 위에서만 완성되지 않는다. 그 위, 우주 공간에서는 이미 새로운 통신 질서의 전장이 열리고 있다. 위성 인터넷, 특히 훙옌鴻雁과 훙윈虹云 프로젝트로 불리는 중국판 스타링크 구축이 그 중심이다. 이는 단지 통신 커버리지를 넓히는 기술이 아니라 국가 전략의 수단으로 우주 공간을 재편하려는 구상이다. 통신, 감시, 외교, 군사—모두가 이 네트워크 안에 연결된다.

훙옌 프로젝트는 300kg급 광대역 위성을 중심으로 864기 이상을 2025년까지 배치하는 것이 목표다. 훙윈은 50kg급의 소형 위성으로 구성되며, 주로 농촌과 해상, 산악 지역 같은 저밀도 구역을 커버한다. 두 시스템을 합쳐 2030년까지 약 1.3만 기의 저궤도LEO 위성을 띄우겠다는 계획은 미국의 스타링크Starlink에 정면으로 대응하는 중국식 전략이다.

그러나 이것은 단지 인터넷을 보급하겠다는 이야기가 아니다. 중국의 위성망은 군사–민간 복합 구조로 설계되어 있으며, 베이더우北斗 위성 항법 시스템과 결합돼 정밀 타격, 실시간 감시, 해상 추적, 무인기 통제 등 다양한 군사적 활용이 가능하다. '디지털 실크로드'라는 이름으로 동남아, 아프리카, 중동 국가들과 연계되는 이 위성망은 사실상 새로운 군사·외교적 영향력 투사의 수단으로 기능하고 있다.

기술적으로도 중국은 스타링크의 속도를 따라잡기 위해 창정長征 로켓의 재사용 기술을 도입하고, 위성 대량 생산 체계를 구축하고 있다. 2023년 기준 500기 이상의 위성을 이미 배치했으며, 위성 조립 주기를 일주일 단위로 줄이는 초고속 생산 라인이 가동 중이다. 동시에 위성 간 레이저 통신, AI 기반 자동 궤도 조정 기술도 시험되고 있다. 위성은 단지 하늘에 있는 기계가 아니라 스스로 움직이고 연결을 조율하는 자율 시스템으로 진화 중이다.

하지만 제약도 명확하다. 우주 쓰레기 충돌 방지 기술은 아직 초기 단계이며, 위성 간 레이저 통신 속도도 100Gbps 목표에는 크게 못 미치는 10Gbps 수준에 머물러 있다. 무엇보다도 미국의 반도체 봉쇄 조치는 위성 제어 칩과 통신 모듈의 국산화 수준을 시험대에 올려놓고 있다. 중국의 위성 인터넷은 기술적으로 가능하지만 정치적 제재와 공급망 불안정이라는 지정학적 조건 위에서 작동해야 하는 체계다.

그럼에도 중국은 이 전략을 멈추지 않는다. 이유는 단순하다. 연결망은 곧 통제망이기 때문이다. '하늘에서 모든 것을 내려다보는 구조'를 먼저 갖춘 국가는 디지털 안보와 사이버 주권을 새로운 차원에서 설계할 수 있다. 특히 남반구 국가들은 미국식 통신망보다 가격이 저렴하고, 규제가 약하며, 정치적 유연성이 높은 중국산 위성망에 끌릴 수밖에 없다. 스타링크가 제공하지 못하는 '정치적 중립성'이라는 틈새시장을 중국은 외교적 무기로 삼고 있다.

한편, 중국 위성망은 자국 내 검열과 감시 시스템과도 밀접히 연결된다. 위성-지상 데이터 흐름은 '천망天网'으로 불리는 국가 감시 플랫폼으로 흘러들어가며 위치 기반 통신 추적, 통화·데이터 패턴 분석, 이동 경로 예측까지 실시간으로 이뤄진다. 위성망은 결국 하늘에서 통치하는 또 하나의 권력이 되는 셈이다.

우주 공간은 법적으로는 공공재이지만 현실에서는 주권이 투사되는 또 다른 영토다. 중국은 이를 일찌감치 이해하고, '공간 주권'이라는 개념을 위성 통신과 연결해 설계하고 있다. 지상에서 시작된 초연결 실험은 이제 하늘로 확장됐고, 이 확장은 단지 기술의 진화가 아니라 지배 방식의 진화다.

3) 자율주행·원격의료·메타버스의 현실화

중국의 초연결 전략은 이제 도시 공간을 통째로 실험실로 바꾸고 있다. 6G와 위성 인터넷이 단지 기술 인프라에 머물지 않고, 자율주행차, 원격의료, 스마트 농업, 메타버스 등 일상과 산업 전반에 침투하면서 도시의 기능과 질서 자체를 재구성하고 있다. 초연결은 더 이상 미래가 아닌 실현 가능한 구조로, 베이징과 선전 같은 메가시티에서 먼저 실험되고 있다.

핵심은 '6G-LEO 위성 통합망'이라는 하이브리드 네트워크 구조다. THz 대역을 사용하는 6G 기지국이 지상에서 밀집 연결을 제공하고, 위성망은 통신 사각지대를 보완하는 구조다. 이 두 시스템을 실시간으로 연결하는 것이 '스카이 넷 AI'다. 이는 주파수 혼잡을 실시간으로 조정하고, AI가 데이터 트래픽을 예측해 자동으로 경로를 변경하며, 사용자 요구에 따라 네트워크 우선순위를 재배분한다.

이런 기술 구조는 자율주행 차량에서 가장 먼저 시험되고 있다. 차량 간 실시간 데이터 공유를 통해 충돌 방지, 교통 흐름 최적화, 사고 예측이 이뤄진다. 6G는 차량의 센서 데이터를 밀리초 단위로 송수신하며, 위성망은 GPS 대체 항법과 원거리 경로 탐색을 지원한다. 특히 화웨이와 중국 교통부가 협력 중인 '지능형 교통 체계 파일럿 도시'에서는 이미 6G 기반 차량 통신V2X이 적용되고 있다.

의료 영역도 급변하고 있다. 홀로그램 기반 원격 진료, 원격 수술 로봇, 웨어러블 기반 건강 모니터링 시스템이 본격 도입되고 있다. THz 통신이 제공하는 초고속·초저지연 환경은, 의사의 손 움직임과 환자 반응 사이의 '지연 시간'을 사실상 제거한다. 특히 시골 병원이나 산간 지역에서의 원격 수술은 6G와 위성망이 결합된 지역 연결성이 없으면 실현이 불가능하다. 초연결은 곧 의료 불평등 해소의 기술적 전제다.

스마트 농업도 변화하고 있다. 드론 기반 생육 모니터링, 위성으로 연동되는 스마트 급수 시스템, AI 기반 병충해 예측은 모두 데이터 흐름과 연결 속도에 의존한다. 기존에는 통신 인프라가 닿지 않던 지역에서의 정밀 농업은, 위성 기반 데이터 송수신과 6G의 AI 자원 관리 없이는 작동하지 않는다. 도시가 아닌 논밭에서도 네트워크는 새로운 생산 도구가 되고 있다.

산업·행정 부문에서도 변화가 뚜렷하다. 메타버스 기반의 가상 업무 환경은 '디지털 트윈 오피스'를 구축하고 있으며, 원격 협업, 화상 브리핑, 가상 회의실이 실시간 구현된다. 지방정부들은 '디지털 행정 네트워크'를 통해 주민 민원을 실시간 분석하고, 위성 기반 공간 정보와 연계된 도시계획 시스템을 가동하고 있다. 도시 전체가 연결된 하나의 계산 시스템으로 움직이는 구조가 나타나는 것이다.

이 모든 것이 전국적으로 확산되는 것은 아니다. 현재 초연결 네트워크는 산업단지, 교통 허브, 병원, 연구 개발 클러스터 등 '우선 적용 구역'에서만 작동한다. 농촌·산간·소도시에는 기지국 설치도, 위성 수신 체계도 미흡하다.

전문가들은 2030년까지는 도시 중심의 부분적 구현에 머물고, 전국 확산은 2035년 이후가 될 것이라 전망한다.

중국의 초연결은 도시에서 실험되고 도시에서 정착된 후 확산되는 구조다. 메가시티는 새로운 질서가 가장 먼저 적용되는 '디지털 통제 실험장'이 되고 있으며, 그 안에서 기술은 개인의 이동, 판단, 대화, 의료, 소비를 데이터로 기록하고 분석한다. 연결은 편의이자 감시다. 속도는 효율이자 통제다.

중국의 초연결은 기술이 일상을 지배하는 방식이 아니라, 일상을 기술화하는 방식이다. 우리는 지금, 도시라는 이름의 실험실에서 인간과 기술, 시스템과 권력이 어떻게 맞물려 작동하는지를 목격하고 있다. 연결된다는 것은 곧 어떤 질서에 편입된다는 뜻이다. 그 질서가 누구를 위해 설계되었는지는, 기술이 아니라 도시의 구조가 말해 준다.

44. 중국의 극한 실험

deepseek

1) '14억 테스트베드'의 정치경제학

중국은 오늘날 세계에서 가장 거대한 AI 실험실이다. 이 거대한 실험의 대상은 기술이 아니라 사람, 곧 14억 인구와 그들의 삶이다. 스마트시티의 센서부터 병원 진단, 금융 서비스, 치안 감시까지—중국의 AI 실증은 전 사회를 가로지르는 거대한 시스템 실험이다. 그리고 그 실험은 규제가 아니라 추진력으로 작동한다.

이 실험을 가능케 한 구조는 두 가지다. 첫째, "먼저 해 보고 나중에 규제하는" 중국 특유의 포지티브 리스트 정책. 둘째, 세계 최대의 데이터 풀을 기반으로 한 AI 기업과 국가의 실시간 협업 시스템. 서구가 법과 윤리를 중심으로 '규제부터 고민'한다면, 중국은 국가가 리스크를 흡수하며 '실험부터 추진'한다. 기술 혁신의 속도는 이러한 구조적 차이에서 비롯된다.

도시부터 보자. 베이징과 항저우, 선전 등은 이미 도시 자체가 AI 테스트베드다. 6억 대 이상 배치된 안면 인식 CCTV는 단순한 방범을 넘어 군중 밀도 예측, 감정 분석, 행동 예측 알고리즘 학습을 위한 실시간 피드백 시스템으로 기능한다. 스마트 교통 시스템은 자율주행 차량의 운행 실증을 넘어 도심 전체를 시뮬레이션 가능한 디지털 플랫폼으로 전환하고 있다.

의료 영역에서도 AI는 일상화됐다. 농촌 병원에 도입된 AI 영상 진단 시스템은 전문 인력이 부족한 지역에서 CT, MRI 판독을 자동화하고 있다. 이 과정에서 수집된 데이터는 대형 병원과 클라우드 기반으로 연동되며 전체 의료 알고리즘을 정교화하는 데 활용된다. 이는 의료 격차 해소와 동시에 AI 훈련 데이터의 품질을 끌어올리는 선순환 구조를 만든다.

가장 강력한 요소는 데이터다. 14억 인구가 사용하는 결제 시스템, 검색 플랫폼, SNS에서 실시간으로 생성되는 데이터는 엑사바이트 단위의 학습 연료를 제공한다. 알리바바, 바이두, 텐센트 등은 이 데이터를 바탕으로 안면 인식, 음성 인식, 자연어 처리, 예측 알고리즘 등 전 분야의 모델 성능을 끌어올리고 있다. 중국의 AI 기업은 기술 기업이자 데이터 제국이다.

정부는 이 실험실의 운영자이자 투자자다. AI 도입이 활발한 산업에는 정부 보조금과 금융 지원을 아끼지 않으며, 공공 데이터를 민간에 개방해 실증의 속도를 높인다. 실패한 시범 사업에도 제재를 가하지 않고 오히려 재실험을 독려한다. 이는 자유방임이 아닌 전략적 계획 경제와 실험주의의 결합이다.

이 실험은 한편으로 통제의 실험이기도 하다. 데이터가 권력화되고, 알고리즘이 사회적 결정의 근거가 되는 순간, 기술은 통치의 기제가 된다. 사회 신용 시스템, 안면 인식 기반 감시 시스템, 자동화된 여론 모니터링 도구들은 AI가 감시 체계와 통합되는 양상을 보여 준다. 중국은 AI로 효율을 추구하면서 동시에 통제를 내장한 시스템을 설계하고 있다.

2) 중국의 정치적 프로토타입

중국은 기술을 단순한 혁신의 수단으로 다루지 않는다. 그것은 곧 국가 운영 체계의 뼈대이며, 통치의 수단이자 국제 전략의 핵심 자산이다. 인공지능 AI은 이 정치적 메커니즘의 중심축으로 자리 잡았다. 특히 중국공산당은 AI를 '통치 효율화'의 도구로 활용하며 전례 없는 방식의 정치 실험을 이어가고 있다. 이는 하나의 국가가 아니라 새로운 정치 모델의 실험실이기도 하다.

그 대표적 사례는 '사회 신용 시스템'이다. 수십억 건의 데이터가 시민의 소비, 이동, 온라인 활동을 통해 축적되고, AI는 이를 바탕으로 사회적 평판 점수를 산출한다. 고속철 예약 제한, 금융 대출 차단, 자녀 교육 기회까지 이 평판 점수가 영향을 미치는 구조다. 중국은 이를 '신뢰 기반 사회 질서'라 부르지만 사실상 알고리즘을 통해 권력을 배분하는 구조적 실험이다.

도시 운영 또한 AI 통치의 시험장이다. 항저우의 '시티 브레인'은 교통, 응급, 보안 데이터를 실시간 분석해 도시 전체를 하나의 네트워크로 통제한다. 베이징은 인구 흐름을 예측해 상권 조정을 시도하고, 상하이는 팬데믹 당시 AI 시뮬레이션으로 도시 봉쇄와 물류 전략을 설계했다. 이 모든 것이 '데이터-의사 결정-정책 시행'으로 이어지는 자동화된 통치 메커니즘이다.

또한, 여론 통제 역시 AI 기반으로 진화하고 있다. 국가 인터넷정보판공실은 매일 수십억 건의 SNS 게시물을 분석하며 위험 발언 탐지와 정보 삭제를 자동화한다. 중국판 챗봇에는 정치적 금칙어가 내장되고, 검색엔진 알고리즘은 체제 우호적 콘텐츠를 상위 노출시킨다. 이는 단순한 감시를 넘어 현실 인식의 구조 자체를 설계하려는 시도다.

이러한 통치 실험의 배경에는 '통제 가능한 효율성'이라는 중국 특유의 정치 철학이 있다. 정부는 AI가 가져올 행정 효율화와 비용 절감을 환영하면서도 그것이 체제 안정을 흔들지 않도록 모든 알고리즘의 방향을 '정치적 조화'에 맞춘다. 이로 인해 AI는 도구가 아니라 통치의 설계자가 된다.

물론 이 모델은 윤리적, 법적 논란과 함께 외부의 우려도 동반한다. 알고리즘 편향, 시민 권리 침해, 데이터 오용 등은 반복적으로 제기되는 문제다. 특히 위구르 지역에서의 안면 인식과 행동 분석 시스템은 국제 사회에서 'AI 인권 침해'라는 비판을 받고 있다. 그럼에도 중국은 이런 모델을 디지털 일대일로 전략과 결합해 수출하려 하고 있으며, 이는 AI가 새로운 정치 질서를 만드는 수단이 될 수 있음을 시사한다.

3) AI 실크로드와 중국식 기술 수출

중국의 인공지능 전략은 더 이상 국내에 머물지 않는다. 그것은 명확한 대외 전략이며 국제 질서의 재편을 겨냥한 기술 외교다. 'AI 실크로드'라는 이름으로 중국은 자신들의 기술 체계, 알고리즘, 윤리 규범, 심지어 통치 모델까지 수출하려 하고 있다. 이른바 '중국식 AI 체제'가 국경을 넘어 확산되는 것이다.

이 전략의 중심에는 '기술 패키지 수출'이라는 접근이 있다. 과거의 수출이 하드웨어와 기반 인프라였다면, 오늘날 중국이 수출하는 것은 알고리즘, 데이터 관리 체계, 플랫폼 그리고 그것을 운영하는 정치 철학이다. 화웨이, 바이두, 텐센트, 딥시크 등의 주요 기업은 인프라부터 알고리즘, 클라우드, AI 모델, 교육 콘텐츠까지 통합 솔루션을 제공하며 일종의 '디지털 식민지' 모델을 구축해 나가고 있다.

대표적인 예가 인도네시아, UAE, 나이지리아 등의 AI 행정 서비스 수출이다. 화웨이와 딥시크는 이들 국가에 음성 인식 기반의 전자정부 시스템, AI 보안 모니터링, 맞춤형 교육 플랫폼을 공급하고 있다. 이는 단지 기술의 확장이 아니라 중국식 설계 철학이 해외 거버넌스 체계 속으로 파고드는 구조다. 알고리즘이 넘어가면 그 알고리즘의 전제가 함께 넘어간다.

또한, 중국은 국제 규범 전쟁에서도 주도권을 노린다. ITU, ISO 등 국제 기술 표준기구에 6G와 AI 윤리 관련 표준안을 대거 제출하며, '국가 주권 우선' 원칙과 '다양한 문화적 해석 가능성'을 내세운 독자적 거버넌스 프레임을 제안한다. 2023년 하이난 AI 윤리 정상회의에서 제안된 '책임 있는 AI 8대 원칙'은 서구의 인권 중심 프레임에 대한 대응이자 기술 질서 재편의 신호탄이었다.

이러한 외교는 단순한 기술 수출이 아니다. 그것은 지정학적 연장선에서의 영향력 확보이며, 기술을 외교의 언어로 사용하는 전략이다. 'AI 교육센터'는 50여 개국에 설치됐고, 중국은 2025년까지 10만 명의 개발자를 자체 플랫폼에 흡수하는 '디지털 연계망' 구축을 추진 중이다. 이는 기술과 인재, 규범의 삼각 구도를 통한 소프트 파워 확장 전략이다.

중국의 이 전략은 미국 주도의 '디지털 민주주의 블록'과 정면으로 충돌한다. 미국은 인도·동남아·유럽을 중심으로 'AI 기술 동맹'을 구축하며 중국산 기술에 대한 경계심을 높이고 있다. 유럽은 중국산 AI 시스템에 '디지털 인권 검증'을 추진 중이며, 국제 사회는 기술이 아닌 체제 수출의 경계선을 다시 그리고 있다.

그럼에도 불구하고 중국식 기술 수출은 많은 개발도상국에서 실용적 대안으로 받아들여지고 있다. 가격 경쟁력, 인프라 통합성, 빠른 성과 중심의 프로젝트 설계는 중국 기술의 매력이다. 그리고 이 매력은 점점 더 많은 국가를 중국의 기술 생태계로 끌어들이고 있다.

4) 기술과 인간의 새로운 계약

AI는 사회 구조를 다시 쓰고 있다. 노동이 재편되고, 교육이 변하며, 정치의 운영 방식까지 바뀌고 있다. 이 변화는 단순한 기술 혁신이 아니다. 그것은 인간이 살아가는 방식을 다시 설계하고, 인간의 역할을 다시 정의하는 문명적 전환이다. 그리고 지금, 우리는 AI 이후의 사회를 어떤 구조로 구성할 것인가에 대한 새로운 '사회 계약'을 요구받고 있다.

노동의 의미는 달라지고 있다. 반복적·기계적 작업은 대부분 자동화됐고, 정보 분석·기획·디자인 등 중간 수준의 지식 노동조차 AI가 빠르게 대체하고 있다. 하지만 창의, 감정, 통찰이라는 인간 고유의 역량은 여전히 대체 불가능한 자산으로 남아 있다. 문제는 단지 어떤 일이 사라지느냐가 아니라 인간이 어떤 일에 집중해야 하느냐는 방향의 문제다. 결국 노동은 수단이 아니라 자아실현의 공간으로 재정의되어야 한다.

교육 역시 새로운 틀을 요구한다. AI 튜터, 실시간 맞춤형 커리큘럼, 몰입형 가상 학습 콘텐츠는 전통적인 학교 체제를 흔들고 있다. 이제 중요한 것은 정보를 얼마나 아느냐가 아니라, 문제를 어떻게 정의하고 협력하며 해결할 수 있느냐는 역량이다. 교육은 지식 주입에서 인간 역량 개발로 옮겨가야 하며, 이는 곧 교사의 역할도 콘텐츠 전달자에서 감정적·도덕적 리더로 변화할 것을 요구한다.

정치도 더 이상 아날로그적 의사 결정에 머물 수 없다. 정책 수립은 데이터 기반 시뮬레이션으로 이동하고 있으며, 행정은 AI 자동화로 효율을 극대화하고 있다. 하지만 중요한 것은 참여다. 기술로 인해 정치는 투명해지고 있지만 동시에 감시와 조작의 도구가 될 위험도 커지고 있다. 디지털 시민권, 알고리즘 설명 책임, 감시 견제 메커니즘 등 새로운 디지털 거버넌스 구조가 절실하다.

이 모든 변화 속에서 중심에 놓여야 할 것은 단 하나, 인간 중심성이다. 기술은 수단일 뿐이며, 인간의 존엄과 자유, 정의를 실현하는 방향으로 쓰여야 한다. AI가 노동을 대체할 수는 있어도 인간의 의미를 대체할 수는 없다. 교육의 자동화가 이뤄지더라도 인간에 대한 이해는 여전히 사람의 몫이다. 정치는 데이터로 정밀해질 수 있지만, 공동체의 윤리는 기술이 아닌 인간이 결정해야 한다.

지금 필요한 것은 새로운 형태의 사회 계약이다. 인간과 기술이 공존하기 위한 권리와 책임의 재설계, 기술로부터 보호받을 권리와 기술을 활용할 수 있는 기회의 재분배, 인간의 존엄이 기술보다 우선한다는 원칙의 확립. 이것이 우리가 AI 이후의 사회에서 만들어야 할 새로운 룰이다.

AI는 질문을 던졌다. 인간은 어떤 존재인가? 노동은 무엇을 위한 것인가? 교육은 누구를 위한 것인가? 정치란 무엇을 위한 집합적 결단인가? 이 책에서 사실 이런 질문을 자꾸 던지는 건, AI 시대가 불현 듯 오기 때문에 이 질문을 수시로, 자주 하지 않는다면 우리는 어느새 AI에 갇혀 있는 신세가 된다. AI가 우리를 어떻게 통제하게 될지 우리는 상상할 수 없지만, 그 통제가 인간이 지닌 본성을 거스를 것이라는 건 분명하다. 도구로써 AI를 갖겠다고 하기 전에 그 도구가 어떤 물건인지 정확하게 알아야 한다는 얘기다.

5) 노동의 종말, '일'의 재정의

인류는 지금 '노동'의 정의가 뿌리째 흔들리는 전환기 앞에 서 있다. 증기기관이 육체를 대체했던 1차 산업혁명, 컴퓨터가 반복 작업을 대신한 디지털 혁신기를 지나, 이제 인공지능AI은 인간의 인지, 판단, 감정마저 흉내 내며 '일의 본질'을 위협하고 있다. 기술은 기능을 대체하는 데 그치지 않고 인간 존재가 사회에 기여하는 방식 자체를 재구성하고 있다. 그리고 그 변화는 산업적 예측이 아니라 문명사적 질문을 던지고 있다. 우리는 앞으로 '일하지 않아도 되는 사회'를 어떻게 감당할 것인가?

AI는 이미 수많은 직업을 침식하고 있다. 공장과 물류창고에서 로봇이 인간의 손을 대신하고, 고객 서비스는 정서적 대화를 학습한 챗봇이 점령하고 있다. 컨설팅, 통번역, 마케팅, 디자인 영역에서도 대규모 언어 모델과 이미지 생성 AI가 인간의 자리를 대체하고 있다. 이 변화는 '생산성 향상'이라는 이름 아래 환영받지만, 사실상 많은 사람에게는 '존재 이유의 소멸'을 의미한다. 노동이란 단지 생계의 수단이 아니라 정체성과 의미의 근거이기 때문이다.

더구나 AI는 속도와 효율 면에서 인간을 압도한다. 단백질 구조 예측, 전력망 최적화, 물류 네트워크 재설계 같은 고차원의 계산 작업에서 AI는 이미 인간을 만 배 이상의 효율로 넘어섰다. 문제 해결의 영역에서조차 인간은 더 이상 중심이 아니다. 이와 함께 등장하는 것은 '불필요 노동'이라는 개념이다. 아무리 성실하고 유능해도 AI보다 저렴하고 느린 인간은 자본의 계산에서 배제되기 시작한다.

이런 흐름 속에서 인간에게 남는 일은 무엇인가? 일부는 창의성과 감정을 다루는 분야에서 새로운 기회를 찾고 있다. 예술, 상담, 교육, 돌봄 같은 영역에서 인간 고유의 경험과 공감 능력이 새로운 가치를 지닌다. 그러나 이것은 선택받은 소수의 이야기일 수 있다. 기술 격차와 교육 불균형은 인간 사이의 불평등을 심화시키며, 자동화되지 못한 사람들은 '노동 시장 밖의 다수'가 될 가능성도 크다.

여기서 다시 떠오르는 질문은 "일은 무엇을 위한 것인가?"다. 과거 노동은 생존의 수단이었다. 이후에는 자아실현과 사회적 인정의 도구가 됐다. 그런데 AI가 생존의 노동을 대체하고, 성과의 판단까지 넘본다면, 인간은 어떤 이유로 일해야 하는가? 혹은 일하지 않고 살아갈 권리는 어떤 철학에 기반해야 하는가?

일부 국가에서 기본 소득UBI이 논의되는 이유가 여기에 있다. AI가 창출한 부를 사회 전체가 공유할 수 있도록 설계하고, 인간은 더 이상 '유용성'이 아닌 '존재성'으로 존엄을 보장받아야 한다는 철학적 전환이 시도되고 있다. 하지만 UBI는 단지 돈의 문제가 아니다. 그것은 '일하지 않아도 되는 사회'에서 인간이 어떻게 의미 있게 살아갈 수 있는가에 대한 새로운 가치 체계의 실험이다.

AI 이후의 노동은 단지 직업의 변화가 아니다. 그것은 인간이라는 존재가 어떻게 사회와 연결되고, 어떤 방식으로 존엄을 유지할 수 있는가의 문제다. 우리는 지금까지 '일하는 인간Homo Faber'으로 존재해 왔지만 이제는 '일 없는 인간'을 상상해야 하는 시점에 와 있다. 그 사회는 과연 지속 가능한가? 그리고 인간은 그 안에서 어떻게 의미를 찾을 수 있는가?

노동의 종말은 끝이 아니다. 그것은 의미의 시작일 수 있다. 인간이 AI보다 빠르지 않아도, 더 정확하지 않아도, 여전히 중요한 이유는 존재의 의미를 설계할 수 있는 유일한 존재이기 때문이다. 기술이 할 수 없는 것, 기술이 되어선 안 되는 것. 바로 그 경계에 인간이 있다.

6) AGI를 향한 질주, 인간성의 경계선

중국은 지금 AGI을 향해 전속력으로 달리고 있다. '알아서 학습하고, 스스로 문제를 정의하며, 인간처럼 사고하는' 인공지능. 그것은 단지 기술의 상징이 아니라 지능 자체에 대한 정의를 다시 쓰려는 시도다. AGI는 인간을 능가하는 존재인가, 인간을 위한 동반자인가. 그 미래는 아직 닫혀 있지만 우리가 물어야 할 질문은 이미 눈앞에 있다. 기계가 인간보다 똑똑해질 때, 인간은 여전히 유일한 존재일 수 있는가?

중국 정부는 2040년까지 AGI 상용화를 목표로 국가 프로젝트를 가동 중이다. 바이두의 ERNIE 5.0은 인간의 오감을 모사하는 멀티모달 시스템으로 진화 중이며, 양자 컴퓨팅을 활용한 초고속 연산 구조는 신약 개발, 기후 시뮬레이션 등 기존 인간의 한계를 넘어서고 있다. 항저우, 상하이, 톈진 등 주요 도시에서는 메타버스-로봇-AI 융합 도시 실험이 진행 중이고, 일부 산업 현장에서는 인간 신체 능력을 보완하는 사이보그형 노동 시스템이 투입되고 있다. 이 모든 것이 가리키는 것은 지능은 인간의 전유물이 아니라는 선언과도 같다.

AGI는 단지 새로운 기술이 아니다. 그것은 인간의 고유함, 인간만이 지닌다고 여겨졌던 사고와 감정, 선택과 책임이라는 개념 자체를 상대화하는 기술이다. 중국이 실현하고자 하는 초지능 사회는 '기계가 사고하고 인간은 승인하는' 체계를 전제로 한다. AI는 인간의 판단을 보조하는 수준을 넘어, 자율 판단의 주체로 이동하고 있으며, 인간은 시스템이 허용한 범위 내에서만 개입할 수 있는 '사후 존재'로 전락할 위험도 있다.

이런 흐름은 교육, 복지, 노동, 안보까지 사회 전체의 재설계를 요구한다. 이미 광둥성과 저장성에서는 AI 튜터가 초중등 교육의 90% 이상을 담당하고 있고, 노인 돌봄 로봇은 감정 인식 기능을 탑재해 '정서적 대화'를 시도하고 있다. 사회의 모든 기능이 AI를 중심으로 재배치되며, 인간은 점점 더 '사용자'이자 '수신자'의 위치로 밀려난다.

문제는 기술의 속도가 아니라 그 방향이다. AGI는 상상을 실현시킬 수 있는 도구이지만, 동시에 권력 집중과 사회 불평등의 심화, 인간 가치의 상실이라는 부작용도 내포하고 있다. 특히 중국처럼 강력한 국가 권력이 기술을 직접 통제하는 구조에서는 AGI가 민주적 거버넌스가 아니라 기술 독점과 통제를 위한 엔진으로 기능할 위험도 존재한다.

게다가 AGI가 인간의 결정을 넘어설 때 '책임'이라는 개념은 어떻게 작동할 것인가. 기계가 판단하고, 인간이 실행하는 체계에서 발생하는 오류는 누구의 책임인가? 우리는 아직 AGI의 윤리, 법, 철학을 설계하지 못한 채 기능만을 앞세운 기술의 전진 속도에 휩쓸리고 있다. 기술이 빠를수록 사회는 늦어진다. 그리고 그 간극이 커질수록 인간은 시스템의 부속품으로 재편될 수 있다. 중국의 AGI 전략은 인류 기술 진화의 최전선이다. 그 미래가 인간을 위한 것인지, 인간을 대체하는 것인지는 아직 결정되지 않았다. 지금 필요한 것은 더 많은 알고리즘이 아니라 더 깊은 성찰이 아닐까.

45. 중국의 AI 미래

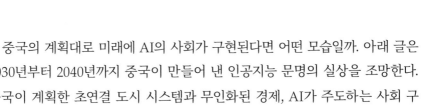

deepseek

중국의 계획대로 미래에 AI의 사회가 구현된다면 어떤 모습일까. 아래 글은 2030년부터 2040년까지 중국이 만들어 낸 인공지능 문명의 실상을 조망한다. 중국이 계획한 초연결 도시 시스템과 무인화된 경제, AI가 주도하는 사회 구조의 급변 속에서 인간은 어떤 역할을 담당하고 있는지, 기술은 질병과 빈곤, 교육 격차를 해결했는지, 동시에 자유와 관계, 감정이라는 인간의 본질을 재편할 수 있는지에 대한 작가의 고민을 담았다. 상상력이지만 AI가 주는 풍요의 빛과 통제의 그림자가 교차하는 미래 모습을 떠올려보는 계기가 됐으면 한다.

1) 2030년, 초연결 사회

2030년 중국의 주요 도시는 이제 'CityOS'라는 인공지능 운영체제로 움직인다. 이미 선전에서 시험 운영된 CityOS는 도시 내 교통 혼잡을 예측해 우회 경로를 즉각 제시하고, 에너지 소비량을 실시간으로 분석해 전력 낭비를 최소화한다. 베이징, 상하이 등 10개 대도시가 이 시스템을 도입하면서 도시 전체의 운영 효율은 40% 상승했으며, 교통사고와 정전 발생률은 절반으로 줄어들었다.

통신 환경 역시 완전히 변화했다. 2025년부터 본격 개발된 6G 기술과 AI가 결합된 홀로그램 통신은 베이징과 상하이 간 회의를 실제 현장과 거의 구분할 수 없는 수준으로 끌어올렸다. 이에 따라 주요 기업의 출장 비용은 평균 70% 감소했고, 도시간 이동이 줄어들면서 고속철도와 항공편 수요에도 변동이 생겼다.

이 같은 변화는 도시를 넘어 경제 전반으로 확산됐다. 중국의 제조업은 '어둠 없는 공장'으로 대전환을 이뤘다. 광둥성 둥관시의 한 전자기기 제조 공장은 AI와 로봇만으로 24시간 가동되며 생산성이 기존 대비 3배 향상되었고, 제조업 전체의 40%가 무인화됐다. 생산 설비는 대부분 소프트웨어 엔지니어와 로봇 유지 보수 인력이 담당하게 되었다.

농업 또한 급격히 변화했다. 내몽골 지역에서는 드론과 AI 기반 농기계가 위성 데이터에 따라 작물 재배를 자동으로 수행하며, 스마트 농장 도입 후 수확량은 평균 3배 늘었다. 전국적으로 AI 농기계 보급률은 80%에 달해 농업 생산성 향상과 농촌 인구 감소 문제 완화에 기여했다.

금융 시스템에서도 AI와 디지털 화폐가 중심축이 되었다. 디지털 위안화는 사실상 현금을 대체했고, AI 펀드매니저가 국민 자산의 절반을 관리하는 구조가 자리 잡았다. 금융회사는 AI 알고리즘으로 개별 신용 데이터를 실시간 분석해 맞춤형 대출과 투자를 제공하고 있으며, 개인 투자자들의 평균 수익률은 연 8%포인트 상승했다.

AI 기술의 근간인 반도체 분야에서도 중국은 자립 기반을 확충했다. SMIC는 3나노급 AI 전용 칩을 양산하기 시작했으며, 이는 미국 엔비디아 최신 칩 대비 약 70% 수준의 성능이지만 국내 수요의 90%를 충당할 수 있는 성과를 거뒀다. 광자 칩과 양자 컴퓨팅 기술도 빠르게 발전하여 미국과의 기술 격차를 2년 이내로 좁히는 데 성공했다.

하지만 이러한 기술 혁명은 어두운 그림자도 낳았다. AI로 창출된 부는 상위 5% 계층에 집중된 반면, 디지털 플랫폼 노동자, 이른바 '디지털 유목민'은 1억 명을 넘어섰다. 일정한 근로 시간이나 고정 임금 없이 플랫폼에 종속된 불안정 노동이 심각한 사회 문제로 떠올랐다. 상위 5%와 하위 40% 계층 간 소득 격차는 20배에 달했다.

사회 관리에도 AI가 깊숙이 들어왔다. '사회신용시스템 3.0'은 시민들의 생체 데이터와 행동 패턴을 분석해 잠재적 범죄를 사전에 예측, 범죄 예방률을

75%까지 끌어올렸다. 그러나 개인의 자유와 사생활 침해에 대한 우려도 커지고 있다.

현실의 압박을 견디지 못한 젊은 세대는 가상현실로 눈을 돌렸다. 20대 중 약 30%가 메타버스 공간에서 일하고 소비하며 인간관계를 맺고 있으며, 메타버스 가입자는 5억 명을 돌파했다. 가상세계의 경제 규모는 2조 위안약 360조 원을 넘어서 현실 세계의 일부 산업을 대체하기 시작했다.

2030년의 중국은 AI 초연결 사회의 완성 단계에 진입했지만, 기술 발전이 초래한 경제적·사회적 불균형 문제는 여전히 해결되지 않은 채 남아 있다. 급격한 변화 속도를 사회가 따라가지 못하는 현상이 긴장과 혼란을 증폭시키고 있으며, 이는 앞으로 중국이 풀어야 할 가장 큰 과제가 되었다.

2) 2040년, AI 문명의 재정의

2040년 중국의 기술 발전은 새로운 국면에 접어들었다. 베이징 AI 연구원이 개발한 초고도 지능형 AGI일반 인공지능 프로토타입 '푸티안伏羲'은 인간 평균 지능의 150%에 달하는 사고 능력을 갖췄다. 푸티안은 금융 시장 예측부터 복잡한 과학적 연구까지 대부분의 지적 업무를 처리할 수 있다. 상하이와 선전의 기술 엘리트 중 10%는 중요한 의사 결정을 AGI에 위임하고 있으며, 이들이 운영하는 기업의 효율은 기존 기업의 두 배에 달한다.

AI 기술은 생명과학 분야에서도 획기적인 변화를 일으켰다. 광저우에 위치한 한 유전자 연구소에서는 AI가 설계한 맞춤형 유전자 편집 기술로 특정 질병의 발병 가능성을 크게 낮춘 시험관 아기가 최초로 탄생했다. AI의 정확한 데이터 분석을 바탕으로 한 맞춤형 유전자 편집은 법적 논란에도 불구하고 고소득층 사이에 빠르게 확산 중이다.

이런 기술 혁신은 경제 구조에도 큰 변화를 가져왔다. 2040년 중국은 AI와 로봇으로부터 발생하는 수익에 세금을 부과해 국민에게 매월 3,000위안약 58만 원의 기본 소득을 지급하는 제도를 도입했다. 일자리 감소에 따른 사회적 충격을 완화하기 위한 조치다. AI로 인한 기본 소득 도입 이후 창작 활동이나 문화 예술 등 창조 경제 분야에서 일하는 인구가 급격히 늘어나 전체 노동력의 약 30%가 창의적 분야로 전환됐다.

에너지 자급자족 문제도 사실상 해결됐다. 허베이성에 위치한 중국 최초의 상용 핵융합 발전소가 성공적으로 가동되며 전국 전력 자급률이 200%를 돌파했다. 이에 따라 석유와 천연가스 수입이 중단됐고, 중국 경제는 에너지 문제로부터 자유로워졌다.

하지만 이러한 변화는 사회 구조를 근본적으로 흔들었다. 상하이의 조사에 따르면, 2040년 신세대 Alpha 세대의 25%는 인간 대신 인공지능 동반자와의 결혼을 선택했다. AI가 인간관계를 대신하거나 보완하는 시대가 도래한 것이다. 노령화된 인구 중 약 90%는 AI 돌봄 로봇을 이용하며, 실제 가족보다 AI 로봇을 더 신뢰하는 노인이 70%에 달한다는 통계도 나왔다.

디지털 환경의 변화는 사회적 정체성마저 바꾸고 있다. 유명인의 SNS 계정 중 절반 이상이 그들의 디지털 트윈 가상 인간에 의해 관리되면서 대중은 현실의 인물과 가상의 인물을 구분하기 어렵게 되었다. 더 나아가 AI가 만든 종교적 신념까지 등장했다. '알고리즘 구원론'이라 불리는 이 신흥 AI 종교는 가입자가 이미 1,000만 명을 넘어 사회적 영향력이 빠르게 확대되고 있다.

2040년의 중국은 AI 기술이 경제, 생명과학, 인간관계, 사회 구조까지 완전히 재정의한 모습이다. 기술 혁신이 사회 전체를 뒤흔들며, 이전 세대가 경험하지 못한 급격한 변화와 혼란을 동시에 일으키고 있다. 중국 정부와 사회가 이 급격한 변화에 어떻게 대응하고 조정해 나갈지는 앞으로 몇 년 동안의 가장 큰 과제가 될 것이다.

3) 세계 질서의 재편: 중국형 AI 거버넌스

2040년 중국의 AI 기술은 국내뿐 아니라 글로벌 질서까지 새롭게 만들었다. 중국 주도로 개발된 AI 국제 표준은 미국과의 기술 경쟁을 넘어 세계 기술 규범을 변화시켰다. ISO국제표준화기구의 AI 기술위원회 TC42에서는 중국이 제안한 AI 기술 표준 15개가 공식 채택됐다. 미국이 주도한 표준 23개와 팽팽한 경쟁을 벌이면서 글로벌 기업과 국가들은 양대 진영 간 선택을 강요받았다.

중국은 '디지털 실크로드' 전략의 일환으로 일대일로 참여국 45개국에 '화웨이 클라우드 AI 패키지'를 공급했다. 이들 국가는 통신·교통·치안 시스템을 화웨이의 AI 기술로 통합 관리하고 있으며, 이 과정에서 중국의 AI 시스템과 데이터 표준을 사실상 강제적으로 수용하게 됐다. 파키스탄, 아프리카 일부 국가에서는 중국산 AI로 교통사고가 50% 감소했고, 에너지 관리 효율이 급상승하는 등 실질적인 혜택을 누리고 있다.

군사 분야에서도 AI 기술의 도입이 급속도로 진행 중이다. 특히 자율 살상무기 LAWS의 50% 이상이 AI에 의해 통제되기 시작하면서 국제 사회는 규제 여부를 두고 심각한 갈등을 겪고 있다. 유엔은 여러 차례 논의를 진행했지만 중국과 미국, 러시아 간 의견 차이로 인해 합의에 이르지 못하고 있다. 중국의 AI 군사 드론은 이미 남중국해와 동남아시아 해역에서 무력 시위에 활용되며 군사적 긴장을 고조시키고 있다.

글로벌 영향력 확대는 우주에서도 진행됐다. 중국은 화성 개척 프로젝트에 500대 이상의 AI 로봇을 투입, 인류 최초의 대규모 화성 기지를 완성했다. 이 로봇들은 자율적으로 건설과 자원 채굴 임무를 수행하며 기지를 유지하고 있으며, 중국은 이를 통해 우주 탐사의 주도권을 확고히 했다. 화성 기지에서의 성공은 중국이 추진하는 달 기지 건설 프로젝트까지 영향을 미쳐, 우주 자원 확보 경쟁에서도 앞서나가고 있다.

한편, 중국은 남중국해에 인공 섬을 만들어 'AI 국제 법원'을 설립했다. 이 국제 법원은 글로벌 디지털 분쟁을 중재하며 국제적인 AI 관련 분쟁에 대한 판례를 제공하고 있다. 중국 주도로 운영되는 이 법원은 특히 데이터 소유권, 알고리즘 특허권 등 기존 법률로 판단하기 어려운 신흥 분야의 분쟁에서 주도적 역할을 맡고 있다.

아프리카 30개국은 중국의 AI 통치 모델을 전면적으로 채택했다. 이들은 중국의 기술과 사회 신용 시스템을 기반으로 정부 운영을 디지털화하고 있으며, 미국과 유럽이 제시한 민주주의 기반의 AI 거버넌스 모델과의 경쟁이 본격화됐다. 이로 인해 AI 기술을 중심으로 국제적 영향력 확대와 새로운 형태의 지정학적 갈등이 나타나고 있다.

2040년 중국은 AI 기술력과 표준화를 통해 글로벌 질서를 재편하고 있으며, 국가 간 기술 패권 경쟁은 더욱 치열해졌다. AI 기술이 글로벌 경제와 정치 질서의 중심축이 되면서 전 세계 국가들은 중국의 기술 표준과 AI 체제 수용 여부를 놓고 지속적으로 고민해야 하는 상황이다. 이 변화 속에서 앞으로의 국제 사회는 AI를 둘러싼 새로운 균형과 갈등의 시대를 맞게 될 것이다.

4) AI가 만든 풍요의 빛과 그림자

2040년 중국은 AI가 창출한 기술적 풍요 속에서 새로운 사회 실험에 돌입했다. AI가 대체한 노동의 공백은 기본 소득으로 채워졌고, 의료·교육·에너지·식량 분야에서 인공지능 기반 효율화가 극대화되며 국가 전체의 운영 비용이 급감했다. 질병 예측률 90%를 넘긴 AI 건강 관리 시스템과 전국에 분산된 AI 학습 플랫폼은 전 국민 수준의 건강과 교육 격차를 대폭 줄였다.

특히 의료 분야는 급격히 바뀌었다. AI는 국민의 생체 데이터를 실시간 분석해 질병 위험을 사전에 탐지하고, 의사는 예외적 상황에서만 개입한다. 주요 대도시에서는 병원 대기 시간이 10분 이내로 줄었고, 농촌 지역까지 AI 진단 키오스크가 보급됐다. 교육 또한 개인 맞춤형으로 제공된다. 초등학생부터 성인까지 AI가 각자의 이해도·기억력·기호를 분석해 최적의 학습 루트를 설계한다.

이 같은 기술 기반의 효율성 증가는 빈곤 문제 해결에도 영향을 미쳤다. AI로 최적화된 식량 공급망과 스마트 물류망이 연계되어 식품 폐기율은 60% 이상 줄고, 에너지 소비 효율도 2배로 높아졌다. 자동화된 AI 복지 행정 시스템은 저소득층의 지원 신청부터 지급까지 모든 절차를 자동 처리해 복지 사각지대를 실질적으로 해소했다.

그러나 동시에 새로운 사회 문제가 발생했다. 소득 보장이 이루어지면서 상당수 국민은 생계형 노동에서 벗어났지만 이들 중 일부는 일의 의미를 잃고 정체감을 상실했다. 창작 활동이나 지역 커뮤니티 활동 등 '의미 있는 여가'가 새로운 사회 가치로 부상했지만 일정 계층은 AI에 지나치게 의존하며 무기력에 빠지는 부작용도 확인됐다.

또한, '디지털 이민'이 증가하고 있다. 일부 고소득층은 AI가 관리하는 도시와 생활 환경을 벗어나, 오프라인 커뮤니티 중심의 지역이나 아날로그 생활방식을 유지하는 소규모 거주지를 선택하고 있다. 이들은 자신과 가족의 데이터가 AI 시스템에 과도하게 노출되는 것을 경계하며, 기술 자율권을 개인의 선택으로 보장해야 한다는 주장을 펼친다.

AI 노동의 확산은 기존 직업의 재편뿐 아니라 완전한 소멸도 초래했다. 운전·회계·상담·법률 검토 등은 거의 전부 자동화됐으며, 인간이 주로 활동하는 영역은 기획·창작·전략 분석 등으로 제한됐다. 중국 노동부 발표에 따르면, 2040년 현재 전체 등록 직업의 60%가 AI 기반 직무로 전환되었고, 청년층 직업관 역시 'AI와 협업하는 직무' 중심으로 바뀌었다.

이처럼 2040년 중국은 AI 기술을 통해 질병, 빈곤, 교육 격차 문제를 기술적으로 해결한 초풍요 사회에 근접했지만, 동시에 '삶의 방식'과 '일의 의미'를 새롭게 정립해야 하는 전환기에 서 있다. 중국 정부는 AI 시스템의 효율과 인간 생활의 균형을 맞추기 위해 '디지털 웰빙 지수'를 신설하고, AI 의존도와 삶의 만족도를 함께 측정하는 정책 실험에 돌입했다. 기술이 만들어 낸 풍요가 지속 가능한 사회 안정으로 이어질 수 있을지, 앞으로의 10년이 그 분기점이 될 전망이다.

5) 2040년 중국이 꿈꾸는 미래

기술 경쟁이 본격화된 2030년대 중반 이후, 중국은 시민의 생산성과 효율성을 극대화하는 방향으로 시스템을 설계해 왔다. 사람은 데이터를 제공하고, 감정을 예측당하고, 행동을 최적화당하는 존재로 점차 전환됐다. 업무, 학습, 여가, 인간관계까지 모든 것이 알고리즘에 의해 관리되고 추천되는 구조는 삶의 결정을 '선택'이 아닌 '지시'로 바꾸어 놓았다.

무엇보다 깊은 변화는 인간관계다. 감정 교류는 줄어들고, AI 동반자와의 상호작용이 늘어났다. 고독감과 소외를 느끼는 노인들은 자녀 대신 실버 케어 로봇과의 대화를 기다리고, 청년층은 메타버스 아바타와의 소통에 더 익숙하다. "사람보다 덜 복잡하고, 더 일관된 반응을 주는 존재"라는 이유로 인간은 인간과의 교류를 피하고 있다. 결과적으로 사회는 정서적 연결을 잃고, 감정은 비정상적인 데이터로 취급되며, 관계는 단절된 채 개인은 하나의 기능적 '노드'로 재구성됐다.

국가와 기업은 이 새로운 질서를 주도하고 있다. 스마트 도시, 사회 신용 시스템, 초개인화 서비스는 모두 고도화된 중앙 통제형 기술에 기반하며, 민간의 판단 여지를 최소화한다. 개인은 투명해지고, 시스템은 불투명해졌다. AI가 아닌 인간이 결정을 내릴 수 있는 공간은 급속히 축소되고 있다.

이제 인간은 '부품화'되고 있다. 효율성이 떨어지면 교체되거나 보조 장치로 밀려나며, 정체성과 감정은 체계 내 변수로만 기록된다. '지금의 나'는 시스템이 기억하는 과거의 데이터일 뿐이며, 미래는 예측값에 따라 미리 설계된 형태로 주어진다. 선택의 자유는 점점 추상화되고, 감정의 공유는 낭비로 취급된다.

이런 시대에 필요한 것은 기술의 진보를 부정하는 것이 아니라 그 기술이 인간을 위해 존재하는지 끊임없이 묻는 일이다. 기술이 인간의 감정을 대체하거나 무력화할 때 우리는 '인간다움'이란 개념을 다시 정의해야 한다. 효율이 아닌 관계, 정확성보다 공감, 예측보다 우연에 가치를 둘 수 있는 시스템 설계가 가능해야 한다. 그것이 없다면, 우리는 스스로를 자율적 주체가 아니라 시스템 속 객체로 받아들이는 것을 당연하게 여기는 사회에 머물게 될 것이다.

2040년의 중국은 AI 기술로 세계를 선도했지만, 이제는 기술 이후의 인간, AI 이후의 존엄에 대해 묻기 시작해야 한다. 인간은 계산 불가능한 존재이며, 그 불확실성과 감정, 저항이야말로 기술이 넘을 수 없는 마지막 경계다. 우리는 기술이 우리를 대체하지 않도록 우리의 존엄을 기술 너머의 가치로 끊임없이 새겨야 한다. 지금, 이 질문이 필요한 이유다.

X

딥시크 모델
기술 분석 및 실무 활용 사례

deepseek

46. 생성형 AI

deepseek

생성형 AI는 질문에 대한 관련 자료를 찾고 가장 유사하거나 맞는 답을 찾아내어 요약, 정리 등 원하는 스타일로 만들어서 종합한 자료를 답으로 생성해 주는 AI를 이야기한다.

현재는 단순 텍스트의 입력에 대한 텍스트 답변뿐만이 아니라 이미지, 동영상 등 새로운 콘텐츠까지도 생성해 주는 수준으로 발전되어 왔다.

단순한 명령부터 정제화되고 수식과 형태, 보고서의 양식이나 스타일까지도 가이드를 주고 입력시키면 그에 맞는 수준 있는 결과를 출력해 주는데, 이때 얼마나 좋은 결과를 얻게 되는지는 질문의 수준과 형식에 따라 그 답변과 형태에 대한 수준도 달라지게 된다.

[기존 AI와 생성형 AI의 차이점]

구분	기존 AI	생성형 AI
목적	데이터 분석, 예측	콘텐츠 창조
학습 방식	규칙 기반/지도 학습	자기회귀적 생성 모델
출력 형태	숫자/레이블	텍스트, 이미지, 동영상
사용 예시	스팸 필터링, 추천 시스템	글쓰기, 디자인, 코드 생성

좀 더 자세히 살펴보면 생성형 AI는 주로 딥러닝 기법, 대형 언어 모델LLM, 생성적 적대신경망GAN, 변형 오토인코더VAE를 기반으로 작동하며, 자연어 처리, 이미지, 동영상 생성 등 다양한 응용 분야에서 사용이 가능하다.

생성형 AI에서 많이 사용되는 주요기능과 유형별로 많이 쓰여지는 AI모델은 다음과 같다.

1) 텍스트 생성 AI

명령에 대해 정리된 답을 생성하며, 글쓰기와 보고서 작성, 대화, 번역, 아이디어 기획 등에 사용된다. 명령하는 수준에 따라 답이 달라지기에 프롬프트 엔지니어란 직업이 나왔을 정도로 질문의 질이나 결과를 요구하는 형태나 양식 등의 수준에 따라 결과물이 달라질 수 있으며, 학습 데이터에 대한 부분이나 결과물의 사실 검증 부분은 사용자가 가장 신경 써야 할 부분이다.

• 대표적인 텍스트 생성 AI 모델:

ChatGPTOpenAI, ClaudeAnthropic, GrokxAI 등

[텍스트 생성 AI 모델: ChatGPT]
출처 : https://chatgpt.com/

[텍스트 생성 AI 모델: Grok]
출처 : https://grok.com/

2) 이미지 생성 AI

텍스트 설명을 기반으로 이미지를 생성하며, 상황이나 원하는 형태를 자세히 설명하면 특정 애니메이션 형태나 캐릭터, 광고, 영화 스타일 등 다양한 이미지를 만들 수 있으며, 프로필 사진, 예술 작품 제작, 광고 디지인 등에 사용된다. 단, 모델 학습 시 또는 특정 영화나 애니메이션 스타일로 결과를 만들어 달라고 했을 때 학습 데이터나 결과물에 대해서 저작권 문제가 생길 수 있으니 주의를 해야 한다.

- **대표적인 이미지 생성 AI 모델:**

DALL·E3_{OpenAI}, MidJourney, Stable Diffusion, Pollo 등

[이미지 생성 AI 모델: MidJourney]
출처 : https://www.midjourney.com

[이미지 생성 AI 모델 : Pollo]
출처 : https://pollo.ai/

3) 동영상 생성 AI

텍스트나 이미지로부터 동영상을 생성하며, 연결하는 AI 에이전트 등을 연결하면, 틱톡이나 유튜브에 올리는 쇼츠나 애니메이션, TV광고 수준의 영상 작품 결과물도 만들고 편집할 수 있다.

- **대표적인 동영상 생성 AI 모델**

Sora_{OpenAI}, Runway ML 등

[동영상 생성 AI 모델: Sora]
출처 : https://sora.com/

[동영상 생성 AI 모델: Runway ML]
출처 : https://runwayml.com/

4) 코드 생성 AI

원하는 기능이나 요구 사항 등을 직접 코딩하지 않고 텍스트로 적어 입력만 하면 자동으로 코드를 작성하고 디버깅까지 지원을 해 주며, 실행이 가능한 홈페이지나 블로그 소스코드 수준의 결과물은 서비스창에 입력하거나 AI 에이전트로 연결만 하면 바로 실행이 가능하다.

• 대표적인 코드 생성 AI 모델

GitHub Copilot Microsoft, Codex OpenAI, Claude 등

[코드 생성 AI 모델 : GitHub Copilot]
출처 : https://github.com/features/copilot

이밖에도 글쓰기 특화 모델, 텍스트로 AI 음성을 생성하여 실시간 음성 변조를 해 주는 'Voicemod AI Voices', 인터넷 정보와 지식 등을 정리해 주는 'Bard', 오픈소스의 연구 중심 무료 버전 'LLaMa' 등 유형별 용도별 다양한 여러 모델들이 존재한다.

47. 딥시크

deepseek

1) 딥시크란?

AI 모델은 기존에도 많이 출시가 되어 있었고, 지금도 거의 매주 새로운 버전의 모델이 출시되고 있다. 대표적으로는 챗GPT가 독보적인 자리로 생성형 AI의 대명사가 되었지만, 딥시크가 세상에 발표되자 세계가 모두 주목하고 놀라게 되었다. 심지어는 '스푸트니크 쇼크'라는 단어까지 써 가면서 '챗GPT가 발표되었을 때 만큼이나 세상에 큰 사건이다'라던가 혹자는 '아이폰이 출시되었을 때 만큼이나 쇼킹한 사건이다'라고도 이야기할 정도였다.

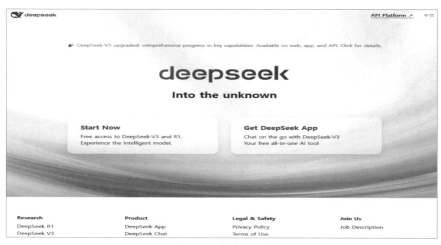

[deepseek 홈페이지]

출처 : https://www.deepseek.com/

AI에 대해서는 제품의 이름과 회사 이름이 많이 알려져 있는 것과는 다르게 딥시크는 중국의 회사가 만들었다는 것, 젊은 순수 국내파비유학파 개발자들이 만들었고 이 회사의 대표가 량원펑이라는 것, 기존 생성형 AI와 다르게 굉장히 저렴한 예산으로 만들어졌다는 것과 추론형/증류/MOE 기술 등을 이용하여 생성형 AI의 선발 대표주자인 챗GPT와 비슷한 수준의 결과를 나타냈다는 것이 기사 등을 통해 많이 알려진 모델이다.

2023년 그동안 멀게만 느껴졌던 생성형 AI라는 단어와 SW 개발자들만 사용하던 프로그램이라는 용어도, 전문가들만 사용하던 것이라는 인식도 이제는 일반 사람들도 질문만 하면 답변을 해 주는 AI가 출시됨에 따라 단기간에 수많은 가입자를 유치하고 유료화 서비스까지 출시하면서 단기간에 초대박의 결과를 가져오게 되었다. 하지만 대량의 GPU를 투입하고, 전문적인 기술자들을 수없이 많이 투입을 해 오던 투자 열풍과 세계적인 기술 패권 경쟁에서 딥시크의 등장은 그동안의 바이블 같은 이 공식이 문제의 유일한 답이 아니라는 것을 전 세계에 알려 주었다.

딥시크가 왜 다른 AI 모델들의 출시 때와는 다르게 이렇게 이슈가 되었는지를 살펴보면, 장점과 차이점 등 대표적인 특징이 몇 가지 있다.

딥시크 DeepSeek, 深度求索, 심도구색는 Hangzhou DeepSeek Artificial Intelligence Basic Technology Research Co., Ltd.에 의해 개발된 오픈소스 대형 언어 모델 LLM이다. 이 모델은 미국과 같은 대형 투자를 하는 글로벌 기술 대기업 위주의 투자와 개발 회사를 보유한 나라만이 AI를 만들고 학습시킬 수밖에 없다는 기존의 유리천장을 깨고 중국의 회사에서 유학도 다녀오지 않은 국내파 젊은 친구들이 모여서 만들었다는 것에 큰 관심을 받았고, 기존 AI 모델보다도 훨씬 저렴한 예산을 통해 만들었다는 것에서 큰 주목을 받았다. 이런 내용은 앞으로도 계속 퍼스트 무버가 아닌 퍼스트 팔로워에 머물러야 하지 않느냐고 생각하고 있던 EU나 세계의 다른 나라 회사들, 특히 스타트업 등에도 큰 자극을 불러 일으키게 되었고, 특히 무료 버전으로 공급하는 정책과 딥시크의 소스코드와 설치 방법 등도 모두 공개해 버린 것도 큰 반향을 일으키게 되었다.

2023년 시작으로 딥시크는 여러 가지 시리즈 제품을 출시하였으며, 세상을 떠들썩하게 뒤집어 놓은 2025년 버전까지 기능이나 용도별로 다양한 AI 모델의 버전을 출시하고 있다.

- 2023년 11월 14일: DeepSeek-Coder 출시
- 2023년 11월 29일: DeepSeek-LLM 출시
- 2024년 1월 11일: DeepSeek-MoE 출시
- 2024년 2월 6일: DeepSeek-Math 출시
- 2024년 3월 15일: DeepSeek-VL 출시
- 2024년 5월 6일: DeepSeek-V2 출시
- 2024년 12월 26일: DeepSeek-V3 출시
- 2025년 1월: DeepSeek-R1 출시

DeepSeek-V는 실시간 웹 검색과 데이터 통합에 특화된 검색 중심 모델로, 최신 뉴스나 통계를 빠르게 반영해 맥락에 맞는 답변을 제공한다. 반면, DeepSeek-R은 추론 중심 모델로, 수학 문제 해결, 코드 생성 등 모델 내부의 지식과 추론 능력에 의존해 복잡한 질문을 처리한다.

2) 딥시크의 장점

딥시크의 주요 장점은 비용 효율성과 오픈소스 접근성이라고 할 수 있다. 딥시크는 연구 및 상업적 용도 모두에 활용 가능한 오픈소스 모델을 제공하며, 초기 비용 부담이 없이 누구나 활용할 수 있는 환경을 조성하고 있다고 평가받고 있다. 대표적으로 DeepSeek R1 모델은 MIT 라이선스하에 공개되어, 연구자나 개발자들이 자유롭게 다운로드하거나 수정 및 재배포가 가능하다.

이러한 특성은 예산이 제한된 연구기관이나 학교, 스타트업 등에서 큰 이점으로 작용하며, 자체 모델의 커스터마이징이 필요한 다양한 환경에 유연하게 대응할 수 있다. 또한, 추론 속도와 메모리 효율성 측면에서도 높은 평가를 받고 있으며, 저비용 고효율 모델로 평가되고 있다.

챗GPT와 비교되며 거론되고 있는 일반형 버전인 DeepSeek-V3와 추론형 기능이 탑재된 DeepSeek-R1 등을 기준으로 특장점을 정리해 보면 다음과 같다.

자연어 처리, 코드 생성, 수학적 추론 등 다양한 작업에서 뛰어난 능력을 발휘하며, 특히 영어와 중국어에 강점을 보인다. 자연어 처리로는 대화, 번역, 텍스트 생성을 지원하고, 프로그래밍 분야에서는 코드 작성과 디버깅, 알고리즘 문제 해결에 탁월하다. 또한, 수학적 추론 능력을 활용하여 복잡한 계산을 단계별로 풀어내며, 다국어 처리로는 영어와 중국어를 포함한 다양한 언어로 번역하여 답변을 제공하는데, 다른 어떤 제품보다도 모국어라 할 수 있는 중국어에 대한 영역은 세계에서 가장 좋은 결과를 나타낸다 할 수 있다.

딥시크의 기술적 가장 큰 특징은 MoE Mixture of Experts 아키텍처와 증류 Distillation 기법을 활용해 효율적인 연산과 저렴한 비용으로 고성능을 실현한 점이다. 이를 통해 고사양 GPU 없이도 소규모 서버나 데이터 센터에서 실행이 가능하며, 무료 오픈소스로 제공되었다는 특징이 있다. MoE는 특정 작업에 최적화된 전문가 모듈을 동적으로 선택해 모델의 처리 속도와 정확도를 높인다. 여기에 대규모 언어 모델의 지식과 성능을 더 작은 모델로 전이시키는 기술인 증류 기법을 적용해 대형 모델의 성능을 압축하여 소규모 하드웨어에서도 고품질 추론이 가능하도록 하였다. 덕분에 딥시크는 NVIDIA H800 GPU 같은 저사양 하드웨어로 GPT-4 훈련 비용의 10분의 1의 금액인 약 600만 달러라는 비용으로 훈련이 가능했다.

MoE나 증류라는 기법을 간단히 요약하자면, 전체의 내용을 학습하고 공부한다기보다는 주어진 분야나 특정 영역에서만의 집중 학습을 통해 좀 더 깊이 있는 결과 또는 비슷한 수준의 답변을 제공할 수 있다는 것이다.

iPhone   iPad

Top Free Apps ›

1 DeepSeek - AI
Assistant
杭州深度求索人工智能...

2 Paramount+
CBS Interactive

3 ChatGPT
OpenAI

4 Threads
Instagram, Inc.

[Apple App Store 1위에 오른 딥시크]

출처: MBC

참고로 2025년 1월 딥시크는 출시되자마자 Apple App Store에서 다운로드 1위를 기록하였다.

그러나 딥시크는 몇 가지 단점도 지니고 있다. 가장 대표적인 문제는 데이터 프라이버시에 대한 우려이다. 딥시크는 중국 기반의 AI 기업으로, 일부 사용자들 사이에서 데이터 수집, 처리, 보안 방식에 대한 불신이 존재한다.

하지만 API 기반 서비스를 이용하지 않고 오픈소스 모델을 직접 설치해 사용할 경우, 개인정보 문제는 해결이 가능하다. 그래서 미국의 글로벌회사라던가 한국의 스타트업 등에서도 이 오픈소스를 활용해서 자체적인 딥시크를 적용한 AI를 만들어서 사용하거나 서비스 중에 있다. 또한, 언어 지원 면에서도 일부 한계를 보이고 있다. 딥시크는 공식적으로 100개 이상의 언어를 지원한다고 밝히고 있으나, 영어 및 중국어 외의 언어에서는 상대적으로 낮은 성능을 보인다는 사용자들의 피드백이 보고되고 있다. 특히 유럽 언어에서 번역 정확도나 응답의 일관성이 떨어지는 사례가 있으며, 이는 딥시크가 주로 영어와 중국어 데이터를 중심으로 훈련되었기 때문으로 추정되고 있다. 하지만 이것도 학습되는 데이터의 양이 늘어나고 시간이 지나면 그 차이는 좁혀질 것으로 보인다.

48. 딥시크와 생성형 AI의 비교

생성형 AI 모델들은 공통적으로 사용자의 입력을 바탕으로 다양한 콘텐츠를 생성하지만 모델별로 차이를 보이고 있다. 아래는 딥시크와 생성형 AI 모델 중 대표적인 챗GPT, 그록을 1:1 비교하여 각 모델의 강점과 약점을 비교 분석한 내용이다.

1) 딥시크, 챗GPT, 그록 모델의 차이

• 텍스트 생성

- Deepseek :

  DeepSeek-R1은 텍스트 생성에서 구조적이고 논리적인 답변을 제공하며, 특히 학술적 글쓰기, 기술 문서 작성, FAQ 응답 같은 작업에서 강점을 보인다. GitHub에서 공개된 벤치마크에 따르면, DeepSeek-R1은 영어와 중국어로 작성된 기술 문서에서 85%의 정확도를 달성하며, LMSYS Chatbot Arena에서 ELO 1350 점수를 기록하였고 체계적인 정보 정리와 명확한 문장 구조로 좋은 평가를 받고 있다. 그러나 창의적 스토리텔링이나 감정적 대화를 요구하는 상황에서는 다소 기계적이고 딱딱한 느낌을 줄 수 있다고 평가받는다.

- ChatGPT :

  ChatGPT_{GPT-4o 기반}는 텍스트 생성에서 다재다능하다고 할 수 있다.

대화, 창의적 글쓰기 등 다양한 스타일에서 자연스럽고 인간적인 답변을 제공한다. LMSYS Chatbot Arena 벤치마크 2025에서 GPT-4o는 평균 ELO 점수 1337을 기록하며, 다국어 대화에서 90% 이상의 사용자 만족도를 보였다. 하지만 최신 정보 반영은 웹 검색 의존도가 높아, 부정확하거나 오래된 데이터를 포함할 가능성이 있다.

- Grok3 :

xAI 블로그에 따르면 "Think Mode"로 단계별 사고 과정을 제공하며 Chatbot Arena ELO 1400 점수를 기록하였고 논쟁적 주제나 과학적 질문에서 신뢰도가 높다고 한다. 철학적 질문에도 깊이 있는 답변을 제공하지만 대중적 대화 스타일에서는 덜 자연스럽다.

• **코드 생성**

- Deepseek :

Python, C++, JavaScript에서 강점을 보이며 LiveCodeBench 2025에서 정확도 57.2%를 달성하였고, LeetCode 중급 문제를 평균 10초에 해결한다. 복잡한 알고리즘 동적 프로그래밍, 그래프에서 최적화가 우수하지만 창의적/비표준 코딩 작업에서는 다소 제한적이다.

- ChatGPT :

HumanEval에서 정확도 88%를 달성하였으며, React, Pandas, SQL 작업에 강점을 보인다. 또한, 다양한 코딩 작업에서 유연하게 반응하여 사용자 친화적인 코드를 제공한다. 다만, 복잡한 수학 기반 알고리즘에서 비효율적으로 접근할 가능성이 있다.

- Grok3 :

창의적인 코드를 생성하며 데이터 시각화 Matplotlib, D3.js, ML 파이프라인 TensorFlow에서 강점을 보인다. HumanEval에서 정확도 85%를 달성하였지만 복잡한 수학적 알고리즘에서 약간 느린 반응 보인다.

- **수학적 추론**
  - Deepseek :

    AIME 2025에서 정확도 90%를 달성하였으며, PhD 수준 문제에서 체인 오브 사이트로 단계별 풀이를 하며 미분 방정식 문제를 15초만에 해결한다고 알려져 있다. 단점으로는 실세계 응용 수학에서는 덜 유연하다는 평가를 받고 있다.
  - ChatGPT :

    고등학교 수준 STEM 질문에 적합하며 AIME 2025에서 정확도 82%를 달성하였다. 다만, 증명 문제에서는 사용자가 추가 프롬프트를 입력해야 할 수도 있다.
  - Grok3 :

    실세계 응용 수학통계, 최적화에서 강점을 보이며, AIME 2025에서 정확도 87%를 달성했다. DeepSearch로 최신 논문 참조하여 다양하고 단계별 설명을 한다는 장점이 있지만 순수 수학에서는 속도가 느리다는 단점이 있다.

- **비용 효율성**
  - Deepseek :

    오픈소스 MIT 라이선스로 제공하여 무료로 사용할 수 있다는 점과 훈련 비용이 600만 달러로 GPT 추정 훈련 비용의 약 10분의 1이라는 강점이 있다. 중급 GPU RTX 3060에서도 실행이 가능하다는 장점이 있다.
  - ChatGPT :

    무료 티어를 제공하고 고급 기능은 Plus $20/월, Pro $200/월로 제공된다. 훈련 비용은 1억 달러로 추정되고 있고, API 토큰이 딥시크에 비해 2배 정도 $0.0015-$0.12/1K 비싸다는 단점이 있다.
  - Grok3 :

    무료 티어에 DeepSearch/Think Mode로 프리미엄 기능을 제공한다.

SuperGrok 요금제는 $30/월로 제공되며 다른 모델들에 비해 비싸다는 단점이 있다.

- **접근성**
  - Deepseek :
    오픈소스 MIT 라이선스로 제공하여 무료로 사용할 수 있다는 점과 커스터마이징의 자유도가 높다는 장점이 있다.
  - ChatGPT :
    웹, 모바일, API, Microsoft 통합 Bing, Office, App Store 1위 300만 사용자라는 장점이 있어 접근성은 다른 모델들에 비해 최고라고 할 수 있다.
  - Grok3 :
    웹 grok.com, 모바일 iOS, Android, X 플랫폼을 통합하여 접근성이 좋지만 다른 모델들에 비해 인지도가 낮다.

위의 딥시크와 챗GPT, 그록을 종합적으로 분석을 해본 결과는 다음과 같다.

- **Deepseek**
  - 강점: 수학적 추론, 복잡한 코드 생성, 비용 효율성, 오픈소스 접근성
  - 약점: 창의적 텍스트와 글로벌 접근성
- **ChatGPT**
  - 강점: 다양한 스타일의 텍스트, 코드 생성, 글로벌 접근성
  - 약점: 딥시크에 비해 비용이 높고 고급 수학에서 성능이 부족
- **Grok**
  - 강점: 다른 모델들에 비해 신뢰도 높은 텍스트를 생성하며, 창의적인 코드를 생성하고 응용 수학에서 경쟁력이 있음.
  - 약점: 연구 및 개발 비용이 많이 들어간 비용 효율성 측면과 인지도가 낮음 (단, 개발 이후 무료 버전으로 모두 배포할 계획이라고 밝히고 있어 비용 부분은 해소될 가능성 높음.)

기준	DeepSeek-R1	ChatGPT-4o	Grok 3
코드 생성 (LiveCodeBench 정확도)	57.2%	88%	85%
수학 추론(AIME 2025 정확도)	90%	82%	87%
텍스트 생성(Chatbot Arena ELO)	1350	1377	1400

　이 외에도 생성형AI의 주요 모델들과 딥스크에 대한 개발 회사와 그 국가, 주요 방식과 유료/무료 등 비용 구조, 각각의 장점과 단점, 개발에 사용된 GPU 형태와 비용 등을 비교해 보면 다음과 같다.

[딥시크와 주요 생성형AI 모델들과의 차이점]

모델	개발사	국가	주요 방식	비용 구조	장점/단점	GPU 사용	개발 비용
DeepSeek	Hangzhou DeepSeek	중국	Transformer-based LLM	오픈소스(무료)	저렴한 비용, 오픈소스, 소규모 GPU 가능 데이터 프라이버시 우려, 언어 지원 한계	H800 GPU	~600만 달러
ChatGPT	OpenAI	미국	Transformer-based LLM	무료/유료	광범위한 사용자층, 다재다능 유료 계정 필요 정보 오래됨	고성능 GPU	~1억 달러
Gemini	Google DeepMind	미국	Multimodal LLM	무료/유료	Google 생태계 통합 멀티모달 일부 기능 제한	TPU/GPU	미공개
Claude	Anthropic	미국	Transformer-based LLM	API 요금재	윤리적 AI, 추론 능력 강화 접근성 제한	고성능 GPU	미공개
Grok-3	xAI(Elon Musk)	미국	Transformer-based LLM	X 프리미엄+ 포함	실시간 X(Twitter) 데이터 기반, 빠른 반응 한정된 플랫폼(X), 조반 성능 미완성	고성능 GPU	미공개
Mistral	Mistral AI	프랑스	Transformer-based [Mixture of Experts]	오픈소스(일부)	경량 모델로도 고성능 빠른 처리 멀티모달 기능 제한	효율적 GPU 사용	미공개
LLAMA 2	Meta	미국	Transformer-based LLM	오픈소스(비상업용)	메타 지원, 연구 및 커스터마이징 유리 상업적 사용 제한, 개인정보 이슈	고성능 GPU	미공개

49. 딥시크 사용법

deepseek

딥시크의 가장 큰 장점은 일반적인 웹이나 앱 형태의 AI로도 사용이 가능하지만, 오픈소스로 제공되는 소스 코드를 로컬 환경에서 직접 설치하여 나만의 생성형 AI로 활용할 수 있다는 것이다. 설치 및 가입 절차가 비교적 간단하여, 기본적인 개발 환경만 갖추고 있다면 누구나 쉽게 사용할 수 있다. 이렇게 만든 나만의 딥시크는 가장큰 단점이라고 지적되고 있는 개인 및 민감 정보의 유출이라는 문제를 해결할 수 있으며, 개발 및 연구뿐만이 아니라 대규모 투가가 어려운 인프라 구축이 없이도 자체적인 생성형 AI를 구축할 수 있다는 것이다. 다음은 딥시크의 웹과 앱의 사용 방법과 나만의 생성형 AI 딥시크를 구축하기 위한 설치 방법에 대한 설명이다.

1) 웹버전 딥시크 가입 및 사용 방법
딥시크를 사용하기 위해서는 제공 웹페이지에 접속해서 회원만 가입하면, 일반 생성형 AI들과 같이 원하는 질문/명령 프롬프트만 입력하면 결과를 얻을 수 있다. 딥시크는 특히 일반형과 추론형, 웹 검색까지 모두 한꺼번에 제공을 해 주고 있어서, 유사한 생성형 AI들보다도 좋은 결과를 얻을 수 있다.

(1) 웹버전 딥시크 가입 방법
딥시크를 사용하기 위해서는 사이트에 접속하여 회원에 가입 후, 로그인을 해야 서비스 이용이 가능하다. 가입 방법을 순서에 따라 설명하면 다음과 같다.

① 딥시크 홈페이지인 https://www.deepseek.com 사이트에 접속한다.

② 가운데 왼쪽에 보이는 박스인 'Start Now' 버튼을 클릭한다. 맥북 등의
컴퓨터에서 접속하는 경우 홈페이지 디자인이나 문구가 'Start the
conversation' 등으로 조금씩 다를 수 있다.

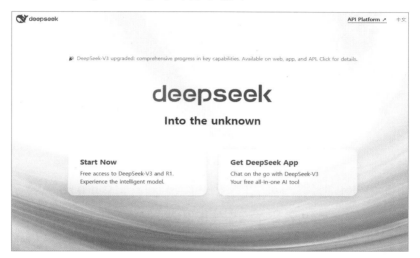

③ 새로운 창이 나오면 가운데 파란
색 '로그인' 버튼 오른쪽 밑에 있
는 가입하기 'Sign up' 버튼을 클
릭하여 가입 창으로 이동한다. 다
른 가입 방법으로는 기존에 구글
계정을 사용하는 사람이라면 맨
밑쪽에 보이는 'Log in with
Google' 버튼을 클릭하여 연동을
시키면 바로 가입이 가능하다.

④ 가입 창이 나오면 첫 번째 칸에
이메일, 핸드폰 번호 등 앞으로
사용할 ID를 작성하고, 두 번째
칸에는 사용할 비밀번호를 세 번
째 칸에는 확인을 위한 설정 비밀
번호를 다시 한번 똑같이 입력한
다. 이후 'Send code' 버튼을 클
릭 후 날아온 코드번호를 네 번째
칸에 입력하고 파란색 'Sign up'
버튼을 누르면 가입이 완료된다.

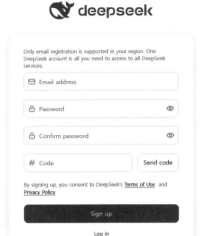

⑤ 가입이 완료된 이후 3번의 로그인 창이 다시 나오면 ID와 PW를 입력하
고 'Log in' 버튼을 누르면 사용 창으로 넘어가게 된다. 구글 연동 가입
을 한 사용자는 맨 밑에 있는 'Log in with Google' 버튼을 누르면 사
용자 창으로 넘어가게 된다.

⑥ ⑤번의 그림에서 왼쪽에 있는 기능 창 부분에서는 기존에 검색했던 이
력이나 어떤 형태로 로그인이 되어 있는지 등을 나타내 준다. 이 창을

자세히 보고 싶지 않다면 'deepseek'라는 로고 오른쪽에 있는 'Close sidebar'^{왼쪽 화살표모양 아이콘}를 누르면 아래와 같이 미니 창으로 표시가 된다. 작업하던 검색 내용 등이 끝나서 새로운 대화가 필요하다면 왼쪽에 보이는 'New chat' 또는 아래 그림에서 보이는 '글머리 풍선에 +' 표시 아이콘을 누르면 새 대화가 시작된다.

⑦ 가운데 있는 'Message DeepSeek'라는 글씨가 적혀 있는 박스에 글을 입력하고 'Enter' 버튼을 누르거나, 박스 우측 하단에 보이는 '↑^{윗 화살표}'를 누르면 답이 작성되어 출력된다. 이때 메시지 입력 박스 왼쪽 밑에는 있는 'DeepThink'와 'Search' 두 버튼은 기본적으로 선택이 되어 있을 텐데, 추론 AI의 실행과 웹 검색이 가능한 기능으로 두 가지가 동시에 실행되는 설정은 그대로 유지해서 사용하는 것이 좋다.

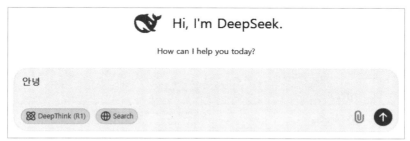

⑧ 원하는 글을 입력하면 본인이 학습하고 검색한 내용을 추론하여 답을 작성해서 알려 준다. 검색된 내용은 파일 형태나 기록물 형태로의 저장도 가능하며, 전체 결과를 복사하여 한글이나 워드 같은 파일에 붙여넣

기를 해서 저장하는 방법을 많이 사용한다. 아래는 '안녕'이라는 글에 답변을 시작한 결과이다.

⑨ 생성형 AI를 사용하면서 가장 민감한 부분인 사용자의 데이터를 가지고 학습을 하면서 나의 개인정보나 민감 자료들이 유출되거나 다른 곳에 쓰이는지가 걱정이 많이 될 텐데, 설정에서 내 데이터로 훈련이 되지 않게 할 수 있다. 설정 방법은 창의 왼쪽 밑에 있는 'My Profile' 버튼을 눌러 사용자 이름 밑에 'Settings' 버튼을 눌러 설정 창이 나타나면 가운데 있는 'Profile'을 누르고 중앙 우측에 있는 'Improve the model for everyone' 활성화 선택 버튼을 비활성화로 만들어 주면 된다.

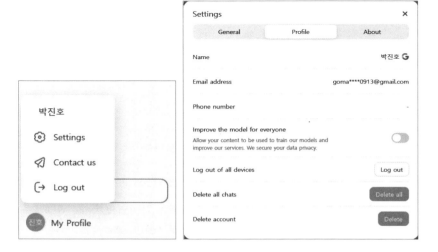

⑩ 딥시크 앱 버전도 앱스토어에 들어가서 '딥시크'를 검색하여 설치하고 앞에서 설명한 ③번의 가입하기부터 로그인까지 똑같이 따라 하면 언제 어디서나 내 핸드폰에서도 딥시크를 사용할 수 있다.

(2) 웹버전 딥시크 사용 방법

딥시크를 가지고 각 분야의 업무에 어떻게 적용될 수 있는지를 간단한 사례를 통해 살펴본다.

① **교육 학습 개념 설명 및 요약**: 교육 분야에서는 딥시크를 활용하여 자료 생성, 질의응답 시스템 등 다양한 업무에 적용할 수 있다. 또한, 번역 기능을 통해 학습 환경의 접근성을 높일 수 있다.

❖ 프롬프트: "중학교 2학년 수준에 맞게 피타고라스 정리를 설명해줘. 그림 없이 텍스트만으로 이해할 수 있도록 예시도 함께 들어 줘"

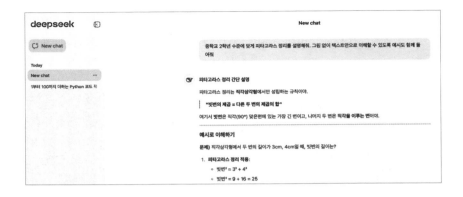

위와 같이 개념을 설명해 달라고 요청하면 직관적이고 요점이 잘 정리된 설명을 제공받을 수 있다. 이를 통해 불필요한 시간을 줄이고 학습에만 집중할 수 있다.

② **코드 자동 생성 및 기능/주석 생성:** IT 분야에서는 딥시크를 활용하여 코드 자동 생성, 디버깅, 기술 문서 요약, API 문서 작성 보조 등 개발 생산성을 높이는 다양한 방식으로 활용이 가능하다. 특히 초안 수준의 코드를 빠르게 생성하거나, 기존 코드의 기능 설명 및 주석 생성하는데 유용하며, 복잡한 기술 개념을 이해하는 데도 도움을 받을 수 있다.

❖ 프롬프트: "1부터 100까지 더하는 python 코드를 작성해 줘"

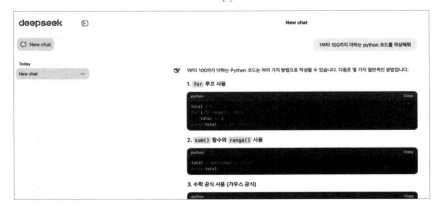

위와 같이 개발자가 "1부터 100까지의 합을 출력하는 Python 코드를 작성해줘"라는 프롬프트를 입력하면, 딥시크는 그림과 같이 다양한 방식의 코드를 자동으로 생성해 준다. 이를 통해 반복적인 코딩 작업의 부담을 줄이고, 창의적인 문제 해결에 집중할 수 있게 된다. 또한, "현재 코드에 주석 달아줘", "불필요한 함수를 없애고 코드를 정리해줘"와 같은 프롬프트를 통해 실무에서 부가적으로 작업해야 하는 업무들에 대한 시간을 줄이는데 효과적으로 활용할 수 있다.

③ **광고/콘텐츠/SNS 기획 및 내용 작성:** 마케팅 분야에서는 딥시크를 활용하여 광고 문구 생성, 콘텐츠 기획, 소셜미디어 게시물 작성 등 다양한 방식으로 업무 효율을 높일 수 있다.

❖ 프롬프트 : "우리 회사가 이번에 기능성 티셔츠를 새로 출시하는데 인스타그램 홍보 문구를 써 줘"

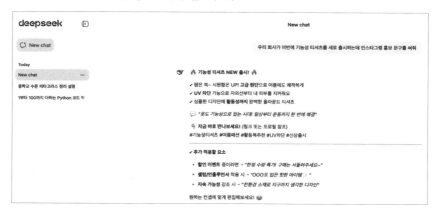

위와 같이 프롬프트를 입력하면 딥시크는 다양한 초안 버전의 문구를 작성해 준다. 질문 관련 옵션을 세부적으로 입력하면 좋은데 예를 들어 '결과물은 3개 정도 작성해줘'라고 질문하면 다양한 스타일의 문구를 자동으로 생성해 사용자에게 제공한다. 이를 통해 짧은 시간 안에 여러 문구를 작성하여 팀 내 아이디어 회의에도 활용이 가능하며, 브랜드 제품에 맞는 다양한 버전의 텍스트 생성에 유용하게 활용할 수 있다.

④ **시장 트렌드 조사 및 상품 설명:** 금융 분야에서는 딥시크를 투자 보고서 작성, 고객 상담 스크립트 생성, 시장 트렌드 요약, 금융 상품 설명 문구 생성 등에 활용 가능하다. 딥시크의 추론 능력을 통해 복잡한 금융 데이터를 간결하게 정리하거나 고객 맞춤형 제안을 생성하는데 유용하다.

❖ 프롬프트: "신규 출시된 저축 예금 상품을 소개하는 고객용 이메일 초안을 작성해줘. 사회초년생을 타겟으로 간결하고 신뢰감 있게."

위와 같이 프롬프트를 입력하면 딥시크는 다양한 초안 버전의 이메일 문구를 생성해 준다. 금융기관은 이를 통해 이메일 마케팅, 고객 상담 스크립트, 상품 소개 자료를 단시간에 준비할 수 있으며, 금융 데이터를 간결하게 정리하여 고객에 맞는 상품을 찾을 때 활용할 수 있다.

⑤ **사업 제안서 및 보고서 작성:** 비즈니스 분야에서는 딥시크는 사업 제안서 작성, 내부 보고서 초안, 팀회의 자료 준비 등에 활용될 수 있다. 딥시크의 빠른 텍스트 생성과 논리적 추론 능력을 통해 비지니스 요구 사항을 간결하고 설득력 있게 정리하는 데 도움을 받을 수 있다.

❖ 프롬프트: "스타트업이 벤처 케피탈에 제출할 사업 제안서의 요약 페이지를 작성해줘. AI 기반의 헬스케어 솔루션 제공에 대한 내용이야."

위와 같이 프롬프트를 입력하면 딥시크는 비즈니스의 문서에 대한 논리적 구조를 빠르게 생성하여 제안서, 보고서 초안을 단시간에 완성해 준다. 스타트업의 투자 유치 자료 준비나 대기업 내부 보고서 작성 등에 효율적으로 사용이 되며, 다양한 버전의 초안을 제공하므로 팀 내 피드백과 수정 과정을 간소할 수 있다.

⑥ **기사 초안 작성 및 헤드라인 생성:** 언론 분야에서 딥시크는 기사 초안 작성, 헤드라인 생성, 인터뷰 질문 준비, 소셜미디어용 뉴스 요약 등에 활용될 수 있다. 딥시크의 빠른 정보 처리와 다국어 지원을 통해 다국적 독자층에 맞춘 자료를 빠르게 준비하는 데 도움을 받을 수 있다.

❖ 프롬프트: "최근 전기차 배터리 기술 발전에 관한 기사 헤드라인을 작성해줘. 간결하고 독자의 흥미를 유발할 수 있게"

위와 같이 프롬프트를 입력하면 헤드라인을 다양한 버전으로 작성해 준다. 딥시크를 통해 언론사의 빠른 뉴스 사이클에 맞춰 기사 초안, 헤드라인 등을 단시간에 생성해 주기에 요약 콘텐츠로 활용 가능하며 기사 본문 초안을 추가로 생성해 편집 시간을 단축할 수 있다.

이처럼 딥시크는 다양한 산업 분야에서 활용될 수 있으며, 정보 제공을 넘어서 업무의 생산성과 효율성을 높이는 도구로 활용할 수 있다. 앞으로 산업별 요구에 맞춘 적용 사례가 축적된다면, 딥시크는 다양한 분야에서 활용이 가능할 것이다.

2) 독립형 나만의 딥시크 구축 방법

딥시크는 소스코드와 구축 방법을 공개해서 무료로 누구나 자체 AI를 만들어 사용이 가능하다는 장점이 있다. AI가 작동할 수 있는 최소한의 사양 이상의 컴퓨터라면 어디에도 설치가 가능하며, 몇 가지 작동을 위한 환경만 구축하면 나만의 독립적인 딥시크를 만들어 사용할 수 있다. 다음 방법을 따라 하며 독립형 딥시크를 구축해 보자.

※ 로컬 딥시크 구축 하드웨어 사양: 엔비디어 RTX 30 시리즈 이상VRAM 8GB 이상 권장

Ollama라는 툴을 통해 로컬 환경에 간편하게 설치할 수 있다. Ollama는 다양한 오픈소스 AI 모델을 손쉽게 실행할 수 있도록 돕는 도구이며, 딥시크 또한 이를 통해 빠르게 실행할 수 있다.

① 올라마 웹사이트인 https://ollama.com에 접속한다.

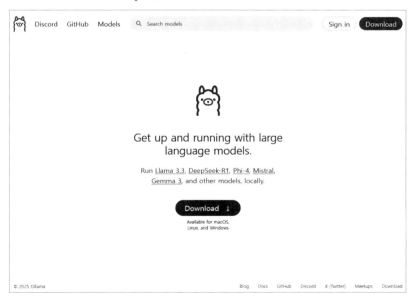

② 가운데 또는 우측 상단에 있는 검은색 'Download' 버튼을 클릭하고, 자신의 컴퓨터에 맞는 OS운영체제에 맞게 설치 파일을 다운로드한다. 일반적으로 가운데 버튼과 같이 자신이 사용하는 컴퓨터의 운영체제는 자동으로 맞춰서 제시를 해 주기 때문에 검정 버튼을 누르면 해당 설치 파일이 자동으로 다운로드된다.

③ 설치 파일을 실행시키면 설치 도움 창이 나타나는데, 아래쪽에 있는 'Install' 버튼을 눌러 설치를 진행한다.

④ 설치가 완료되면 아래와 같이 새 창이 뜨고, 'Ollama'라고 쓰고 실행키
보드 '엔터'를 치면하면 아래와 같은 결과가 화면에 나타난다.

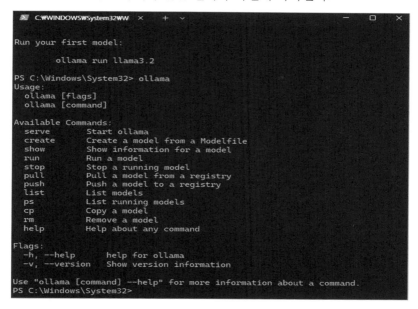

⑤ ②번의 올라마 사이트 좌측 상단 'Models' 버튼을 클릭하면 모델을 선
택하는 목록이 나타난다. 여기서 세 번째에 위치한 'deepseek-r1'을 클
릭한다.

⑥ 자신의 GPU VRAM에 맞은 모델을 선택한 후 명령어를 복사한다. 중간 오른쪽에 있는 창의 글자를 복사하면 된다.

⑦ 복사한 글자를 ④번 창에 붙여넣기 하고 실행시킨다.

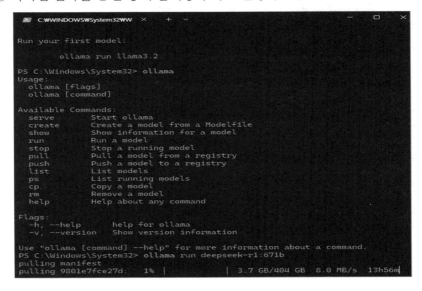

⑧ 설치가 완료되면 자신이 원하는 질문을 텍스트로 입력하면 AI와 대화를 통해 결과를 알려 준다.

⑨ 사용이 종료되면 '/bye'를 입력하고, 모델을 종료한다.

50. 딥시크와 유용한 AI 연계 활용 방법

딥시크는 텍스트, 코드, 이미지, 동영상 등 다양한 생성해 주지만 다른 여러 가지 유용한 AI와 연계한 작업을 통한다면 내 연구나 업무에 더 맞는 결과물을 만들어 낼 수 있다. 아래는 딥시크와 용도별 전문적인 AI를 함께 활용한 사례를 쉽게 따라 할 수 있도록 예시마다 세팅 방법과 작동 순서에 대해 설명하였다.

1) 논문 요약 및 지식 공유 콘텐츠 제작

최근 기술 트렌드는 빠르게 변화하고 있으며, 실무자들은 지속적으로 새로운 지식을 습득하고 적용해야 할 필요성이 커지고 있다. 하지만 논문과 같은 기술 문서는 분량이 길고 전문적인 내용이 많아서 실무에 바로 활용하기 어려운 경우가 많다.

이럴 때는 딥시크와 논문 요약 AI Humata.ai를 결합해 쉽고 간결한 형태로 정리가 가능하며, 콘텐츠 제작 등에 사용이 가능해져 기술 정보 전달 시 유용하게 사용이 가능하다.

(1) 세팅 방법 및 작동 순서

Humata.ai는 논문 요약 및 질의응답 기반 정보 추출 도구로 사용을 위해서는 회원 가입이 필요하다.

① https://app.humata.ai/에 접속하여 계정을 생성하고 로그인한다.

[Humata.ai 초기화면]

② Upload 버튼을 클릭하여 요약하고자 하는 논문 파일 PDF을 업로드한 후, Ask 버튼을 눌러 AI에게 요약을 요청한다.

[Humata.ai 파일 업로드 예시]

③ 생성된 요약 결과를 복사한다.

[생성된 논문 요약 결과 예시]

④ 복사한 내용을 딥시크에 입력하고, 원하는 콘텐츠 형식에 맞춰 재가공 요청을 한다.

※ 프롬프트 예 : "실무자 입장에서 이해하기 쉽게 정리해 줘"

[딥시크 요청 예시]

(2) 실행 결과

[실행 결과 예시]

2) 회의록 자동 작성

최근 기업 및 팀 단위의 협업 환경에서는 회의 기록의 정확성과 속도가 중요해지고 있다. 음성 인식 기술과 생성형 AI를 결합함으로써, 회의 내용을 보다 빠르고 효율적으로 문서화할 수 있다. 다음은 딥시크와 네이버의 클로바 노트CLOVA Note를 연동하여, 회의 음성을 자동으로 텍스트로 변환하고 이를 기반으로 회의록을 자동 작성하는 사례이며, 모바일 환경에서 처리하는 방식으로 구성하였다.

(1) 세팅 방법 및 작동 순서

① 먼저 모바일 환경의 클로바노트를 실행하고 음성을 직접 녹음하거나, 이미 녹음된 음성 파일을 앱에 업로드한다.

[모바일 환경 클로바노트
실행 화면]

② 이후 음성 파일이 텍스트로 변환이 완료될 때까지 잠시 기다린다.

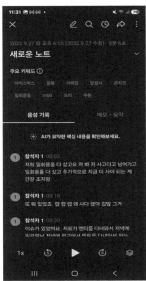

[모바일 환경 클로바노트
텍스트 변환 완료 예시]

③ 변환이 완료되면 우측 상단 버튼을 통하여
음성 기록 텍스트 파일을 다운로드한 후
딥시크를 활용할 환경으로 파일을 옮긴다.

[모바일 환경 클로바노트 텍스트 변환
음성 기록 다운로드 예시]

④ 딥시크에 음성 기록 텍스트 파일을 업로드하고 원하는 회의록 형식에
맞춰 요청한다.

※ 프롬프트 예: 회의 요약 및 주요 결정사항을 중심으로 회의록 작성해 줘"

[딥시크 요청 예시]

(2) 실행 결과

> **☞ 회의록**
>
> **1. 회의 요약**
> - 참석자들은 일회용품(접시, 젓가락, 숟가락, 소주잔 등)과 식자재(간장, 조림, 랩 등) 구매 현황을 확인하고 추가 구매 항목을 논의했습니다.
> - 소주잔 4천 개를 과도하게 구매한 이슈가 있었으며, 일부는 다른 곳에 전달하기로 했습니다.
> - 천막, 테이블, 의자, 아이스박스, 얼음, 주류(소주, 맥주) 등 행사 준비물의 구매와 배치 계획을 최종 확인했습니다.
> - 행사 당일 물 사용과 휴지 보충 등 운영 관련 세부 사항을 논의했습니다.
> - 입장 팔찌와 MBTI 머리띠 주문이 완료되었으며, 행사 진행 방식(입장료 수납 후 팔찌 배부)을 결정했습니다.
>
> **2. 주요 결정사항**
> - **구매 완료 항목**
>   - 일회용품(접시 240개, 앞접시 180개, 젓가락 1천 개, 숟가락 600개, 소주잔 2천 개, 종이컵 1천 개 등).
>   - 행사용품(천막 6개, 테이블 40개, 의자 20개 추가, 아이스박스 4개, 얼음 15kg 4개, 소주 260병, 맥주 96병).
>   - 기타(입장 팔찌 3색, MBTI 머리띠 주문 완료).
> - **추가 구매 항목**: 물통, 간장, 조림, 랩, 식용유 등.
> - **행사 운영 계획**
>   - 입장료 수납 후 팔찌 배부 및 MBTI 기록.
>   - 아이스박스와 얼음은 당일 배송받아 사용.
>   - 물은 정수기에서 수시로 공급.
> - **기타**: 과도하게 구매한 소주잔 1천 개는 다른 곳에 전달하기로 함.

[실행 결과 예시]

3) 시장 조사/트렌드 조사 및 마케팅 전략 제안서 제작

디지털 마케팅 환경이 빠르게 변화하면서, 마케터들은 최신 트렌드와 경쟁사 정보를 신속하게 파악하고 전략에 반영해야 한다. 이에 따라 Perplexity AI를 통해 실시간 정보를 수집하고, 딥시크를 활용해 이를 문서화하는 방식이 주목받고 있다. 이 조합을 활용하면 짧은 시간 안에 핵심 인사이트를 반영한 마케팅 전략 제안서를 효율적으로 작성할 수 있다.

(1) 세팅 방법 및 작동 순서

① Perplexity AIhttps://www.perplexity.ai/는 회원 가입 없이 사용 가능한
AI로 홈페이지에 접속하여 이용 가능하다.

[Perplexity AI 초기화면]

② 조사하고자 하는 주제를 검색 창에 입력한다.

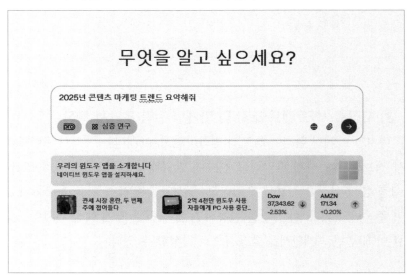

[Perplexity AI 사용 예시]

③ 검색한 내용의 요약이 완료될 때까지 잠시 기다린다.

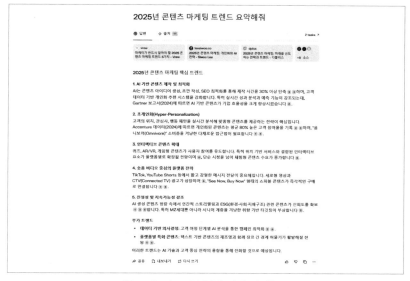

[Perplexity AI 검색 결과 예시]

④ 딥시크에 Perplexity가 생성한 내용을 복사하여 원하는 형식에 맞춰 요
청한다.

※ 프롬프트 예: "다음 요약 내용을 토대로 마케팅 전략을 구상해 줘"

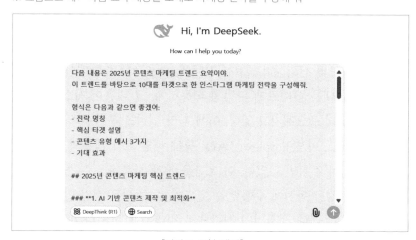

[딥시크 요청 예시]

(2) 실행 결과

[실행 결과 예시]

4) 기사 요약 및 사실 검증

디지털 정보의 신뢰성이 중요한 시대에, 사용자들은 방대한 뉴스와 콘텐츠 속에서 핵심 내용을 빠르게 파악함과 동시에, 그 내용이 사실인지 확인하는 작업이 점점 더 중요해지고 있다. 이에 따라 딥시크를 활용해 기사의 핵심 내용을 요약하고, 이후 Perplexity AI를 통해 해당 요약 내용의 사실 여부를 검증하는 방식이 주목받고 있다. 이 조합을 통해 사용자는 뉴스의 구조적 이해와 신뢰성 점검을 동시에 수행할 수 있으며, 특히 짧은 시간 안에 진위 여부가 중요한 이슈에 대해 객관적인 시각으로 정리된 보고서나 판단 자료를 만들 수 있다.

(1) 세팅 방법 및 작동 순서

① 딥시크에 작업하려는 뉴스나 기사의 PDF 파일을 첨부하여 원하는 형식에 맞춰 요청한다.

※ 프롬프트 예: "첨부된 기사의 가장 중요한 내용만 작성해 줘"

[딥시크 요청 예시]

② 이후 출력된 결과를 확인하고 복사한다.

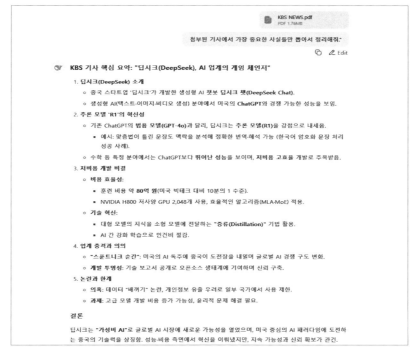

[딥시크 출력 결과 예시]

③ 출력된 내용을 Perplexity AI에 원하는 형식에 맞춰 요청한다.

※ 프롬프트 예: "이 내용이 사실인지 확인해 줘"

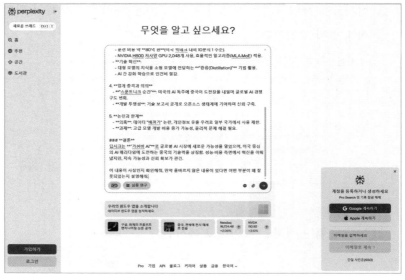

[Perplexity AI 요청 예시]

(2) 실행 결과

1. 딥시크 챗(DeepSeek Chat)의 정체성

- 검증: 딥시크가 개발한 **R1 모델**은 추론 특화 모델로, ChatGPT와 같은 범용 챗봇과 직접 비교하기보다는 특화된 문제 해결 능력을 강조합니다 [2][6].
- 수정 필요: "딥시크 챗"이라는 명칭은 공식적으로 확인되지 않았으며, 검색 결과에서는 **DeepSeek-R1** 또는 **DeepSeek-V3** 모델로 언급됩니다 [1][4].
- 추가 정보: iOS/안드로이드용 AI 어시스턴트 앱은 존재하지만, 공식 명칭은 "딥시크 챗"이 아닐 가능성이 높습니다 [4].

2. 추론 모델 R1의 정확한 특징

- 검증: R1 모델은 **사고의 연쇄(Chain of Thought)** 방식을 적용해 복잡한 문제 해결 과정을 단계별로 제시하며, 특히 수학/코딩 분야에서 우수한 성능을 보입니다 [2][6].
- 주의점: "맞춤법이 틀린 문장 처리 성공 사례"는 검색 결과에 명시적으로 언급되지 않았으나, 한국어 지원 기능은 확인됩니다 [1][4].

3. 비용 관련 수치

- 검증:
  - 훈련 비용 80억 원 → 검색 결과에서 "약 600만 달러(약 80억 원)"로 일부 확인되나, 정확한 비교 대상(예: ChatGPT 훈련 비용)이 명시되지 않았습니다 [7].
  - GPU 2,048개 사용 → 공식적으로 확인된 수치는 아니며, 실제로는 1만 장 이상의 GPU를 자체 최적화해 운영한다는 기술 분석이 존재합니다 [5][7].

- **수정 필요**: "NVIDIA H800 저사양 GPU"라는 표현은 부적절합니다. H800은 고성능 GPU이며, 딥시크는 FP8 저정밀도 연산 최적화로 비용을 절감했습니다 [5] [7].

4. 기술 혁신 관련 용어

- **MLA(Mixture of Low-rank Adapters)** → 검색 결과에 해당 용어가 명시되지 않습니다. 대신 **MoE(Mixture-of-Experts)** 아키텍처가 핵심 기술로 강조됩니다 [3] [7].
- **"증류(Distillation)"** → 정확히는 **지식 증류(Knowledge Distillation)** 기법으로, 대형 모델의 지식을 소형 모델에 전달하는 기술입니다 [3] [5].

5. "스푸트니크 순간" 해석

- **검증**: 딥시크의 성공을 미국 AI 업계의 **"스푸트니크 순간"**으로 비유한 것은 외부 전문가의 평가를 반영한 것으로 보이며, 검색 결과에서도 유사한 표현이 사용되었습니다 [4].

6. 논란 부분

- **데이터 "베껴기" 의혹**: 검색 결과에 구체적 근거가 없으나, 중국산 AI 모델에 대한 일반적인 우려를 반영한 것으로 추정됩니다.
- **개인정보 유출**: 딥시크의 데이터 수집 정책에 대한 직접적 언급은 없습니다.

최종 결론

- **정확성**: 핵심 내용(저비용 고효율, 추론 특화 모델, 글로벌 경쟁 구도 변화)은 사실에 기반합니다.
- **보완 필요**: GPU 사양, 정확한 모델 명칭, 기술 용어 사용에서 일부 오류가 있으므로, 위에서 제시한 수정 사항을 반영해야 합니다.
- **의의**: 중국의 AI 기술 도약을 상징하는 사례로서 타당하나, "게임 체인저"라는 표현은 성능·비용 측면에서의 혁신성에 한정해 사용해야 합니다 [1] [6] [7].

[실행 결과 예시]

에필로그

딥시크 R1의 등장은 단순한 AI 기술의 진보가 아니었다. 그것은 중국 국가 전략의 변곡점이자, '통치 가능한 AI'의 실현이었다. 중국은 이 모델을 통해 기술 자립을 넘어서, 행정과 사회 운영 전반을 알고리즘화할 수 있다는 확신을 얻었다. 딥시크는 모델이 아니라 구조였고, 실험이 아니라 체제였다.

2017년 '신세대 인공지능 발전 규획' 이후, 중국은 데이터, 칩, 알고리즘, 인재, 정책 전반을 중앙 계획에 따라 재편해 왔다. 딥시크는 화웨이의 AI 칩, 바이두의 프레임워크, 전국 데이터센터와 공공 데이터 개방 정책 위에서 구현된 결과물이다. 이는 민간 기술이 아닌 국가 주도형 AI였다.

중국 정부는 딥시크를 교육청, 지방정부, 공공기관에 시범 배치하며 정책 요약, 행정 응답, 민원 분류, 복지 심사 등에 활용하고 있다. 이는 단순한 업무 자동화가 아닌, 통치 시스템의 코드화다. 딥시크는 질문에 답하는 것을 넘어, 질문을 분류하고 판단하는 알고리즘 구조로 작동한다. 중요한 건 이 판단이 인간의 직관이 아닌, 코드에 기반한다는 점이다.

딥시크는 정치적으로 설계된 AI다. 민감 이슈에선 회피 응답을 내보내고, 역사·정치 관련 질문엔 사전 정의된 표현만 허용된다. 검열 내장형 알고리즘이자, 중국식 '안정적 AI'의 표준이다. 중국 정부는 이를 기술 윤리로 정당화하며, 통치 플랫폼으로 삼고 있다.

더 주목할 지점은 이 구조가 중앙 통제형이 아니라, 각 부처가 독립적으로 AI 판단 알고리즘을 운용하는 병렬적 구조라는 점이다. 의료, 교육, 복지, 행정 영역마다 딥시크형 알고리즘이 운용되고 있으며, 인간은 보조자 또는 확인자로 역할이 축소되고 있다. 딥시크는 통치의 공통 언어가 되었다.

이 시스템은 국경을 넘고 있다. 중국은 디지털 실크로드를 통해 전자정부 인프라와 함께 AI 기반 통치 시스템을 세르비아, 파키스탄, 우간다 등에 수출 중이다. 기술은 체제가되었고, 그 체제는 이제 수출 가능한 질서가 되었다.

딥시크는 단지 중국 AI의 상징이 아니다. 그것은 국가 질서를 코드화하려는 중국의 정치적 자신감이며, 세계를 향한 구조적 제안이다. AI는 이제 기술이 아니라, 통치의 언어다. 그리고 그 질문은 우리 모두에게 향해 있다. AI는 누구의 기준으로, 누구를 위해 작동할 것인가?

참고문헌

1부. 딥시크 모멘트

1. A Comparison of DeepSeek and Other LLMs / researchgate
2. AI Researchers Put DeepSeek to the Test / AZoAi
3. arXiv/DeepSeek-R1: Incentivizing Reasoning Capability in LLMs via ...
4. Asia Times/China connects everything to DeepSeek in nationwide plan
5. Axios/OpenAI says DeepSeek may have "inappropriately" used its models
6. Bloomberg/Trump Team Seeks to Toughen Biden's Chip Controls Over China
7. Business Today/OpenAI, Microsoft looking into DeepSeek over alleged copying of A
8. China's DeepSeek AI is full of false and dangerous ... - Fortune
9. deepseek-ai/DeepSeek-R1 - Hugging Face
10. deepseek-ai/DeepSeek-V3-0324 - Hugging Face
11. deepseek-r1 Model by Deepseek-ai - NVIDIA NIM APIs
12. DeepSeek-V3-0324 Release
13. DeepSeek AI collects, stores US user data in China / New York Post
14. DeepSeek AI Introduces Native Sparse Attention That Makes AI ...
15. DeepSeek Expands Across China with Beijing's Full Support - Medium
16. DeepSeek V3 and R1: An Overview of Technology Innovations and .../sights. sei.cmu.edu
17. DeepSeek's arrival is a wakeup call for AI regulation / Washington Square News
18. Fortune/DeepSeek is the hottest new AI chatbot—but it comes with Chinese
19. Generative AI Legal Explainer (2023) / NYU Engelberg Center
20. Global Times/Chinese tech start-up DeepSeek unnerves US with low-costs AI
21. Hardware-Aligned and Natively Trainable Sparse Attention - arXiv
22. How to build a DeepSeek-R1 chatbot - Medium
23. https://fortune.com/2025/01/27/marc-andreessen-deepseek-sputnik-ai-markets
24. https://fortune.com/2025/01/29/microsoft-ceo-satya-nadella-deepseek-good-news/
25. https://huggingface.co/deepseek-ai/DeepSeek-V3
26. https://nypost.com/2025/01/29/business/openai-says-it-has-proof-deepseek-used-its-technology-to-develop-ai-model/
27. https://www.scmp.com/news/newsletters/2025-03-27/an-old-approach-to-ai-gains-new-attention-after-deepseek
28. https://www.scmp.com/tech/big-tech/article/3303622/apples-cook-praises-deepseek-ahead-shanghai-developer-conference?utm_source=chatgpt.com
29. https://x.com/deepseek_ai/status/1891745487071609327
30. https://x.com/Intel_by_KELA/status/1883987946916778041
31. https://x.com/karpathy/status/1772362712958906460
32. Hugging Face/Open-R1: a fully open reproduction of DeepSeek-R1
33. Los Angeles Times/What China's DeepSeek breakthrough really means for the future of AI
34. Medium/DeepSeek-R1: Best Open-Source Reasoning LLM Outperforms
35. Medium/DeepSeek: A Journey of Open Source Innovation in Large
36. Medium/DeepSeek Unveils NSA for Faster AI Processing
37. Medium/DeepSeek vs OpenAI: A Critical Privacy Comparison
38. Medium/DeepSeek's R1 Exposed: Open-Source AI Model Compromised
39. Medium/LLM Comparison: ChatGPT, Claude, DeepSeek, Gemini, and Grok
40. Nasdaq Drops | China's DeepSeek AI Shakes Up Big Tech Stocks
41. New York Magazine/7 Ways to Think About the DeepSeek AI Freak-out
42. Reuters/Chinese chip makers, cloud providers rush to embrace homegrown
43. South China Morning Post/DeepSeek innovation speeds up processing of long text, paper says
44. SouthChinaMorningPost/Is China's DeepSeek the end of Nvidia's AI dominance?
45. Taking Stock of the DeepSeek Shock - Stanford Cyber Policy Center
46. Tech Monitor/Microsoft and OpenAI probe alleged data extraction by DeepSeek
47. The Economic Times/If you download DeepSeek in the U.S., you could face-20 years
48. The Guardian view on DeepSeek and a global AI race: geopolitics, innovation and the rise of chaos
49. The Washington Post/DeepSeek is reframing the AI policy debate
50. "The weaponization of algorithms: China's DeepSeek and the age of strategic AI,"The Atlantic 2025.3.1.
51. The Wiretap: DeepSeek Turned Into Evil Malware Maker ... - Forbes
52. TikTok Users Are Bleeding Data – Forbes
53. "U.S. lawmakers warn of China's use of AI tools for global influence,"/Politico/ 2025.2.20.
54. "U.S. sees China's AI push as geopolitical tool, internal memo shows,"/ Reuters/2025.2.25.
55. "US defense report links Chinese AI to data collection risks," / Bloomberg /2025.2.26.
56. 뉴스위크/DeepSeek's More Efficient AI Model Throws Doubt on Tech's Energy
57. 딥시크 V3 기술보고서 DeepSeek-V3 Technical Report – arXiv
58. 딥시크 보안, 심각한 구멍...역할극 공격 83% 성공 / 보안뉴스
59. 매일경제/"AI, 병원서 정밀 진단 '척척'...챗GPT냐 딥시크냐, 의료 AI 선택의 기로"
60. 보안뉴스/"딥시크 R1, 보안 취약성 논란...탈옥·허위 정보 생성 위험성 지적"
61. 제2의 딥시크'제2의 딥시크' 노리는 중국 AI 잠룡들 / 주간동아
62. 초봉 4억 '천재소년 프로젝트'...-중국 테크몽 날개 달았다 / 중앙일보
63. 폭탄 제조법 묻자...챗GPT는 답변 거부, 딥시크는 알려줬다 / 중앙일보
64. 한국경제/"AI, 시험 문제 풀고 인간 채점 받는다...교육 도구로 진화 중"
65. [PDF] China's AI Growth Multiplier - Artisan Partners 2025.2.10
66. [PDF] DeepSeek-R1: Incentivizing Reasoning Capability in LLMs ... - arXiv
67. [PDF] ISSUE - 한중과학기술협력센터
68. [조선일보] "농담 같은 예산으로 만든 AI 모델, 업계 뒤흔든다"(2023년 12월 13일)
69. [팩트체크] 중국산 '딥시크 포비아' 왜 생겼나? / 연합뉴스

2부. 딥시크 활용 사례

1. "20家中国AI芯片公司宣布兼容DeepSeek, 寒武纪、地平线首批落地"/财新网
2. "AI如何重构石油勘探？中石油与深度求索的合作样本"/《财经》杂志
3. "AI巡检守护电网安全：我国自主研发大模型落地应用"/人民日报
4. "Ascend AI云集成DeepSeek V3模型, 支持GPU级仿真加速"/华为昇腾社区
5. Atlas 900助力国家电网AI巡检 / 华为技术有限公司
6. Baidu brings DeepSeek to its search engine/chinadaily
7. "China's Semiconductor AI Race: DeepSeek Powers Chip Design Automation"/ 日经亚洲
8. deepseek-auto 项目专为车载场景优化, 获星标3.2k(2025年2月数据)/ DeepSeek官网GitHub仓库
9. "DeepSeek-R1大模型API接入指南"/阿里云官方文档
10. "DeepSeek'入驻'浙大邵逸夫医院 医疗行业迈向智能化新时代"/腾讯新闻
11. "DeepSeek在高途AI辅导系统中的落地效果"/企业白皮书
12. "DeepSeek引发的国际风云：剖析背后深层逻辑/中国日报网
13. "DeepSeek技术助力比亚迪：自动驾驶研发成本降低40%"/财新网
14. "ERNIE与DeepSeek多模态技术融合公告"/百度AI开放平台官网
15. "MLU系列AI芯片全面兼容DeepSeek模型, 算力利用率提升40%"/寒武纪官网新闻稿
16. "中国三大油企通过DeepSeek实现的生产效率提升(8-15%), 远超全球同行平均水平"(P27)/麦肯锡《重工业AI革命2025》报告
17. "中国车企通过DeepSeek等本土模型, 在语音交互领域已超越特斯拉FSD"(P32)/ 麦肯锡中国汽车AI报告
18. "中石油塔里木油田引入DeepSeek AI, 勘探准确率提升12%"/中国能源报
19. "俄罗斯银行Sberbank采用中国DeepSeek技术开发金融AI模型"/环球时报
20. "全国首个省级医院本地化大模型落地：DeepSeek助力脂肪肝早筛准确率达92%"/南方都市报
21. 华中师范大学联合腾讯云推出DeepSeek R1满血版/36氪
22. "华为Atlas服务器搭载DeepSeek轻量化模型, 算力效率提升30%"/中国电子报
23. "南海气田建成全球首个海上AI运维平台, 采用DeepSeek边缘计算技术"/中海油官网新闻稿
24. 吉利"银河OS"系统采用DeepSeek模型后, 自然语言理解准确率从89%提升至95%(P17)/高工智能汽车《2025座舱AI趋势报告》

25. "基于DeepSeek模型的乙烯裂解炉多目标优化控制"/化工学报(2025年第2期)
26. "天津市政府联合华为部署深度求索AI，实现公文自动处理"/人民网
27. "字节AIGC工具链揭秘：DeepSeek模型如何优化TikTok推荐"/《财经》杂志
28. "实时命令处理模块由DeepSeek-Edge提供支持"/长城汽车COFFEE Intelligence平台手册(2025版)
29. 宣布"Courage"电动SUV通过OTA推送 DeepSeek-Car 1.0 系统，现场演示多模态交互(语音+手势/东风)驭马'AI战略发布会直播
30. "小米车家互联生态升级：DeepSeek边缘AI框架打通车辆与智能家居"/36氪
31. 快速搭建DeepSeek推理系统/华为云
32. 技术革新："DeepSeek如何颠覆海外生活体验/搜狐
33. "数字园丁"项目使用DeepSeek分析5000+学生数据，个性化诊断准确率达89%/北京市教委《智慧教育示范区建设成果》
34. "比亚迪发布'天眼'ADAS系统，全系车型将搭载DeepSeek R1模型"/第一财经
35. "比亚迪等车企接入深度求索大模型，提升车载语音交互效率"/第一财经
36. "浙大求是云'接入DeepSeek-V3模型，向全国高校开放AI教研资源"/学校官网公告
37. 浙江大学：DeepSeek的本地化部署与AI通识教育(AI改变教学)/市场洞察报告
38. "深度求索AI助力中芯国际：实时传感器数据分析提升良率5%"/电子工程专辑

39. "深度求索AI助力国有银行智能客服系统，响应时间缩短60%"/证券时报 (STCN)
40. "深度求索建成专用超算中心，训练成本降低40%"/每日经济新闻
41. "百度ERNIE大模型引入深度求索技术，联合构建知识图谱"/36氪
42. 积极拥抱人工智能大模型进入法律领域/中国法院网
43. 第23页"数字化转型"章节提及 "与DeepSeek合作开发油气田智能运维系统"/中石油《2024年可持续发展报告》
44. "第4章"语音交互优化"注明使用 DeepSeek-Voice 模型，语音识别延迟降至200ms以下/小米《SU7智能驾驶系统技术解析》
45. "美团使用DeepSeek强化学习优化路径规划案例"(P23-25)/艾瑞咨询《2024年中国即时配送AI应用报告》
46. "腾讯云与DeepSeek共建AI虚拟人实验室"/腾讯云官网新闻
47. "蚂蚁集团引入深度求索AI，强化反欺诈系统"/证券时报
48. "解放军总医院联合DeepSeek开发战创伤智能救治系统，抢救决策效率提升40%"/健康报
49. 调研显示使用DeepSeek的学校教师行政工作时间减少42%(样本量：全国312所学校)/中国教师发展基金会报告

3부. 딥시크 천재들의 과제

1. AI in China: Strategic Implications of Open Foundation Models / CSIS Report
2. AI天才少女罗福莉：误打误撞进入计算机专业，不希望被神化 / 成都商报
3. Alibaba's updated Qwen AI model overtakes DeepSeek's V3 in chatbot ranking / SCMP
4. A Peter Thiel Protégé Is Leading Trump's AI Strategy Against China / WSJ
5. China's cheap, open AI model DeepSeek thrills scientists / Nature
6. DeepSeek-R1: The Open-Source AI Changing the Game ... / Medium
7. DeepSeek-R1 Release
8. DeepSeek-R1 Shakes Up the AI Industry / Telecom Review Asia Pacific
9. DeepSeek-V3击败R1开源登顶，杭州黑马撼动硅谷AI霸主，抹去1万亿市值神话 / 搜狐
10. DeepSeek has given open-source AI a big lift. But is it safe / Fortune
11. DeepSeek is not a good reason for Big Tech to become more powerful / Brookings
12. DeepSeek R1 Controversy, AI Agents Struggle, Hugging Face's / Medium
13. DeepSeek R1 struggles with its identity – and more / The Register
14. DeepSeek to share some AI model code, doubling down on open / Reuters
15. DeepSeek's rise sparks questions on AI openness / Wired
16. DeepSeek"破圈"意味着什么 / 光明网
17. DeepSeek创始人梁文峰专访 DeepSeek创始人梁文峰的专访 / 雪球
18. DeepSeek创始人梁文峰的独家采访 / 新浪财经
19. DeepSeek创始人梁文锋访谈：为什么用开源?/鱼C工作室
20. DeepSeek成功的背后：梁文锋热度启用门'Z世代新人'/腾讯新闻
21. DeepSeek梁文锋：从数字天才到全球AI颠覆者/华尔街日报
22. deepseek, 幻方量化创始人梁文峰, 小镇做题家震动全球 / 网易
23. High-Flyer, the AI quant fund behind China's DeepSeek / Bilyonaryo Business News
24. High-Flyer China CSI 500 Enhanced Fund Ltd 幻方量化中 / BigQuant
25. How DeepSeek and Open Source Models Are Shaking Up AI / Bloomberg
26. https://www.linkedin.com/posts/lee-ben-gal-a83635123 벤자민 리 LinkedIn

27. IWhat is DeepSeek R1 and how does it compare to OpenAI? / Bloomberg
28. Mapping the future of open vs. closed AI development / CB Insights
29. Open-R1: a fully open reproduction of DeepSeek-R1 / Hugging Face
30. Open-R1: a fully open reproduction of DeepSeek-R1 / Hugging Face
31. Open-Source LLMs vs Closed: Unbiased Guide for Innovative Companies /hatchworksAI
32. Open-source revolution: How DeepSeek R1 challenges OpenAI's / VentureBeat
33. The Biggest Winner In The DeepSeek Disruption Story Is Open / 포브스
34. The Gap Between Open and Closed AI Models Might Be Shrinking / Time
35. The global race for open-source AI: China's DeepSeek under scrutiny / MIT Technology Review
36. The Hidden Risks Of Open Source AI: Why DeepSeek R1's ... / Forbes
37. To China, DeepSeek is more than an app—it's a strategic turning point /defenseone
38. What DeepSeek Really Changes About AI Competition / rand
39. Why DeepSeek had to be open source / Hacker News
40. Why DeepSeek had to be open source / Hacker News
41. Why OpenAI caved to open-source on the same day as its .../ Fortune
42. 幻方量化：关于量化投资若干问题的解答 / 雪球
43. 总理主持召开今年首场座谈会，出席发言的9人都有谁?/财联社
44. 我所见过的梁文锋：这么多年始终低调到尘埃 / 腾讯网
45. 梁文锋落子DeepSeek的隐秘故事/ 澎湃
46. 罗福莉去向曝光?她深夜回应：非天才少女, 捧得多高摔得多重_澎湃号·湃客/澎湃新闻
47. 罗福莉：引领AI前沿的95后"天才少女" / CSDN博客
48. "请收手吧!"罗福莉突然发声 / 21世纪经济报道
49. 起底DeepSeek创始人梁文锋：毕业第一年就赚了一大笔钱, 自营资金超过5亿元人民币 /网易
50. "震动硅谷", 海外舆论如何看看DeepSeek?/新浪新闻

4부. 제2의 딥시크 도약

1. 2024年人工智能行业融资超1000亿元, 有一半AI公司成立三年内获投 / 36氪
2. 2025年AI时代：智谱推出AutoGLM沉思, 科创人工智能ETF规模创新高, 预示技术革命来临?/搜狐
3. 50+25+34+70！浙江公布人工智能领域最新名单 / 浙江省人民政府门户网站
4. 7年投资近44亿元！广东持续推进AI与机器人关键核心技术攻关】发布会看广东 / 南方网
5. AI企业"出海"背后：中国已经走向技术与市场驱动的国际创业阶段 / 每日经济新闻
6. AI助力城市治维 产业链持续发力_数智频道_央视网
7. GLM4模型详解 - 智谱AI开源大模型全面解析 / CSDN博客
8. Manus背后的大行为模型：AI从"想"到"做"的跃迁 / 澎湃新闻
9. OpenAI机密五级AGI路线图曝光！GPT-4仍处L1, 内部接近博士水平18个月诞生 / 澎湃新闻全面透视Kimi：功能、版本、价格、优势、应用 | 人人都是产品经理 / 人人都是产品经理
10. OpenAI迈出AGI第一步, 首个Agent来了, 已达到L3级 / 腾讯网
11. 一个机器人可以减少半年工作量?杭州人工智能产业潮起扬帆 / 杭州网
12. 上海人工智能企业图鉴!|云计算|大数据|云服务|上海市_网易订阅 / 网易

13. 中国 AI 圈都在刷的 Manus 是什么?/ 新浪财经
14. 中国人工智能加速应用期来临：未来的生活与工作将如何改变？/ 搜狐
15. 中国独角兽企业达409家 居全球第二 - 新浪财经
16. 人工智能如何应用医疗健康领域？业界：积极拥抱, 但要关注安全和责任界定 / 腾讯新闻
17. 人工智能数据观：上海市人工智能产业链分析 / 雪球
18. 做手术、辅助诊断、药物研发 人工智能或将颠覆哪些医疗场景？/ 光明网
19. 刚刚！2024人工智能企业50强！寒武纪居首！深圳AI'密度'最高！/知乎专栏
20. 商汤宣布与沙特人工智能公司SCAI达成合作, 为中东地区 / 机器视觉网
21. 商汤科技'冲刺'：生成式AI打起技术革新和业务格局裂开式双重 / 新浪财经
22. 商汤科技与沙特人工智能公司SCAI达成合作协议 将建设端端实验室 / 36氪
23. 商汤科技宣布与沙特人工智能公司SCAI达成合作 为中东地区提供创新人工智能解决方案/腾讯新闻
24. 商汤科技：孤独长跑者如何转危为机再塑AI未来?/搜狐
25. "套壳"的 Manus, 告诉我们什么是真正的 AI Agent？/知乎
26. 宇树机器人产业链大涨点评：宇树科技机器人商业化加速, 持续关注人形机器人

产业 / 东方财富网
27. 宇树机器人爆红拉动A股产业链公司 近来，宇树机器人的一举一动均引发了市场的极大关注 / 搜狐
28. 对话杭实资管：杭州发展人工智能有哪些优势？/ 杭州新闻中心.
29. 广东12个案例入选工业和信息化部人工智能赋能新型工业化典型应用案例名单 / 广东省工业和信息化厅
30. 广东公示首批50个"人工智能+"名单，8个行业大模型入选_应用_机器人_博依特 / 搜狐
31. 广东出台12条措施打造人工智能和机器人产业高地 / 腾讯网
32. 广东将实施"新一代人工智能"旗舰专项、"智能机器人"重大专项 / 中国发展网
33. 推出Agentic GLM 系列矩阵，智谱全栈布局AI智能体生态 /知乎
34. 新鲜出炉！上海算力及人工智能相关上市公司一览 / 财经头条
35. 新鲜出炉！上海算力及人工智能相关上市公司一览__财经头条 / 新浪财经网
36. 旷视助力日本汽车零部件巨头打造智能仓，加速拓展海外物流业务 / 商会资讯 中国电子商会
37. 旷视助力日本汽车零部件巨头打造智能仓，加速拓展海外物流业务_科技 / 中国网
38. 智慧互通"端侧智能计算装置及应用项目"荣获第76届德国 /新浪财经
39. 智慧城市的未来：智能驱动，生活重塑 / 中国日报网
40. 智能交通技术革新：3大关键突破推动城市治堵 / 搜狐
41. 最新！外资机构看AI投资机会_凤凰网财经 / 凤凰网
42. 最高奖励5000万元！广东这样打造全球人工智能与机器人产业高地 广东省人民政府门户网站 / 广东省人民政府门户网站
43. 杭州与深圳：人工智能企业的明智选择与未来发展 / 搜狐
44. 杭州举办专场对接会 深挖"机器人+"应用场景 / 腾讯网
45. 杭州市人民政府办公厅关于印发支持人工智能全产业链高质量发展若干措施的通知 /杭州市人民政府门户网站
46. 杭州：加大支持力度激励人工智能等领域创新企业 / 央视网
47. 浙江省省长刘捷专题调研人工智能集成电路发展情况：抢抓重大发展机遇，打造具有引领力的人工智能发展 / 界面新闻
48. 深圳8家企业上榜！中国AI企业50强榜单来了|胡润|广州|深圳市 / 网易
49. 深圳发放近2亿元"训力券"，助力人工智能企业腾飞的五大原因 / 搜狐
50. 预判拥堵，主动管控：AI+交通如何成为"火眼金睛"？/ 澎湃新闻
51. 딥시크 창업자 배출한 '인재 요람' 항저우…스타트업 '6룡' 주목 / 연합뉴스
52. 항저우 '6룡' 이어 광둥성 '7검객' / 한겨레

5부. 기업 전쟁: BATX

1. 2023年城镇单位就业人员工资情况发布——工资水平和结构有哪些新变化 / 中国政府网
2. 2024中国AI科技公司50强。寒武纪、科大讯飞、商汤前三 / 网易
3. 2024年中国劳动力行业发展现状分析_中研普华/中研网
4. AI踩油门，腾讯坐稳牌桌 超预期！ 腾讯 AI战略明朗作者 / 雪球
5. Alibaba Cloud Unveils Qwen2.5-Omni-7B | AI Demand / DemandTalk
6. Alibaba's AI reasoning model drives shares higher / Reuters
7. Alibaba's New Model Adds Fuel to China's AI Race / Time
8. Ant Group's use of China-made GPUs, not Nvidia, cuts AI model / SCMP
9. DeepSeek V2、V3、R1技术报告 / 知乎
10. Jack Ma-Backed Ant Touts AI Breakthrough Using Chinese Chips / Bloomberg
11. Manus与阿里通义千问团队达成战略合作_未来2% / 澎湃新闻
12. Manus最新官宣！|阿里_新浪财经 / 新浪网
13. Qwen2.5 Omni-7B: Input anything, Output text and audio LLM / Medium
14. 三看富士康：探寻智能制造密码与未来工厂的转型之路 / 搜狐
15. 三看富士康：探寻智能制造密码与未来工厂的转型之路 / 搜狐
16. 中国劳动力市场结构变迁-中国社会科学网 / 中国社会科学网
17. 中美AI芯片对决：华为昇腾910B vs 英伟达H100性能实测 / 今日头条
18. 人工智能专题：小米AI布局-研究报告正文 / 东方财富网
19. 人工智能专题：小米AI布局-研究报告正文 / 东方财富网
20. 从八小时工作制到996，走进工时制度的前世今生 / 澎湃新闻
21. 千帆大模型平台-百度智能云千帆 / 百度智能云
22. 华为910B GPU训练和推理调研 / 知乎
23. 宝马联手阿里巴巴，加速大模型"上车" / 腾讯网
24. 实探海尔智能工厂！数字化浪潮下的冰山一角：AI驱动制造业新革命 / 华夏时报
25. 对不起iPhone，这次小米是真的把AI玩明白了 - 知乎
26. 小米AI布局调研纪要 小米AI的变化及行业阶段 小米 对AI的重视程度相较去年有很大变化 /雪球
27. 小米AI端侧全梳理 小米集团 自2024年Q4以来，股价累计涨幅超120%，2025年2月更创历史新高市值突破 / 雪球
28. 小米北京昌平智能工厂今日正式落成投产，年产千万台旗舰手机 / 澎湃新闻
29. 小米集团300亿AI研发投入：从硬件生态到AI原生的全面升级 / 腾讯云华为最新专利揭秘：如何提升策略执行效率至高级水平？/ 搜狐
30. 巨头联合攻坚：阿里巴巴投资谜企AI，开启人工智能新篇章 / 搜狐
31. 接入DeepSeek，腾讯AI战略的重大转变 / 新浪财经
32. 新中国"五天8小时工作制"和"节假日"的变迁 / 知乎
33. 海尔创新的互联工厂智能制造模式 /
34. 牵手DeepSeek：腾讯 AI 战略的重大转变和对业绩的影响 / 新浪财经
35. 百度AI战略转向：实用性优先于规模效应 / 百度智能云
36. 百度ERNIE：基于知识增强的预训练语言模型 / ymshici.com
37. 百度文心一言：技术架构、能力解析与应用场景 / 百度智能云
38. 百度智能云新政策全面升级，助力AI行业大模型落地 / 搜狐
39. 真实世界的AI战场：为何全球顶尖企业纷纷选择与阿里合作？/腾讯新闻
40. 积极布局AI市场，百度智能云渠道政策详解与合作伙伴机遇 / 搜狐
41. 腾讯AI战略升维：生态联姻与组织变革背后|马化腾|腾讯云 / 万方数据知识服务平台
42. 腾讯的AI战略，有哪些新动向？- 虎嗅网
43. 腾讯要为AI砸千亿重金_澎湃号·湃客 / 澎湃新闻
44. 蔡崇信确认合作！苹果联手阿里为国行iPhone开发AI功能 / 澎湃新闻
45. 阿里巴巴主席警示人工智能投资泡沫 / 英为财情
46. 阿里巴巴确认就AI业务与苹果达成合作 / 中国日报网
47. 阿里巴巴豪掷3800亿重构AI格局 云智能集团单季收入317.4亿增13% / 新浪财经
48. 阿里巴巴达成重磅AI合作！港股科技30ETF(513160)跟踪指数现涨超2% / 新浪财经
49. 零基础入门华为MindSpore：从安装到深度学习实践 / 知乎
50. 雷军：小米研发大模型的方向是轻量化和本地部署 / 知乎

6부. 문건 79호와 AI 정책

1. 2024人工智能发展年终会议 王志刚部长：'技术是战略语言' /人民日报
2. 2024年高等教育人工智能专业设置情况统计 / 中国教育部统计公报
3. 2025中国人工智能产业发展预测 / 中国新产业指数研究院
4. 2025年人工智能专利申请预计将突破26万件 / 中国国家知识产权局
5. 2030年目标中期评估与深化路线图 / 中国科技部
6. 70% of GenAI patents originate from China
7. AI Act Final Text and Global Implications / EU Commission
8. AI in China: Research and power converge / Nature Editorial
9. AI output surges: China on track for 400,000 papers by 2025 / Nature Index China
10. AI不是工具，是制度设计的媒介 /中央党校述评
11. AI专业成高校新热点，布局快速扩张 / 中国青年报
12. AI专业毕业生年均超50万，产业需求仍远超供给 / 中国青年报
13. AI人才缺口达300万，结构性不足加剧 / 中国科技日报
14. AI发展三阶段：从发展到领先 / 中国科学技术部
15. AI崛起的政治逻辑：中国是如何制度化科技治理的 / 中共中央党校
16. AI科技成果转化专项行动计划 / 中国国家发展和改革委员会
17. AI笔记本电脑市场持续升温，2025年有望占据近六成份额 / 新浪财经
18. AI高端人才结构性分析报告 / 中国AI学会CAAI)
19. Ascend chips and China's role in hardware-software standardization / ITU-UNESCO
20. BATH重构AI生态系统：平台化为核心 / 36kr
21. Beijing orders 'Delete America' campaign to purge Western tech / Financial Times
22. China Intensifies Push to 'Delete America' From Its Technology / WSJ
23. China leads AI scholarly output in NLP and CV / Elsevier Analytics
24. China promotes AI as global public good to emerging economies /Global Times
25. China's active submissions on AI ethics and governance / ITU
26. China's AI expansion spreads through Africa and Middle East / Reuters
27. China's AI norms export through BRI / Brookings
28. China's Engagement in Global AI Ethics Dialogue / WEF
29. China's PaddlePaddle as a candidate for global open-source LLM standard / OpenAI Policy Watch
30. China's 'Delete A' push aims to cut reliance on US tech by 2027 / Nikkei Asia

31. DeepSeek-R1: 国产芯片+MoE架构的成功组合 / 财新网
32. DeepSeek等企业吸引OpenAI、DeepMind前工程师 / 财新
33. Exporting Surveillance: China's Model in Developing Nations / AI Governance Review
34. Global GenAI patents: East dominates over Wes / OECD AI Policy Observatory
35. Huawei 5G equipment priced 50% below European rivals / Reuters
36. MoonshotAI完成大模型训练，成本仅为GPT-4的一小部分 / 财新网
37. MoonshotAI联合创始人林峰: '不做最贵，只做够用' / 东方网
38. Political transitions and AI governance in the West / Brookings Institution,
39. SenseTime tech embedded in Saudi's futuristic NEOM /SCMP
40. SenseTime's surveillance AI lands in Saudi's NEOM smart city / SCMP
41. The rise of practical AI: China's counter to US hyper-scale models / MIT Technology Review,
42. Top 100 most-cited AI papers: 53% from China / Scopus AI Ranking Report
43. US tightens AI chip export controls targeting China / Reuters
44. Why China is dominating AI research: Talent and infrastructure / Nature Index China
45. World Intellectual Property Indicators: China holds 70% of GenAI patents / WIPO
46. 中关村、深圳、杭州形成AI三大创新极 / 新华网
47. 中国AI国家结构战略: 从实验到体系 / 中国科技日报
48. 中国AI投入规模远超预期，形成完整政策—财政-产业联动链条 / 21世纪经济报道
49. 中国AI的优势不是参数，而是成本控制 / 36kr
50. 中国AI高等教育年度报告 / 中国高等教育协会
51. 中国不再融入规则，而是制定规则 / 中央党校述评
52. 中国产业链优化助推人工智能生态快速发展 / 新华网
53. 中国人工智能市场规模十年增长20倍 / 科技日报
54. 中国人工智能战略核心在于人才链建设 /新华网
55. 中国人工智能投入达GDP的1.8%，2025年将突破2% / 中国科技日报
56. 中国国务院解读: '十四五'规划人工智能三大布局 / 中国战略新兴产业网
57. 中国大模型向全球南方开放源代码，打造AI公共品 / 凤凰网
58. 中国大模型的成本优化路径研究报告 / CAICT
59. 中国科技部部长王志刚强调人工智能对国家战略的重要意义 / 新华社
60. 中国科研机构提出AI伦理国际标准草案 / 人民日报
61. 中国高校AI教师数量将翻倍 / 新华网
62. 义乌全域AI治理试点启动三个实现系统性重构 / 浙江日报
63. 义乌试点AI政务自动化，目标为2025年全面覆盖 / 人民网
64. 义乌试点AI政务自动化，目标为2025年全面覆盖 / 浙江日报
65. 人工智能+行动计划(2023-2025年)/工业和信息化部
66. 人工智能产业典型应用场景白皮书 / 工业和信息化部(MIIT)
67. 人工智能人才供需白皮书 / 中国人事部、科技部联合报告
68. 人工智能创业潮: 2017年后企业数量激增 / CAIA
69. 人工智能国家战略的垂直治理逻辑 / 中共中央党校论文集
70. 人工智能科研产出年度统计简报 / MOST
71. 人工智能累计投入超10万亿元，覆盖六大产业 / 科技日报
72. 从'技术引进'到'技术再造'，中国迈向创新主导型强国 / 新华社
73. 从算法到生态: 巨头的AI平台战略演化 / 中国IT产业网
74. 从论文到产品: 人工智能三角转化链的政策机制 / 科技日报
75. 全国人工智能企业分布及成长报告 / 工业和信息部(MIIT)
76. 全国人工智能专业建设情况通报 / 中国教育部统计公报
77. '千人计划'助力AI领域高端引国瑞 / 中国人才网
78. 华为云AI高校计划与训练营 / 华为教育平台
79. 国产替代《国资委79号文件》/ 新华社
80. 国务院印发《新一代人工智能发展规划》/ 新华社
81. 国务院发布人工智能发展战略纲领 / 人民网
82. 国资委79号文解读: 国央企办公系统信创替代落地实践与标杆案例 / 今日头条
83. 建设'人工智能强国'，中国必由之路 / 中共中央党校述评
84. 技术不是起点，人才是国家战略的起跑线 / 中央党校述评
85. 技术外交与规则重构: 中国数字战略的升级逻辑 / Caixin
86. 技术性之外，中国押注AI的'系统效率' / 财新网
87. 技术霸权的新维度: 价格、标准与制度设计 / 中国版经济学人
88. 政策解读: '十四五规划'入AI智能三大布局 / 数字化观察网
89. 效率优于Windows! 消息称华为鸿蒙电脑用全新形态 打造国产PC ./ 新浪财经
90. 数字丝绸之路发展路径蓝皮书 / 中国发展与改革委员会
91. 新一代人工智能发展规划 / 中国国务院
92. 智慧城市中的AI技术应用现状 /中国城市智能化研究所
93. 每年超5万人走出AI专业，人才供应仍存缺口 /21世纪经济报道
94. 浙大等高校打造AI+协同育人平台 / 中国教育日报
95. 深度剖析HarmonyOS NEXT: 全线自研的技术革新与应用拓展 / 华为开发者官网
96. 清华人工智能人才培养与治理结构研究 / 清华大学AI研究所报告
97. 生成式人工智能服务管理暂行办法 / 中国互联网信息办公室
98. 第十四个五年规划和2035年远景目标纲要/ 国家发展和改革委员会
99. 算法治理白皮书 / 中国互联网信息办公室
100. '系统式工业化': 中国AI崛起的底层逻辑 / 中央党校述评
101. 达摩院AI大学加速器计划 / 阿里巴巴达摩学院
102. 长江存储价格战引发全球3D NAND市场震荡 / Caixin
103. '顶层设计+地方试点+企业执行'的中国式科技治理 /科技日报

7부. 천인계획과 인재 양성

1. 2022년도 해외 고층 차인재 인입 데이터 / 中国教育部
2. 2023年Gitee开源项目统计 / Gitee 공식 통계
3. 2023年中国半导体设备自主化进展报告 / 중국공업정보부(MIIT)
4. 2023年度高层次回国人才结构统计 / 中国科学技术部人才统计报告
5. AI海归创业地图2022 / 中关村国家创新中心
6. "AI神童"是怎样炼成的 /中国教育报(2024.1)
7. China offers top incentives for returning scientists / China Daily
8. China ramps up efforts to repatriate top scientists amid US tensions / SCMP
9. China signs Nobel laureates to national innovation labs / Nature Asia
10. China's AI Prodigy Factories / 华尔街日报(2024)
11. China's AI Pioneers / 麻省理工科技评论(2023)
12. China's MIT: The Rise of Tsinghua / 华尔街日报(2022)
13. China's quantum communication backbone goes live / Nature
14. China's Talents Plan targets top foreign-trained scientists /Science
15. China's 'Soviet-style' education / Pavel Durov(X)
16. Chinese Scholars in Silicon Valley: Impacts and Imbalances / Migration Policy Institute
17. End of the China Initiative: Review and Data Summary / U.S Department of Justice
18. Fallout of China Initiative damages trust in US research ecosystem / Science
19. From Lab to Unicorn: The Tsinghua / 华尔街日报(2024)
20. How China is winning the AI education race / 日经亚洲
21. How China's MIT lures global brains / 华尔街日报(2023)
22. ISEF官网历年获奖名单(查陈墨等案例) / 国家知识产权局官网
23. MIT Professor Gang Chen Acquitted in China Initiative Case /New York Times
24. Report on Experiences of Chinese-American Scientists / 미국 NSF
25. SMIC Achieves Domestic 14nm Chip Mass Production / SMIC
26. "The Silicon Valley of Education" /2022年分析海淀模式与创新人才关系
27. Tsinghua's talent factory / 自然(2024.1)
28. Tsinghua's AI Talent Pipeline: From Lab to Global Dominance / 麻省理工科技评론
29. US curbs chip exports to China, cutting off supply of advanced tools / Reuters
30. US ends controversial programme targeting Chinese scientists / Nature
31. 七位诺奖得主签约中国研究项目 / 中国科技日报
32. 上海市中小学超常学生培养试验方案 / 上海市地方志办公室(1990년)
33. 世界英才教育比较研究/ 施建农等(2012)
34. 中国STEM教育白皮书 / 中国科学研究院 2023
35. 中国人工智能学会《中国AI人才培养白皮书》
36. 《中国共产党百年瞬间》1978年全国科学大会 / 央广网
37. 中国启动1471项关键核心技术攻关 / 科技日报
38. 中国教育改革和发展纲要 / 教育部官网政策库(1993년)
39. 中国科学技术大学少年班成立公告(1978년) / 中科大少年班官网
40. 中国超常教育40年 / 查子秀等著(2018)
41. 中学生发表SCI论文背后的教育实验 / 沈阳日报 2024
42. 中微公司推进7nm刻蚀设备国产化 / Caixin
43. 中清华14个工科A+学科名单 / 教育部全国第四轮学科评估(2017)
44. 义务教育课程方案和标准(2022年版)
45. 人工智能时代的教育公平 / 华东师大课题组, 2024
46. 《人工智能标准体系建设指南》(2021年)
47. 从少年班到拔尖计划: 中国英才教育的政策变迁 / 教育研究(2020)
48. 从留美博士到AI独角兽CEO: 归国者的路径 / 财新网
49. 全球顶尖理工科人才培养模式比较 / MIT出版社(2023)
50. 八千余人回国报国，40岁以下近八成 / 人民日报
51. "六小强"密码: 解码海淀精英中学 / 2023年新闻报道
52. 关于加强国家开源平台发展的指导意见 / 中国互联网信息办公室(CAC)
53. 关于开展超常儿童教育的几点意见 / 中国教育年鉴(1988년)
54. 关于扩大国家重点研发项目负责人国籍范围的通知 / 中国科技部

55. 出国留学回国人员统计报告 / 中国教育部留学统计公报
56. 前OpenAI工程师加入上海AI初创 / 36Kr
57. 北京八中少儿班招生简章与培养方案 / 北京市教委存档文件
58. 北大人工智能中心主任谈技术自立: 不是超越, 是替代 / 중국과기일보 인터뷰(2023.12)
59. 十一学校"学院制"改革文件 / 面向个体的教育(李希贵著, 2014)
60. 'F人计划'十五年成绩单公布 / 科技日报
61. 千人计划实施三周年: 制度、结构、成效全面回顾 / 中国组织人事网
62. 千人计划资金支持与政策配套详解 / Caixin
63. 华为《AI产业应用案例集》
64. 博士后归国人才成长报告 / 中国国家人才资源部
65. 商汤《AI可持续发展报告》
66. 国家人才工程发展比较研究报告 / 中国人才开发网
67. '国家给第二次机会, 是我回来的理由 /中国青年报专访(2024.01.10.)
68. 国家重点实验室人才结构分析报告 / 中国科学技术部人才局
69. 基础学科拔尖学生培养计划2.0 / 教育部
70. 央视《人物》专栏 '姚期智的讲台'(2024)
71. 姚班师生参与的"新一代人工智能"专项/国家自然科学基金委员会
72. 对比北美Top10院校: NSF《全球计算机科学论文影响力报告》(2023)
73. 归国创业企业发展情况汇总 / 中国人事部
74. 战略性人才制度体系构建路径 / 中央党校出版部
75. 技术自立: 从脱钩到自主结构的系统跃迁 / 中国社会科学院
76. 教育部·科技部《人工智能高层次人才培养专项》/ 教育部官网"科研育人"专栏(2023年)
77. 教育部"双减"典型案例库 / 双减"工作优秀案例汇编(2023년)

78. 海外高层次人才引进计划工作方案 / 中国国务院组织部
79. 海归人才区域集聚效应分析报告 / 中国社会科学院
80. 海淀区"十四五"教育发展规划 / 海淀区教委官网-政务公开(2021)
81. 海淀区基础教育质量监测报告 / 海淀区教育科学研究院官网(2023)
82. 海淀区教委官网-政务公开(分析教培转型后海淀黄庄"素养教育综合体"现象, 含机构数量、课程类型数据)
83. 海淀区超常儿童追踪研究 / 北师大理学部(2022)
84. 清华、北大吸纳海外高端人才回流 / 中国青年报
85. 清华大学《人工智能发展报告2023》
86. 清华大学人工智能研究院发展规划(2020-2025)/ 清华AI研究院
87. 清华大学年度就业质量报告 & 招生简章 / 强基计划/丘成桐领军计划录取数据(官网公开)
88. 清华大学校史(1911-2021) / 清华大学出版社
89. 清华大学计算机科学实验班(姚班)培养方案 / 清华交叉信息研究院
90. 清华大学计算机科学实验班(姚班)年度教育报告 / 清华交叉信息研究院
91. '百川大模型'多语种训练成果发布 / 중관춘 AI연합회
92. 矩阵科技完成5亿元融资, 创始团队为AI归国博士 / 36kr
93. 科创板海外人才背景企业统计 / 上海证券交易所
94. 科技部发布'重点领域引才分布图'/ 科技日报
95. 《超常儿童教育探索三十年》/ 北京教育出版社(2015년)
96. 《邓小平文选》第二卷 / 新华社历史资料
97. 高层次人才引进年度总结报告 / 中国科学技术部人才局

8부. 미중 AI 패권전쟁

1. 2023 AI Index Report / Stanford Institute for Human-Centered AI
2. 2023年中国人工智能产业年度报告 / 工业和信息化部 (MIIT)
3. 2025 Immigration Update: H-1B Reform and AI Talent Pathways / USCIS
4. AI Boom Drives Up Utility Rates and Deepens Energy Divid / New York Times
5. AI Governance Trends Report / OECD AI Policy Observatory
6. AI Index Report 2024 / Stanford University(HAI)
7. AI Race Intensifies Among Tech Giants / The New York Times
8. AI standard war looms between US, EU and China / Financial Times
9. Amazon bolsters AWS defenses with $30B investment against DeepSeek's low-cost surge / BBC
10. Amazon Braket: Quantum Computing as a Cloud Service / AWS Quantum Computing
11. Amazon to boost AWS capacity with $100B investment / CIO Dive
12. Apple announces $500bn in US investments over next four years / The Guardian
13. Ascend Ecosystem Expansion and Model Acceleration Report / Huawei
14. ASML says former employee stole chip secrets for China / Bloomberg
15. Big Tech's Hold on AI Research is Tightening / Wired
16. BM Unveils 1,121-Qubit Condor Quantum Processor / IBM Research Newsroom
17. Celebrating 1 Billion Downloads of Llama / Meta Blog
18. Challenges in Building Fault-Tolerant Quantum Computers / Nature Reviews Physics
19. China's $15B Quantum Investment / Reuters
20. China's 2,000km quantum network / Nature Photonics
21. China's DeepSeek just showed every American tech company / Business Insider
22. China's Tech Push in Belt and Road Countries / FT
23. Condor处理器技术细节 : Nature Electronics期刊(2023年12月)
24. DeepSeek AI: A Watershed Moment for AI Market / Morgan Stanley
25. Entity List Additions / Department of Commerce
26. Executive Order on Safe, Secure, and Trustworthy Artificial Intelligence / The White House
27. Final Rule on Advanced Computing and Semiconductor Manufacturing / 미 상무부
28. Gemini Ultra redefines user experience, surpassing DeepSeek's cost-driven models / Google Blog
29. Google DeepMind: Bringing together two world-class AI teams / Google Blog
30. Google strikes back with Gemini Ultra, using data imbalance to fend off DeepSeek / CNBC
31. Google's Quantum AI Division & Pharmaceutical Research /Google AI Blog
32. GPT-5 Expected to Consume Energy Equal to a Small City / Forbes
33. he Status and Challenges of Quantum Hardware / Nature
34. How AI is transforming strategy development / McKinsey & Company
35. How China and the US Are Building Their AI Ecosystems / World Bank
36. Huawei's Mate 60 Pro with 7nm chip shocks industry / Nikkei Asia
37. IBM Quantum and Molecular Simulations for Drug Discovery / IBM Research News

38. IBM量子计算路线图白皮书(2023版)
39. Inside Mexico's AI Sweatshops: The Rise of Data Labor Under American Cloud Giants / Wired
40. Intelligence Explosion and Machine Ethics / The Singularity Institute, 2010
41. Introducing GPT-4 in Azure OpenAI Service / Microsoft Azure Blog
42. Launching the Department of AI Strategy / West Point News Release
43. MAI-2 sets a new standard for enterprise AI, ensuring our edge over DeepSeek / Microsoft Press Release
44. Meta's Llama 4 targets DeepSeek with ethical differentiation. / The Verge
45. Microsoft Makes Major Milestone in Topological Qubit Research /MS Quantum Blog
46. Microsoft unveils $80B investment plan post-DeepSeek shock, CEO Nadella says 'competition fuels innovation /Reuters
47. Moonshot and Firefly AI Server Architecture Explained / Caixin
48. NVIDIA Hopper Architecture In-Depth / NVIDIA Technical Blog
49. NVIDIA invests $40B to defend GPU market amid DeepSeek disruption / Wired
50. OpenAI, Amazon, Microsoft Lead Global AI Services / CNBC
51. OpenAI's business strategy- How it is transforming Big Tech? /fintechnews
52. Optimization with Noisy Intermediate-Scale Quantum Devices (ONISQ) / DARPA Quantum Program
53. Our AI Infrastructure Vision for 2030 / Microsoft Blog
54. Pentagon Eyes AI for Strategic Warfare and Intelligence Domination / Defense One
55. Physical Review Letters (祖冲之 3.0, 2023)
56. Project Maven Expands with AI Partners from Big Tech / Defense One,
57. Quantum AI and the Road to AGI / MIT Technology Review,
58. Quantum AI at Google: Toward Useful Quantum Computing / Nature
59. Quantum Competition: U.S. vs. China / RAND
60. Quantum Computing and Artificial Intelligence (OECD Science Brief)
61. Quantum computing's role in AGI / Science
62. Quantum Machine Learning and AGI Prospects / MIT CSAIL & IBM Qiskit Research
63. Quantum Machine Learning Challenges / Nature Reviews Physics
64. SMIC has produced 7nm chips without EUV / Bloomberg
65. SoftBank and OpenAI back sweeping AI infrastructure project in US / Financial Times
66. Superintelligence: Paths, Dangers, Strategies /Oxford University Press, 2014
67. Tesla AI Strategy: Elon Musk on FSD, Optimus Robots, Dojo Supercomputer, Robotaxi Developments / Sustainable Tech Partner
68. The Computational Limits of Deep Learning / OpenAI
69. The Ethics of Quantum AGI: Risk, Regulation and Human Oversight / RAND Corporation
70. Titan Pro and Bedrock 2.0 combine efficiency and power to sustain our market dominance. / AWS Statement
71. Trump 2.0: Total Tech Decoupling Is Back / 워싱턴 포스트

72. Trump Allies Push for Deregulated AI Growth / Axios
73. Trump announces private-sector $500 billion investment in AI infrastructure / Reuters
74. Trump vows to re-shore semiconductor supremac / POLITICO
75. Trump's Stargate AI project will be fueled by 64.000 Nvidia GB200 blackwell GPUs / turtlesai
76. TSMC, U.S. subsidy agreement / WSJ
77. TSMC: The most important company in the world / 이코노미스트
78. U.S. and allies consider AI-5 alliance to counter China's AI growth / Politico
79. US Tightens AI Chip Export Rules to China, Adds Cloud Ban / Reuters
80. When Will AGI Arrive? / Science
81. Why AI is now considered a national infrastructure issue /MIT Technology Review
82. 上海市卫健委"人工智能辅助诊疗"试点报告(2023年)
83. 与北京协和医院合作论文(《柳叶刀·数字健康》2024年1月)
84. 东南亚AGI中心建设：马来西亚数字经济发展局(MDEC)公告(2024年)
85. 东数西算工程实施方案／国家发改委官网
86. 中国"超人类智能"项目规划初探／中国科学院自动化研究所
87. "中 반도체 인재 스카우트 전쟁" / 머니투데이
88. 从类脑计算到AGI：中国的脑机接口和类脑芯片发展路径 /中国科技论坛
89. 北京海淀区教育局试点评估(《中国教育信息化》2024年第3期)
90. 国产GPU替代进展：寒武纪/壁仞科技供应链报告(集邦咨询)
91. "新一代人工智能发展规划"实施路线图／中国科技部
92. 类脑智能局限性：《自然·神经科学》评论(2024年2月)
93. 《脑科学与类脑研究》国家重大科技项目／科技部国家重点研发计划公示
94. 시진핑, 삼성·SK 회장단과 회동… 中 기술 자립 강조 / 연합뉴스

9부. 중국 2030년 AI 미래

1. 2024-2025中国AI大模型发展趋势研究报告／中国信通院、百度智库
2. 6G: The Next Horizon / Huawei
3. 6G and Mass Surveillance in China /Amnesty International
4. AI and China's Global Strategy / Brookings Institution
5. AI as a tool for social governance /China Daily (왕타오 베이징대 교수 인터뷰)
6. AI R&D Strategic Plan: 2023 Update / National Science and Technology Council
7. AI国家战略框架：治理、稳定与全球话语权／清华大学国家治理研究院
8. Artificial Intelligence and Autocracy: China's Strategy / Brookings Institution
9. Artificial Intelligence and National Competitiveness /CSET
10. Biden expands China chip curbs to include AI chips and tools / Reuters,
11. Blueprint for an AI Bill of Rights /White House Office of Science and Technology Policy
12. Blueprint for an AI Bill of Rights / White House OSTP
13. China Initiative" Review and Its Chilling Effect on US Science /MIT Technology Review
14. China Offers the Global South Accessible AI" – Interview with Prof. Nderu / SCMP
15. China's 6G Ambitions: From THz to AI-Native Networks /IEEE Spectrum
16. China's 6G Dream Faces Infrastructure Hurdles / Reuters
17. China's AI-Powered Sky Net: Real-Time Battlefield Control / SCMP
18. China's AI Diffusion Strategy / SCMPt(리웨이 AI 스타트업 대표 인터뷰)
19. China's Alternative to Starlink / MIT Technology Review
20. China's Hongyan Constellation to Rival Starlink / SpaceNews
21. China's Hongyun Satellites to Cover Remote Areas / SCMP
22. China's Military AI Exports Under the Digital Silk Road / CSIS
23. China's Sky Net Surveillance via Satellites / Amnesty International
24. China's Swarm Drones:模仿生物行为的致命武器 /The War Zone
25. China's Urban-Rural Tech Divide in the 6G Era / The Diplomat
26. Decoupling AI: The Emergence of Two Tech Stacks / Brookings Institution
27. Digital Silk Road and China's Global Tech Influence / MERICS
28. Generative AI Regulation in China: Interim Measures /国家互联网信息办公室
29. Geneva Dialogue on Lethal Autonomous Weapons / 스위스 외교부 공식 문서
30. Global AI Governance: A Fragmenting Landscape /Carnegie Endowment for International Peace
31. Global Soft Power Index 2024 / Brand Finance
32. How AI is Revolutionizing Electronic Warfare / IEEE Spectrum
33. How AI Will Power China's 6G Networks /MIT Technology Review
34. How China is Building Programmable Cities with 6G /Wired
35. How China's 6G Could Redefine Privacy / New York Times
36. How China's Military Is Using AI to Compete with U.S / Wall Street Journal
37. How China's Satellites Power Its Military AI / The Diplomat
38. How Deepfake AI is Reshaping Modern Warfare / The Guardian
39. How Satellites Expand China's Surveillance / New York Times
40. How US Sanctions Are Reshaping China's Tech Industry / Bloomberg
41. Huawei says its Ascend 910B chip is ready to replace Nvidia GPU in China / SCMP
42. Huawei's 6G Vision: From 5G Dominance to 6G Leadership / SCMP
43. Huawei's Chip Breakthrough and the US Tech War / Financial Times
44. Laser Links for LEO Satellite Networks / Nature Communications
45. Maverick: AI for Adaptive Warfare(DARPA)
46. NATO CCDCOE 사이버전 보고서
47. Quantum-Secured 6G Networks / Science
48. Techno-Nationalism and the Future of AI Sovereignty / Harvard Kennedy School
49. Terahertz Communications for 6G: Challenges and Opportunities/Nature Electronics
50. The AI Cold War: Why Technology Outpaces Diplomacy / Belfer Center, Harvard Kennedy School
51. The Future of Soldier Enhancement / Popular Mechanics
52. The Military Applications of AI / UNIDIR Report
53. The New Space Race: Internet Satellites / Financial Times
54. The Rise of AI-Generated Cyberweapons / Wired
55. "Trust-Centric AI Governance" / MIT 레베카 윌리엄스 인터뷰
56. U.S. Expands Restrictions on AI Chip Exports to China / Reuters
57. "Why AI Borders Matter" /MIT Technology Review(탄하오원 인터뷰)
58. 中国AI企业应对GPU出口限制的策略研究报告 / 中国信通院
59. 中国AI赋能治理结构变革白皮书 / 清华大学国家治理研究院
60. 中国加速半导体国产替代进程 / CCTV
61. 中国海外高层次人才引进战略报告 / 清华大学公共管理学院
62. 国务院工作报告：大力推进"人工智能+"行动 / 新华社
63. 智慧城市与6G融合发展政策 / NDRC
64. 智能化战争与未来军事战略 / 中国 국방백서(2022)
65. 智能化战争中的卫星导航应用 / 中国 국방백서
66. 生成式人工智能服务管理暂行办法 / 中国国家互联网信息办公室
67. 生成式人工智能服务管理暂行办法 / 国家互联网信息办公室
68. "鸿雁星座系统建设进展" / CASC

10부. 딥시크 모델 기술 분석 및 실무 활용 사례

1. DeepSeek Github
2. HumanEval
3. LiveCodeBench
4. Reuters https://www.reuters.com/technology/artificial-intelligence/what-is-deepseek-why-is-it-disrupting-ai-sector-2025-01-27/
5. https://app.humata.ai/
6. https://chatgpt.com/
7. https://clovanote.naver.com/
8. https://github.com/deepseek-ai
9. https://github.com/features/copilot
10. https://github.com/openai/human-eval
11. https://grok.com/
12. https://huggingface.co/spaces/lmarena-ai/chatbot-arena-leaderboard
13. https://livecodebench.github.io
14. https://ollama.com
15. https://pollo.ai/
16. https://runwayml.com/
17. https://sora.com/
18. https://www.deepseek.com/
19. https://www.midjourney.com
20. https://www.perplexity.ai/
21. https://x.ai/news

딥시크 AI 전쟁

1판 1쇄 발행   2025년 5월 21일
1판 1쇄 발행   2025년 5월 30일

저자   배삼진·박진호
펴낸이   박정태
편집이사   이명수   감수교정   정하경
편집부   김동서, 박가연
마케팅   박명준, 박두리   온라인마케팅   박용대
경영지원   최윤숙

펴낸곳   **주식회사 광문각출판미디어**
출판등록   2022. 9. 2 제2022-000102호
주소   파주시 파주출판문화도시 광인사길 161 광문각 B/D 3
층
전화   031-955-8787   팩스   031-955-3730
E-mail   kwangmk7@hanmail.net
홈페이지   www.kwangmoonkag.co.kr

ISBN   979-11-93205-59-4   03000
가격   20,000원

kwangmoonkag